QUAND LES PLANTES N'EN FONT QU'À LEUR TÊTE

Cher Pascal Greboval,

Savez-vous ce qui se tisse entre les paysans et leurs plantes ?

Ce livre cherche à en montrer la richesse.

Dusan Kazic

Dusan Kazic

QUAND LES PLANTES N'EN FONT QU'À LEUR TÊTE

Concevoir un monde sans production ni économie

LES
EMPÊCHEURS
DE PENSER
EN ROND

Collection dirigée par Philippe Pignarre

Composé par DV Arts Graphiques à La Rochelle
Création graphique de la couverture : Valérie Gautier
Dépôt légal : janvier 2022

ISBN 978-2-35925-212-5

Pour cette merveilleuse et incroyable famille Hache-Kazic.

Note à propos des paysans et paysannes rencontrés

Les noms et prénoms des paysans et paysannes rencontrés ne sont pas anonymisés. Ce choix est un parti pris méthodologique : ne pas réduire les paysans à de simples informateurs, ou à des données. L'enjeu est de réduire le fossé entre ethnographes et enquêtés. Si, dans un texte scientifique, les chercheurs et chercheuses sont cités par leur nom et prénom, il n'y a aucune raison que ces dernières ne le soient pas aussi. Citer les gens par leurs nom et prénom a pour but de réduire le fossé qui peut s'installer entre le verbatim et l'analyse, et de créer un continuum narratif. Bien évidemment, cela n'est valable qu'à condition que les personnes enquêtées aient donné leur accord, ce qui est le cas ici. Par ailleurs, comme je les cite un grand nombre de fois, mais aussi en raison de la proximité qui a pu s'installer entre eux et moi au cours de l'enquête, j'ai également choisi de ne pas systématiquement écrire leurs noms pour éviter une certaine lourdeur. C'est pourquoi le lecteur et la lectrice croiseront des paysans parfois cités par leurs nom et prénom et parfois uniquement par leur prénom.

La production permet de tenir le vivant à distance, elle l'écarte tout le temps.

Rachel Berlier, paysanne.

INTRODUCTION

Cabannes, été 2017. Il est huit heures du matin, je rentre dans la serre pour retrouver le paysan Frédéric Chaize à genoux au milieu des choux et des salades en train de ramasser des limaces. J'ai l'impression d'assister à une scène d'horreur dans un film de science fiction. Il y a des limaces sur toutes les plantes, toutes les feuilles, par terre, sur les parois des vitres de la serre. Une serre envahie de limaces ; elles sont partout ! Frédéric est très énervé, mais il se calme vite en disant que « la colère n'est pas la bienvenue dans le champ sinon ça va être catastrophique pour tout le monde ». Je l'aide à les ramasser, on les jette sur les côtés de la serre. Il m'apprend que, sur les cent cinquante choux plantés à l'extérieur, il n'y a que soixante-dix rescapés et aucun plant de carottes n'a survécu ; elles se sont fait manger par les limaces.

Je lui demande quels sont les remèdes contre les limaces. Il me cite la bière, la cendre, le ferramol, un traitement chimique autorisé en agriculture biologique que l'on achète en pharmacie. Il en a lui-même utilisé pendant une année, mais il a arrêté. Le résultat était catastrophique… les limaces devenant encore plus agressives. Fréderic veut cohabiter avec elles, et il cherche des moyens pour que cette cohabitation se passe au mieux puisque les limaces lui ont fait comprendre qu'il n'est pas l'« usager unique de la terre » et que « les limaces ont aussi le droit de vivre et de manger sur cette terre ». Les tuer signifie faire la même chose qu'en agriculture conventionnelle. L'agriculture biologique cherche à tuer les limaces autrement, et lui ne l'accepte pas, il cherche à vivre avec.

On ramasse les limaces et on les jette sur le côté. Je lui dis que je le comprends mais qu'il y a quand même de quoi devenir fou ! Il me répond que c'est un problème, mais que c'est normal puisque « là où il y a de la vie, il y a des problèmes, là où il n'y a pas de vie il n'y a pas de problème ». Il continue en disant qu'il ne peut pas se plaindre car dans son champ, c'est comme s'il avait créé un « refuge » pour les espèces alentour, donc les limaces viennent chez lui. L'écosystème autour des terres qu'il cultive est, selon lui, totalement déséquilibré. Les agriculteurs et jardiniers mettent des poisons chimiques contre la limace, et comme lui ne fait rien, elles se retrouvent toutes chez lui. Son champ leur offre un refuge où survivre.

Frédéric me montre les feuilles des choux en disant que ce n'est pas trop grave si elles se font un peu manger par les limaces car elles cicatrisent les feuilles avec leur mucus, ce qui protège les plantes rescapées contre les maladies. Autrement dit, les plantes « se font manger proprement ». Il faut juste éviter qu'elles le soient entièrement. Pour amadouer les limaces et qu'elles aillent ailleurs, Frédéric a créé des micro-habitats un peu partout dans le champ sous forme de bandes herbacées, dehors et dans la serre. De plus, le terrain n'est pas cultivé en totalié ; une petite parcelle en friche leur est destinée. Frédéric ne se considère pas comme un usager unique de la terre, il la partage donc avec les limaces.

Lors de mon séjour chez ce paysan, c'était la même chose tous les jours : on ramassait les limaces qui étaient revenues sur les plantes. Un matin, au bout d'un moment, je sors de la serre pour aller chercher mon carnet de notes laissé dans la poche de ma veste accrochée à l'extérieur. Je me retourne et je vois Frédéric qui tient une limace dans la main en prenant tout son temps. Intrigué, je lui demande ce qu'il fait. Il répond que la limace est en train de soigner ses crevasses, le mucus qu'elle laisse derrière elle est un excellent remède pour les cicatriser. Je comprends que j'assiste à un moment exceptionnel, je fouille dans mes poches, je ne trouve pas mon appareil photo, je l'ai oublié dans la voiture, je lui demande de faire une photo avec son smartphone.

Je demande : comment as-tu découvert ça ? Il me raconte que cela dure depuis quelque temps. Comme il ne veut pas mettre de gants pour sentir les plantes et la terre, les crevasses ont du mal à cicatriser. Alors au lieu d'aller acheter du lubrifiant à la pharmacie, il a pensé aux limaces en se disant que si elles soignent les feuilles des plantes après leur passage, si elles ne tombent pas malades, il n'y a pas de raison que cela ne marche pas aussi sur lui. C'est en observant attentivement la

Fréderic Chaize et la limace.

cicatrisation des feuilles des plantes que l'idée lui est venue d'essayer sur ses mains. Si je traduis cela en termes de puissance d'agir, je dirais que ce sont les plantes qui lui ont appris que le mucus des limaces peut soigner les crevasses[1].

Le plus extraordinaire dans cette histoire, c'est que l'on apprend que Frédéric a créé un lien de soin avec les limaces grâce aux plantes. Dans cette scène, les plantes ne sont pas (que) des êtres mangeables mais aussi des maîtres d'apprentissage. Avec ses plantes, Frédéric se situe dans ce que Vinciane Despret et Michel Meuret ont appelé des « apprentissages multispécifiques[2] ». Les plantes apprennent à Frédéric qu'il peut soigner ses mains en restant près d'elles, sans aller à la pharmacie. Pour survivre

1. Sur la notion de puissance d'agir, voir Bruno Latour, *Face à Gaïa. Huit conférences sur le nouveau régime climatique*, La Découverte, coll. « Les Empêcheurs de penser en rond », Paris, 2015.

2. Vinciane Despret et Michel Meuret, *Composer avec les moutons. Lorsque des brebis apprennent à leur berger à leur apprendre*, Cardère, Avignon, 2016.

dans cette période de « faible espoir », Anna Tsing dit que « nous avons besoin d'aide, et l'aide est toujours fournie pas un autre, qu'il en ait ou non l'intention[3] ». Je comprends alors mieux pourquoi Frédéric ne peut pas tuer ces êtres soignants. Il tisse avec eux une relation de soin dont il ne parlait pas.

Dans ce livre, je vais raconter des histoires. Elles portent sur les rapports animés entre des paysans et leurs plantes en France. Nous verrons qu'ils les animent grâce aux liens sensibles qu'ils tissent avec ces êtres plus qu'humains, ce qui suppose de laisser de côté les épistémologies naturalistes[4]. Ces histoires sont issues d'un travail ethnographique auprès de soixante paysans et paysannes cultivant sur des surfaces allant de un à quatre cents hectares. Dans le panel d'enquêtés, il y a des paysans et des paysannes qui cultivent en agriculture biologique, d'autres en agriculture conventionnelle, et d'autres encore en agriculture « raisonnée ». L'enquête ne porte donc pas sur un type d'agriculture en particulier ; au contraire, l'objectif est de montrer que ces relations animées se trouvent dans différents types d'agricultures, et indépendamment des surfaces cultivées.

Au travers de ces histoires, il s'agira de rompre avec le paradigme de *production* issu du savoir économique avec lequel on pense l'agriculture dans notre monde dit « moderne » et de concevoir une agriculture *sans production et sans économie*. Je défends l'hypothèse qui veut que pour éviter que les terres agricoles tombent définitivement en ruine, il ne faut plus chercher à « produire autrement » ou à se tourner vers des productions plus durables, mais qu'il faut rompre avec le paradigme de la production, notion clé de l'Économie, et concevoir une *agriculture des relations* entre les paysans et leurs plantes. Il ne s'agit évidemment pas de dire qu'il faut arrêter de nourrir les humains. Je postule simplement que l'acte de nourrir peut se penser à travers des rapports coévolutifs avec les plantes, et non seulement par le biais d'une

3. Anna Lowehaupt Tsing, *Le Champignon de la fin du monde. Sur la possibilité de vivre dans les ruines du capitalisme*, La Découverte, coll. « Les Empêcheurs de penser en rond », Paris, 2017, p. 67.

4. Bruno Latour, *Nous n'avons jamais été modernes. Essai d'anthropologie symétrique*, La Découverte, Paris, 1991 ; Philippe Descola, *Par-delà nature et culture*, Gallimard, Paris, 2005.

opération normalisée ou, plus précisément naturalisée et universalisée, « produire pour nourrir », qui a lieu sous l'auspice de l'Économie.

La « conclusion » du livre n'en est pas vraiment une. En cherchant à poser les premiers jalons théoriques pour concevoir des mondes radicalement nouveaux, sans production et sans économie, elle constitue un prolongement de ces histoires entre les paysans et leurs plantes. Ce pari est ambitieux, mais, comme nous allons voir, les paysans et les paysannes donnent la possibilité de concevoir de tels mondes car, à leur manière, ils mettent fin au grand récit économique.

J'écris Économie avec une majuscule lorsque je me réfère à la *discipline* inventée au XVIIIe siècle, avec ses livres de comptes, ses théories, ses tableaux, ses calculs et, plus tard, ses démonstrations mathématiques[5]. Elle est censée se distinguer de l'existence de l'« économie » avec une minuscule, considérée par tous les économistes et l'ensemble du monde moderne comme une sphère autonome existant en soi. C'est cette dernière à laquelle il est fait référence dans la presse, lorsqu'on lit par exemple que les emplois dépendent de l'économie, ou qu'il faut sauver l'économie en crise. À titre de comparaison, et pour faire bien entendre l'étrangeté de la chose, c'est comme si l'on parlait d'une sphère sociologique ou philosophique du monde à côté de la discipline de la sociologie ou de celle de la philosophie ! Cette fiction a émergé parallèlement à l'Économie comme discipline, et a été développée par les économistes libéraux ou marxistes sans aucun fondement empirique même si elle est prétendument étudiée par l'Économie[6].

L'existence de ce champ fictif, autonome, se situant en dehors de la société (cette dernière constituant notre « infrastructure » qui organise nos « moyens de production »), est entretenue par les économistes de gauche et de droite en désaccord sur de nombreux sujets mais d'accord sur ce point. Tout au long de ce livre, je vais employer les termes d'Économie et d'économie en me référant à cette distinction.

---

5. Catherine Larrère, *L'Invention de l'économie au XVIIIe siècle. Du droit naturel à la physiocratie*, PUF, Paris, 1992.

6. Hufo Radice, « The national economy : A Keynesian myth ? », *Capital and Class*, 8, 1984 ; Michel Callon, *The Laws of the Markets*, Wiley-Blackwell, New Jersey, 1998 ; Louis Dumont, *Homo aequalis. Genèse et épanouissement de l'idéologie économique*, Gallimard, Paris, 2008 ; Timothy Mitchell, *Carbon Democracy. Le pouvoir politique à l'ère du pétrole*, La Découverte, Paris, 2017.

Genèse du sujet

Cette idée centrale n'existait pas au début de mon projet de recherche. Je n'ai pas commencé ce travail avec comme hypothèse de départ : « Et si nous passions d'une agriculture de production à une agriculture de relations qui s'appuie sur les rapports sensibles et animés entre les paysans et leurs plantes, ce qui permettra de sortir de la production et de l'économie ». Dénaturaliser ainsi la production n'est pas une proposition que j'aurais pu faire avant l'enquête. Ma problématique et ma question de recherche se sont précisées et affinées au fil du temps, lorsque j'ai commencé à comprendre ce qui se passait réellement entre les paysannes et leurs plantes. C'est la raison pour laquelle je pense que la meilleure manière d'introduire le lecteur et la lectrice à mon sujet est d'en raconter la genèse.

Je suis au début de ma recherche et cela fait plus de six mois que j'enquête auprès de cuisiniers et de paysans qui travaillent ensemble sur le territoire français. Ces derniers fournissent les cuisiniers en légumes, en herbes, en plantes. Au départ, mon enquête porte sur la manière dont ces cuisiniers et ces paysans collaborent. J'avais envie de savoir qui étaient ces personnes tenant un discours écologique et voulant changer les choses à leur manière : les paysans en proposant aux cuisiniers des végétaux en partie non issus de l'agriculture industrielle, et ces chefs qui proposent une cuisine de qualité à leurs clients. Sans la moindre hypothèse de départ, je passais délibérément mon temps sur le terrain pour tenter d'apprendre au travers de leurs pratiques ce que ces professionnels faisaient. J'avais envie de savoir pour savoir.

Nous sommes en plein hiver quand je passe un après-midi avec le paysan Robert Albezard dont la ferme est située dans le Perche. Je parlerai plus longuement de lui au quatrième chapitre. Il est en agriculture biologique et travaille avec le cuisinier Guillaume Foucault, propriétaire du restaurant Pertica à Vendôme, une ville moyenne à vingt-cinq minutes en voiture de chez lui. J'avais déjà fait sa connaissance ; c'est lui qui m'avait conseillé de rencontrer Robert Albezard. Une fois sur sa ferme, il me montre ses serres, ses cultures et raconte les difficultés de cultiver en agriculture biologique. Il précise que le fait qu'il y ait peu de traitements chimiques autorisés en agriculture biologique lui demande d'anticiper les problèmes pour éviter que des maladies se propagent dans son champ. Nous abordons ensuite les sujets habituels largement traités par la littérature scientifique, notamment les thématiques des circuits courts, des modes de production et de consommation des fruits et des légumes à l'échelle locale, les liens entre les producteurs et les consommateurs, la qualité des fruits et des légumes, le fait de manger sain pour être en bonne santé, etc.[7].

Avant mon départ, nous nous rendons dans une petite serre en verre, et non en plastique comme les autres, bien cachée au cœur de sa propriété. Une fois à l'intérieur, j'aperçois beaucoup de plantes. Robert Albezard montre des courges de six mètres de long, des vignes qui pendent sur les toits. Il y a plein de plantes montantes qui s'accrochent tant bien que mal aux murs. J'ai l'impression de me trouver dans une jungle. Il explique que c'est son « jardin secret » et m'avoue qu'il adore voir les plantes pousser comme ça. C'est une véritable passion pour lui.

Après avoir quitté ce paysan, j'ai rendez-vous en début de soirée dans le restaurant de Guillaume Foucault. Pendant qu'on discute de choses et d'autres, il taille à la mandoline une branche de céleri cru, inspecte ensuite chaque morceau et les pose délicatement dans un récipient d'eau glacée. Il attend un peu, les reprend en les caressant presque, les passe

7. La littérature sur ces thèmes est immense. Voir Gilles Allaire et Robert Boyer, « De la productivité à la qualité, transformation des conventions et régulations dans l'agriculture et l'agroalimentaire », *in* G. Allaire et R. Boyer (dir.), *La Grande Transformation de l'agriculture*, INRA-Economica, 1995 ; Sophie Dubuisson-Quellier et Claire Lamine, « Faire le marché autrement. L'abonnement à un panier de fruits et de légumes comme forme d'engagement politique des consommateurs », *Sciences de la société*, 62, 2004 ; F. Delpal et G. Hatchuel, « La consommation engagée s'affirme comme une tendance durable », Crédoc, *Consommation et mode de vie,* 201, mars 2007 ; E.-A. Buhler *et al.*, *Les Relations de proximité agriculteurs-consommateurs. Points de vente collectifs et AMAP en Midi-Pyrénées*, Dynamiques rurales, Toulouse, 2008 ; Sophie Dubuisson-Quellier *et al.*, « Les agriculteurs entre clôtures et passerelles », *in* Bertrand Hervieu, Nonna Mayer, Pierre Muller, François Purseigle et Jacques Rémy (dir.), *Les Mondes agricoles en politique. De la fin des paysans au retour de la question agricole*, Presses de Sciences Po, coll. « Académique », Paris, 2010 ; Jean-Louis Vincq, Bernard Mondy et Jean-Pascal Fontorbes, « La construction de la qualité fiable dans les réseaux alimentaires de proximité », *Économie rurale*, 2010 ; Aurélie Merle et Mathilde Piotrowski, « Consommer des produits alimentaires locaux : comment et pourquoi ? », *Working paper serie RMT* (WPS 11-14), 2011 ; Antoine Bernard de Raymond *et al.*, « Les fruits et légumes dans tous leurs états. La variabilité, la périssabilité et la saisonnalité au cœur des pratiques sociales », *Revue d'études en agriculture et environnement*, 94, 2013.

dans une essoreuse puis les pose un par un dans un chiffon sec pour les sécher avant de les ranger dans une boîte en plastique. Je lui demande, sans trop réfléchir : « Mais Guillaume, pourquoi tu as besoin de faire tout ça ? Franchement, tu peux les mettre comme ça, justes taillés dans les assiettes, non ? » À son regard, je comprends tout de suite que ma remarque est un peu déplacée. Il répond quand même aimablement : « Je trouve qu'avec mon geste je leur donne plus de vie, plus d'éclat, plus de brillance. Je les trouve plus beaux comme ça, et tu sais très bien le travail fourni par Robert Albezard pour nous faire un céleri comme ça. Et bah, je trouve qu'il faut bien le travailler et le respecter. »

J'écoute ce que Guillaume me dit tout en pensant à la serre en verre de Robert Albezard, à sa passion de cultiver des plantes. Je repense également à d'autres témoignages de paysans qui m'ont parlé de leurs plantes dans le passé. Je prends alors mon carnet de notes pour écrire que ces professionnels tissent des rapports sensibles avec elles en me souvenant aussi des travaux de la sociologue Jocelyne Porcher lus quelques années plus tôt. Elle décrivait les multiples rapports qu'entretiennent les éleveurs avec leurs animaux[8]. Je me dis que ce pourrait être mon sujet de thèse. L'enquête prend un nouveau tournant, il n'était alors plus question de savoir ce que font ces paysans et ces cuisiniers entre eux, mais bien d'explorer les liens qu'il pouvait éventuellement y avoir entre ces professionnels et ces plantes. Je choisis donc de conduire entièrement mon enquête dans cette direction.

À partir de ce moment, orientant différemment mon attention et mes questions, ces professionnels se sont confiés sans restriction sur leurs passions et leurs affinités avec les plantes. Guillaume Foucault expliqua qu'il leur parlait lorsqu'il cueillait alentour. Des paysans me dirent qu'ils travaillaient *avec* les plantes. Au fil de l'enquête, je découvrais ainsi que les paysannes les concevaient comme des êtres sensibles et intelligents. D'autres encore prétendaient que les plantes leur parlaient, qu'elles possédaient un « langage ». Je découvrais que certains considéraient les plantes comme de véritables sujets avec qui ils étaient en compagnonnage et tissaient des « relations d'amour ». Et puis, il y avait aussi des paysans disant se faire exploiter par les plantes tandis que d'autres soutenaient qu'elles leur apprenaient comment il fallait

8. Jocelyne Porcher, *Éleveurs et animaux, réinventer le lien*, PUF, Paris, 2002.

les cultiver dans un champ. Plus j'avançais dans mon enquête, plus je récoltais de passionnantes histoires de la part de ces paysans, chacune m'emmenant dans des directions que je n'avais pas du tout prévues au départ. En les suivant, je m'éloignais de plus en plus de la problématique de la production et de la consommation d'aliments.

Je me suis progressivement rendu compte que je ne pourrais pas tenir ensemble deux corps de métier dans la construction de ma thèse. Ils sont trop différents. Il ne partagent pas les mêmes problématiques. Je n'aurais pas pu décrire de façon concomitante ce que faisaient les cuisinières et les paysannes avec les plantes. Pour donner une cohérence à ma recherche, j'ai été obligé de laisser de côté les cuisiniers. C'est la raison pour laquelle le lecteur et la lectrice croiseront de temps à autre des cuisiniers sans qu'ils soient au cœur de l'enquête.

Le fait de m'éloigner de mon premier sujet a eu pour effet de pouvoir intégrer dans mon panel des paysans qui ne travaillent pas avec des cuisiniers. Le paysan Frédéric Chaize, cité au début de l'introduction, est de ceux-là ; il vend ses fruits et légumes uniquement aux particuliers.

Faire un pas de côté

J'ai choisi de faire un pas de côté par rapport aux travaux traitant de la production et de la consommation des aliments qui insistent tous à leur manière sur le fait qu'il faut produire autrement et consommer mieux afin de changer à la fois nos pratiques agricoles et nos comportements alimentaires. Ma recherche ayant lieu dans le cadre de l'Institut national de recherche agronomique (Inra)[9], et connaissant bien la littérature traitant des questions agricoles au sens large, je me suis

9. Je dois dire ici un mot sur le lien entre cette institution et ma recherche. Je me suis retrouvé pour des raisons administratives inscrit à l'Inra alors que ma directrice de thèse n'en faisait pas partie, ce qui m'a permis d'avoir les mains libres quant à mon sujet. Ce n'est pas l'Inra qui a financé ma recherche mais la Fondation de France. Cette dernière, ne pouvant pas verser directement de subventions aux chercheurs, doit passer par une institution publique. Si l'Inra en a été le bénéficiaire, on notera l'ironie de la situation : avant d'obtenir ce financement, j'avais répondu à deux appels de bourse de thèse pilotés par des chercheurs de l'Inra pour lesquels j'ai été recalé sous prétexte que mon sujet n'était pas « prioritaire », sous-entendu : sans véritable intérêt...

rapidement rendu compte que les relations sensibles entre les paysans et les plantes ne sont ni explorées ni décrites par les sciences sociales menées à partir d'enquêtes sur des paysans. Lorsqu'il est question des relations sensibles avec des vivants autres qu'humains, on s'intéresse aux éleveurs et à leurs animaux[10]. Certains auteurs qui travaillent sur la question animale plaident pour que les sciences sociales s'y intéressent davantage et explorent les liens que les humains tissent au sens large avec eux, mais laissent de côté les liens que peuvent entretenir les paysans avec les végétaux[11]. Une synthèse de la littérature académique sur la question rend visible cette part manquante en sociologie et en anthropologie dès qu'il s'agit des rapports sensibles entre les paysans et leurs plantes.

L'anthropologue Florence Brunois-Pasina, dont la recherche porte sur les relations qu'entretient le peuple Kasua (Nouvelle-Guinée) avec les êtres autres qu'humains, explique qu'« il n'est plus envisageable de les considérer comme de simples objets, passifs, convoqués sur la scène sociale pour nous entretenir dans un monologue humanocentrique. Une "désobjectivation" s'impose pour leur réattribuer leur pleine identité d'êtres vivants, c'est-à-dire d'êtres capables d'agir et d'interagir sur le monde, notre monde[12] ». Cette méthode, qu'elle nomme « ethno-éthologie », doit prendre aussi en compte les interactions entre humains et végétaux afin de montrer que ces derniers ont une puissance d'agir, une *agency*, en particulier sur nous. Dans un article où elle décrit les relations que ce peuple entretient avec les plantes, elle plaide pour l'invention d'une « nouvelle méthode permettant d'intégrer les plantes aux questionnements ontologiques en interrogeant de façon

10. Jocelyne Porcher, *Éleveurs et animaux*, *op. cit.* ; Sébastien Mouret, *Élever et tuer des animaux*, PUF, Paris, 2011 ; Vanina Deneux, « Les reconfiguration des métiers du cheval », 44e journée de la recherche équine, <mediatheque.ifce.fr/doc_num.php?explnum_id=22430>.

11. Dominique Guillo, « Quelle place faut-il faire aux animaux en sciences sociales ? Les limites des réhabilitations de l'agentivité animale », *Revue française de sociologie*, 1, 56, 2015 ; Jérôme Michalon, Antoine Doré et Chloé Mondémé, « Une sociologie avec les animaux. Faut-il changer de sociologie pour étudier les relations humains/animaux ? », *SociologieS*, <sociologies.revues.org/5329>.

12. Florence Brunois, « Pour une approche interactive des savoirs locaux. L'ethno-éthologie », *Journal de la Société des océanistes*, 2005, p. 32.

plus systématique et détaillée l'intelligence que les populations non modernes prêtent aux plantes et aux relations qu'ils tissent avec elles[13] ».

Natasha Myers, une anthropologue canadienne, dont les recherches portent aussi sur les interactions entre humains et plantes, va dans le sens de Brunois-Pasina quand elle affirme que nous avons besoin d'une « planthropologie » capable d'explorer et de décrire les relations entre les personnes et les plantes, hors du rythme d'extraction capitaliste. Les contours d'une telle méthodologie restent à imaginer et à inventer[14]. Ma recherche allait donc s'inscrire dans ce type de questionnement proposant d'élargir la question des ontologies – le discours sur l'être – aux plantes. Les travaux de Brunois-Pasina comme de Myers s'inscrivent dans ce « tournant ontologique[15] » qui s'éloigne du paradigme naturaliste et dont l'objectif est de repeupler les sciences humaines avec des entités autres qu'humaines[16]. Les travaux de Myers m'ont permis de comprendre que mes paysans se situaient à leur manière dans un savoir émergent construit par des anthropologues, des philosophes et des botanistes, appelé par cette anthropologue le *plant turn* ; ils soulignent, à leurs manières, que le savoir naturaliste discrimine ontologiquement les plantes par rapport aux humains et aux animaux[17]. Il traite les plantes comme des objets passifs, inertes, stupides, sans sensibilité, voire à peine vivants, en leur retirant toute puissance d'agir sur les humains. Selon le biologiste Francis Hallé, notre zoocentrisme nous empêche de prêter suffisamment d'attention aux plantes et engendre le fait que « la biologie actuelle, conçue sur la base de ce que nous savons de l'animal, ne tient pratiquement pas

---

13. Florence Brunois-Pasina, « Savoir-vivre avec les plantes. Un vide ontologique ? », *Cahiers philosophiques*, 2018, 153, p. 21.

14. Natasha Myers, « From the Anthropocene to the Planthroposcene : Designing gardens for plant/people involution », *History and Anthropology*, 2017.

15. C. B. Martin et J. Heil « The ontological turn », *Midwest Studies in Philosophy*, 23, 1999 ; Magnus Course, « Of words and fog : Linguistic relativity and Amerindian ontology», *Anthropological Theory*, 2010.

16. Sophie Houdart et Olivier Thiery, *Humains, non-humains. Comment repeupler les sciences sociales*, La Découverte, Paris, 2011.

17. Natasha Myers, « Conversations on plant sensing : Notes from the field », *NatureCulture*, 3, 2015.

compte des plantes[18] ». Le sujet est tellement sensible que les biologistes ne se situant pas dans ce *plant turn* perdent parfois leur sang-froid comme le rapporte Michael Pollan : ils mettent en cause ces travaux émergents en les accusant d'« animisme », comme surinterprétant « des données, pratiquant une forme de téléologie, d'anthropomorphisme et des spéculations sauvages[19] ». L'intelligence des plantes ne peut être qu'une « distraction stupide, pas un nouveau paradigme[20] ».

L'enquête qu'a menée Myers auprès de biologistes à la suite de l'article de Pollan sur l'intelligence et la sensibilité des plantes est instructive. Lorsqu'elle commence ses entretiens auprès de la communauté scientifique, l'un de ses interlocuteurs lui déclare d'emblée : « Si vous êtes ici pour me parler des sentiments de la plante, vous pouvez partir maintenant. Je ne vous parlerai pas[21]. » Elle souligne la forte réticence de nombreux biologistes à aller dans cette direction. Mais il ne s'agit pas de rouvrir le débat interminable et usé jusqu'à la corde de l'anthropomorphisme[22]. Pour elle, le fait d'attribuer des formes humaines à des êtres non humains n'est finalement pas le plus gros problème. Le plus inquiétant est que les biologistes acceptant les paradigmes dominants mécanisent toute forme de vie non humaine, jusqu'à l'échelle moléculaire. Cela engendre des comptes rendus particulièrement pauvres, où toute forme de vie non humaine se réduit à la reproduction d'un génome. Selon Myers, le véritable problème n'est donc pas l'anthropomorphisme, mais le « mécano-morphisme » puisqu'il est plus sûr et moins risqué de comparer les autres organismes non humains aux machines qu'aux humains. Dans cette conception mécano-morphiste, il n'y a pas de place pour la sensibilité non humaine et cette conception du vivant a surtout pour effet de garder toujours intact l'exceptionnalisme humain. Peut-être qu'alors

---

18. Francis Hallé, *Éloge de la plante, pour une nouvelle biologie*, Seuil, Paris, 1999, p. 321.

19. Michael Pollan, « The intelligent plant », *The New Yorker*, 23 décembre 2013.

20. Clifford Slayman cité par Michael Pollan, *ibid.*, p, 3.

21. Natasha Myers, « Conversations on plant sensing: Notes from the field, », *loc. cit.*, p. 1.

22. Sur la question, voir Florence Burgat, « Bien-être animal. La réponse des scientifiques », *in* Florence Burgat et Robert Dantzer (dir.), *Les animaux d'élevage ont-ils droit au bien-être ?*, Inra, Paris, 2001 ; Francoise Armengaud, « L'anthropomorphisme. Vraie question ou faux débat ? », *in ibid.*

« l'anthropomorphisme n'est pas l'ennemi, mais seulement une distraction vis-à-vis d'une force plus violente cherchant à mécaniser toute la vie non humaine[23] ». Ce savoir naturaliste désanime les plantes, il les tient à distance, empêche d'avoir des rapports animés avec ces êtres autres qu'humains. On ne peut pas avoir des relations sensibles avec les plantes considérées comme des objets mécaniques à peine vivants si on ne leur accorde aucune forme de sensibilité, d'intelligence ou de puissance d'agir. Concrètement, il est impossible de tisser une relation d'amour ou bien de travailler avec elles si on les considère comme des objets inertes. Dans ce savoir naturaliste, les plantes sont des êtres inanimés.

Les paradigmes dominants de la biologie ne sont pas les seuls mis en cause quand on aborde les plantes au travers du prisme de la sensibilité et de l'intelligence. La philosophie, et sa longue tradition de discrimination ontologique envers les plantes, l'est également. Depuis l'Antiquité, les philosophes n'ont cessé de mépriser les plantes, rappelle Emanuele Coccia dans un essai qui en retrace l'histoire[24]. Les plantes, comme le dit joliment Michael Merder, sont les « mauvaises herbes de la métaphysique[25] ». L'ouvrage collectif récent *Philosophie du végétal* pointe de manière unanime une « absence de pensée » dans les savoirs occidentaux modernes sur les végétaux[26]. Les auteurs appellent à une philosophie végétale ontologiquement plus généreuse envers les plantes.

Comment prendre suffisamment au sérieux les discours qui m'étaient rapportés, c'est-à-dire comment faire littéralement émerger d'autres types de réalité du monde agricole, sans que ces propos soient disqualifiés par le discours naturaliste les renvoyant du côté des représentations, des valeurs, des métaphores, des subjectivités, des croyances, de la symbolique ou encore de l'anthropomorphisme ? De ce point de

---

23. Natasha Myers, « Becoming sensor in sentient worlds : A more-than-natural history of a black oak Savannah », *in* Gretchen Bakke et Marina Peterson (dir.), *Between Matter and Method : Encounters in Anthropology and Art*, Bloomsbury Press, Londres, 2017.

24. Emanuele Coccia, *La Vie des plantes. Une métaphysique du mélange*, Rivages, Paris, 2016, p. 15.

25. Michael Marder, *Plant-Thinking: A Philosophy of Vegetal Life*, Columbia University Press, New York, 2013.

26. Quentin Hiernaux et Benoît Timmermans (dir.), *Philosophie du végétal*, Vrin, Paris, 2018.

vue, ce travail s'inscrit dans le sillage des travaux de Bruno Latour sur l'anthropologie du monde moderne.

Une autre difficulté, à laquelle j'ai appris à répondre après de longs mois, portait sur le fait que mon enquête ait pour terrain le monde agricole – et non, par exemple, la relation privée, domestique pourrait-on presque dire, que les gens peuvent avoir avec leurs plantes de « loisir ». Pourquoi enquêter dans un monde où les recherches actuelles sont très éloignées de mes questions ? Dans mon institution de rattachement, l'Inra, les chercheurs sont préoccupés par le fait de savoir « comment produire pour nourrir[27] ». Je me souviens d'une conversation avec un stagiaire qui travaillait sur « l'agriculture intégrée », qui vise non pas à bannir les pesticides, mais à en diminuer les doses en agriculture. Après avoir compris sur quoi je travaillais, il m'a dit : « Mais tout le monde s'en fiche de ça. » Ce qui préoccupe l'Inra, c'est de savoir comment produire avec le meilleur rendement, même si, à cause de la crise écologique, il s'intéresse aussi ces dernières années à d'autres manières de « produire[28] ». Face à la dévastation des terres provoquée par l'agriculture intensive, l'objectif de certains programmes de recherche est de mettre au point de « nouvelles manières de produire[29] » capables d'accroître la production et le rendement tout en préservant l'environnement et les ressources naturelles. Cette approche a été intégrée grâce au concept de « développement durable[30] » et a permis que cette démarche soit transposée au concept d'« agroécologie[31] ». Le premier terme commençait sans doute à être dévalorisé par les critiques.

En étudiant les rapports sensibles que les paysans entretiennent avec leurs plantes, j'avais le sentiment de choisir un sujet « exotique », voire

27. Voir les documents d'orientation scientifique de l'Inra : <metaprogrammes.inra.fr>.

28. Jean-Marc Meynard et Phillippe Girardin, « Produire autrement », *Courrier de la cellule environnement*, Inra, 15, 1991.

29. *Ibid.*, p. 1.

30. Jean-Marc Meynard et Marie-Hélène Jeuffroy, « Quel progrès génétique pour une agriculture durable ? », *Dossier de l'environnement de l'Inra*, 30, 2006.

31. Jean-Marc Meynard, « L'agroécologie, un nouveau rapport aux savoirs et à l'innovation », *OCL*, 24, 3, 2017 ; voir aussi la dossier Inra sur l'agroécologie : <inra.fr/Chercheurs-etudiants/Agroecologie/Tous-les-dossiers/L-agro-ecologie-a-l-Inra-la-recherche-s-organise>.

futile, face aux autres doctorants de l'Inra qui cherchaient à expliquer les bonnes manières de produire pour nourrir l'humanité[32]. Il est courant de penser que les thèses en sciences sociales servent à « produire » de la connaissance pour la connaissance. Cela ne me satisfaisait guère, d'autant que ma proposition de recherche devait faire face à d'autres dont les financements s'élevaient à plusieurs millions d'euros. Des sujets sur lesquels il n'y a aucune raison de douter car, quoi qu'il arrive à ce monde, il faudra produire pour nourrir les humains… Des sujets systématiquement considérés comme prioritaires face au mien qui ne s'intéressait qu'aux rapports avec les plantes.

Au fond, ce stagiaire assis à côté de moi n'avait pas totalement tort. Je l'observais passer son temps à calculer la productivité des fermes, activité qu'il a poursuivie jusqu'à la fin de son stage et qui a permis de réduire des milliers de fermes à une affaire de « production ». Il se trouvait lui-même cerné par des chercheurs confirmés vérifiant ses calculs. Alors, pour que le monde « ne s'en fiche pas », mon sujet de recherche devait épaissir ses contours et trouver des arguments expliquant l'intérêt d'une problématique tournée vers les rapports avec les plantes.

Deux événements y ont contribué, chacun à leur manière. Le premier correspond à ma rencontre avec la paysanne Rachel Berlier – à qui je consacre le dernier chapitre de ce manuscrit. Au cours d'un entretien, elle avait suggéré que si notre civilisation courait à sa propre perte, cela tenait au fait que les plantes n'étaient pas animées. Selon elle, le végétal n'est, pour beaucoup d'Occidentaux, qu'une simple matière inerte, une ressource à peine vivante disponible pour les nourrir. Des êtres avec lesquels ils ont peu de rapports, peu de liens. Elle m'a dit : « C'est quoi une salade pour nous ? Pas grand-chose. C'est un "truc" qu'on mange. C'est un produit pour faire du rendement. Et pourtant, il va falloir se mettre un jour en rapport avec cette salade. » Si notre monde veut survivre et inverser la tendance face aux crises écologiques et aux extinctions multispécifiques, il n'y a selon elle pas d'autre choix que de les « animer ». C'est fondamental d'après elle, car nous vivons grâce aux plantes. Nous respirons de « l'air végétal ». Sans les plantes,

32. Sur le site du département SAD de l'Inra dans la rubrique « recherche », on peut consulter des centaines d'articles qui abordent cette problématique : <sad.inra.fr/liste/dossiers/135817/(offset)/9/(iLimit)/9>.

nous mourrions au bout de quelques secondes. Rachel Berlier n'a pas besoin de connaître la littérature académique sur le *plant turn* pour savoir que les plantes sont inanimées et réduites à une ressource, à des objets à peine vivants destinés à nourrir les humains.

Des plantes animées implique de se mettre en rapport avec elles pour pouvoir nous connecter et vivre ensemble, reconnaître qu'elles ont une influence, un pouvoir sur les humains, exigeant d'être plus généreux sur le plan ontologique. Mais ce n'est pas tout. Cette paysanne va plus loin. Au cœur du problème se joue le fait de penser l'agriculture à travers la production : « La production te coupe du vivant. Elle va à l'encontre du monde du vivant. Tu es complètement hors contexte ; elle te met hors monde. Tu es à côté du monde ; tu es coupé du monde. Le vivant n'intervient pas. Il y a quelque chose de très morbide là-dedans. Le vivant devient un produit. La production permet de tenir le vivant à distance, elle l'écarte tout le temps. Il est hors de toi. »

Cette paysanne m'a aidé à formuler le problème qui m'obsédait depuis de longs mois : passer du paradigme de production à celui de rapports animés avec les plantes. Selon elle, nous devrions aujourd'hui être capables de contourner l'injonction prescrivant de produire autrement en tentant de préserver l'environnement, pour plonger pleinement dans le monde vivant au travers de nos relations. La production place les humains « hors sol », sur un piédestal et « hors monde », ce qui a pour conséquence, comme nous le verrons au deuxième chapitre, de renforcer l'exceptionnalisme humain.

Un deuxième événement a fortement contribué à me faire comprendre pourquoi la production était un sujet prioritaire – c'est-à-dire avant les relations – et pourquoi il était si difficile, pour ne pas dire impossible, de penser et concevoir une agriculture sans production. Alors que j'étais bloqué sur un point théorique qui m'empêchait de déplier pleinement les rapports animés entre les paysans et leurs plantes, la philosophe Vinciane Despret, membre de mon comité de thèse, m'a un jour invité à réfléchir : pourquoi est-ce que je me situais du côté des non-productivistes pour critiquer l'agriculture industrielle, alors que je travaillais sur les relations entre les paysans et leurs plantes ? Le deuxième chapitre, intitulé « Vinciane Despret, Karl Marx, les paysans et la pomme de terre », tente de répondre en revenant sur ce qui s'est passé pour que l'on en soit arrivé à ce postulat naturalisé et universalisé : « Produire pour nourrir ».

Ce chapitre est crucial pour le propos de ce livre, ce qui explique pourquoi il est au début. Je souhaitais éviter que l'on puisse penser que la production et les relations entre les paysans et leurs plantes sont deux approches compatibles, c'est-à-dire que l'on pourrait à la fois produire et entretenir des relations avec les plantes dans un champ. Ce second chapitre tente d'expliquer pourquoi ces deux approches sont fondamentalement incompatibles, en replaçant dans son contexte le dilemme dans lequel nous sommes pris entre continuer à produire ou abandonner cette approche hors sol et imaginer un autre monde agricole. Ce chapitre n'est pas ethnographique mais à la fois historique, théorique et délibérément spéculatif. Affirmant un « engagement méthodologique[33] », il ouvre à d'autres questionnements et d'autres propositions et laisse derrière lui le débat actuellement figé entre productivistes et non-productivistes.

À partir de la deuxième partie, « Animer pour résister », la restitution de l'enquête se fait de manière chronologique. L'envie est de faire comprendre au lecteur la manière dont s'est déroulée cette enquête et comment j'ai procédé pour récolter les histoires[34].

Dans la troisième partie, « Après la production », chaque chapitre rend compte de séjours prolongés chez quatre paysans : Jean-Baptiste Anfosso, Isabella Thieke et le couple Rachel et Antoine Berlier. L'objectif est de localiser davantage les histoires dans un espace-temps resserré pour éviter les Grands Récits.

Je m'inscris ainsi dans la proposition de l'anthropologue Anna Tsing : « Les catégories et les hypothèses qui relèvent du progrès continuent à persister un peu partout. Nous pensons quotidiennement dans le cadre des grandes notions qui les incarnent : la démocratie, la croissance, la science, l'espoir. Mais pourquoi devrions-nous être certains que les économies croissent et que les sciences progressent[35] ? » Elle ne s'intéresse plus aux grands concepts comme le Progrès, la Démocratie, Le Marché,

---

33. C'est le terme que donne Isabelle Stengers pour qualifier ce chapitre, communication personnelle.

34. Sur le concept d'histoire et sur l'art de raconter des histoires, voir l'introduction de la deuxième partie. Cela fait partie de la méthode retenue pour restituer cette enquête.

35. Anna Lowehaupt Tsing, *Le Champignon de la fin du monde*, *op. cit.*, p. 56.

la Science, elle laisse de côté ces « grands êtres[36] », selon la formule de Latour. Elle ne croit plus en ces notions car, à travers elles, sont racontées beaucoup « d'histoires humaines » qui ne peuvent pas aider à penser et imaginer de nouveaux mondes habitables en lien avec les autres espèces. Elle déplace le problème en s'intéressant à un « petit être » : le champignon matsutake. Il a la particularité de pousser dans des forêts dévastées par le capitalisme, dans des lieux où, après la dévastation, la vie émerge à nouveau. Elle le suit à la trace dans l'Oregon, aux États-Unis, au Japon et en Finlande, en récoltant des histoires auprès des cueilleurs, des chercheurs, des forestiers et des marchands. En imbriquant les récits portant sur ce champignon, et sans recourir à l'idéologie du progrès qui nous a, dit-elle, rendus aveugles, elle montre que ce monde peut être raconté et décrit autrement, sans faire appel aux « vieilles histoires ».

Tsing opère ainsi un déplacement théorique et politique considérable. Elle veut fabriquer de nouvelles histoires entre les humains et les autres espèces. L'enjeu est de taille, car le but de « ces histoires consiste à inclure les autres vivants, non humains, lorsque nous parlons de "relations sociales". Nous avons hérité de la modernité cette idée selon laquelle ces relations seraient strictement réservées aux humains, tandis que tous les autres vivants autour de nous (animaux, plantes et champignons) n'auraient qu'un statut d'objets et non d'êtres sociaux. Or, dès que nous changeons de perspective et regardons comment ils se comportent, nous réalisons qu'ils construisent des relations sociales, non seulement entre eux, mais aussi avec nous, et que nos façons de nous relier à ces autres vivants sont déterminantes[37] ». Elle invite les chercheurs à cultiver l'« art de l'observation », c'est-à-dire des compétences amenant à se rendre attentif à tout ce qui été écarté par les récits dominants, « en particulier toutes les manières de vivre, humaines et non humaines qui font de la Terre un espace habitable[38] ».

Quand j'ai eu compris que la notion de production faisait partie du « Grand Récit » éliminant les rapports animés entre les paysans et

36. Bruno Latour, *Enquête sur les modes d'existence. Une anthropologie des Modernes*, La Découverte, Paris, 2012, p. 388.

37. Anna Lowehaupt Tsing, « L'art d'observer », entretien avec Anne de Malleray, *Billebaude*, « Cueillir », 12, 2018, p. 8.

38. *Ibid.*, p. 8.

leurs plantes – je demande ici au lecteur d'accepter cette hypothèse non encore démontrée –, je n'eus d'autre choix que de retourner dans les champs d'un.e paysan.ne et tenter de pratiquer cet art de l'observation, afin de re-décrire à nouveaux frais ce qui se passe dans une ferme. L'enjeu était de prendre au sérieux la proposition de Tsing : nous (chercheurs et chercheuses) devons être capables de raconter les histoires d'un monde sans progrès[39].

Un élément notable de cette troisième partie est que l'ethnographie se fait de manière plus « ambivalente et désordonnée[40] », pour reprendre le terme de Myers. Je raconte des histoires en revenant sans cesse sur des activités essentielles – cueillir, rempoter et désherber. Raconter des histoires sur les paysans et les paysannes et les plantes en ne cherchant pas à « qualifier » les types de rapports que les paysans et les paysannes entretiennent avec elles permet de ne pas tomber dans l'écueil de l'objectivation, mais laisse libre cours aux récits tout en se focalisant sur la cueillette, le rempotage et le désherbage. Le but est de désapprendre à qualifier, classer, analyser, objectiver. À l'opposé, on court le risque de faire à nouveau un Grand Récit et de suivre les « tendances lourdes[41] » en voulant être partout et nulle part à la fois. Enfin, se concentrer sur une tâche bien spécifique permet de donner un squelette au texte, tout en rappelant que ce sont les histoires elles-mêmes qui lui donnent corps.

39. Conférence de Anna Lowehaupt Tsing, « L'art d'observer », musée de la Chasse et de la Nature, 30 mai 2018.

40. Natasha Myers, « Unsettling ecological restoration in an ancient and urban oak Savannah », *loc. cit.*

41. Benedikte Zitouni et François Thoreau, « Contre l'effondrement : agir pour des milieux vivaces », <entonnoir.org/2018/12/13/contre-leffondrement>.

Première partie

La production ne constitue pas notre matérialité

1
SE RENDRE ATTENTIF AUX RAPPORTS ANIMÉS AVEC LES PLANTES

Faire ressortir les liens

Quelques mois avant d'entamer l'écriture de ce manuscrit, j'ai lu *Le Paysan impossible. Récit de luttes* du paysan Yannick Ogor[1]. Il y raconte des histoires accablantes sur la manière dont les « normes écologiques » appliquées dans le monde paysan font disparaître les petites fermes : seules les exploitations industrielles ont les moyens financiers de respecter les normes d'hygiène. Sous couvert de mesures écologiques visant à toujours plus d'hygiène pour protéger la « santé des consommateurs », on industrialise toujours davantage. Ce livre rapporte des témoignages de lutte contre cette industrie et l'administration française, mais on y trouve aussi une autre idée : ce paysan a envie d'entrer dans des rapports sensibles avec le vivant qui l'entoure. Mais il n'en dit pas plus, même s'il écrit : « L'insensibilité est d'ailleurs gage de la réussite. [...] L'écologie coïncide avec celui de la fonctionnalité. Considérer le moment de la fenaison avant tout comme une fête où trouver du plaisir à nourrir ses bêtes au quotidien n'est que de la sensiblerie[2] ! »

Je contacte l'auteur avec l'idée de le rencontrer. Dans mon courriel, j'explique travailler sur les rapports sensibles que les paysans entretiennent avec leurs plantes.

---

1. Yannick Ogor, *Le Paysan impossible. Récit de luttes*, Les éditions du bout de la ville, Le Mas-d'Azil, 2017.

2. *Ibid.*, p. 25-43.

Rendez-vous est pris quelques jours plus tard et je pars le voir dans sa ferme à Carentoir, en Bretagne, où il habite depuis vingt ans avec sa femme et sa fille. On s'installe dans le salon où se trouve une immense bibliothèque. Je jette un coup d'œil. On trouve de tout, des ouvrages académiques, des essais, des romans, de la poésie. Il raconte son parcours. Son grand-père était paysan, mais ses parents ouvriers. Il a fait une maîtrise de biologie avant de s'engager dans la Confédération paysanne. Il la quitte après quelques années, la jugeant trop conformiste : les gens de la « Conf' » ont abandonné l'« esprit de lutte », et il préfère s'engager dans d'autres collectifs qu'il juge « plus efficaces pour résister ». Il prend sa part auprès des paysans installés sur la ZAD de Notre-Dame-des-Landes, fréquente des membres du Comité invisible et, de façon générale, le milieu activiste d'extrême gauche[3]. Mais il est en désaccord sur de nombreux points politiques, notamment sur la question de savoir « comment lutter ». Je suis tout à la fois en face d'un paysan, d'un intellectuel et d'un activiste. Je l'interroge : pourquoi parler de « sensiblerie » dans son livre et ne pas aller plus loin sur les rapports sensibles avec les plantes, avec le vivant ?

> Dans le monde paysan, explique-t-il, c'est compliqué parce que je pense que ce sont les agriculteurs qui vont eux-mêmes parler de sensiblerie ; on leur a tellement inculqué le fait qu'ils ne travaillent pas avec du vivant, et qu'ils doivent respecter des process de production. Comme si aujourd'hui c'était quelque chose d'extraterrestre d'être attentionné envers une plante, de sentir quand elle souffre, a besoin d'eau ; nous, ça nous fait souffrir. En bio, par exemple, on subit souvent des attaques de pucerons. Dans un tel cas, tu pourrais dire : c'est d'abord le chiffre d'affaires qui diminue, mais ce n'est pas que ça. C'est toute l'énergie qu'on y met et le plaisir qu'on a à voir pousser de beaux légumes qui sont d'un seul coup menacés par une attaque de pucerons. Et c'est vrai qu'on est touché. On se sent mal, ça nous affecte, ça nous travaille l'esprit ; ces jours-là on n'est pas en paix. On se couche avec ces pensées-là. Il y a un an et demi, on a essayé de traiter avec du savon noir et on avait fait des purins de plantes, mais d'après le protocole il faut le faire tôt le matin, au lever du jour, ou tard le soir après le coucher du soleil et ça devient complètement obsédant. Tu y passes un temps dingue parce que la plante, tu essayes de la sauver

3. Comité invisible, *Maintenant*, La Fabrique, Paris, 2017.

> et tu passes beaucoup de temps avec elle tous les jours, deux fois par jour pendant une semaine avec le pulvérisateur. Tu as préparé tes purins pour en prendre soin et tu vis avec elle, quotidiennement. Quand tu repasses et que tu vois l'évolution, tu dis : ah oui le puceron est en train de régresser. Tu vois évoluer la plante et aussi l'échec parce qu'au bout d'un moment ce sont des échecs que tu vis et tu perds la plante et ce n'est pas rien.

Pour Yannick Ogor, parler de ces rapports sensibles avec les plantes – elles souffrent ou le font souffrir – et dire que « les paysans travaillent avec le vivant » et qu'« ils vivent avec les plantes », n'est pas quelque chose de facile dans le milieu agricole. C'est même complètement inaudible, et le risque est fort de passer pour un extraterrestre, un allumé, mais il me dit qu'« il n'y a plus le choix aujourd'hui ». Il « faut prendre le risque ». Tous les rapports que les paysans peuvent éventuellement entretenir avec le vivant sont écrasés et disqualifiés, relégués au domaine de la « sensiblerie » par un discours économique, agronomique et technique, qui ne voit « que de la production » dans les champs.

Il faut oser dire que les plantes nous affectent, nous touchent, voire font souffrir celles et ceux qui vivent avec elles lorsqu'elles sont attaquées par des pucerons. Il faut aussi oser dire que les plantes souffrent quand elles sont attaquées. Il me confie qu'il faudrait oser dire que les pucerons déclenchent une souffrance à la fois humaine et non humaine. Mais le problème est de parler d'une « souffrance végétale » ou d'une « souffrance interspécifique », due aux attaques de pucerons puisque c'est de cela qu'il s'agit concrètement. Il y a de fortes chances pour qu'on le prenne pour un extraterrestre parce qu'une plante ne souffre pas « vraiment » !

Mais la question n'est pas de savoir si la plante souffre ou non réellement. Pour lui, c'est le cas, car il est dans un rapport sensible avec ses plantes qu'il a animées avec cette notion. Comment faire une place à une telle histoire ? Comment faire que cette histoire de souffrance interspécifique devienne une histoire réelle et banale de ce qui peut arriver dans un champ ? Autrement dit, comment intégrer le fait que ce paysan anime ces êtres végétaux au travers de la souffrance et que ces derniers soient dans un rapport empiriquement animé ?

Je reviendrai plus loin dans ce chapitre sur cette question des récits. Avant, je souhaiterais me pencher sur le récit de Yannick Ogor. Il me raconte qu'il a reçu des critiques de la part de ses « copains paysans » :

> Ils attendaient que je prenne ce risque-là de décrire un peu ce rapport sensible et d'attachement à la vie paysanne. Et, du coup, ils étaient frustrés que je n'aie pas réussi à le faire. C'est vrai que pour moi c'est compliqué. Je me pose la question parce que ça manque aujourd'hui, parce que c'est ça qui fait qu'on ne sait plus ce qu'on a à défendre. Et on s'est dit : putain, il faudrait qu'on arrive à parler positivement de ce qui nous attache à cette vie paysanne.

Il me confia également qu'une chroniqueuse de la revue *Silence* lui avait fait la même remarque. Dans le compte rendu de son livre, elle mentionnait cette « retenue » et la trouvait « assez dommage ».

D'après lui, si ma recherche est compliquée à mener, c'est aussi parce que les paysans n'abordent pas vraiment entre eux les rapports sensibles qu'ils entretiennent avec les végétaux : « Ces choses ne se disent pas. » Ils parlent plutôt des luttes, des stratégies pour survivre dans ce monde qui les « rejette », les « méprise », ne « les comprend pas ». Et pourtant, insiste-t-il, « il faut qu'on prenne le risque d'en parler parce que si on veut survivre, il faut que l'on sache à quoi on tient, et les paysans n'ont jamais pu le formuler clairement ». Comme ce sujet n'est pas abordé entre eux, chacun garde ses rapports pour soi et c'est difficile de trouver les bons mots, les bonnes formules. Il n'est pas exagéré selon lui d'y voir une forme de « tabou » dès que l'on aborde les rapports sensibles avec le végétal dans le monde agricole. Dans son prochain livre, il tentera de faire un récit plus « romancé », plus « poétique » pour essayer de formuler *à qui ils tiennent.* Il cherchera un format de récit agréable à lire dans lequel il sera question des rapports aux plantes et au vivant de manière générale, explicitant clairement à quoi les paysans tiennent, ce qui compte pour eux. C'est ainsi que les personnes extérieures au monde agricole et les paysans eux-mêmes sauront à quoi ils sont attachés et pourquoi ils luttent sans cesse pour faire perdurer ce travail.

Dans un café parisien, j'ai eu une discussion sur un sujet identique avec le paysan Guy Kastler, membre fondateur de la Confédération paysanne, coordinateur du réseau Semences paysanes depuis sa création en 2003, et adhérent depuis 1971à l'association pour l'agriculture biologique Nature & Progrès. C'est un personnage très connu dans le monde agricole. Il est impliqué dans de nombreux projets agricoles nationaux et internationaux. Il me confie qu'il n'arrête pas de bouger

« à gauche à droite » en ce moment. Il est invité dans des colloques et des séminaires un peu partout dans le monde. Il me confirme à son tour qu'il est très compliqué d'aborder les « rapports animés » avec les végétaux aussi bien avec le grand public qu'avec les scientifiques ou dans le milieu paysan. Tout le monde se cache derrière un discours qui ne parle que de production, de productivité, de rentabilité et d'agrandissement des fermes. Les « rapports animés » – c'est le terme que lui-même emploie, car il est très intéressé et intrigué par l'animisme qu'il a pu observer chez des paysans africains – l'aident à penser à la manière d'envisager l'agriculture d'aujourd'hui : les paysans ne raisonnent pas du tout de la même façon lorsqu'ils abordent le vivant. Mais il ne trouve personne avec qui en parler. C'est un sujet très éloigné des préoccupations actuelles des personnes qui travaillent en milieu agricole, qui peut même « faire peur » à certains. Il est toutefois convaincu que l'on peut s'en inspirer[4].

Selon lui, depuis deux ou trois ans les choses commencent timidement à bouger : lorsqu'il aborde ces questions devant un public, « les gens sont plus réceptifs. Ils commencent à comprendre qu'il faut en parler ». Cependant, tout le rapport au vivant est complètement écrasé, une fois encore, par de nouveaux récits dominants qui parlent d'« agriculture intelligente » et de biotechnologie. Il n'y a rien d'intelligent ici, si ce n'est une intelligence artificielle fondée sur la puissance de calcul. Les scientifiques confondent « un laboratoire et un champ ». Quand les scientifiques parlent de la plante, « ils la voient comme un objet pour produire, moi quand je parle de la plante, je ne lui donne pas le même sens. J'en parle comme d'un être vivant sensible, intelligent. Les paysans ne donnent pas du tout le même sens à la plante. On ne voit pas la même chose. On ne parle pas de la même chose. Même si on parle de la “plante”, on ne met pas la même chose derrière. Tu comprends pourquoi on défend un savoir paysan face à un savoir scientifique ». Il distingue le savoir paysan fondé sur des aspects empiriques et, plus précisément, sur le sensible qui permet de détecter ce qui se passe dans un champ, du savoir scientifique, un savoir analytique qui évacue le

4. Aliénor Bertrand et Sarah Vanuxem ont publié un entretien avec lui sur sa manière de voir le vivant : « Des savoirs paysans », *Cahiers philosophiques*, 1, 152, 2018, p. 37-61.

sensible. Dans ce savoir, la plante est juste « un objet d'étude pour faire de la production ». Selon lui, un savoir scientifique ne pourra jamais dire dans quelle parcelle une plante « se sentira le mieux ». Il n'y a que le paysan qui peut le savoir puisqu'il connaît parfaitement son champ. Guy Kastler précise ne pas rejeter ce savoir scientifique, même si, très souvent, il ne sert pas à grand-chose. C'est « le savoir paysan qui fait tourner une ferme et non le savoir scientifique ».

D'après lui, les plantes ne sont pas considérées de la même manière par une majorité de scientifiques et de paysans qui considèrent la plante comme un objet pour faire de la production, c'est-à-dire une ressource pour nourrir, et par un certain nombre de paysans – chez nous, mais aussi à travers le monde – qui voient la plante d'une manière radicalement différente, comme un être vivant, sensible, ou encore intelligent. Nous serions au carrefour de deux histoires radicalement différentes, d'un côté les scientifiques qui désaniment les plantes pour les réduire à des objets de production de ressources et d'étude dans un laboratoire, et de l'autre, des paysans qui animent les plantes, au travers de l'intelligence, en leur accordant de la sensibilité.

Guy Kastler m'apprend aussi que la souffrance des plantes n'est pas leur seule destinée dans un champ, qu'elles peuvent « sentir » des endroits qui leur conviennent mieux. Il me parle ici d'un autre rapport sensible, où la plante est considérée comme un être qui « sent ». Cet être peut percevoir d'une manière ou d'une autre dans un champ, et il y a des endroits où elle se sent mieux que dans d'autres. On est ici à l'extrême opposé des histoires qui se racontent dans le monde agricole sur la productivité et la rentabilité des fermes. Néanmoins, je me retrouve dans le même cas de figure que lorsque je discutais avec Yannick Ogor. Même s'il n'existe pas d'espace où raconter des histoires sur les plantes qui « sentent » et préfèrent vivre à un endroit plutôt qu'à un autre dans un champ, c'est ce que ces paysans disent et leurs propos ne peuvent être plus clairs.

Il n'est pas anodin de dire que les plantes souffrent, qu'elles n'aiment pas être déplacées une fois plantées ou encore qu'elles parlent aux paysans. Si l'on considère ces discours littéralement, on bascule automatiquement dans un monde composé de plantes animées autrement. Guy Kastler me questionne sur l'institution à laquelle je suis rattaché. Lorsque je réponds que je suis à AgroParisTech, il sourit et me raconte une histoire. Il a été invité dans mon école il y a quelques mois, en avril 2018, dans un séminaire sur l'agriculture pour intervenir devant des étudiants et le corps enseignant sur les nouvelles technologies en agriculture. Au bout d'un moment, il évoque ce savoir paysan et ce rapport sensible qu'il faut entretenir pour que la ferme tourne. Le paysan doit capter les messages que la plante lui envoie pour savoir si tout se passe bien pour elle, sinon elle ne pourrait pas survivre. Il précise : « Tout le monde m'a pris pour un allumé puisque cela voulait dire que je communique avec la plante. Et tout cela leur passe au-dessus la tête. Ils m'ont pris pour un fou. »

Selon lui, les scientifiques qui travaillent dans le monde agricole ne sont pas prêts à entendre ce discours. Je ne suis pas étonné. Il est tout à fait logique que les gens présents à la séance l'aient pris pour un « fou ». Et cela les aurait rendus fous de prendre son récit au sérieux[5]. La question n'est pas de savoir quelles raisons le poussent à communiquer avec ses plantes, mais pourquoi son auditoire ne peut pas envisager une seconde que ce paysan communique véritablement avec elles. Selon Guy Kastler, il est possible d'en parler publiquement, mais sous réserve. Pour aborder le sujet entre paysans, il partage l'avis de Yannick Ogor : c'est tout autant compliqué. Mais il souligne une difficulté supplémentaire : quand on parle devant un public, « ça passe encore », mais écrire sur ce sujet, c'est quelque chose de très difficile, car « il n'y a pas de mots ». Même si le langage fait défaut, il veut s'y mettre, tout comme Yannick, pour expliciter les liens avec le vivant.

Pour Yannick Ogor et Guy Kastler, parler des liens que les paysans entretiennent avec les plantes n'est pas facile : « Ce sont des choses qui ne se disent pas. » Curieusement, j'ai abordé ces questions avec eux et avec d'autres paysans et paysannes sans grande difficulté. Au cours de mon enquête, j'ai aussi participé à des rassemblements, suivi des conférences et assisté à divers événements. Dès que j'expliquais mes recherches, j'observais d'abord un étonnement, puis des sourires

5. Je pense à Vinciane Despret qui rapporte les propos de Philippe Descola. Il « suggère que les Blancs ont inventé le symbolique dans les rencontres avec les "autres" afin de ne pas devenir fous ». Vinciane Despret, *Au bonheur des morts. Récits de ceux qui résistent*, La Découverte, coll. « Les Empêcheurs de penser en rond », Paris, 2015, p. 11.

– certains paysans me disaient même: «Ah! il est drôle ton sujet! Mais tout le monde s'en moque de ça» – avant de développer avec un immense plaisir la nature de leurs liens affectifs avec leurs plantes. Je me souviens en particulier d'un rassemblement de paysans, à côté de Lyon. Après avoir fait connaissance avec l'un d'entre eux, Jean-Bernard Fiorezano, ce dernier me confiait:

> C'est très intéressant que tu m'interroges sur mes liens intimes avec mes légumes. Cela fait un an que je pense à ça: chez moi, les plantes prennent plus de temps à émerger que chez les autres. Par exemple, les carottes chez moi poussent au bout de deux mois, et moi je suis très lent, je ne fais rien rapidement. C'est ma façon d'être. C'est comme ça, et bah, je pense maintenant que nos relations sont ancrées dans la lenteur. On s'adapte bien, c'est notre rythme à nous.

«C'est comme ça, expliquait-il encore; il y a des carottes qui poussent au bout d'une semaine chez certains paysans.» Chez lui, c'est au bout de deux mois. «On prend notre temps», disait-il. Il n'y a aucune raison de se presser dans ce champ, ni pour les êtres non humains, ni pour ce paysan. Il semble bien que le rythme instauré lui convienne ainsi qu'à ses plantes. Dans le cas contraire, il serait continuellement débordé par ses carottes. Or ce n'est pas le cas. Prendre son temps avec les plantes semble ancrer la relation. Le paysan instaure un autre rapport animé et une temporalité commune interspécifique dans son champ.

Ce récit fait écho à une autre histoire de rapports animés avec les plantes. Lorsque j'ai commencé à réaliser mes premières enquêtes auprès des paysans, j'ai fait la connaissance de François Cost, grâce à la cuisinière Raquel Carena, propriétaire du restaurant parisien Le Baratin, avec laquelle il travaille. Il y a huit ans, il s'est installé en maraîchage biologique à côté de Cluny, en Bourgogne-Franche-Comté. La cinquantaine approchant, après une carrière entrepreneuriale relativement réussie, il se sent très fatigué. Il est en stress permanent; il n'en peut plus. Il décide de vendre son entreprise: il ne veut plus gérer ni ses employés ni ses clients ni l'entreprise. Il achète alors vingt hectares de terre et commence à cultiver des plantes sur un peu moins d'un hectare. Le reste du terrain est laissé en prairie. Il veut protéger les plantes, son compagnon et lui-même des pesticides déversés alentour. Il ne bénéficie d'aucune aide et n'a jamais travaillé à la ferme. Il sait néanmoins ce qu'est un jardin et comment cultiver. Il n'est donc pas complètement novice en la matière. Il a également vécu à la campagne et regardait ses parents entretenir leur jardin. Lorsqu'il me montre ses plantes – dont une partie est cultivée sous serre et une autre en plein champ –, son ami Olivier Buhrel se joint à nous. Comprenant que nous discutons des liens affectifs avec les plantes, il ajoute : « Ça le rend hystérique quand quelqu'un d'autre rentre dans son jardin. C'est très intime quand même, attention ! » François réagit : « Oui c'est vrai, c'est très intime d'être avec mes plantes ; oui, effectivement. C'est très intime. » Olivier reprend la parole : « Ça dure depuis des années, c'est très clair : c'est un véritable amour. »

François m'explique qu'il n'aime pas les animaux : « Ça hurle, ça crie, ça bouge, ça fait du bruit. » Ça lui rappelle l'entreprise, bien qu'il s'agisse de gérer un autre type d'animal. Il m'avoue qu'il n'est pas très sensible envers les animaux ni même, ces derniers temps, envers les humains. Il ne pourrait jamais être éleveur, alors que les plantes, elles, « il les adore », « il les aime ». « Ce qui est bien avec les plantes, c'est que tu ne peux pas gérer. Tu ne peux pas maîtriser. Si elles ne veulent pas sortir de terre, tu peux faire ce que tu veux, mais alors ce que tu veux, elles ne sortiront pas. » Lorsque les plantes ne veulent pas sortir de terre, cela ne laisse pas indifférent. Elles « m'agacent », dit-il.

Il n'est pas difficile de constater qu'il y a là un rapport amoureux tout à fait « particulier » entre ce paysan et ses plantes. Ce qui lui procure de la satisfaction est qu'elles lui résistent ; cela fait partie de leur lien affectif. C'est cette résistance des plantes qui entretient ce rapport amoureux. Elle est nécessaire et, sans elle, le risque est que le paysan s'en lasse. Il aime ce *rapport amoureux* bien singulier avec ces êtres végétaux. Il avoue en toute honnêteté que ce qu'il aime, c'est que les plantes ne se laissent pas facilement ordonner, dominer et qu'elles ont « des choses à dire » dans son champ, y compris sur la manière dont ces rapports amoureux s'instaurent. Les plantes lui rappellent qu'il ne peut pas faire comme il le veut. Il doit se plier à leurs exigences. Les plantes le remettent « à sa place ». Il n'est pas le seul maître à bord. Pour tisser des rapports amoureux, il y a des conditions à respecter. Cela ne se fait pas à n'importe quel prix. Le champ en tant qu'il est peuplé de plantes n'est pas le monde de l'entreprise. Il ne faut pas tout mélanger et « faire de l'anthropomorphisme ». L'histoire de François Cost paraît incroyable. Il a décidé de quitter le monde de l'entreprise – « là où ça crie, ça hurle et ça produit » – pour instaurer des rapports amoureux avec des plantes !

Précisons qu'entretenir des rapports affectueux avec ses plantes n'a rien à voir avec du sentimentalisme ou de la sensiblerie, deux termes péjoratifs qui renvoient au fait d'idéaliser les rapports animés et ne disent rien lorsque cela se gâte entre les amoureux. Or, François dit que les plantes l'agacent quand elles ne veulent pas sortir de terre. C'est comme quand on attend quelqu'un qui est en retard. Ça agace mais ça n'enlève rien à la qualité et l'intensité de la relation entre les personnes amoureuses. Introduire cette analogie avec les humains ne sous-entend pas que cette histoire d'amour entre François et ses plantes soit identique à une histoire d'amour entre humains. C'est une histoire d'amour entre un humain et des êtres autres qu'humains. François ne dit pas que les plantes sont des humains, mais bien qu'elles sont des êtres particuliers auxquels il est intimement mêlé. Il ne les infantilise pas ni ne les idéalise. Il veut simplement tisser des rapports amoureux entre des êtres adultes humains et non humains[6]. La saison passée, les rapports amoureux s'arrêtent là et ce paysan enlève ses plantes pour en cultiver d'autres et cela recommence à nouveau avec les agacements habituels. François me décrit une histoire d'amour saisonnière bien particulière avec ses plantes. Dès lors, pourquoi ne pas voir l'irritation qu'elles peuvent susciter chez lui simplement comme « une querelle d'amoureux[7] » ?

Au cours de cette enquête, je n'ai jamais eu de difficultés à faire parler les paysans de leurs rapports animés avec les plantes. Pas besoin d'insister. Il suffisait que j'explique rapidement mon sujet et la conversation commençait. La seule chose qu'il me restait à faire était d'écouter très attentivement la manière dont ils parlaient de leurs plantes tout

6. Les lecteurs de Donna Haraway auront compris que je m'inspire du texte *Manifeste des espèces compagnes* dans ce passage à forte visée spéculative, mais bien réelle ; je reviendrai sur la pensée spéculative dans l'introduction de la deuxième partie. Donna Haraway, *Manifeste des espèces compagnes*, Flammarion, Paris, 2018.

7. Michael Pollan, « Préface », *in* Wendel Berry, *La Santé de la terre. Essais agrariens*, Wildproject, Marseille, 2018, p. 1.

en prenant des notes, avec, parfois, mon enregistreur en marche. Tout dépendait des circonstances. Parfois, l'enregistreur les mettait mal à l'aise, ou lorsqu'il y avait du vent, ce n'était pas l'outil le plus approprié. J'ai aussi compris plus tard que la formule « tout le monde » dans l'expression « tout le monde s'en moque », entendue maintes fois de la bouche des paysans, désignait des personnes extérieures venues les interroger sur les sujets habituels (les circuits courts, la qualité des légumes, le goût des légumes, la diversité des cultures, la productivité, le rendement, la rentabilité des fermes, les « systèmes agricoles », leur parcours professionnel, etc.) sans que leurs liens affectifs avec les plantes ne soient jamais interrogés.

Certains lecteurs pourraient penser que si ces paysans parlent de cette manière, c'est qu'il s'agit de « paysans alternatifs ». Qu'il y a très peu de chances que les paysans – ou, plus précisément, les « producteurs » comme on les nomme – qui pratiquent l'agriculture industrielle, intensive, capitaliste parlent ainsi des plantes. Tout ce que ces derniers verraient dans l'agriculture, c'est la production, l'argent et rien d'autre, oublieux de leurs liens avec les plantes et, de manière générale, le vivant. Une telle conclusion me semble prématurée et même erronée. Au lieu de faire appel à des « données objectives » pour nourrir ce désaccord, je préfère restituer un autre récit qui permettra de ne pas se hâter vers ce type de conclusions.

Quelques mois plus tard, je présentais ma recherche au sein du département Sadapt de l'Inra auquel je suis rattaché. Suite à cette intervention, j'ai reçu un courriel de Camille Ollivier, une collègue doctorante dans mon département qui avait assisté à la séance :

> Salut Dusan,
> J'ai discuté avec mon père, qui est agriculteur et éleveur, de ta présentation de thèse. C'était super parce que, du coup, j'ai eu des discussions que nous n'avions jamais eues avant, mon père m'a dit : « Bien sûr, tous les agriculteurs ont des plantes avec qui ils ont plus d'affinités. Chacun peut avoir sa plante préférée » [différent de l'aspect productif, ou esthétique ou autre] et le voilà parti pour me raconter ses relations avec les plantes, les animaux, la frustration de tel agriculteur qui enseignait comment greffer sans parvenir à transmettre toute la complexité du lien aux plantes avec qui il créait...

Cela m'a beaucoup touché et fait réfléchir. Que s'est-il passé pour que le père de ma collègue – qui avait vingt-sept ans – ne lui parle jamais de ses liens avec les plantes ? Pourquoi ce sujet n'a-t-il jamais été abordé dans une famille d'agriculteurs ? Pourquoi cet homme ne partage-t-il pas les liens affectifs qu'il entretient avec ses plantes auprès des autres membres de la famille ? Pourquoi les garde-t-il pour lui ?

Je ne sais pas si le père de Camille pratique ou non une agriculture intensive ; je ne sais pas s'il se situe du côté des « productivistes » ou des « non-productivistes », mais le courriel de Camille met en cause la binarité entre méchants et gentils. Je peux supposer qu'il y a fort probablement d'autres paysans, d'autres « producteurs », d'autres agriculteurs qui gardent ces liens pour eux, n'en parlent à personne, même pas aux membres de leur famille. Dans mon panel, certains cultivent des céréales en intensif sur plus de trois cent cinquante hectares à l'aide de tout un arsenal chimique. Et malgré tout, j'ai obtenu des témoignages passionnants quand je les ai interrogés sur leurs plantes. Ils en parlaient comme les paysans que je viens de citer. Ce sujet traverse les camps opposés.

Il serait donc inexact de dire que ces rapports existent uniquement chez des « paysans non productivistes » ou des « alternatifs ». C'est la raison pour laquelle il ne faut pas clore trop vite le débat ; ce rapport animé aux plantes concerne beaucoup de monde. Pour en savoir davantage, on aura besoin d'enquêtes supplémentaires. Il ne s'agit pas de nier les responsabilités des « productivistes » dans l'état actuel de l'agriculture, mais de complexifier le problème. La difficulté réside dans le fait qu'il n'y a pas d'espace pour déployer des récits qui évoquent ces rapports animés avec les plantes. Comme nous le verrons en conclusion, le débat qui occupe toute la place parmi les experts et les scientifiques qui travaillent sur le monde agricole est de savoir comment produire pour vivre, et non pas de savoir comment vivre avec ces êtres autres qu'humains, sans production et sans économie. Dans cette littérature, la production est le seul chemin qui existe quand on parle agriculture, et l'Humanité doit filer « droit, tout droit[8] ». Je propose une déviation vis-à-vis de cette littérature pour tracer un nouveau chemin.

8. Benedikte Zitouni et François Thoreau, « Contre l'effondrement : agir pour des milieux vivaces », *loc. cit.*, p. 4.

Retrouver le monde de la vie

Pour sortir du régime de la production et de l'économie et ouvrir d'autres portes, il faut être équipé théoriquement. Les obstacles épistémologiques et ontologiques sont considérables. Le premier point porte sur la méthodologie d'enquête elle-même. Je n'ai pas fait des séjours de plusieurs mois voire d'années comme le font habituellement les anthropologues pour effectuer une ethnographie descriptive minutieuse. Mes séjours ont duré au mieux une semaine ; j'ai parfois simplement procédé à des entretiens sur une ou deux journées ; tout cela dépendait des disponibilités de chacun. J'ai pu m'entretenir plusieurs fois avec des paysans auxquels j'ai ensuite téléphoné pour préciser certains des points que je n'avais pas compris.

Cela m'a semblé suffire : ce qui m'intéressait alors était moins ce que mes interlocuteurs faisaient techniquement avec leurs plantes dans leurs champs, que leur manière d'en parler. Mon but est de faire entendre des types d'animation concernant les plantes. Je ne fais pas une « analyse » du discours des paysans, mais je cherche à les accompagner pour faire entendre leurs histoires. Je m'appuie également sur leurs histoires pour épaissir la réalité fabriquée ; je reviendrai au début de la deuxième partie sur cette question des histoires. J'essaie désormais de faire émerger d'autres types de réalités tangibles, sans faire appel aux outils habituels des sciences sociales, comme le symbolisme, la métaphore, la représentation, la subjectivité, la croyance ou encore l'anthropomorphisme. Comme on le verra tout au long du livre, ces notions empêchent d'animer le vivant ou, plus exactement, empêchent le « monde animé » de se profiler – un terme sur lequel je reviendrai plus loin. L'important est de faire de la place pour un autre type de discours non « naturaliste », qui anime le monde agricole, sans en passer par les épistémologies et les ontologies des Modernes.

Je m'en tiens à l'empirique tout en discutant les savoirs naturalistes. Mon objectif est de faire ressortir les dissymétries entre, d'un côté, ce que ces dernières révèlent des plantes et, de l'autre, ce que disent mes enquêtés. Si j'ai choisi de conduire mes enquêtes de cette manière, c'est que la problématique de cette recherche se situe précisément au carrefour des épistémologies et des ontologies naturalistes et de celles des paysans auprès de qui j'ai enquêté, qui disent tout autre chose.

C'est la raison pour laquelle j'ai décidé de suivre la méthode de Donna Haraway, épistémologue redoutable, qui suggère une « certaine suspension des ontologies et des épistémologies, [appelant] non pas à les rejeter, mais à les tenir avec légèreté[9] ». Cela m'a semblé bien adapté à l'enquête. C'est la suspension des ontologies et des épistémologies qui donne la possibilité d'animer les plantes et de créer d'autres types de réalité, d'autres mondes possibles en « devenant avec ». Les tenir avec légèreté signifie *détacher* les concepts naturalistes du monde agricole et ne plus les confondre en permanence avec le monde et les concepts au travers desquels on raconte des histoires sur le monde pour commencer à raconter d'autres types d'histoires lorsque l'on parle d'agriculture.

Pour aborder ensemble avec souplesse les ontologies et les épistémologies, il est nécessaire de supposer que, chez les Modernes – pour parler comme Bruno Latour –, il n'y a pas un Monde, mais de nombreux mondes[10]. L'un d'eux est animé par le Grand Récit de la production sur lequel nous reviendrons au prochain chapitre.

Mais il y a chez les Modernes un autre monde plus concret, plus matériel, qui m'intéresse en premier lieu. Il s'agit du *monde sensible*, le *monde animé* que le philosophe David Abram – un autre auteur envers qui je suis très redevable – a aussi appelé le « monde de la vie » :

> Le monde de notre expérience immédiate vécue *telle que* nous la vivons, avant toute pensée à son sujet. C'est ce qui nous est présent dans nos tâches et nos joies quotidiennes – la réalité telle qu'elle nous engage avant que nos théories et nos sciences ne l'analysent. Le monde de la vie est le monde sur lequel nous comptons sans nécessairement lui prêter beaucoup d'attention – le monde des nuages au-dessus de nos têtes et du sol sous nos pieds, le monde où nous sortons du lit, préparons le repas, et tournons le robinet pour avoir de l'eau[11].

9. Citée par Isabelle Stengers lors du séminaire organisé par le GECO à l'Université libre de Bruxelles sur *Staying with the Trouble*, 19 novembre 2016.

10. Déborah Danowski et Eduardo Viveiros de Castro, « L'arrêt de monde », *in* Émilie Hache (dir.), *De l'univers clos au monde infini*, Éditions Dehors, Bellevaux, 2014, p. 336.

11. David Abram, *Comment la terre s'est tue. Pour une écologie des sens*, La Découverte, coll. « Les Empêcheurs de penser en rond », Paris, 2013, p. 64-65. C'est moi qui souligne.

Le monde sensible, sensuel, charnel, pour reprendre les termes de l'auteur, est le monde où les êtres autres qu'humains ne sont jamais des objets passifs, mais des êtres que l'on anime à travers la perception qui nous fait entrer en relation avec pour vivre. Pour Abram, la perception est nécessairement participative ; elle crée, anime et nous lie au monde sensuel. Il le dit de manière très révélatrice :

> Chaque présence m'invite à concentrer mes sens sur elle, à laisser, alors que je m'engage dans sa profondeur particulière, les autres objets se fondre dans l'arrière-plan. Lorsque mon corps répond de la sorte à la sollicitation muette d'un autre être, cet être répond à son tour, révélant à mes sens de nouveaux aspects ou de nouvelles dimensions qui, à leur tour, m'invitent à une exploration accrue. Au cours de ce processus, mon corps sentant s'accorde progressivement au style de cette autre présence – à la *manière* de cette pierre, de cet arbre ou de cette table – alors qu'elle-même semble s'ajuster, de son côté, à mon style et à ma sensibilité. De cette façon, la chose la plus simple peut devenir un monde pour moi, alors que, réciproquement, cette chose ou cet être en vient à prendre place profondément dans mon monde[12].

Le monde animé est nécessairement ouvert, pluriel, indéterminé. Il se présente sous une forme inconnue avec laquelle il s'agit d'instaurer de multiples relations pour mieux l'explorer. Il se situe en amont, avant que les épistémologies et les ontologies modernes imposent l'idée que la production est au fondement de la civilisation moderne, avant que les plantes soient reléguées au statut d'objets de production et d'alimentation, avant que les épistémologies modernes accusent ces paysans de faire de l'anthropomorphisme, avant qu'elles ne déclarent qu'ils sont dans la subjectivité, que les représentations propres au symbolisme ne nous enferment dans les croyances ou les métaphores, avant qu'elles ne se demandent si ces paysans sont dans l'analogisme, le naturalisme, le totémisme ou l'animisme[13]. Le monde sensible échappe à toute forme d'objectivation.

Il est donc fondamental de se placer en amont de « l'objectivation présupposée par l'époque moderne » pour commencer à animer les

12. *Ibid.*, p. 79.

13. Sur ces quatre ontologies, voir Philippe Descola, *Par-delà nature et culture*, *op. cit.*

plantes dans le processus même de l'enquête. À en croire David Abram, cette dernière

> a mené à une éclipse presque totale du monde de la vie, à un oubli presque complet de la réalité vivante dans laquelle toutes nos entreprises sont enracinées. Cherchant à obtenir un schéma complet du monde, les sciences sont devenues terriblement étrangères à notre expérience humaine directe ; leurs multiples énoncés techniques spécialisés ont perdu toute pertinence quant au monde sensuel lié à notre engagement ordinaire. Husserl sentait déjà que l'appauvrissement du langage qui en résulte, et la perte d'un discours commun, sensible aux nuances qualitatives de l'expérience vivante, mèneraient à une crise évidente de la civilisation européenne. Les sciences occidentales et les technologies qui les accompagnent ont oublié le monde de la vie et sa richesse qualitative dont pourtant elles-mêmes dépendent lorsqu'il s'agit de comprendre la signification de leurs expériences. Elles ont commencé à envahir aveuglément le monde de l'expérience – et même dans leur errance, à menacer le monde de la vie d'un total anéantissement[14].

J'aimerais raconter une histoire qui fasse sentir la tension entre le monde sensible, animé – dans lequel vit un paysan –, et les sciences de la production imbriquées dans l'histoire de ce Grand Récit qui l'ignorent. En 2016, j'ai assisté à un séminaire sur l'agroforesterie organisé par la Fondation de France, à côté d'Avignon. Le programme s'étalait sur deux jours, une demi-journée étant consacrée à la visite d'une ferme d'agroforesterie. Nous sommes une centaine de scientifiques dont une majorité issue des sciences dites dures. Nous nous rendons sur la ferme de Mickaël Cavalier. À peine arrivés, nous ne nous demandons pas si les plantes vont bien, si tout se passe bien entre lui et ses plantes – questions qui seraient évidentes si les scientifiques étaient dans une histoire de vie avec le monde plus qu'humain. Mais les questions portent sur la rentabilité de la ferme, en particulier sur le fait de savoir si les arbres présents ne lui faisaient pas perdre quelques points de rendement. Nous sommes d'emblée entraînés dans le Grand Récit de la production et du rendement. Il n'y a pas de place pour d'autres questions.

14. David Abram, *Comment la terre s'est tue*, *op. cit.*, p. 64-65.

Mais la conversation se corse : le paysan répond qu'il « se moque » de cette question, que ce n'est pas ce qui le préoccupe. Beaucoup de scientifiques sourient et lèvent les yeux au ciel ou rétorquent : « Oui, mais quand même, il faut que ce soit rentable, c'est ça qui vous fait vivre. » Le paysan répond : « Je ne crois pas que la terre, le vivant, nous ait été donné pour qu'on le cultive, pour qu'on puisse payer nos bâtiments, nos emprunts, nos engins et nos vacances. » Très agacé, il nous explique que nos questions s'attachent uniquement à l'idée que la ferme ne peut pas être lue autrement qu'à travers la notion de rentabilité ou de productivité. C'est selon lui totalement « hors de propos », c'est-à-dire hors du monde. Au fond, pour lui, on ne peut même pas cultiver cette terre. Les plantes n'existent pas pour être « produites ». Il nous demande alors d'arrêter de penser l'agriculture en termes de production et de ressources exploitables, et nous invite à dissocier l'agriculture de la production et des sciences de l'exploitation. Nous l'avons irrité avec nos questions déplacées sur le rendement, le profit et la production. Il finit en nous mettant en garde : on ne peut pas cultiver la terre en toute innocence.

Il n'y a *a priori* rien à faire. De tels propos sont inaudibles. Les scientifiques lui rétorquent qu'il faut produire et voilà ce paysan de retour à la case départ, c'est-à-dire à celle de l'histoire de la production. Au bout d'un moment, une nouvelle question est posée : « Vous perdez quand même de la place sur votre terre en gardant les arbres ? » Mickaël Cavalier répond : « Non, c'est une place pour les arbres. Ils ont leur place ici, moi je vis avec mes arbres. Et puis quand je passe entre eux, entre mes plantes, mes cultures, avec mes outils, je fais très attention. Vous avez vu le terrain ? Il n'est pas plat, pas facile à travailler, il est en pente. Et puis, bon, si j'arrache quelques racines ou quelques branches, tant pis. je m'excuse. »

Je me retrouve *in fine* en face de deux mondes violemment opposés, celui dans lequel il faut couper les arbres pour augmenter la rentabilité, et un monde où ce paysan vit avec ses arbres et nous explique qu'ils font de l'ombre aux plantes, dont il profite aussi. Il aime bien voir ces arbres dans son champ. Pour nous le montrer, il entoure un arbre avec ses bras tout en le caressant, nous faisant comprendre à quel point nous sommes hors sol, hors monde, avec nos questions. Peine perdue, nous restons profondément insensibles à ce monde de relations entre cet homme et son arbre qui se manifeste devant nous. Nous ne le voyons pas. Il ne nous touche pas, ne nous affecte pas. Nous ne le sentons pas. On nous a appris que « l'on vit en société », c'est-à-dire entre humains, et que l'on doit produire pour se nourrir. Au cours de nos formations scientifiques, le sensible est quelque chose qu'il est absolument nécessaire d'éliminer pour obtenir la fameuse *objectivité scientifique* et analyser, d'un côté, la *société* au travers des sciences sociales et, de l'autre, la *nature* grâce aux sciences naturelles.

Ce paysan peut embrasser son arbre. Il peut même lui faire l'amour devant nous, cela ne changera strictement rien, car nous sommes coupés du monde plus qu'humain. Nous ne cultivons pas de rapports sensibles avec lui. Dans le cas contraire, la scène nous aurait parue particulièrement banale. Mais cela, nous ne l'avons pas appris à l'école. Si je raconte cela, ce n'est pas pour montrer que les scientifiques sont obtus et qu'ils n'ont rien compris. Je souhaite montrer avec un exemple concret que ce problème renvoie à une histoire naturalisée, héritée de la modernité. Nous sommes en face d'un problème de paradigme. Pour le dire autrement, nous n'accédons plus au monde que par la production, seul lien autorisé par l'épistémologie. Il s'est glissé, imposé entre les humains et le monde plus qu'humain, avec pour conséquence de nous en couper profondément.

Si nous avions été dans le monde de la vie, nous nous serions excusés d'avoir oublié que les arbres vivaient avec nous et que nos questions insensées ne concernaient pas le monde vivant mais le Grand Récit de la production. Celui-ci veut s'imposer toujours davantage entre nous les humains et les arbres. Nous aurions pu poser des questions tout autres. Pourriez-vous nous dire comment s'organise la vie entre vous et les arbres dans votre champ ? Vous excusez-vous également auprès de vos arbres si vous arrachez quelques branches ? Le faites-vous à chaque fois ? Vous excusez-vous auprès de tous les arbres, ou auprès de certains d'entre eux ? Pour nous, l'arbre est simplement un objet gênant dans le champ pour produire plus. Et pour vous, qu'est-ce qu'un arbre ? Quel statut ontologique lui accordez-vous ? Est-ce un être sensible, intelligent, ou stupide ? Nous avons vu que vous caressiez votre arbre. Est-il pour vous un être d'accompagnement, un être d'amour ?

Ces questions auraient pu être posées s'il n'y avait pas un vide ontologique au sein des sciences sociales et naturelles concernant les végétaux[15]. Lorsque Mickaël Cavalier nous a dit qu'il s'excusait auprès des arbres auxquels il arrachait involontairement quelques branches, nous avons ri, tout le monde a ri, moi aussi j'ai ri. Il n'y a rien d'autre à faire à part rire et constater comment les sciences à la fois « éclairent et aveuglent[16] ». Si cela nous a fait rire, c'est peut-être parce que nous sommes très loin de pouvoir imaginer et penser d'autres rapports avec les plantes quand on parle d'agriculture et que, contrairement à ce que l'on imagine, nous ne sommes pas encore prêts à entendre des choses nouvelles. Il vaut mieux rire dans ces situations-là, car j'ai rarement été témoin d'une telle violence verbale entre un paysan et des scientifiques.

L'histoire ne se termine pas là. Mickaël Cavalier nous raconte que lorsqu'il s'est installé sur des terres abandonnées depuis plusieurs années, il y avait beaucoup d'arbres et il a donc été obligé d'en couper quelques-uns pour pouvoir cultiver. Le choix n'a pas été pas facile car il ignorait l'état des parcelles. Il risquait de couper des arbres qui ne gênaient pas forcément les cultures. Il a pris son temps pour tester ces cultures avant de prendre une décision. Il a aussi coupé les arbres qui ne lui plaisaient plus et il en a coupé pour dégager le terrain.

J'entends derrière moi plusieurs scientifiques qui, levant à nouveau les yeux au ciel, trouvent ce paysan contradictoire, puisque, d'un côté, il veut protéger ses arbres et, de l'autre, il les coupe pour être rentable et produire. En somme, il est obligé de produire pour vivre et ce qu'il raconte semble secondaire puisque produire est le destin de l'humanité. Il s'agirait là d'une posture idéologique de la part de gens qui se veulent alternatifs.

Il n'y a pourtant rien de contradictoire dans les propos de ce paysan, si on accepte le fait qu'il vit dans un monde sensible, celui de la routine quotidienne et non dans le Grand Récit de la production. Dans un monde sensible, celui de la vie, les choses ne sont jamais simples ; il faut décider avec quel arbre vivre et lequel abattre. Ces décisions sont loin d'être faciles. Être dans un rapport animé avec les arbres, cela ne veut pas dire qu'il ne faut pas couper les arbres par principe. S'il était question de principes dans le monde de vie, la vie elle-même serait

---

15. Florence Brunois-Pasina, « Savoir-vivre avec mes plantes », *loc. cit.*

16. Lucienne Strivay et Catherine Mougenot, « L'échiquier des tricheurs, la fabrique d'un article et d'un livre », *in* Vinciane Despret et Raphaël Larrère (dir.), *Les Animaux. Deux ou trois choses que nous savons d'eux*, Hermann, Paris, p. 293.

impossible. Ce paysan doit faire des compromis et c'est très compliqué. Avec quels arbres vivre et lesquels abattre ? C'est une préoccupation morale, et non moraliste comme dirait la philosophe Émilie Hache : elle ne se résout pas par des principes[17].

Dans l'histoire de la production, les choses sont très simples car on ne voit pas le monde plus qu'humain. On prend une tronçonneuse, on coupe, on plante quelques cultures de plus, on gagne une centaine d'euros en plus et l'histoire s'arrête là. Dans un monde animé, un monde de liens, les choses se compliquent terriblement. Ce paysan a réfléchi longtemps avant de prendre sa décision car il est en rapport avec ces êtres. Il est donc logique que les choses soient compliquées, car il est dans un monde de vie. Il n'est pas coupé de ses arbres, alors que nous le sommes.

Lors d'un rassemblement de paysans, j'ai entendu l'un d'eux dire : « Là où il n'y a pas de vie, il n'y a pas de problème. Là où il y a de la vie, il y a des problèmes. » Mickaël Cavalier vit dans un monde sensible sur sa ferme, mais pas dans une histoire de production. Cette dernière est tellement puissante, aveuglante, qu'elle nous empêche de voir ses arbres, sa ferme et lui-même, au quotidien. Parler de monde sensible, de monde animé, ce n'est donc pas idéaliser la ferme ou le paysan. C'est même le contraire : cela permet de souligner l'extrême difficulté de vivre dans un monde plus qu'humain. Parler de monde animé permet de faire ressurgir les problèmes que les humains ont avec les non-humains pour vivre ensemble. Il n'y a pas de « pureté dans les relations », mais des rencontres qui se font et se défont.

C'est la fin de la journée et nous remontons dans le bus. J'écoute cette fois les histoires qui se racontent entre scientifiques. Dans leur très grande majorité, ils ont détesté la visite et disqualifient le paysan qui nous a reçus : « Il est trop radical » ; « ce n'est pas de l'agriculture ce qu'il fait », « c'est de l'idéologie », « c'est du n'importe quoi », « c'est un gauchiste », « il fait de la politique », etc. De ce point de vue, notre visite a été un véritable échec : nous nous sommes mis dans une position d'évaluateurs et non dans celle attendue d'un scientifique qui cherche à en savoir plus. Notre visite a été vaine.

---

17. Sur la distinction entre morale et moralisme, voir Émilie Hache, *Ce à quoi nous tenons. Propositions pour une écologie pragmatique*, La Découverte, coll. « Les Empêcheurs de penser en rond », Paris, 2011.

La journée suivante était réservée à la présentation des travaux de spécialistes en agroforesterie. Nous sommes une centaine de personnes réunies dans une salle de l'Inra, à Avignon. Dans la matinée, un collègue en agronomie-écologie présente son travail de thèse portant sur le fait d'arroser les arbres sur une parcelle pour « mesurer la teneur en eau des racines ». Il ajoute en souriant : « Je fais crever les arbres si vous voulez, c'est ça mon sujet. » Voilà un sujet provenant de l'Économie qui lui demande de « faire crever » les arbres pour savoir combien ils « produiront » en cas de sécheresse.

Mon collègue semble faire comme si tous les arbres étaient identiques, absorbant la même quantité d'eau sur n'importe quelle parcelle avant de « crever » ; peu importe si on les plante à Avignon, Marseille, Lille ou Rouen. Pour les paysans, cela n'a aucun sens de raisonner de cette façon. Chaque arbre a un comportement différent car il s'agit d'êtres vivants sensibles réagissant différemment y compris sur la même parcelle. Mon collègue choisit donc de « faire crever » les arbres inutilement, pour le seul bénéfice de sa thèse. Je me dis : « Heureusement pour lui que les scientifiques ont désanimé le monde végétal, sinon, dans une autre civilisation, "faire crever des arbres" lui vaudrait sans doute un procès. »

Ce même jour, je déjeune avec ce doctorant. C'est un garçon fort sympathique avec qui j'avais déjà discuté, mais sans connaître son sujet de thèse. La conversation s'enchaîne dans la bonne humeur et je lui demande s'il s'excuse quand il « fait crever ses arbres », et je lui rappelle la scène de la veille avec le paysan. Il répond :

– Oh, là, là, je n'y ai pas pensé, mais, promis, je le ferai la prochaine fois.
– Qu'est-ce qu'un arbre pour toi ? Comment tu le considères dans ta thèse ?
– Je ne comprends pas ce que tu veux dire, répond-il, perplexe.
– Je veux savoir comment toi tu vois l'arbre. C'est un être vivant pour toi ? Un être sensible ? Un être d'amitié ? Un être sexuel ? Un accompagnateur de ta thèse ?
– Tu veux dire la représentation que j'ai d'un arbre ?
– Pourquoi tu m'envoies dans la représentation ? Il n'y a pas une seule définition d'un arbre. On peut le concevoir de mille manières différentes. Regarde le paysan d'hier. Pour lui, c'est un être auprès duquel il

s'excuse. C'est un être avec lequel il vit dans son champ. C'est un être à qui il fait un câlin.
– T'as fumé de l'herbe toi !, finit-il par répondre en souriant amicalement.

Bien que le déjeuner soit très amical, l'incompréhension entre nous reste totale. Il est quotidiennement en contact avec les arbres, mais comme il s'agit d'êtres qui ne peuvent pas être animés mais sont seulement des objets servant à produire, il peut les faire « crever » sans la moindre hésitation. C'est le fond du problème. Pour réagir à la perte de quelqu'un ou de quelque chose, il faut entretenir avec eux des rapports sensibles, peu importe les formes que cela prend. Comment faire lorsque nos rapports avec les plantes dont nos vies dépendent se réduisent à peu près à rien ? On semble trouver beaucoup d'attaches envers les animaux, ne pourrait-on pas également en trouver envers les plantes ? Comment faire quand la culture scientifique dominante étouffe ces pratiques populaires, manifeste son ironie en les disqualifiant ? Pour faire quelque chose, il faut être sensible, c'est-à-dire se rendre disponible d'une manière ou d'une autre envers ces êtres végétaux. Hélas, lorsque l'on parle des relations sensibles avec les végétaux, les Modernes sont profondément dépourvus.

Réduire le monde des végétaux à la simple servitude et à une ressource nous a rendus complètement insensibles. Nous sommes devenus incapables de les voir, de les entendre, de les percevoir, de les sentir. En évacuant la dimension sensible, c'est-à-dire ce qui nous connecte au monde plus qu'humain, nous sommes, selon Abram, devenus si sourds et aveugles à l'existence vitale d'autres espèces et aux milieux animés que ces dernières habitent, que nous pouvons aujourd'hui, sans même y penser, les condamner à la destruction[18]. Si nous continuons à massacrer cette terre déjà très endommagée, c'est bien parce que nous n'entretenons pas de rapports sensibles et animés avec le monde plus qu'humain. C'est pourquoi Abram insiste sur l'importance fondamentale de ces types de rapports. Sans eux, nous risquons de disparaître sans avoir même compris ce qui nous arrive. Les paysans que j'ai rencontrés permettent de penser d'autres types de rapports et peuvent nous aider à animer les plantes. L'intensité et la qualité de nos liens avec

18. David Abram, *Comment la terre s'est tue*, *op. cit.*, p. 51.

les végétaux sont indispensables pour commencer à penser d'autres mondes agricoles, des mondes qui nous font vivre et nous nourrissent.

Faire preuve de générosité : instaurer d'autres modes d'existence des plantes

Il me faut utiliser un autre outil théorique pour animer autrement les plantes afin de concevoir des mondes sans production et sans économie. On a pu se rendre compte que les paysans rencontrés – Mickaël Cavalier, François Cost, Yannick Ogor, Guy Kastler et Jean-Bernard Fiorezano – parlent d'une manière peu habituelle de leurs plantes, et entrent en rapport avec elles de manière toujours spécifique. Pour Yannick Ogor, ce sont des « êtres souffrants » dans un champ ; pour François Cost, ce sont des « êtres d'amour » ; pour Jean-Bernard Fiorezano, des êtres qui partagent avec lui un certain rythme ; pour Guy Kastler, des « êtres communicants » ; pour Rachel Berlier, des « êtres intelligents » ; pour Mickaël Cavalier, les arbres sont des « êtres vivants » avec lesquels il vit. Très concrètement, cela veut dire qu'aucun de ces paysans, dans le quotidien de son monde animé, ne réduit les plantes aux deux dimensions auxquelles elles le sont habituellement, à savoir à leurs dimensions productive et alimentaire. Pour ces paysans, les plantes ne sont pas de simples objets de production et d'alimentation. Elles sont beaucoup plus. Je propose à leur suite de ne plus considérer les plantes comme des êtres uniquement productifs et alimentaires, c'est-à-dire de ne plus les voir comme des êtres uniquement *mangeables*.

Le mot *uniquement* est important : il souligne que ces dimensions ne sont pas exclusives l'une de l'autre. Comme nous le verrons plus loin, pour certains végétaux, le fait d'être mangés fait partie de leur stratégie de reproduction. Concevoir les plantes comme des êtres non uniquement mangeables ouvre une autre voie que celle qui leur était jusque-là réservée. Il s'agit d'instaurer la pluralité de modes d'existence des plantes[19]. Pour Étienne Souriau, à qui j'emprunte ce concept, tout être doit être instauré pour exister. Une œuvre d'art, une peinture, une sculpture, par

19. Isabelle Stengers et Bruno Latour, « Le sphinx de l'œuvre », introduction à Étienne Souriau, *Les Différents Modes d'existence*, PUF, Paris, 2009.

exemple, domaine de prédilection de ce philosophe, appellent l'artiste, au sens où elles demandent à être instaurées en tant qu'œuvres. On n'accède à « l'Être que par les manières dont il se donne ». C'est le thème de son ouvrage *Les Différents Modes d'existence*. « L'art de l'Être, c'est la variété infinie de ses manières d'être ou des modes d'existence[20]. » Mais les êtres n'existent pas dans un seul mode d'existence. Il en va de même pour les plantes. Cette proposition philosophique de Souriau nous permet de rendre compte du régime d'existence des plantes d'une manière bien plus complète que ce que nous avons l'habitude de faire. Elles non plus n'existent pas sur un seul mode mais possèdent différentes modalités d'existence : elles sont à la fois des êtres d'amour, des êtres souffrants, des êtres communicants, des êtres intelligents. Elles ne sont pas vouées à un seul mode d'existence, mais peuvent exister selon plusieurs modes. Je compléterai ce tableau avec d'autres modes au fil de l'enquête.

Pour me faire mieux comprendre, j'utiliserai une comparaison avec les animaux d'élevage : les vaches ne se réduisent pas à des êtres uniquement mangeables par des éleveurs et le grand public, même si on les mange aussi. Les plantes de François Cost peuvent être considérées comme des êtres d'amour que l'on mange pourtant avec plaisir. L'un n'exclut pas l'autre. La notion de modes d'existence permet d'enquêter sur les relations entre les êtres humains et autres qu'humains, sur leurs différentes manières d'être, en contournant les catégories théoriques de production et de consommation dans lesquelles on a enfermé les plantes. La plante est généralement considérée comme un être dépouillé de sensibilité, du pouvoir de communiquer comme de la capacité de tisser des rapports d'amour et d'intelligence. Depuis ces catégories de production et de consommation, les plantes sont inertes et inanimées. Elles produisent et nourrissent, c'est tout. Elles sont dépouillées de tous leurs autres types de modes d'existence.

Je reprends donc à mon tour le concept de modes d'existence pour faire sortir les plantes de ce schéma binaire production/consommation qui écrase leurs autres modes d'existence et tous les autres rapports éventuels que nous pourrions avoir avec elles. Instaurer d'autres modes d'existence permet de remplir le vide ontologique créé par les sciences sociales lorsqu'elles étudient les plantes.

20. David Lapoujade, *Les Existences moindres*, Minuit, Paris, 2017, p. 12.

Lorsque nous tenons l'épistémè moderne avec légèreté, la multiplicité des modes d'existence des végétaux les rend plus réels car elle donne à ces êtres plus d'existence, de matérialité, ce qu'Étienne Souriau appelait un « éclat de réalité ». Les modes d'être alimentaire et productif existent parmi d'autres modes et ne peuvent exister sans eux. On peut toujours essayer de faire fonctionner le monde avec ces deux seuls modes, il n'y aura alors personne pour les cultiver. Autrement dit, ces paysans instaurent ces êtres végétaux de diverses manières et les font exister de façon plurielle. Chez eux, les plantes ne se réduisent pas à une seule manière d'être.

Lorsque l'on se situe dans le monde sensible outillé de ces modes d'existence, il devient assez aisé d'animer les plantes. Par exemple, quand Yannick Ogor déclare que la plante peut souffrir dans un champ, c'est qu'elle souffre vraiment. Nous ne sommes plus dans un jeu de langage, une métaphore, du symbolisme ou de l'anthropomorphisme, mais dans une très grande générosité ontologique envers les plantes. Comme un animal ou un humain, une plante peut évidemment souffrir dans un champ. Et si c'est difficilement audible, c'est que l'on prend ce terme dans un sens métaphorique, pour dire que ce n'est pas « véritablement vrai ». À l'inverse, lorsque l'on dit que l'animal souffre, c'est dans un sens littéral car, bien sûr, les animaux souffrent. Si je dis qu'un animal ne souffre pas véritablement, je provoquerais aujourd'hui un scandale.

Mais les plantes souffrent-elles de la même manière que les animaux et les humains ? On pourrait commencer par répondre oui : c'est ce que dit le paysan. Comment pourrait-il en être autrement ? On pourrait aussi ajouter que l'on ignore comment elles souffrent, mais on ne sait pas non plus comment les animaux et les humains souffrent. Cette ignorance ne vaut pas inexistence ; c'est une invitation à enquêter. Dans les ontologies des Modernes, il n'y a de place que pour la souffrance humaine ; si la souffrance animale a réussi en partie, suite à de multiples luttes, à exister, ce n'est pas le cas de la souffrance végétale. Il existe mille manières de souffrir et la souffrance ne se réduit pas à la simple souffrance physique, comme lorsque quelqu'un vous fait mal. Ce n'est pas parce que Yannick Ogor ne sait pas exactement comment souffrent ses plantes que cela l'empêche de faire du purin pour atténuer cette souffrance.

Arrêtons-nous sur un point important concernant le terme « animé » que j'utilise pour me situer sur le plan théorique et épistémologique.

Lorsque je parle des « relations animées » entre les paysans et leurs plantes, cela ne veut aucunement dire que je situe ces paysans dans une ontologie animiste. Le terme « animé » signifie techniquement que, dans la vie quotidienne des paysans, les plantes ne sont jamais considérées et réduites à une ressource, contrairement aux récits économiques qui en font des objets de production et de consommation, mais qu'elles sont animées au travers de multiples rapports sensibles que les paysans entretiennent avec elles. Le terme « animé » sert à résister au *pouvoir de désanimation* de l'Économie qui réduit les plantes à l'état de ressource, pour les traiter ensuite comme des produits et des marchandises.

Ce qui m'intéresse, c'est le monde de la vie, le monde animé, où les plantes sont animées de différentes manières au travers de la narration et des pratiques de ces paysans, et non de savoir dans quel régime ontologique ces paysans se situent. Ce n'est pas cette question qui me préoccupe. Je ne cherche donc pas à catégoriser ces paysans pour savoir s'ils sont animistes, naturalistes, analogistes ou totémistes : je vais montrer que ces paysannes peuvent être dans tous ces régimes ontologiques à la fois... et dans aucun. En ce sens-là, je m'éloigne de la catégorisation ontologique proposée par Philippe Descola[21].

C'est la raison pour laquelle, également, je me tiens à l'écart de la proposition faite par lui de passer du naturalisme à un « analogisme diffus[22] » et aussi de la proposition de certains philosophes et anthropologues qui veulent activer l'animisme[23]. Ces propositions impliquent de croire que nous sommes vraiment Modernes, et aussi d'oublier que « les peuples que nous disions animistes ne se présentaient pas [non plus] comme cela[24] ». Ces catégories ontologiques sont trop massives ; elles ont été construites par des savoirs modernes, servant par le passé

21. Philippe Descola, *Par-delà nature et culture*, *op. cit.*

22. Philippe Descola, *La Composition des mondes*, Flammarion, Paris, 2014.

23. Val Plumwood, *Environmental Culture : The Ecological Crises of Reason*, Routledge, Londres, 2001 ; Tim Ingold, *The Perception of the Environment*, Routledge, Londres, 2011 ; Baptiste Morizot, *Les Diplomates. Cohabiter avec les loups sur une autre carte du vivant*, Wildproject, Marseille, 2016 ; Nastassja Martin, *Les Âmes sauvages. Face à l'Occident, la résistance d'un peuple d'Alaska*, La Découverte, coll. « Les Empêcheurs de penser en rond », Paris, 2016.

24. Communication d'Isabelle Stengers, 19 novembre 2016.

à nous distinguer des autres peuples en les qualifiant de sauvages et primitifs, justifiant la colonisation[25].

Il n'est pas nécessaire de faire de tels sauts ontologiques pour parler des rapports animés entre les humains et les plantes. Le terme « animé » sans « isme » suffit. C'est la raison pour laquelle ce n'est pas le « tournant ontologique[26] » qui m'intéresse ni ses critiques[27], mais savoir comment échapper au pouvoir de désanimation de l'Économie qui transforme les plantes en une ressource inerte et passive, alors que les paysans animent quotidiennement les plantes dans les champs.

Dans le prochain chapitre, il s'agira de comprendre ce qui s'est passé pour que le concept de production empêche de raconter pleinement des histoires sur les rapports animés entre les paysans et les plantes, et pourquoi la production et l'économie paraissent comme indispensables, des notions sans lesquelles nous ne pourrions pas vivre. C'est un passage inévitable pour ouvrir la voie afin d'aller plus loin dans la restitution ethnographique.

25. Edward Burnett Tylor, *La Civilisation primitive*, Nabu Press, Charleston, 2012.

26. C. B. Martin et J. Heil, « The ontological turn », *Midwest Studies in Philosophy*, 23, 1999 ; Sophie Houdart et Olivier Thiery, *Humains, non-humains. Comment repeupler les sciences sociales*, La Découverte, Paris, 2011 ; Frédéric Keck et Ursula Regehr Walentowitz (dir.), « L'anthropologie et le tournant ontologique », *Tsanta*, 20, 2016.

27. A. Pedersen Morten, « Common nonsense : A review of certain recent reviews of the ontological turn », *Anthropology of this Century*, 5, 2012 ; James Laidlaw et Paolo Heywood, « One more turn and you're there », *Anthropology of this Century*, 7, 2013, <aotcpress.com/articles/turn>.

2

VINCIANE DESPRET, KARL MARX, LES PAYSANS ET LA POMME DE TERRE

Une vieille histoire

On dit que certains événements marquent une vie. Celui que je m'apprête à raconter en est un. Nous sommes en mars 2016 et je suis avec les membres de mon comité de thèse, Vinciane Despret, Benedikte Zitouni et Lucienne Strivay. Je présente les premières données de mon enquête sur les liens sensibles entre les paysans et les plantes. Je mobilise alors la notion d'espèces compagnes de Donna Haraway et teste mon hypothèse sur le travail des plantes tout en critiquant l'agriculture capitaliste, l'agriculture productiviste et le productivisme qui détruisent et dévastent la terre. Je montre clairement que je me situe du côté des non-productivistes. Au bout d'un moment, Vinciane Despret me coupe la parole et dit très agacée : « Arrête, arrête de critiquer. Pourquoi tu critiques ? Ce n'est pas ton problème. Concentre-toi sur les relations entre les paysans et leurs plantes et raconte-nous ce qu'ils font. »

Cette remarque s'inscrivait dans le long débat sur la légitimité de la critique en sciences sociales entre d'un côté la sociologie critique et, de l'autre, la sociologie pragmatique[1]. Au carrefour de ces approches,

1. Francis Chateauraynaud, « Forces et faiblesses de la nouvelle anthropologie des sciences », *Critique*, XLVII, 529-530, 1991 ; Yves Gingras, « Un air de radicalisme. Sur quelques tendances récentes en sociologie de la science et de la technologie », *Actes de la recherche en sciences sociales*, 108, 1995 ; Bruno Latour, « La sociologie des sciences est-elle de gauche ? », <multitudes.net/la-sociologie-des-sciences-est> ; Bruno Latour, « Pour un dialogue entre science politique et *science studies* », *Revue française de science politique*, 58, 2008.

je soutiens que la critique peut être utile, mais qu'elle est loin d'être suffisante pour changer les choses. J'ai répondu : « Dans ma thèse, je ne ferai pas comme s'il n'y a aucun problème sur la manière de produire, je refuse de faire partie de ces chercheurs qui se situent dans les paradigmes dominants et ne disent rien sur l'état du monde agricole, et ce pour ne pas offusquer les responsables de la destruction de cette Terre. » Vinciane Despret dit alors : « Je vois. Dans ce cas-là, au lieu de critiquer et dénoncer, il faut que tu te poses la question suivante : pourquoi ce débat productivisme/non-productivisme te piège-t-il autant au point que tu te sentes obligé de te positionner auprès des "non-productivistes" alors que ce n'est pas ton sujet ? C'est fondamental que tu réfléchisses à cela dans ta recherche pour que l'on comprenne ce qui se passe. »

Ce chapitre tente de répondre à cette question. Pourquoi me suis-je senti obligé de me positionner du côté des non-productivistes alors que ce débat ne me concernait pas directement ? Même s'il est profondément lié à mon sujet.

La question à laquelle Vinciane Despret m'a invité à réfléchir eut un effet déflagrateur. Je n'en ai pas dormi de la nuit. Cette grande raconteuse d'histoires avait mis le doigt sur un problème théorique capital[2]. Sa question renvoyait à la manière dont on se positionne vis-à-vis du capitalisme. En schématisant quelque peu, disons qu'il y a trois grands corpus théoriques à disposition pour changer le monde. Il est tout d'abord possible de défendre le capitalisme en tentant de sauver le monde, grâce à des concepts taillés à sa mesure : le développement durable, la croissance verte, la croissance soutenable. Il s'agit alors de miser sur le progrès technologique en cherchant toujours plus de croissance[3]. Il est ensuite possible de se placer du côté des anticapitalistes et des marxistes pour qui le capitalisme est le principal responsable de la destruction du monde. Pour le sauver, il faudrait abolir le capitalisme et se tourner vers un socialisme pour produire

---

2. Isabelle Stengers et Vinciane Despret, *Les Faiseuses d'histoires. Que font les femmes à la pensée ?*, La Découverte, coll. « Les Empêcheurs de penser en rond », Paris, 2011.

3. Assen Slim, *Le Développement durable*, Le Cavalier bleu, Paris, 2004 ; Pascal Gauchonet et Cédric Tellenne (dir.), *Géopolitique du développent durable*, PUF, Paris, 2005 ; Patrick Matagne (dir), *Les Enjeux du développement durable*, L'Harmattan, Paris, 2005 ; Sylvain Allemand, *Le Développement durable au regard de la prospective du présent*, L'Harmattan, Paris, 2006.

autrement tout en préservant l'environnement[4]. Enfin, il est possible de refuser ce système qui est jugé, par certains auteurs décroissants, comme productiviste et dépassé. Pour eux, la solution est d'abolir la croissance[5]. Produire moins permettrait de préserver les ressources naturelles. Ils en appellent à une société sans croissance, une société écologique plus juste ; pour eux, le capitalisme et le socialisme sont des régimes productivistes, c'est-à-dire qu'ils cherchent toujours plus de croissance. Ce qui les différencie, c'est que, dans le socialisme, les moyens de production sont au service de l'État et non pas aux mains d'entreprises privées. Ils accusent les marxistes d'être productivistes et soutiennent que le marxisme n'est pas une théorie écologiste[6].

L'économiste marxiste Jean-Marie Harribey défend une orientation qui s'oppose à celle des décroissants. Pour lui, ce monde est à l'agonie et « il faut changer les rapports de production et la production elle-même ; en des termes marxistes, cela signifie qu'il faut changer les rapports de production sans oublier les forces productives qu'on ne peut pas développer à l'infini[7] ». Il reproche aux théoriciens de la décroissance de refuser d'assumer que la décroissance participe à « la diminution de la production », et ce en se réfugiant derrière des mots obtus :

4. André Gorz, *L'Immatériel. Connaissance, valeur et capital*, Galilée, Paris, 2003 ; Jean-Marie Harribey et Michael Löwy (dir.), *Capital contre nature*, PUF, Paris, 2003 ; Daniel Tanuro, *L'Impossible Capitalisme vert*, La Découverte, coll. « Les Empêcheurs de penser en rond », 2010 ; John Bellamy, *Marx écologiste*, Éditions Amsterdam, Paris, 2011 ; Michael Löwy, *Écosocialisme. Alternative radicale à la catastrophe écologique capitaliste*, Mille et une nuits, Paris, 2011 ; Jean-Marie Harribey, *La Richesse, la Valeur, et l'Inestimable. Fondements d'une critique socio-écologique de l'économie capitaliste*, Les Liens qui libèrent, Uzès, 2013.

5. Serge Latouche, *Le Pari de la décroissance*, Fayard, Paris, 2006 ; Stéphane Lavignotte, *La décroissance est-elle souhaitable ?*, Textuel, Paris, 2009 ; Denis Bayon, Fabrice Flipo et François Schneider, *La Décroissance. 10 question pour comprendre et en débattre*, La Découverte, Paris, 2010 ; Agnès Sinaï, *Penser la décroissance. Politique de l'Anthropocène*, Presses de la Fondation nationale des sciences politiques, Paris, 2013.

6. Bernard Guibert et Serge Latouche (dir.), *Antiproductivisme, altermondialisme, décroissance*, Parangon/Vs, Lyon, 2006 ; Fabrice Flipo, « Quand l'objection de croissance révèle certains des impensées de la gauche », *Revue du MAUSS*, 2, 34, 2009 ; Michel Barrillon, « Les marxistes, Marx et la question naturelle. Notes sur l'improbable écomarxisme », *Écologie politique*, 2, 47, 2013.

7. Jean-Marie Harribey, « L'objection de croissance manquerait-elle de conscience », *Revue du MAUSS*, 2, 34, 2009, p. 285.

> Ils confondent l'acte de production – qui est une catégorie anthropologique – et les conditions sociales de sa réalisation – catégorie historique –, ou le « procès de travail en général » et le « procès de travail capitaliste », comme disait Marx [...]. Nous assistons à la conjonction d'une crise de suraccumulation capitaliste – donnant une nouvelle fois raison à Marx – et d'une crise écologique inédite montrant que la crise de suraccumulation débouche sur une crise de reproduction[8].

Je me sens plus proche des auteurs décroissants sans m'en réclamer directement, comme l'a dit Kenneth Ewart Boulding : « Celui qui croit qu'une croissance exponentielle peut continuer indéfiniment dans un monde fini est soit un fou, soit un économiste. » Me placer du côté des non-productivistes non marxistes me convient bien. En critiquant le régime productiviste capitaliste, mon but est qu'il prenne en considération les liens entre les paysans et leurs plantes sans miser exclusivement sur la production.

Si ce débat est bel et bien théorique et politique, m'inscrire à l'opposé d'une approche marxiste, c'est-à-dire plutôt du côté des non-productivistes, relève d'un parcours personnel. Il est donc temps de me présenter pour mieux situer mon propos[9]. Je suis issu d'une famille paysanne depuis trois générations du côté de ma mère et j'ai vécu en Macédoine sous le même toit que ma grand-mère et mon grand-père paysans. C'était un pays « socialiste », faisant partie de l'ex-Yougoslavie, initiatrice du mouvement des non-alignés jusqu'à sa chute en 1991, cherchant à échapper aux confrontations du bloc Ouest/Est tout en restant fidèle à l'idéologie marxiste-léniniste. Je suis venu en France à l'âge de vingt-deux ans, quatre ans après la chute du Mur, c'est-à-dire après avoir vécu l'effondrement de mon monde. Je ne suis pas seulement macédonien ; j'ai aussi des origines serbes. Mon père est serbe et j'ai vécu au Kosovo jusqu'à l'âge de six ans, une province qui faisait alors partie de la Serbie. Depuis les bombardements de l'Otan

8. *Ibid.*, p. 288-289.

9. Dans *Où atterrir ?*, Bruno Latour se présente et précise qu'il vient d'une famille de négociants de vin en Bourgogne. Il invite ensuite le lecteur à le faire à son tour, « qu'on sache un peu où vous souhaitez atterrir et avec qui vous acceptez de cohabiter », Bruno Latour, *Où atterrir ? Comment s'orienter en politique*, La Découverte, Paris, 2017, p. 134.

sur la Serbie en 1999, auxquels la France a participé, cette province est devenue un pays indépendant[10].

Même si ma famille possède toujours un peu de terre, ma mère et mon père ne sont pas paysans. Ils sont aujourd'hui retraités de la fonction publique hospitalière. Néanmoins, depuis leur arrivée en Macédoine, il y a plus de quarante ans, ils cultivent principalement de la vigne. Avant de venir en France, j'aidais régulièrement mon père à épandre des pesticides sans aucune protection, avec un pulvérisateur dans le dos, et je connais très bien l'arrière-goût âpre que l'on a dans la bouche les jours qui suivent. Après mon arrivée en France, j'ai mis des années à convaincre mon père d'arrêter le Roundup et les pesticides. C'est maintenant chose faite et il s'autorise seulement à utiliser de la bouillie bordelaise.

Après la chute du Mur, pour beaucoup d'entre nous qui venions de l'autre côté – du socialisme –, il était évident que l'on en avait fini avec lui. Une page de l'histoire s'était refermée, le marxisme avait vécu. Il était impossible de faire marche arrière ou de prôner un retour à Marx. Cela ne signifie pas prendre parti pour le capitalisme. Je ne suis pas devenu capitaliste ou néolibéral, loin de là, et je suis le premier à vouloir passer à autre chose. Il est incroyablement difficile de le faire comprendre aux marxistes qui rêvent du socialisme. Nous sommes des déracinés, nous n'avons pas eu de nouveaux mondes où nous poser[11]. Depuis la chute du Mur, mes parents passent leur vie à comparer les deux régimes pour savoir lequel est le meilleur, et ils n'ont toujours pas tranché : au fond, ils savent bien qu'aucun ne leur convient. C'est le cas d'autres gens des pays de l'Est qui n'ont nulle part où aller.

Ayant vécu sous un régime socialiste, je connais bien l'idéologie marxiste-léniniste dont l'enseignement était obligatoire. Cela m'a beaucoup aidé à élaborer l'hypothèse principale de ce travail. Six mois de réflexions, de croquis et de dessins, suite à ce comité de thèse, ont été nécessaires pour me rendre compte – comprendre – que le concept de production était ce qui m'empêchait de déplier nos relations avec

10. Sur cette question, on peut lire l'ouvrage de Noam Chomsky, *Le Nouvel Humanisme militaire. Leçons du Kosovo*, Éditions des Cahiers libres, Paris, 2000.

11. J'entends ce terme dans le sens que lui donne Simone Weil, *L'Enracinement. Prélude à une déclaration des devoirs envers l'être humain*, Gallimard, Paris, 1990.

les plantes. Je ne devais pas me situer auprès des non-productivistes en critiquant l'agriculture productiviste et le capitalisme, mais plutôt interroger le concept de production au fondement de la modernité et sur lequel reposent *à la fois* le capitalisme et le socialisme. Si la question de Vinciane Despret m'a provoqué de nombreuses insomnies, c'est qu'elle m'a permis de mettre le doigt sur un problème théorique, épistémologique et politique crucial.

Ce que je suis en train de comprendre et voudrais faire comprendre, c'est que le capitalisme et le socialisme ne sont pas des *régimes productivistes* comme le prétendent les théoriciens de la décroissance, mais des *régimes de production* tout court. Ils sont conçus et imaginés pour produire, non pas pour vivre avec le monde autre qu'humain. Comme le dit bien l'économiste marxiste Harribey, ils postulent que l'acte de production est une catégorie anthropologique qui concerne l'humanité tout entière, son passé et son avenir, et non un concept inventé par la modernité sur lequel reposent ces deux régimes politiques modernes. L'épistémologie du matérialisme historique conçu pour étudier les différents modes de production était censée « lire le passé et déchiffrer l'avenir des sociétés humaines[12] ».

Pour autant, Harribey pense que l'acte de production est un acte naturel allant de soi. Il n'imagine pas qu'il s'agit d'un postulat naturaliste inventé par l'économie politique et projeté sur toutes les civilisations passées, actuelles et futures, le matérialisme historique exceptant l'humain des autres espèces vivantes. Selon cette conception marxiste de l'histoire, les humains ne peuvent pas vivre sans la production et doivent produire pour vivre.

Cet économiste ne voit pas qu'en faisant de l'acte de produire un postulat anthropologique universel, il reprend à son compte une proposition théorique de Marx qui ne repose sur aucun fondement empirique. L'acte de produire est commun au socialisme et au capitalisme qui sont fondés sur le même socle théorique et épistémologique. Nous avons appris à l'école que « le socialisme n'est pas autre chose qu'un monopole capitaliste d'État soumis au peuple entier ». Le philosophe Serge Audier rapporte la remarque de Paul Janet faite en 1870, qui affirme

12. Karl Marx, *Les Luttes de classes en France*, Gallimard, Paris, 1994, p. 317.

que le socialisme n'est qu'« une branche dissidente[13] » du capitalisme. Les économistes libéraux et marxistes sont toujours présentés comme radicalement opposés, alors qu'ils sont en fait très proches. Ce sont les deux faces opposées d'une seule et même pièce, tels deux ennemis jurés qui veulent que la Terre produise. La question est de savoir ce que supposent vraiment ces deux régimes. Le socialisme socialise les moyens de production et abolit le marché. Le capitalisme laisse les moyens de production aux mains d'acteurs privées tout en laissant faire le marché. L'humanité devrait choisir entre ces deux régimes : les libéraux comme les marxistes croient dur comme fer que la production constitue le fondement matériel de toutes les civilisations. Sans elle, l'humanité ne pourrait pas exister. Ces régimes se sont opposés jusqu'à la chute du Mur pour savoir qui doit détenir les fameux moyens de production.

Le concept de production se présente donc comme le fondement ontologique de la modernité – son infrastructure pour parler comme les marxistes. Si c'est sur lui que reposent ces deux régimes politiques – la superstructure –, il est impossible de sortir du paradigme naturaliste de la production, universalisé et naturalisé par l'Économie. Comment déplier les liens entre les paysans et les plantes sous cet angle ? La production constituant ici notre matérialité objectivée, elle repousse les liens avec les vivants autres qu'humains dans la sphère des subjectivités, du côté des qualités secondes.

Que ce soit en Macédoine, en France, en Corée du Nord ou à Cuba, on trouve le même problème : tous ces régimes se pensent non au travers des liens avec le vivant, mais de ceux de la production. Que nous soyons dans une production capitaliste ou une production socialiste, dans les deux cas, il faut *produire*. En traitant des liens avec les plantes, mon sujet relevait donc de qualités secondes, tout ce qui porte sur les liens étant repoussé du côté des subjectivités par les épistémologies et ontologies modernes. Mon sujet relevait uniquement des sentiments, des valeurs, de la psyché, mais ne concernait pas la matérialité de ce monde. Tout ce qui reste possble, c'est de se placer du côté des non-productivistes et des anticapitalistes. Je suis pris au piège. Mes recherches se retrouvent systématiquement classées dans la critique.

---

13. Paul Janet, cité par Serge Audier, *L'Âge productiviste. Hégémonie prométhéenne, brèches et alternatives écologiques*, La Découverte, Paris, 2019, p. 95.

Je ne peux finalement rien faire de plus que critiquer le productivisme et le capitalisme, c'est-à-dire tomber à nouveau sous la dépendance de Marx et de la critique et retourner à nouveau sans le vouloir vers le socialisme !

La question de Vinciane Despret a ouvert une boîte de Pandore et sauvé mon sujet de recherche. En continuant à critiquer le capitalisme et le productivisme, je faisais le jeu de l'Économie qui englobe à la fois le capitalisme et le socialisme. J'aurais inévitablement terminé cette recherche par un appel moraliste vis-à-vis de ceux qui produisent en appelant à prendre en compte les relations que les paysans ont avec leurs plantes et qu'il n'y a pas que la production ni le rendement... Pas de quoi être très avancé !

Pour clarifier ce problème théorique, j'ai dû faire un pas de plus. Pour que l'agriculture se pense en termes de relations avec le vivant, il fallait que les liens avec les plantes *deviennent* notre matérialité. J'ai repoussé la « production » dans la sphère de la « subjectivité » afin de penser l'agriculture sans production.

Être issu d'une famille paysanne et avoir vécu dans un pays socialiste m'ont fait connaître le mépris profond de Marx envers les paysans qui représenteraient la « barbarie au sein de la civilisation[14] ». Jusqu'à sa mort, il y a quelques années, ma grand-mère n'a jamais pardonné aux marxistes de se voir traiter de *seljanka* (paysanne), un terme péjoratif signifiant inculte ou ignare. Il fallait la « moderniser » pour la faire entrer dans les rapports socialistes de production. C'est cette histoire de la production que je souhaite réouvrir, afin d'en faire une lecture non physiocratique.

Le sociologue Henri Mandras, en rupture avec les thèses marxistes, a commencé à le faire il y a presque quarante ans, et j'aimerais poursuivre son travail. En cherchant dans les écrits de Marx les raisons de la disparition du monde paysan, il écrivait :

> Curieusement, il semble plus difficile de produire des pommes de terre et de la viande que de construire des vostoks et des luniks. Serait-il excessif d'en chercher la cause principale dans l'incompréhension dont Marx a fait preuve à l'égard de la paysannerie ? Ni la Pologne ni

14. Karl Marx, *Les Luttes de classes en France*, *op. cit.*, p. 72.

> la Yougoslavie, d'un côté, ni l'Inde ni Cuba, de l'autre, n'ont encore proposé une solution aux pays que l'on dit sous-développés. L'expérience chinoise fascine, mais son succès n'est pas assuré. Le chef-d'œuvre israélien est trop unique pour être imitable. N'est-ce pas simplement que la logique de la société industrielle est incompatible avec celle de la société paysanne traditionnelle et que vouloir appliquer l'une à l'autre ne peut évidemment conduire qu'à détruire la seconde[15] ?

Mandras a saisi le problème de l'incompatibilité entre les mondes paysans et la production industrielle devenue la référence dans le monde entier indépendamment des régimes politiques. Il affirme qu'« une société paysanne est un ensemble relativement autonome au sein d'une société globale plus large[16] », et appliquer des raisonnements qui viennent du monde moderne industriel ne peut que les faire disparaître. Mandras voit bien le problème : cette incompatibilité a à voir avec la thèse centrale de Marx selon laquelle la grande industrie en plein essor à son époque est une étape nécessaire, et même fondamentale, de l'avènement du communisme : « Le développement de la grande industrie sape donc les pieds de la bourgeoise, la base même sur laquelle elle produit et s'approprie les produits. Sa chute et la victoire du prolétariat sont également inéluctables[17]. » L'avènement du communisme permettra d'accroître encore plus les forces productives et leur développement exponentiel est « une excellente nouvelle pour l'humanité à venir, en ce qu'il prépare le triomphe du communisme et du prolétariat mondial émancipé qui seul saura développer au maximum ces forces en les maitrisant[18] ».

Pour Marx, appliquer la logique industrielle aux mondes paysans n'est pas un problème, car ils sont de toute façon destinés à disparaître avec l'industrialisation. La grande industrie va émanciper l'humanité avec l'arrivée du communisme. Il n'est pas en rupture avec le capitalisme, mais le prolonge.

Mandras n'avait pas les outils théoriques pour saisir le problème sous un angle ontologique. La société paysanne est peut-être une

15. Henri Mandras, *La Fin des paysans*, Actes Sud, Arles, 1984, p. 17.

16. *Ibid.*, p. 17.

17. Karl Marx et Friedrich Engels, *Manifeste du parti communiste*, Flammarion, Paris, 1998, p. 89.

18. Serge Audier, *L'Âge productiviste*, *op. cit.*, p. 167.

« société autonome » au sein d'une « société plus large », mais nous sommes surtout en présence de mondes incompatibles. Le conflit est d'ordre ontologique et politique. D'un côté, les marxistes font des Grands Récits à partir du concept de production qui est posé comme le fondement matériel du capitalisme et du socialisme. De l'autre, les paysans vivent de mille manières différentes sur leurs fermes très loin de ces récits.

Il y a un point sur lequel je suis en désaccord avec Mandras. Pour lui, Marx est le principal responsable de l'effondrement de la paysannerie. Je pense que l'histoire est plus compliquée. Même si Marx a poussé loin la naturalisation de l'histoire de la production sans bien comprendre les mondes paysans, il n'était pas le seul à les traiter de barbares et à voir le progrès dans la grande industrie et les innovations technologiques. C'est un penseur de son époque. Cette façon de penser le monde paysan devait être suffisamment généralisée dans le monde urbain pour qu'il puisse soutenir l'idée que l'humanité doive simplement produire pour vivre, sans soulever d'objections particulières. Nous verrons dans la section suivante que Marx s'est aussi fait en quelque sorte duper par l'histoire que les économistes racontaient sur le monde agricole.

Des mondes incompatibles

Du côté des « sauvages »

En 1871, Léon Gambetta (homme politique républicain et ministre des Affaires étrangères) prononce un discours à Bordeaux :

> Les paysans sont intellectuellement en arrière de quelques siècles sur la partie éclairée du pays. Oui, la distance est énorme, entre eux et nous qui avons reçu l'éducation classique et scientifique, même imparfaite, de nos jours ; qui avons appris à lire dans notre histoire ; nous qui parlons notre langue, tandis que, chose cruelle à dire, tant de nos compatriotes ne font encore que la balbutier[19].

19. Léon Gambetta, discours à Bordeaux, 26 juin 1871, <fr.wikisource.org>.

Le discours est méprisant, d'une très grande violence mais loin d'être une exception pour l'époque. Cet homme provient du monde urbain, acquis à la modernité issue du fameux siècle des Lumières. Dans son roman inachevé écrit en 1844, *Les Paysans,* Balzac décrit les paysans comme des sauvages, des ivrognes, des calculateurs, des brutes, des incultes qui croient aux sorciers, mettent des talismans en tout genre autour de leurs cous, et accrochent des branches de fougère sur leurs fermes pour éviter le mauvais œil[20]. Ils sont pour lui un véritable danger social. De même, Proudhon, auteur anarchiste, écrit que « le paysan, qui fait la grande majorité de la France, est la classe la plus abominable, la plus égoïste, la plus dépourvue d'instincts généreux, la plus vénale, la plus stationnaire, la plus hypocrite, la plus enragée des propriétaires[21] ».

Ernest Renan, philosophe, historien et homme politique considéré, d'après Joëlle Zask, comme le « Dieu de la Troisième République », affirme que « [la] France devra se faire contre eux, et non avec eux ». La nation doit être instituée sans le peuple et surtout « sans les paysans aujourd'hui maîtres absolus de la maison où ils y sont en réalité des intrus, des frelons impatronisés dans une ruche qu'ils n'ont pas construite[22] ». Le mot paysan véhiculait un tel mépris qu'il relevait de l'insulte.

En traversant la campagne bourguignonne, un Parisien pouvait dire : « Vous n'avez pas besoin d'aller en Amérique pour voir les sauvages[23]. » En 1831, le préfet de l'Ariège affirmait que la population des vallées pyrénéennes était aussi sauvage et brutale que les ours qu'elle élève... En 1840, un officier d'état-major constatait que les Morvandeux de Fours poussaient des hurlements aussi sauvages que ceux des bêtes[24]. Selon l'historien Eugen Weber, « de nombreux témoignages suggèrent qu'une grande partie de la France du XIXe était habitée par des sauvages[25] ».

---

20. Balzac, *Les Paysans*, Garnier Frères, Paris, 1964.

21. Pierre Joseph Proudhon cité par Édouard Lynch, « Les socialistes aux champs. Réalisations et adaptations doctrinales au temps de l'agrarisme triomphant », *Revue d'histoire moderne et contemporaine*, 1995, p. 285.

22. Ernest Renan cité par Joëlle Zask, *La Démocratie aux champs. Du jardin d'Eden aux jardins partagés, comment l'agriculture cultive les valeurs démocratiques*, La Découverte, coll. « Les Empêcheurs de penser en rond », Paris, 2016, p. 135.

23. Eugen Weber, *La Fin de terroir*, Fayard, Paris, 2011, p. 17.

24. *Ibid.*, p. 17.

25. *Ibid.*, p. 19.

On traite donc de sauvages les trois quarts de la population française, celle qui vit dans les campagnes. Les urbains ont peur de s'y aventurer et les filles de paysans sont considérées comme une « autre race » comparée à celle des villes.

En Bretagne, les Parisiens taxent les paysans d'« indigènes » qui ne parlent pas français et refusent de parler tout court[26]. La tendance au mutisme est fréquente dans le « monde des sauvages », les « paysans eux-mêmes parlent peu et n'écrivent pas. Longtemps, ils ne s'exprimaient qu'en patois et si l'instruction primaire progresse au cours du XIXe siècle, elle ne suffit pas à leur mettre la plume en main[27] ». Les paysans de cette époque ne savaient ni lire ni écrire ni compter. Ils parlaient patois et c'est encore largement le cas sous la Troisième République. Eugen Weber nous apprend que le mépris envers les paysans est tel qu'anthropologues et ethnographes français préfèrent étudier les peuples non occidentaux en délaissant les paysans qui sont chez eux. Autrement dit, le fait que les anthropologues et les ethnographes méprisent les paysans et trouvent les indigènes bien plus intéressants a eu pour conséquence que les pratiques des paysans ne furent pas étudiées. Florence Pinton souligne que les sociologues ont aussi délaissé le monde paysan en s'intéressant principalement au monde urbain[28].

L'historien Eric Hobsbawm s'était demandé si la nation était la « tentative de remplir le vide créé par le démantèlement de la communauté et des structures sociales anciennes. En réalité – poursuit-il – cette assertion renverse l'ordre des faits, tout au moins en ce qui concerne la France. En France, la nation politique de l'Ancien Régime fonctionnait *à côté* de la communauté traditionnelle et des structures sociales existantes. La nation idéologique de la Révolution se devait d'entrer en rivalité avec celle-ci. Elle n'a pas été inventée à partir de son démantèlement : son invention *impliquait* son démantèlement. Il est intéressant, dans ce contexte, de lire les réflexions du sociologue Marcel Mauss à propos de l'injustice de l'impérialisme culturel du

---

26. Pierre Barral, « Littérature et monde rural », *Économie rurale*, 184-186, 1988.

27. *Ibid.*, p. 200.

28. Florence Pinton, « De la période coloniale au développement durable. Le statut des savoirs locaux sur la nature dans la sociologie et l'anthropologie françaises », *Revue d'anthropologie des connaissances*, 2, 8, 2014.

mouvement pangermaniste ou panslave essayant d'imposer une civilisation dominante à une société composite. Mauss, qui est un homme cultivé et humain, ne pensera jamais que cette critique pouvait aussi bien s'appliquer en France[29] ».

Hobsbawm souligne l'aveuglement de Mauss à l'égard d'une nation française soi-disant unie : « la nation et le citoyen seraient face à face sans aucun intermédiaire[30] », tandis que les paysans vivraient en communauté dans des régions éclatées ne communiquant pas entre elles. Les villageois qui vivaient dans ces régions éloignées refusaient de se soumettre aux lois de la République. Autrement dit, il n'y avait aucun sentiment d'unité ni de volonté de vivre au sein de la République française. Les paysans concevaient leur village comme un pays. Ils avaient leurs propre langue et manière de voir le monde. Maurice Halbwachs, s'éloignant de cette lecture nationaliste de l'histoire, pense qu'il y a « une différence fondamentale entre les groupes ruraux pris dans leur ensemble et les groupes urbains qui s'opposent par leur genre de vie comme deux civilisations différentes ». Le sociologue Marcel Jolivet rejoint Halbwachs et souligne que « [du] monde rural au monde urbain, c'est le passage intégral d'une civilisation à une autre, d'un type d'organisation politique à un autre[31] ».

En parlant de « civilisations différentes » ou encore d'« opposition radicale entre deux univers complexes », ces sociologues soulignent chacun à leur manière des coupures profondes entre le monde des modernes qui se fait en ville et les mondes paysans qui se font dans les campagnes.

Émile Guillaumin, paysan et autodidacte, désespéré de se voir traiter de sauvage inculte et bête, prit la plume en 1900 et osa écrire *La Vie d'un simple*[32]. Il devint vite célèbre et manqua de peu le prix Goncourt. Il raconte la vie de son voisin paysan, Tiennon. Lorsque Guillaumin lui proposa d'écrire un livre sur lui, le paysan répondit : à quoi ça t'avancera-t-il mon pauvre garçon ? Guillaumin expliqua qu'il

---

29. Eric Hobsbawm cité par Eugen Weber, *La Fin des terroirs, op. cit.*, p. 145 (c'est moi qui souligne).

30. *Ibid.*, p. 145.

31. Maurice Halbwachs et Marcel Jolivet cités par Bertrand Hervieu et François Purseigle, *Sociologie des mondes agricoles*, Armand Colin, Paris, 2013, p. 30.

32. Émile Guillaumin, *La Vie d'un simple*, Stock, Paris, 1943.

souhaitait montrer aux « messieurs de Moulins de Paris » ce qu'était une vie paysanne et leur « prouver que les paysans sont moins bêtes qu'ils le croient ». Tiennon accepta finalement en lui disant : « Fais-le donc si ça t'amuse… Mais tu ne vas pas rapporter les choses comme je les dis ; je parle trop mal… Les messieurs de Paris ne comprendraient pas[33]. » Après de multiples rencontres, Guillaumin lui lut la version finale du manuscrit afin de vérifier s'il était bien conforme à son histoire. C'est un témoignage de première main.

Or Guillaumin raconte une histoire très intéressante :

> Lorsqu'il s'agissait, à la Saint-Martin, de régler les comptes de l'année, on s'efforçait de se rappeler à quelle foire on avait vendu des bêtes et à quel prix. Mais personne ne sachant faire un chiffre, il était difficile de se remémorer tout cela de tête, et plus encore de faire les totaux, de déterminer quelle somme exacte restait comme bénéfice Cela durait des soirs et des soirs. Lorsqu'on touchait au but, il fallait souvent, par oubli des premiers chiffres, tout recommencer. De quoi désespérer d'aboutir jamais On finissait pourtant par se mettre d'accord sans être bien certains d'ailleurs du résultat admis[34].

Cette famille ne sait pas calculer et ne connaît tout simplement pas les notions économiques de rendement, de production ou de productivité. Ils raisonnent en termes de récoltes, associées aux mauvaises ou aux bonnes années. Il y avait ainsi des années « où le travail de la terre donnait à plein[35] » et d'autres où il donnait moins.

Dans cette conception ontologique non moderne, la terre travaille et donne, elle ne produit pas, ni ne réalise de rendement ou n'améliore sa productivité. Parler dans ces termes n'a aucun sens ; ces paysans ne parlaient pas de la sorte. Cette famille animait les champs d'une manière radicalement différente. Ils n'étaient pas dans un rapport de production avec la terre, mais de *don avec la terre*, et dans ce rapport la terre travaille comme eux. Ils sont à des années-lumière des ontologies et épistémologies modernes affirmant que la terre produit, qu'elle est inerte et ne travaille pas. Cette famille n'est pas un cas isolé.

---

33. *Ibid.*, p. 20.
34. *Ibid.*, p. 71-71.
35. *Ibid.*, p. 121.

Eugen Weber écrit que les paysans ne tenaient pas de comptabilité, et certains paysans ne commencent à saisir ou à intégrer cette notion de productivité ou de comptabilité qu'« aux alentours de 1900-1905[36] », c'est-à-dire au début du XXe siècle. L'agronome Louis Malassis, également issu d'une famille de paysans, rejoint Weber : « Les paysans étaient âpres au gain, car il fallait joindre les deux bouts, mais l'idée de profit, au sens capitaliste, leur était totalement étrangère. Les paysans ne tenaient pas de comptabilité, si ce n'est parfois un carnet de recettes et de dépenses, et ignoraient les règles du capitalisme[37]. »

Weber rapporte une autre histoire : « À Mazières-en-Gâtine, vers le milieu du XIXe siècle, les fêtes et les danses du carnaval duraient trois jours, se rappelait un instituteur. Et elles n'étaient pas dénuées de finalité : on dansait surtout dans les boulangeries devant la porte du four, de façon à avoir du sarrasin[38]. » Mais cet auteur, adoptant une lecture naturaliste, renvoie ce genre de fêtes courantes chez les paysans dans la sphère du surnaturel[39].

Or quelque chose d'autre semble se jouer ici, qui a peu de rapport avec le surnaturel. On peut faire l'hypothèse que c'était probablement une manière de remercier voire d'encourager le sarrasin qui va se donner à eux pour leur permettre de manger. On peut supposer que danser devant le four était une manière humble et sensible de se mettre en relation avec le sarrasin, de reconnaître sa *puissance d'agir*. C'était un aliment de base pour faire le pain. Ils vivaient dans une misère alimentaire chronique. En cas de gaspillage du pain, un de leurs proverbes disait : « On voit bien que tu ne sais pas comment il vient le pain[40]. » Le pain *vient*, il n'est pas produit. Le sarrasin n'est pas un être inerte sans pouvoir d'agir, mais un être pris dans des rapports animés avec eux, des rapports qui viennent de la terre et des plantes. Comme le sarrasin, le pain ne provient pas non plus de la production, mais des plantes et de la terre, et les paysans et paysannes dansent pour manger.

---

36. Eugen Weber, *La Fin des terroirs*, *op. cit.*, p. 574.

37. Louis Malassis, *La Longue Marche des paysans français*, Fayard, Paris, 2001, p. 113.

38. Eugen Weber, *La Fin des terroirs*, *op. cit.*, p. 450.

39. *Ibid.*, p. 450.

40. *Ibid.*, p. 171.

Dans ces mondes paysans éloignés de la ville, ne parlant ni n'écrivant le français, et refusant même souvent de le parler, des notions telles que celles de production, de rendement ou encore de productivité étaient étrangères. Comme le souligne l'économiste rural Louis Malassis, ils ne connaissaient pas les idées physiocrates qui naissaient à Paris[41]. En examinant dans un récent article la littérature économique classique sur la notion de rendement, le sociologue François Vatin ne trouve pas sa source en agriculture : « C'est peut-être parce qu'on a longtemps pensé que l'agriculture ne "rendait pas" mais "donnait", dans une capacité de création *ex nihilo*[42]. » C'est une notion savante inventée par l'économie élaborée en ville et non dans le monde paysan. Les paysans n'en avaient tout simplement jamais entendu parler. Parler ici de rapport de production, d'exploitation capitaliste, de production socialiste, de production capitaliste, de rendement ou de production relève de projections anthropocentriques sans fondement empirique, issues d'un monde moderne fabriqué dans les villes.

La paysanne Isabella Thieke – dont je parlerai au chapitre 7 – rejoint les analyses de ce sociologue. Elle soutient que les paysans vivaient non pas de la production, mais du don des plantes et des terres, car « ils se savaient dépendants d'elles, sinon ils crèveraient de faim ». Cela expliquerait pourquoi dans le passé les paysans remerciaient la terre et le vivant par des fêtes et des danses. Weber ajoute que les cérémonies qui avaient lieu dans les campagnes françaises « étaient considérées comme cruciales pour le bien-être de la collectivité et de ses membres[43] ».

Une question est absente de son livre : le monde autre qu'humain faisait-il partie de ces collectivités ? Était-il un membre de la collectivité au sens le plus profond du terme ? Il ne me paraît pas insensé de le penser en m'appuyant sur le fait que ces plantes et cette terre qui « donnent à plein » avaient « droit au repos » pendant les cérémonies que rapporte Weber. Ce monde n'étant pas rejeté du côté de la Nature qui produit, il ne pouvait pas se situer « nulle part ».

---

41. Louis Malassis, *La Longue Marche des paysans français*, *op. cit.*, p. 52.

42. François Vatin, « Le produit de la nature et le temps des hommes. Don, service et rendement. », *Revue du MAUSS*, 2, 42, 2013, p. 230.

43. Eugen Weber, *La Fin des terroirs*, *op. cit.*, p. 450.

Le paysan Tiennon souligne que, « dans nos campagnes, on n'avait pas la moindre notion de l'extérieur. Au-delà des limites du canton, au-delà des distances connues, c'étaient des pays mystérieux qu'on s'imaginait dangereux et peuplés de barbares[44] ». Ce paysan le souligne en indiquant qu'eux aussi stigmatisaient ceux qui n'habitaient pas dans le village comme des « barbares[45] ». Il est d'autant plus possible en retour que le monde autre qu'humain faisait partie de ces collectivités, d'une même communauté.

Il me paraît tout à fait raisonnable de faire l'hypothèse que les paysans n'ont jamais été dans un rapport de production avec la terre malgré la diffusion des idées physiocrates et marxistes dans les campagnes. Ils ont toujours été dans des mondes de vie animés autrement, des mondes non naturalistes. La production ne constituait pas leur matérialité. Pour animer les champs avec la production, il fallait appartenir au « monde civilisé » qui nécessitait de savoir compter, lire, calculer.

Du côté des « civilisés »

Quand les physiocrates inventent l'histoire de la production. — Même si c'est largement oublié en France, l'événement majeur qui a permis de faire entrer le monde urbain puis paysan dans le régime de la production se situe vers 1750 avec les physiocrates. Selon le philosophe et économiste Adam Smith, il s'agissait d'« une secte assez considérable, se distinguant en France dans la République des lettres sous le nom *d'Économistes*[46] ». D'après lui, les « écrivains de cette secte[47] » répétaient tous la doctrine de leur maître à penser, François Quesnay, médecin et économiste. Il s'agissait notamment de l'idée selon laquelle le but de l'agriculture était de produire pour enrichir la

44. Émile Guillaumin, *La Vie d'un simple*, *op. cit.*, p. 59.

45. Sur le peuple barbare et sa stigmatisation, voir James C. Scott, *Homo Domesticus. Une histoire profonde des premiers États*, chapitre 7, « L'Âge d'or des barbares », La Découverte, Paris, 2019.

46. Adam Smith, *La Richesse des nations*, livre II, chapitre IX, Garnier-Flamarion, 1991, p. 299, souligné par l'auteur.

47. *Ibid.*, p. 299.

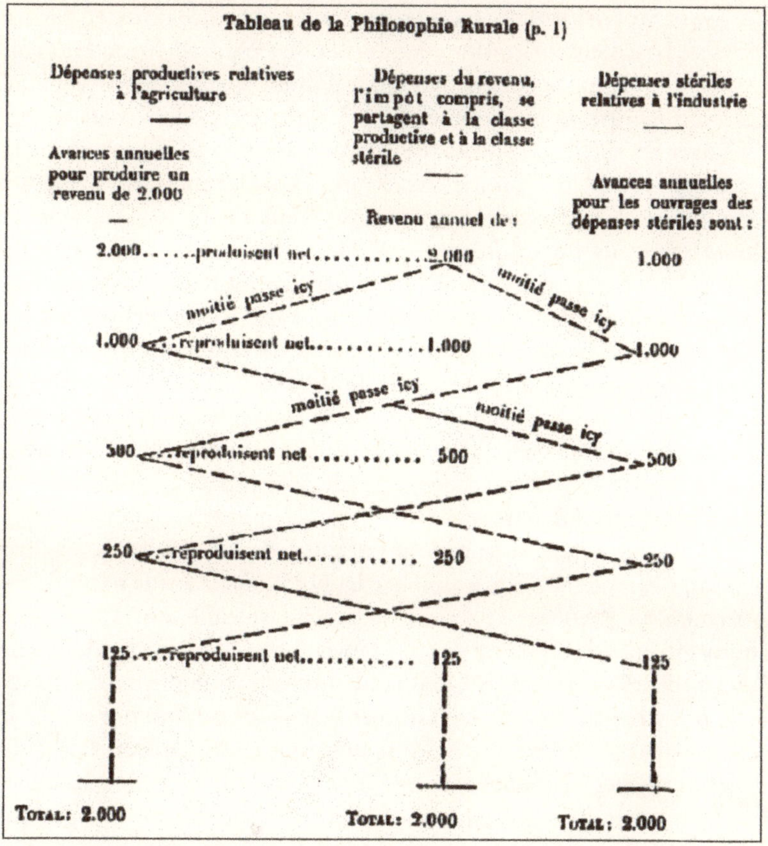

Tableau économique conçu par François Quesnay en 1759.

nation[48]. Quesnay l'a traduit sous la forme d'un tableau bien connu qui a marqué à jamais l'histoire de l'agriculture et le monde moderne.

Il y a de quoi méditer sur cette proposition stipulant que « l'agriculture produit ». Elle n'a aucun rapport avec le vivant ; elle ne repose sur aucun fondement empirique, aucune enquête auprès des paysans,

48. François Quesnay, « Analyse de la formule arithmétique du tableau économique de la distribution des dépenses annuelles d'une nation agricole », *Journal d'agriculture, du commerce et des finances*, t. 5, troisième partie, juin 1766.

n'a aucun rapport avec les mondes paysans. Cette idée porte en elle un véritable basculement épistémologique et ontologique. Selon François Quesnay, « les productions de nos terres doivent être la matière première des manufactures et du commerce[49] ». L'agriculture est « le seul secteur à dégager un surplus, la production brute, appelée aussi reproduction totale, [qui] se définit comme la somme des avances annuelles (dépenses renouvelées chaque année) et primitives (capitaux fixes) à laquelle on ajoute le surplus, ou produit net[50] ». Quesnay soutient que l'agriculture est le seul domaine qui crée de la richesse, contrairement aux secteurs de l'industrie naissante et marchande qui sont des « secteurs stériles » ne produisant pas de richesse. Ce tableau ne représente pas simplement l'agriculture, mais l'ensemble de la société. Il ouvre l'histoire de la production par l'affirmation que seule l'agriculture est productive. Cela donne la possibilité d'élaborer le « modèle conceptuel de la modernisation agricole (en fixant) des règles de relations avec les entités non humaines du monde ouvrant un nouveau chapitre[51] ».

Le « produit » désigne une chose porteuse de plus-value et la production fait référence aux choses, en particulier aux « éléments naturels[52] ». Au cours du XVIIIe siècle, la distinction se brouille, entraînant une confusion entre les deux termes. Ce tableau rempli de chiffres donne de la scientificité au propos de Quesnay. Comme le soulignent deux historiens des sciences, Lorraine Daston et Peter Galison, qui ont étudié le concept d'« objectivité » chez les scientifiques entre le XVIIIe siècle et le début du XXIe, « quelles que soient la place et la fonction du texte, fouillé ou succinct, long ou quasi inexistant, ce sont les images qui occupent la place centrale[53] ». Pour faire passer une idée comme vraie

---

49. François Quesnay cité par Jean Carlier et Marie-France Piguet, « Produit, production, reproduction dans le Tableau économique. Les concepts et les mots », *Revue économique*, 1, 50, 1999, p. 80.

50. Romuald Dupuy, « Du travail de la nature au travail dans la société chez les physiocrates », *Cahiers d'histoire. Revue d'histoire critique*, 2009.

51. Aliénor Bertrand, « Le blé des physiocrates. Contribution à une histoire politique de l'ontologie végétale », *Cahiers philosophiques*, 1, 152, 2018, p. 10.

52. Jean Carlier et Marie-France Piguet, « Produit, production, reproduction dans le Tableau économique. Les concepts et les mots », *loc. cit.*, p. 78.

53. Lorraine Daston et Peter Galison, *Objectivité*, Les Presses du réel, Dijon, 2012, p. 31.

sous l'auspice de la science positiviste, ce n'est pas le texte qui compte le plus, mais la « fabrication d'images » qui génère une « vue objective[54] ». C'est donc ce tableau qui permettra aux physiocrates de prétendre « avoir fondé une science, la science économique, en s'appuyant sur une autre science elle-même balbutiante, la botanique[55] » qui englobe la société tout entière.

Ce tableau institue l'idée selon laquelle l'agriculture se réduit à une question de production. À cette époque, il faut encore un dessin, une image qui crée cette nouvelle réalité. Quesnay procède comme tous les scientifiques de son époque. C'est un passage obligé pour fabriquer des sciences objectives. Or Quesnay est médecin et ce tableau élabore des analogies avec le corps humain – raison pour laquelle Michel Foucault voit chez les physiocrates la naissance de la biopolitique[56] – en faisant table rase des Anciens Mondes animés d'une autre manière. Ont disparu dans ce tableau les plantes, la terre, les arbres, les liens, le sensible, c'est-à-dire la matérialité du monde, qui a été emplacée par des abstractions, des chiffres, des concepts. Il capte l'agriculture au travers de la production et permet de soutenir que l'agriculture produit. Cette affirmation se donne comme la (nouvelle) matérialité de l'agriculture et des mondes paysans.

C'est un bouleversement complet de la manière de concevoir l'agriculture et les mondes paysans. Ce tableau est fascinant parce qu'il constitue l'acte de naissance de la production. C'est à partir de lui que le monde moderne qui se construit dans les villes – des lieux conçus comme des espaces de progrès en opposition aux campagnes perçues « comme une source de régression[57] » – commence à penser le monde agricole comme seul domaine productif. Cette exclusivité est vigoureusement contestée par les économistes et philosophes classiques, mais sans que soit remise en cause l'idée « selon laquelle les relations de production devaient être la règle des rapports entre les êtres humains,

54. *Ibid.*, p. 36-46.

55. Aliénor Bertrand, « Le blé des physiocrates. Contribution à une histoire politique de l'ontologie végétale », *loc. cit.*, p. 19.

56. Michel Foucault, *Naissance de la biopolitique. Cours au Collège de France (1978-1979)*, EHESS/Seuil, Paris, 2004.

57. Lucien Bianco, « Révolutionnaires et paysans. Le cas chinois et l'héritage du marxisme classique », *L'Homme et la Société*, 2, 172/173, 2009, p. 196.

et des êtres humains avec les entités non humaines du monde[58] ». Au contraire, ses détracteurs *élargissent* le concept de production aux secteurs marchand et industriel : ce sont aussi des secteurs productifs. Adam Smith écrit :

> Ce système qui représente le produit de la terre comme la seule source de revenu et de richesse d'un pays n'a jamais, autant que je sache, été adopté par aucune nation, et n'existe à présent en France que dans les spéculations d'un petit nombre d'hommes d'un grand savoir et d'un talent distingué. Ce n'est surement pas la peine de discuter fort et longtemps les erreurs d'une théorie qui n'a jamais fait et qui vraisemblablement ne fera jamais de mal en aucun lieu du monde [...]. L'erreur capitale de ce système paraît consister en ce qu'il représente la classe des artisans, manufacturiers et marchands comme totalement stérile et non productive. Les observations suivantes pourront faire voir combien est inexacte cette manière d'envisager les choses[59].

Tout en critiquant les physiocrates, Adam Smith leur rend hommage en soulignant que grâce à leurs écrits « l'agriculture de France s'est vue délivrée de plusieurs des oppressions sous lesquelles elle gémissait auparavant[60] ». Il ne dit pas un seul mot sur la notion de production car, pour lui, c'est une réalité, et il partage leur point de vue sur le fond. En élargissant la notion de production à d'autres activités, faisant d'elles également des « secteurs productifs pour la richesse des nations », Adam Smith valide l'épistémè physiocratique, l'idée selon laquelle la société repose sur la production et qu'elle doit produire pour s'enrichir. La production peut désormais s'appliquer partout : à l'agriculture, à l'industrie naissante, au secteur marchand, aux artisans, aux manufactures. C'est ici que s'origine cette réduction du monde à l'idée de production. Alors même qu'il méprise les physiocrates qu'il taxe de « secte », ce tableau économique constitue pour Smith « la grande découverte qui fait la gloire de notre siècle et dont la postérité recueillera les fruits[61] ».

58. Aliénor Bertrand, « Le blé des physiocrates. Contribution à une histoire politique de l'ontologie végétale », *loc. cit.*, p. 11.

59. Adam Smith, *La Richesse des nations*, *op. cit.*, p. 281-294.

60. *Ibid.*, p. 299.

61. *Ibid.*, p. 300.

C'est grâce à ce tableau que les « civilisés », c'est-à-dire les Modernes, sont entrés dans le régime de la production guidée par l'Économie. Comme le souligne Aliénor Bertrand, la manière dont cette notion s'est diffusée est un « phénomène puissant de naturalisation du politique sur lequel sont venues s'échouer de nombreuses luttes historiques[62] ». L'ironie, c'est que ce ne sont pas des économistes dits libéraux qui ont naturalisé cette notion de production, mais Marx.

Qui est Karl Marx? — Je ne soulève pas cette question par goût de la provocation mais pour situer cet auteur. Il est communément décrit comme un philosophe, économiste et penseur révolutionnaire allemand, qui a immensément marqué la modernité. Peu de personnes diront le contraire. Cependant, depuis l'extinction des mondes multispécifiques, de nombreuses voix écologistes se sont élevées pour critiquer le productivisme de Marx et de ses héritiers qui ne prennent tout simplement pas en compte les questions écologiques[63]. Pour autant, taxer Marx de productivisme revient à accepter l'idée que l'humanité produit pour se nourrir comme universelle et concernant toutes les civilisations. Il faut également accepter de concevoir le productivisme comme une dérive par rapport à une bonne production. Or je ne crois pas qu'il faille dénoncer son productivisme, car Marx n'est pas productiviste: c'est un *théoricien de la production*. Les notions de production, de modes de production, de forces productives et de rapports de production sont les concepts clés qui structurent toute son œuvre et sans lesquels elle s'effondrerait.

La principale limite de son œuvre tient au fait qu'il ait cru que la production, les modes de production, les rapports de production et les forces productives constituaient la matérialité du monde. Il adhérait aux théories des physiocrates. Il ne pensait pas que la terre donnait ou travaillait – comme le disaient les paysans –, mais qu'elle produisait. Il considérait que les physiocrates avaient découvert les formes réelles de la production capitaliste, mais que leur erreur était de les concevoir comme des formes naturelles et non comme historiquement déterminées. Il leur a rendu hommage en écrivant:

---

62. Aliénor Bertrand, « Le blé des physiocrates », *loc. cit.*, p. 11.
63. Michel Barrillon, « Les marxistes, Marx et la question naturelle », *loc. cit.*

> C'est essentiellement aux physiocrates que revient le mérite d'avoir analysé le *capital* dans les limites de l'horizon bourgeois, ce qui fait d'eux les véritables pères de l'économie moderne. Premièrement, ils ont analysé les divers *éléments matériels* dont est fait et en lesquels se décompose le capital tout au long du processus de travail. On ne peut faire grief aux physiocrates d'avoir, comme leurs successeurs, conçu comme capital ces modes matériels d'existence, instruments, matières premières, etc., sans tenir compte des conditions sociales dans lesquelles ils apparaissent dans la production capitaliste [...], faisant ainsi du mode capitaliste de production un mode de production naturel et éternel. Les formes bourgeoises de la production ne pouvaient manquer de leur apparaître comme des formes naturelles de celle-ci. Ils ont eu le grand mérite de considérer ces formes comme des formes physiologiques de la société, émanant des nécessités naturelles de la production elle-même et indépendantes de la volonté des hommes, de la politique, etc. Ce sont des lois physiques; l'erreur consistait seulement à voir dans la loi physique d'un certain état historique de la société une loi abstraite régissant uniformément toutes les formes de société[64].

Marx est féroce envers les paysans et trop conciliant envers les physiocrates! Il reconnaît le caractère «génial[65]» du schéma qu'ils proposent, et s'en sert pour en faire le «schéma de la reproduction simple et élargie[66]». Comme Smith, Marx adhère aux écrits de cette secte économique en leur reprochant de n'avoir considéré que l'agriculture comme secteur productif. Pour lui aussi, la notion de production doit être élargie aux autres secteurs. Il considère que l'avènement de la physiocratie correspond à la naissance du capitalisme, l'enjeu étant de l'abolir en s'appropriant les modes de production pour accéder au communisme.

Mais il sous-estime les physiocrates. Il les méprise comme Smith, alors qu'il joue avec les règles du jeu fixés par eux, selon leurs épistémologie et ontologie qui, à leur tour, déterminent un certain nombre

---

64. Karl Marx, *Théories sur la plus-value, Le Capital*, livre IV, t. 1, Éditions sociales, Paris, 1974, p. 31.

65. Gérard Bensussan et Georges Labica, *Dictionnaire critique du marxisme*, PUF, Paris, 1982, p. 885.

66. *Ibid.*, p. 885.

de règles concernant les types de relations que nous devons avoir avec les vivants autres qu'humains. Il ne s'aperçoit pas que ces relations ne peuvent se faire qu'à travers un rapport de production qui n'existe en fait nulle part : ce sont de pures fictions conceptuelles, imaginées par cette secte. Marx ne voit pas cela comme un problème mais fait confiance à la théorie, non à l'empirie ; il reprend les idées physiocratiques en les radicalisant afin d'édicter des principes universels anhistoriques et totalisants.

C'est la raison pour laquelle, dans un texte prométhéen, *Introduction à la critique de l'économie politique*, il assène d'emblée que « l'objet de cette étude est tout d'abord la production matérielle. Des individus qui produisent en sociétés – donc une production d'individus socialement déterminée, tel est *naturellement* le point de départ[67] ». L'auteur sait que la production « en général est une abstraction[68] » qui ne veut pas dire grand-chose. Il précise ainsi que « la production est toujours une branche particulière de la production – par exemple, l'agriculture, l'élevage du bétail, la manufacture, etc., ou bien elle constitue un tout[69] ».

Que fait finalement Marx ? Il reprend la notion de production des physiocrates pour affirmer, de manière anachronique, que l'humanité tout entière se situe dans un rapport de production. Il ne replace pas cette notion dans son contexte, ce qui lui aurait permis de voir que les physiocrates ne font que la projeter sur le monde. On ne peut pas faire l'« analyse de la production[70] » de l'humanité tout entière, car la production est un concept qui sort du tableau et des livres des physiocrates. Ce n'est pas quelque chose de réel et de concret qui existe en attente d'être analysé. C'est un concept qui sert à raconter des histoires sur le monde. C'est la même chose que lorsque je prétends pouvoir analyser le marché chez les individus vivant en société, et que j'affirme que « tel est naturellement le point de départ ». Le marché est un concept pour décrire le monde, et non une réalité du monde. Marx s'engouffre dans cette histoire de production en prétendant analyser les rapports de

67. Karl Marx, *Introduction à la critique de l'économie politique*, Éditions sociales, Paris, 1972, p. 3.

68. *Ibid.*, p. 4.

69. *Ibid.*, p. 5.

70. *Ibid.*, p. 7.

production de l'humanité, et non en reconnaissant qu'il raconte des histoires sur des civilisations qui n'ont rien à voir les unes avec les autres au regard de cette notion. Il fallait vraiment y croire, ironise la paysanne Rachel Berlier en évoquant les peuples anciens qui se seraient trouvés dans des rapports de production avec leurs terres. Avec humour, elle leur donne la parole: « Alors ? Tu as produit combien sur tes terres ? »

Marx est un croyant comme les autres, même s'il ne croit pas aux mêmes choses[71]. Il est aussi un naturaliste comme ses contemporains, se définissant comme « le seul capable de comprendre le processus de l'histoire universelle[72] ». Il croit fermement que nous vivons dans la « nature » et que nous y accédons par des modes de production particuliers, combinant forces productives et rapports de production. Et comme la production est pour lui une réalité naturelle, il ne s'attarde pas sur le concept de production lui-même. Il le voit « simplement comme un processus entre les hommes et la nature ayant pour fin la production de valeurs d'usage et impliquant des moyens de production[73] ». Seuls les « modes de production historiquement déterminés sont capables de rendre compte du contenu concret de l'histoire de la production et plus largement de l'évolution des diverses sociétés[74] ». Ces modes de production historiquement déterminés lui permettent de distinguer les modes de production capitalistes et les modes de production antique, féodal, communiste ou encore asiatique[75]. La production constitue le socle matériel sur laquelle repose toute société humaine ; la tâche consiste désormais à analyser l'histoire de la production, ce que l'auteur définit comme une conception matérialiste de l'histoire.

Marx est un physiocrate et sa lecture du monde est physiocratique. Son mépris envers les paysans ne lui permet pas de comprendre leurs mondes. Ainsi, quand, en 1851, Louis Bonaparte prend le pouvoir en France et instaure le Second Empire, il écrit :

---

71. Sur la question de la croyance, voir le très beau livre de William James, *La Volonté de croire*, La Découverte, coll. « Les Empêcheurs de penser en rond », Paris, 2005.

72. Karl Marx, *Philosophie*, Gallimard, Paris, 1965, p. 208.

73. Gérard Bensussan et Georges Labica, *Dictionnaire critique du marxisme*, *op. cit.*, p. 917.

74. *Ibid.*, p. 917.

75. Karl Marx, *Introduction à la critique de l'économie politique*, *op.cit.*, p. 3.

> Les paysans parcellaires constituent une masse énorme dont les membres vivent tous dans la même situation, mais sans être unis les uns aux autres par des rapports variés. Leur mode de production les isole les uns des autres, au lieu de les amener à des relations réciproques. Cet isolement est aggravé par le mauvais état des moyens de communication en France et par la pauvreté des paysans. L'exploitation de la parcelle ne permet aucune division du travail, aucune utilisation des méthodes scientifiques et, par conséquent, aucune diversité de développement, aucune variété de talents, aucune richesse des rapports sociaux. Chacune des familles paysannes se suffit presque complètement à elle-même, produit directement elle-même la plus grande partie de ce qu'elle consomme et se procure ainsi ses moyens de subsistance bien plus par un échange avec la nature que par un échange avec la société. À chaque parcelle correspondent un paysan et sa famille. Les unes à côté des autres, un certain nombre de ces familles forment un village et un certain nombre de villages un département. Ainsi, la grande masse de la nation française est alors constituée par une simple addition de grandeurs du même nom, à peu près de la même façon qu'un sac rempli de pommes de terre forme un sac de pommes de terre[76].

Pour prendre du recul vis-à-vis des travaux de Marx, et malgré la profonde ignorance qu'il cultivait envers les paysans, je propose de raconter la suite de l'histoire de manière plus spéculative. Imaginons donc que Vinciane Despret ait fait partie d'un comité révolutionnaire et qu'elle lise ce texte de Marx avant sa publication. Elle aurait très probablement sauté de sa chaise et aurait dit, très agacée : « Arrête, arrête de critiquer et d'insulter les paysans en les traitant de “sacs de pommes de terre” et de “barbares”. Tu dois absolument être moins arrogant. À partir de maintenant, tu vas aller les voir, rester avec eux quelques jours, faire ton enquête et, pour une fois, tu vas t'intéresser à eux et aux pommes de terre. Si tu écris des choses si bêtes, c'est que tu ne comprends pas ce qui se passe. C'est fondamental que tu comprennes pourquoi tu es piégé par des paysans que tu traites de pommes de terre. »

---

76. Karl Marx, *Le 18 Brumaire de Louis Bonaparte*, Mille et une nuits, Paris, 1997, p. 170-171.

Après quelques insomnies et moult difficultés à s'approprier cette remarque, Marx serait allé voir les paysans et les pommes de terre. Il aurait pris le temps de discuter avec les paysans. Il aurait certainement constaté qu'une pomme de terre n'est pas un « objet du soleil qui exprime la force créatrice de la vie, l'énergie de son essence réelle[77] », mais un être vivant qui travaille dans les champs. Il aurait vu que ce n'est pas seulement la pomme de terre qui travaille, mais la terre et l'ensemble des plantes cultivées. En dansant avec les paysans – il y avait souvent des fêtes dans les villages –, il aurait compris que ces paysans sont dans une forme de don avec la terre, et que la pomme de terre provient non pas de la production, mais de la terre. Il aurait appris beaucoup de choses et constaté que la question de la « valeur travail » à laquelle il accorde tant d'énergie dans ses livres est finalement très anthropocentrée et qu'il faudrait l'élargir aux autres êtres vivants. Cela lui aurait permis de perturber radicalement les récits des autres économistes classiques, qui soutenaient le même point de vue que lui : l'idée que seuls les humains travaillent.

Il aurait surtout compris l'immense piège théorique dans lequel les physiocrates l'avaient enfermé ; il aurait vu qu'il n'y a pas de production ni aucun mode de production dans les champs. Il aurait constaté qu'il s'agit d'une pure captation théorique physiocratique plaquée sur des mondes paysans, dénuée d'une quelconque donnée empirique et imposée sans la moindre enquête. Il aurait vu que ce monde est animé de manière non naturaliste et aurait compris qu'il était piégé par la notion de production. La matérialité du monde n'est pas celle-là ; ce sont les liens multiples qui existent entre les paysans et les êtres autres qu'humains qui les entourent. Sans ce lien sensible et animé, on ne peut ni vivre ni se nourrir. Il aurait enfin compris que *ni le capitalisme ni le communisme ni aucune société sur cette terre ne reposent sur la production, mais sur certaines manières de vivre et de mourir entre les humains et le monde autre qu'humain*. Il aurait appris que ce sont les liens qui font le monde et que, pour l'analyser, il devait se pencher empiriquement sur ces fameux liens, grâce aux apports d'une enquête commençant par décrire et écouter attentivement ce que les paysans disent et non croire ce que les physiocrates racontent.

77. Karl Marx, *Philosophie*, *op. cit.*, p. 208-209.

Il aurait compris que les capitalistes ne s'approprient pas les moyens de production pour créer de la richesse au travers de la propriété privée – définition communément admise du capitalisme –, mais que, aidés de la propriété privée et du concept de production, ils réduisent leurs relations au monde pour faire de la richesse ; c'est exactement l'inverse de ce qu'il pensait. Autrement dit, il aurait saisi que les capitalistes ont été obligés de discriminer et de dépouiller ontologiquement le vivant afin de le réduire aux objets de production. Les paysans, eux, font l'inverse : ils l'animent au travers de multiples rapports en l'enrichissant sur le plan ontologique. Il aurait enfin saisi que si les physiocrates n'inventaient pas le capitalisme avec leur fameux tableau, ils avaient fabriqué un concept dont la vocation était de s'appliquer à tout le corps social et grâce auquel ils pouvaient réduire la terre entière à une simple production d'où résultent des marchandises. Il aurait ainsi senti l'immense danger de ce tableau sur les plans épistémologique, ontologique et politique.

Marx serait rentré de son séjour chez les paysans fou de rage devant cette grossière confusion entre le concept de production et le monde, cette façon de réduire les multiples rapports au vivant à un seul rapport de production – comme le font les physiocrates. Il aurait alors compris que la production est une notion pour raconter des histoires sur le monde, mais qu'elle n'existe pas dans le monde. Et il se serait rendu compte que sa critique du capitalisme tombait à côté. Avec son arrogance habituelle, il aurait traité les physiocrates de secte, de barbares, d'illuminés, et il aurait mis le feu à ce fameux tableau auquel il avait tant cru, culpabilisant d'avoir écrit un jour : « C'est essentiellement aux physiocrates que revient le mérite d'avoir analysé le capital dans la limite de l'horizon bourgeois, ce qui fait d'eux les véritables pères de l'économie moderne. »

Il aurait ensuite écrit une longue lettre à Vinciane Despret la remerciant de lui avoir dit d'aller voir les paysans et les pommes de terre, avant d'effacer la première phase prophétique du *Capital* : « La richesse des sociétés dans lesquelles règne le mode de production capitaliste s'annonce comme une immense accumulation de marchandises[78]. » Il l'aurait réécrite ainsi : « Dans ce premier chapitre, je vais vous raconter

78. Karl Marx, *Le Capital*, livre I, Champs-Flammarion, Paris, 1985, p. 42.

une histoire de paysans et de pommes de terre. » Il aurait constaté le caractère totalisant et universel de la première phrase du *Capital* une fois placée à côté de la critique du capitalisme : vouloir changer les modes de production pour aboutir au communisme par des voies révolutionnaires. Sa philosophie naturalise le vivant, les plantes et les non-humains en les considérant comme une ressource pour créer de la richesse. Il aurait compris les conséquences dramatiques pour la Terre. En écrivant que « la richesse des sociétés dans lesquelles règne le mode de production capitaliste s'annonce comme une immense accumulation de marchandises », il validait leur épistémè et donnait à l'Économie le pouvoir de raconter des histoires totalisantes sur un Monde que celle-ci n'aurait jamais pu imaginer.

Autrement dit, Marx aurait compris que sa thèse de départ – « la richesse des sociétés dans lesquelles règne le mode de production capitaliste s'annonce comme une immense accumulation de marchandises » – donnait aux physiocrates le bâton pour se faire battre. Et il se ferait battre à chaque fois, puisqu'il jouait selon les mêmes règles. Tout ce qui lui restera à faire est de critiquer le capitalisme en rêvant du communisme, du socialisme, qui partagent la même réalité du monde qui ne peut pas être changée seulement en faisant la révolution.

Aujourd'hui les physiocrates sont imbattables, car ce sont toujours leurs règles du jeu ontologiques et épistémologiques qui sont en vigueur. Que la production se fasse sous un régime capitaliste, socialiste ou écologiste leur est égal. Tant que la terre produit, le reste importe peu. Et ils la feront produire jusqu'à ce qu'ils ne puissent plus, jusqu'à épuisement. Aujourd'hui les gigantesques fictions de l'Économie dominent le monde. Même si les marxistes et leurs héritiers critiquent les néolibéraux, leurs frères ennemis, ils croient à leurs Grands Récits totalisants, et leur critique a pour conséquence de les rendre encore plus réels.

Marx aurait retardé la publication du *Capital*, car il aurait vu que sa critique était à la fois hors sol et inefficace. Il aurait écrit que ce n'est pas la classe ouvrière qui est réellement capable de transformer la société, mais les paysans, ces gens traités de barbares, d'incultes et de sauvages. Il aurait reconnu la très grand solidarité de ses thèses avec le capitalisme, et qu'il était possible de le renverser en racontant les mêmes histoires que ceux que l'on souhaite combattre. Le problème n'est pas de savoir qui va détenir les fameux moyens de production ;

si l'on veut tuer le capitalisme dans l'œuf, c'est avec les paysans et les plantes qu'il faut s'allier. Nous devons nous démarquer de la réalité telle que les capitalistes la présentent.

Marx aurait écrit que les capitalistes proposent une réalité sur le monde et que nous devons être capable d'en proposer une autre, qu'il ne faut pas simplement se fonder sur la lutte de classes, mais aussi, et surtout, engager des luttes de réalités, qu'il faut lutter pour fabriquer d'autres réalités, d'autres histoires, si l'on veut renverser le capitalisme. Il faut décrire autrement ces personnes que nous avons nommées des capitalistes. Les paysans avec leurs plantes, leurs pommes de terre, offrent cette possibilité de fabriquer d'autres réalités.

Marx a fait une analyse tragique de la modernité. Il voulait rendre compte de l'*histoire* de la production de l'humanité entière, sans voir que le concept de production *a une histoire*. L'enjeu n'était pas de mettre le feu à des modes de production capitaliste qui n'existent pas, mais de *mettre le feu à la notion de production elle-même,* car elle n'existe pas dans les champs des paysans et nulle part ailleurs. Il aurait fallu dire que c'est une projection de l'économie politique des physiocrates dépourvue de tout fondement empirique, qui capte l'agriculture et, avec elle, le monde. Sans le concept de production, l'Économie comme discipline n'aurait jamais pris un tel pouvoir dans le monde ; elle serait restée au même niveau que les différentes sciences sociales. Elle aurait raconté des histoires sur ce monde en implorant les autres d'y croire.

C'est donc le piège dans lequel j'étais pris. Il ne s'agissait pas de se ranger du côté des non-productivistes et critiquer l'agriculture productiviste, mais de sortir de cette histoire de production naturalisée et universalisé racontée par les capitalistes et les marxistes. Comme le rappelle Mandras, elle s'est, avant tout, faite contre les paysans. À partir de 1793, les disciples de Quesnay n'ont aucun mal à imposer leurs idées :

> Au sein de l'Assemblée constituante, les tenants des idées physiocratiques sont majoritaires. La société d'agriculture de Paris domine le Comité d'agriculture et de commerce chargé des réformes agraires par la Constituante. Il s'agit grâce à un code rural de détruire les obstacles aux progrès de l'agriculture. Dès l'automne 1789, un projet est mis au point qui consacre les principes de la liberté individuelle et de la propriété au sens de la Déclaration des droits de l'Homme. Il marque

le triomphe de l'individualisme agraire prévoyant le droit de clore, l'interdiction de la vaine pâture et le partage des communaux[79].

Les qualifications négatives (réactionnaires et conservateurs, petits bourgeois ou barbares) ont pulvérisé les mondes auxquels on apportait le progrès et les Lumières sous l'auspice de la production. La naissance de la discipline agronomique qui suivit au XIXe siècle, en héritant de la conception physiocratique de l'agriculture, a pleinement participé à la destruction de ce monde ; c'est ce que raconte l'historienne Nathalie Jas : « Des hommes se réclamant de la science agronomique parcourent les campagnes, investissent les réunions des associations agricoles... dans un pays qui n'en voit pas forcément l'utilité[80]. » Jas ajoute que, par « une étrange contradiction, c'est précisément de la plante que les agronomes s'occupent le moins : ils agissent comme des architectes qui construisent une maison, sans se renseigner exactement sur sa destination et sur les habitudes de ses hôtes qui doivent s'y installer[81] ».

Ce qui nourrit cette discipline agronomique correspond ainsi à la science agricole « qui doit permettre à l'agriculteur de rendre son exploitation rentable économiquement[82] » en disqualifiant violemment tout le savoir paysan[83]. Pour cette discipline, constituée au départ par des agronomes chimistes, les plantes ne sont qu'une matière première pour produire de la richesse. La conception très pauvre du vivant qui y règne – issue de cette sous-discipline où la production, comme dans l'économie, constitue la notion clé – relègue toute réflexion à son égard au rang de croyances obscurantistes. La résistance des paysans envers cette discipline, écrit Mendras, « est demeurée jusqu'à nos jours très profonde dans la littérature agronomique. D'une certaine façon, l'agronomie garde rancune aux paysans. D'ailleurs, elle ne s'adressait pas le plus souvent aux paysans : les agronomes latins, médiévaux et

79. Annie Moulin, *Les Paysans dans la société française. De la Révolution à nous jours*, Seuil, Paris, 1988, p. 43.

80. Nathalie Jas, *Au carrefour de la chimie et de l'agriculture. Les sciences agronomiques en France et en Allemagne, 1840-1914*, Éditions des Archives contemporaines, Paris, 2001, p. 260.

81. *Ibid.*, p. 335.

82. *Ibid.*, p. 46.

83. Joëlle Zask, *La Démocratie aux champs*, *op. cit.*

modernes n'écrivaient pas pour le laboureur, mais pour les propriétaires qui, selon le mot d'Olivier de Serres, ne voulaient pas "être renvoyés aux paysans sans lettres"[84] ».

La mise en œuvre des forces productives

C'est une chose que Vinciane Despret m'ait empêché de tomber dans l'épistèmê physiocratique, c'en est une autre que Marx n'ait eu personne pour le faire. Marx a fini par être obsédé par cette idée de « développement universel des forces productives[85] », notion totalisante et abstraite qui désigne à la fois « la capacité de production d'une formation sociale, un ensemble des forces de travail et de moyens d'un pays ou d'une époque donnée », mais aussi un « système interactif des forces de travail et des moyens de production dans lequel s'exprime le rapport de l'homme aux objets et aux forces naturelles »[86]. Les forces productives existent partout sur la terre, il ne resterait qu'à les développer.

L'aveuglement de Marx aura des conséquences dramatiques sur les paysans en Russie, premier pays devenu communiste en 1917. En 1881, Véra Zassoulitch, militante révolutionnaire, fondait en Russie le groupe marxiste Libération du travail. Elle écrivit à Marx pour lui demander de l'éclairer « sur les perspectives de l'évolution historique et notamment des communes rurales russes[87] ». La Russie était un pays rural fondé sur un régime de propriétés communales où vivaient des millions de paysans, les moujiks. Depuis Londres, le prophète Marx apporte des « éclaircissements » en précisant que les paysans représentent « la plus grande force productive » de Russie et que pour « établir la production capitaliste en Russie, elle doit commencer par abolir la propriété communale et exproprier les paysans, c'est-à-dire la grande masse du peuple[88] ».

84. Henri Mendras, *La Fin des paysans*, *op. cit.*, p. 57.

85. Karl Marx, *Philosophie*, *op. cit.*, p. 320.

86. Gérard Bensussan et Georges Labica, *Dictionnaire critique du marxisme*, *op. cit.*, p. 466.

87. Roger Dangeville, « Lettres de Marx à Véra Zassoulitch », *L'Homme et la société*, 5, 1967, p. 165.

88. *Ibid.*, p. 173.

Marx, tel un disciple physiocratique inversé, transpose leurs idées dans un immense pays sans manifester le moindre doute quant à ce qu'il préconise. Les mondes paysans ont disparu de son texte et il ne reste que celui de la production avec ses notions dérivées. Quand Marx apporte des « éclaircissements », c'est immédiatement gravé dans le marbre et pris comme vérité absolue. Plus tard, la révolution communiste éclate en 1917 et Lénine prend le pouvoir avec les bolcheviques. Sa foi envers la théorie marxiste est sans faille. Il croit dur comme fer à la *doxa* marxiste et soutient que les paysans sont les ennemis de la révolution : tout ce à quoi ils aspirent, c'est devenir des propriétaires. Ils détiennent la propriété privée ou communale tout autant que les bourgeois, mais, pour Lénine, la paysannerie est l'ennemi principal.

« C'est très bien dit dans *Lénine face aux moujiks* – raconte le paysan Yannick Ogor –, la manière dont, à un moment, Lénine arrive à considérer que les classes paysannes n'ont pas, ne peuvent pas être des points d'appui pour la révolution. C'est parce que les paysans ne sont pas rentrés dans le monde de la production et que la condition de la révolution, c'est d'y être entièrement entré. Et après on pourra se réapproprier les outils de production, mais tant qu'on ne l'a pas fait, il n'y a rien à sauver en deçà de la production, parce que les marxistes ont considéré qu'il fallait s'y plonger pleinement. Tous ceux qui ne le faisaient pas étaient négligés, au point que Lénine a fait rentrer le paysan en tant que producteur à une vitesse grand V et au prix d'un génocide colossal. Et c'est cette histoire-là dont je suis héritier. Je suis attaché à une lecture de classe, mais on a un besoin vital aujourd'hui de rompre avec cette conception du monde – une société productive – un paradigme qui a empêché de penser une autre direction. »

Yannick Ogor se réfère à l'ouvrage de l'historienne Chantal de Crisenoy, *Lénine face aux Moujiks* paru à la fin des années 1970[89]. L'autrice raconte le mépris meurtrier de Lénine envers les paysans et sa profonde ignorance de ces mondes. Selon lui, « la paysannerie est incapable d'initiative, elle doit être guidée par le prolétariat ». Les paysans sont des « petits producteurs au sens strict du mot, c'est-à-dire des *petits-bourgeois* et ils rêvent d'une agriculture *étatisée*[90] ». Pour Lénine,

89. Chantal de Crisenoy, *Lénine face aux moujiks*, Seuil, Paris, 1978.
90. *Ibid.*, p. 82-274.

« la théorie, est avant tout, le guide de l'action révolutionnaire ; or, l'union du prolétariat et de la paysannerie représente la *pire violation du marxisme*[91] ». Lénine suit rigoureusement les fondamentaux de la théorie marxiste sur la propriété privée, considérée comme le mal absolu. En 1918, les villes sont mal approvisionnées et il prend des mesures tragiques. Il interdit le commerce privé, instaure le monopole d'État sur le blé, réprime les paysans. « Les réquisitions sont menées de telle manière que ce ne sont pas seulement les excédents qui sont saisis, mais aussi une grande partie de ce que représente la consommation paysanne et, plus grave encore pour l'avenir, ce qui est indispensable pour assurer les récoltes futures[92]. » Une famine s'ensuit qui frappe vingt-cinq millions de personnes. La famine, le froid et les épidémies tuent plus de sept millions de paysans russes. Il justifie la répression terrible contre les paysans par « leur inculture et [le] manque de savoir technique des militants[93] » !

Le socialisme reste pour Lénine un capitalisme idéal, mis en ordre, pourrait-on dire. Son but et sa justification ultimes sont le *développement à une cadence extrêmement rapide des forces productives*[94]. Lénine met en musique la folie pure du « développement universel des forces productives ». Pour ces révolutionnaires, le communisme se réduit à un simple aménagement des forces productives. Lénine et Marx deviennent alors des physiocrates d'une puissance infinie. « On sait – écrit Serge Audier – que Karl Marx avait lu très attentivement, annoté et recopié le "physiocrate" François Quesnay (1694-1774), en particulier son "tableau économique"[95]. » Marx a cru en ce tableau, avec une force qui dépasse tout ce que l'on peut imaginer. Personne n'a autant plongé dans cette histoire de production que Marx et les marxistes, comme le souligne Yannick Ogor.

Pour Chantal de Crisenoy, les thèses marxistes sont « incapables de saisir dans quels rapports de production et d'exploitation se situe le paysan. Elles nous en présentent une figure éclatée et contradictoire :

91. *Ibid.*, p. 304 souligné par l'autrice.
92. *Ibid.*, p. 289.
93. *Ibid.*, p. 291.
94. *Ibid.*, p. 327 souligné par l'autrice.
95. Serge Audier, *L'Âge productiviste*, *op. cit.*, p. 180-181.

tantôt prolétarisée, tantôt petit possesseur, tantôt même solidaire vis-à-vis du propriétaire foncier, mais toujours petit-bourgeois. La tentative est claire : il faut réduire le monde à la norme dominante, aux seuls rapports bourgeois, aux seules classes d'une société capitaliste idéale. Toute autre analyse n'est que rêverie réactionnaire, songe passéiste d'un univers révolu[96] ».

Ces thèses ne parviennent pas à saisir dans quels rapports de production sont les paysans puisqu'ils ne sont tout simplement pas, n'ont jamais été et ne seront certainement jamais dans des rapports de production – ni même dans la production tout court – dans leurs champs. Comme tout le monde, ils sont dans des rapports sensibles et animés avec le monde qui les entoure. Le problème ne se situe pas du côté des paysans, mais de celui de la théorie marxiste. Les marxistes ont eu beaucoup de mal à comprendre que ce sont des notions que Marx a élaborées pour raconter une histoire sur ce monde et ont longtemps cru qu'il s'agissait de la vérité de ce monde. Ils ont donc cherché désespérément des rapports de production et des forces productives dans les champs.

Cette lecture marxiste-léniniste a fait qu'entre 1928 et 1936

> des millions de morts, des millions de déportés, des millions de déracinés ont payé le prix de l'industrialisation de l'URSS, Ces morts, ces déportés, ces déracinés étaient avant tout des paysans dont l'industrie réclamait les bras, mais encore fallait-il arriver à les exproprier, et ce fut la raison de leur martyre : le déplacement de la population rurale [...] fut étroitement lié à la collectivisation de l'agriculture [...]. Les débuts de l'opération n'allèrent pas sans d'énormes difficultés ; il fallait recourir à la violence [...]. Ils résistèrent, travaillèrent avec mollesse, cassèrent ou endommagèrent les outils [...]. Le gouvernement tâcha de les mater par des règlementations sévères, des menaces de déportation et même la déportation effective dans les camps de travail [...]. Près de vingt millions de paysans furent traînés vers les villes entre 1930 et 1940. Pour eux, l'adaptation fut pénible et se fit par à-coups. Pendant longtemps, ces nouveaux ouvriers ne furent que des villageois déracinés, des citadins récalcitrants, désespérés, anarchiques et impuissants. Il fallut les rompre aux usages du travail en usine, les soumettre à un contrôle et à une discipline incroyables[97].

96. Chantal de Crisenoy, *Lénine face aux moujiks*, *op. cit.*, p. 304.
97. *Ibid.*, p. 26.

Le problème est que les marxistes-léninistes « prenaient leurs rêves pour des certitudes scientifiques. Cela les a amenés à croire qu'ils avaient le droit de recourir à un appareil de violence pour imposer leurs visions[98] ».

Si je ne crois pas à l'histoire que Marx raconte sur le monde paysan, elle s'est, en revanche, montrée très puissante. Marx est de loin le plus grand raconteur d'histoires de tous les temps, même si les paysans ont montré que ce qu'il avait raconté sur eux n'était pas fondé empiriquement – par des enquêtes –, mais relevait de postulats théoriques à l'opposé de leurs pratiques et de leur manière d'animer le monde. Ceux qui, à leurs côtés, critiquent le productivisme ne veulent pas tant sortir du productivisme que de l'économie et de l'histoire de la production ; ils n'en peuvent plus de cette histoire et souhaitent aller dans des directions que ni Marx ni les physiocrates n'avaient prévues. Dans cette situation de blocage, les paysans et ceux qui critiquent les productions industrielles ont été classés dans la catégorie des non-productivistes, comme s'il était inenvisageable de penser et de concevoir un monde sans production et sans économie.

Le plus regrettable dans cette histoire, c'est que Marx a non seulement fait du rapport de production une exclusivité – en héritant de la conception physiocratique du monde –, mais qu'il a aussi bloqué toute possibilité d'imaginer et d'accéder au monde plus qu'humain. On ne pourrait, par exemple, pas communiquer avec une plante car cela ne relève pas d'un rapport matériel. On ne pourrait pas non plus travailler avec des plantes. On a l'impression que le monde pourrait littéralement s'effondrer sous nos pieds. En mettant la production au cœur des humains, Marx a fait de ce terme une prérogative qui instaure l'humain moderne. On peut aussi dire que cette notion « humanise » l'humain[99]. Sans elle, il deviendrait impossible de se définir en tant que tel. Ce concept est tellement naturalisé, essentialisé et humanisé que, sans lui, l'homme moderne tombe au niveau des autres espèces. Pour être un humain moderne, il faut être un humain qui produit.

---

98. David Graeber, *Pour une anthropologie anarchiste*, Lux, Montréal, 2016, p. 17.

99. Je remercie Isabelle Stengers pour ce terme. Alors que je lui parlais de la naturalisation du terme de production, elle a réagi : « C'est pire, c'est humanisé. »

Au moment où Marx publie *Le 18 Brumaire de Louis Bonaparte* dans lequel il compare les paysans à des sacs de pommes de terre, il écrit une lettre à son ami Engels (en date du 8 septembre 1852) :

> Ma femme est malade, la petite Jenny est malade, Léni a une sorte de fièvre nerveuse. Je ne peux et je ne pouvais appeler le médecin, faute d'argent pour les médicaments. Depuis huit jours, je nourris la famille avec du pain et des pommes de terre, mais je me demande si je pourrais encore me les procurer aujourd'hui[100].

Un de ses enfants, Edgar, est mort de sous-alimentation. On comprend que Marx et sa famille n'en pouvaient plus de manger du pain et des pommes de terre. Il y a un écho tragique dans sa condition physique avec ce qu'il écrivait, dans le fait de ne pas avoir vu que c'est précisément dans les liens entre les paysans, les blés et les pommes de terre que se situait la matérialité du monde, qui permettait à lui et sa famille de manger quelque chose, même de très rudimentaire, voire insuffisant.

100. Karl Marx et Friedrich Engels, *Collected Works*, lettres 1852-1855, t. 39, Lawrence & Wishart, Londres, 2010, p. 181.

Deuxième partie

Animer pour résister

INTRODUCTION
UNE ETHNOGRAPHIE SPÉCULATIVE

Que Marx, le plus grand penseur critique et raconteur d'histoires de la modernité, se soit fait duper par l'histoire des physiocrates a des conséquences dramatiques sur les plans tant politique et scientifique qu'écologique et social. Que la pensée physiocratique ou, plus exactement, l'Économie ait réussi à faire croire que les paysans et les paysannes sont dans un rapport de production avec les vivants – qu'ils « produisent » des fruits, des légumes et des céréales sur leur terre – est une véritable tragédie.

Tout en se plaçant du côté de la critique, Marx a désanimé le vivant en le réduisant à une « immense accumulation de marchandises », fruit des productions capitalistes. En critiquant les modes de production capitalistes et en voulant les remplacer par des modes de production socialistes *via* une révolution sous la direction de la classe ouvrière, Marx a validé l'épistèmê qui veut que ce soit la production qui constitue notre matérialité, et non les relations avec les êtres autres qu'humains. Il a donné à l'Économie un pouvoir inimaginable, celui de faire des Grands Récits naturalisés, universalistes (marché, production, croissance) sans rapport avec le monde sensible, et nous coupant du monde plus qu'humain. Seule l'Économie peut parler de marché mondial, de production mondiale, et prétendre que l'on n'a pas le choix, que nous sommes obligés de produire pour vivre. Nous sommes pris dans une « alternative infernale[1] » entre la production et la protection de l'environnement au lieu de vivre et de mourir tant bien que mal avec les autres qu'humains.

---

1. Philippe Pignarre et Isabelle Stengers, *La Sorcellerie capitaliste. Pratiques de désenvoûtement*, La Découverte, coll. « Poche », Paris, 2007, p. 38.

Essayez de parler de « don mondial », cela ne marche pas, cette notion supposant le vivant animé dans un rapport spécifique avec les humains. Sortir de cette histoire naturalisée n'est pas une mince affaire. En faisant la critique du capitalisme et de ses modes de production, les marxistes et théoriciens critiques qui en sont les héritiers ne font pas autre chose que valider l'épistèmê des physiocrates. C'est dramatique pour les paysans, mais aussi pour la société tout entière. Ou bien on critique l'agriculture capitaliste et ses conséquences sur l'environnement et l'on est contre le capitalisme, ou bien on ne la critique pas, mais dans tous les cas on est obligé de prendre parti à l'intérieur de cette polarité entre ces deux régimes, alors qu'ils s'accordent sur l'essentiel.

Dans son livre, *Où atterrir ?*, Bruno Latour, qui ne se considère pas comme marxiste ou « de gauche » en ce sens-là, essaie de dépasser les anciens clivages en proposant le concept de *Terrestre* comme nouvel acteur politique opposé aux humains. Il tente de proposer un monde où les progressistes, les penseurs critiques classés à gauche, mais aussi les réactionnaires et les archaïques, classés à droite, abandonneraient la flèche du progrès. Ces deux pôles devront être capables de discuter et de créer des alliances pour réhabiter la terre autrement.

Or, pour rendre possible un tel projet, il faut, selon Latour

> d'abord décrire. Comment pourrions-nous agir politiquement sans avoir inventorié, arpenté, mesuré, centimètre par centimètre, animé par animé, tête de pipe par tête de pipe, de qui se compose le Terrestre pour nous ? [...] Dans le système de production, la liste est facile à dresser : des humains et des ressources. Dans le système d'engendrement, la liste est beaucoup plus difficile à établir puisque les agents, les animés, les agissants qui la composent ont chacun leurs propres parcours et intérêt[2].

Le projet est séduisant, mais un débat sur la manière de décrire s'impose au préalable. Si on peut être d'accord sur la nécessaité d'une « redescription des terrains[3] », le problème est de savoir comment et quoi redécrire.

La question qui se pose est de savoir ce que l'on doit redécrire dans un champ et comment s'y prendre. Le paysan Guy Kastler, cité au

2. Bruno Latour, *Où atterrir ?*, *op. cit.*, p. 119-121.
3. *Ibid.*, p. 122.

premier chapitre, explique que si l'on parle, par exemple, des plantes, les scientifiques et les paysans ne voient pas la même chose. Quel point de vue prendre en compte pour faire émerger d'autres réalités ? Celui des scientifiques ou celui des paysans ? La description n'est pas neutre, elle fait aussi partie du jeu politique. Deux chercheurs appartenant à deux écoles de pensée vont décrire le même terrain de manières différentes ; ils ne voient pas la même chose, car le même terrain peut être décrit de mille façons différentes.

La redescription soulève un autre point épineux. Latour, auquel cette recherche est énormément redevable, ne s'adresse pas aux progressistes, aux auteurs.trices critiques, bref, aux gens de gauche – celles et ceux qui veulent changer le monde –, en leur montrant les avantages à tirer d'une redescription de leurs terrains et en abandonnant la critique du capitalisme au profit du Terrestre. Même si ces derniers admettent qu'on a « une définition [très] peu matérielle [très] peu terrestre de la matière » et que l'époque moderne se « vante d'un réalisme qu'elle n'a jamais su mettre en œuvre »[4], cela ne suffit pas pour qu'ils prennent la plume et se mettent à redécrire le terrain. Alors que, lecteur assidu de Latour, j'étais classé du côté des progressistes, l'argument de la redescription des « animés[5] », laissant de côté la critique, ne m'avait pas convaincu. Il m'a d'abord fallu comprendre l'histoire naturalisée dans laquelle la physiocratie nous a enfermés, qui m'a permis de critiquer l'agriculture capitaliste au début de ma recherche.

Grâce aux paysans et paysannes auprès desquels j'ai mené mes enquêtes, et à Vinciane Despret qui m'a mis sérieusement au travail, ma position a changé. Si, en tant qu'ancien critique, cela peut sembler mal venu de critiquer la critique, ce serait tout aussi inapproprié de l'ignorer, alors je préfère tenter d'accentuer les enjeux. Dans cette deuxième partie, en restituant mon enquête, je souhaite m'adresser à la critique, à la gauche, puisqu'elle veut changer des choses. Je vais tenter de convaincre ceux et celles qui critiquent le monde capitaliste de la nécessité non seulement de décrire autrement, mais d'animer le vivant grâce à cette redescription. C'est ce que font quotidiennement les paysans quand ils sont dans des rapports animés avec les plantes,

---

4. *Ibid.*, p. 83.
5. *Ibid.*, p. 106.

pour résister pas tant au capitalisme qu'au *régime de la production* qui englobe les deux frères ennemis, le capitalisme et le socialisme.

La redescription animée du monde autre qu'humain pourra devenir très intéressante si elle permet de résister aux récits de production qui désaniment le vivant. Elle pourrait devenir un outil efficace pour lutter contre les réalités de ceux qui désaniment le vivant en en proposant d'autres. L'erreur de Marx permet de comprendre que ce n'est pas le capitalisme qui pose problème et dévaste le monde, mais les récits économiques qui nous font croire que nous sommes obligés de produire pour vivre. En cela, la critique accorde un pouvoir démesuré à l'Économie comme à tous ceux qui parlent de production, de marchés ou encore de profit, en se privant d'imaginer d'autres réalités. Les marchés et autres productions sont les réalités de ceux qu'ils critiquent, mais personne ne nous empêche d'en créer d'autres.

Pour changer le monde, Marx a mis l'ouvrier au centre, croyant profondément que l'archaïsme des paysans les en empêchait. Il semble qu'il se soit trompé d'alliés. Mon but est de mettre les paysans et leurs plantes au centre – ce sont des Terrestres par excellence –, car ce sont eux, au travers de leurs rapports animés avec les plantes, qui nous permettent d'échapper à une histoire naturalisée. Les paysans que la modernité a qualifié d'arriérés et de réactionnaires ont à nous apprendre à nous, les progressistes, comment résister à ce monde de production en nous donnant la possibilité de penser de nouveaux mondes en lien avec les vivants autres qu'humains.

Les trois chapitres de cette partie montreront qu'il est beaucoup plus efficace d'explorer les rapports animés avec les plantes et créer ainsi de nouvelles réalités que de critiquer le marché et la production industrielle capitaliste.

Pour concevoir l'agriculture dans des mondes sans production et sans économie, il faut distinguer l'agriculture et la production. Arrêter de produire ne veut pas dire arrêter de (se) nourrir ; l'acte de (se) nourrir peut se penser et se pratiquer au travers des liens sensibles et animés avec les plantes. Cette distinction permet de décaler la question usuellement posée : « Comment produire ? » ; elle devient : « Qu'est-ce que vivre avec les plantes ? » Cette nouvelle question permet d'opérer un tournant agricole ; elle nous oblige à nous mettre au travail afin de composer avec les plantes. Poser cette question est une nécessité : les humains ne sont pas quittes envers les plantes, ils en dépendent pour respirer, se nourrir, se soigner. Ils sont en codevenir avec elles et ont des responsabilités envers elles. Le terme de production nous désengage du monde plus qu'humain tandis que le mot vivre nous engage. Le verbe produire oblige à parler en kilos, celui de vivre implique de se mettre en relation avec tous ces êtres.

Deux mondes radicalement différents apparaissent : le premier se décrit en termes de ressources, avec des humains vivant hors sol dans une société entourée par la nature, pour produire sous l'auspice des deux économies. Le second se compose d'humains immergés dans un monde plus qu'humain, fait d'échanges, d'attentions et de soins, et où il est difficile de vivre avec les autres espèces. D'un point de vue latourien, je dirais que la question « comment produire ? » est typiquement moderne : elle isole l'humain, le détache. À l'inverse, la question « qu'est-ce que vivre avec les plantes ? » est non moderne. Elle attache les humains à une communauté multispécifique.

L'agriculture est une affaire trop sérieuse pour être laissée aux seuls spécialistes de la production. Comme le souligne la philosophe Donna Haraway, il y a « un danger véritable à laisser un seul langage dominer les possibles[6] ». Les experts embarqués dans l'histoire de la production interviennent comme s'ils savaient aujourd'hui ce qu'est l'agriculture, le monde agricole. Ils raisonnent aujourd'hui comme s'ils savaient de qui et de quoi est composé ce monde. Ce livre fait la proposition inverse. Je pars du principe que nous ignorons ce qu'est l'agriculture et le monde agricole. Mon propos permet de poser les questions suivantes : de qui, de quoi, de quels modes d'existence est peuplé un tel monde et quels types de relations peuvent y exister ?

Pour éviter de croire en une description neutre, mais aussi pour éviter la critique, je mets en pratique une « ethnographie spéculative ». Elle conjugue l'art de raconter des histoires, typique des faiseuses d'histoires, à des terrains d'enquête[7]. Comme l'a écrit la philosophe Hache, spéculer c'est « maintenir ouverte une porte vers d'autres avenirs possibles que celui qui nous est aujourd'hui présenté comme inévitable

6. Cité par Delphine Gardey, « Donna Haraway. Poétique et politique du vivant », *Cahiers du genre*, 2, 55, 2013, p. 179.

7. Vinciane Despret et Isabelle Stengers, *Les Faiseuses d'histoires*, *op. cit.*

et derrière lequel nous devons tous nous ranger[8] ». La spéculation a pour objectif de se dégager « des interdits qui ont caractérisé la pensée moderne[9] ».

Je dois aussi expliciter la manière dont je comprends le concept d'histoire et comment je me situe par rapport à lui. Haraway l'utilise en opposition à celui d'idéologie ; elle le juge « plus généreux[10] ». Elle l'a emprunté à l'écrivaine féministe Ursula K. Le Guin[11]. Elle y englobe les sciences. Il n'y a pas, d'un côté, les sciences avec leur objectivité et leurs vérités sur le monde et, de l'autre, les idéologies et les opinions des acteurs. Les deux se retrouvent dans le concept d'histoire. Mais Haraway ne prétend pas qu'il s'agit d'une méthode. Pour elle, « des mots tels que méthodologie sont très effrayants. [...] Plutôt qu'une "méthodologie", je préfère dire que j'ai des manières de travailler spécifiques qui sont devenues plus conscientes au fil des années[12] ». En revanche, pour Anna Tsing, « écouter et raconter des histoires qui se bousculent est une méthode[13] ».

Ces deux penseuses féministes, faiseuses d'histoires sans égales, ont conscience que les textes scientifiques, c'est-à-dire des histoires qui décrivent le monde et sont écrites dans leur grande majorité par des hommes – des *boys* comme les appelle Haraway[14] –, ont perdu le monopole de la vérité. Elles savent que les ontologies et épistémologies modernes sont en crise. Sinon le monde ne serait pas en train de vivre sa propre extermination. Au lieu d'affirmer qu'il faut éduquer les gens en écoutant les scientifiques pour revenir à la raison, c'est-à-dire en

---

8. Émilie Hache, « The futures men don't see », *in* Didier Debaise et Isabelle Stengers (dir.), *Gestes spéculatifs*, Les Presses du réel, Dijon, p. 123.

9. Didier Debaise et Isabelle Stengers (dir.), *Gestes spéculatifs*, *op. cit.*, p. 3.

10. Citée par Thierry Hoquet, « Insaisissable Haraway », *Sociologie et sociétés*, 1, 42, 2010, p. 153.

11. Ursula K. Le Guin, « La théorie de la fiction-panier » *in Dancing on the Edge of the World*.

12. Citée par Maria Puig de la Bellacasa, « *Think we must!* Politiques féministes et construction des savoirs », thèse, Université libre de Bruxelles 2004-2005, p. 346. Cette thèse a fait l'objet d'un livre : *Les Savoirs situés de Sandra Harding et Donna Haraway. Science et épistémologies féministes*, L'Harmattan, Paris, 2014.

13. Anna Lowenhaupt Tsing, *Le Champignon de la fin du monde*, *op. cit.*, p. 77. C'est l'autrice qui souligne.

14. Citée par Thierry Hoquet, « Insaisissable Haraway », *loc. cit.*, p. 152.

écoutant ce qu'ils ont à dire sur ce monde à partir de vieilles histoires, elles appellent à fabriquer d'autres d'histoires, d'autres récits.

Ces chercheuses sont depuis plusieurs années en train d'inventer de nouvelles narrations. Il n'existe pas de réalité externe et indépendante à dévoiler et analyser de manière critique. L'art de raconter des histoires veut dire *fabriquer* la réalité, une vérité située, incarnée, réelle, où le narrateur ou la narratrice participe pleinement à l'histoire qu'il ou elle raconte et fabrique. Cette posture est à l'opposé du relativisme car le narrateur est situé dans l'histoire. Le relativisme est quant à lui nulle part, tout en prétendant être partout ; se situer signifie au contraire que tout ne se vaut pas : une position apporte avec elle un monde, et tous les mondes comptent[15]. Ainsi, dire qu'il faut produire ou qu'il faut vivre avec les plantes n'est pas la même chose. Deux histoires situées fabriquent deux mondes radicalement opposés. On ne fabrique pas la même histoire, la même narration sur le monde. Ce sont deux histoires qui proposent deux compositions différentes du monde. Raconter des histoires, c'est faire des propositions nouvelles pour imaginer de nouveaux mondes.

Les faiseuses d'histoires ne cherchent pas à dévoiler la réalité du monde, mais à en créer d'autres, « la fiction et la réalité [étant] étroitement imbriquées[16] » dans des mondes en devenir. L'art de raconter des histoires, c'est fabriquer de la réalité grâce à ces histoires. Haraway a écrit que la biologie est une science « à histoires[17] », et il n'y a pas de raison de penser que la sociologie ou l'anthropologie ne le soient pas. Les sciences participent donc pleinement à la fabrication des histoires sur le monde.

Mais les faiseuses d'histoires ne se contentent pas de raconter des histoires, elles cherchent à raconter des histoires *intéressantes*. Comme le dit Le Guin, c'est « l'histoire qui fait la différence[18] ». Si le livre de Tsing a suscité autant de passions et de commentaires dans les milieux académiques et intellectuels du monde entier, c'est qu'elle maîtrise à la perfection l'art de raconter des histoires intéressantes. Il y a mille

---

15. Citée par Maria Puig de la Bellacasa, « *Think we must!...* », *loc. cit.*, p. 307.
16. *Ibid.*, p. 289.
17. Citée par Thierry Hoquet, « Insaisissable Haraway », *loc. cit.*, p. 152.
18. Ursula K. Le Guin, « La théorie de la fiction-panier », *loc. cit.*, p. 4.

autres histoires de cueilleurs de champignons pas moins intéressantes que celles des cueilleurs de matsutakes. Mais *la manière* dont elle les raconte les a rendues intéressantes. Comme le dit Sophie Houdart, « maintenant tout le monde connaît le champignon matsutake[19] ».

L'art de raconter des histoires n'est pas une méthode universelle qu'il suffirait d'appliquer partout de manière homogène. Chaque histoire collectée sur le terrain mérite une attention et une mise en scène particulières. Le style, l'écriture, la narration, la manière de les raconter et de les amener dans un texte scientifique importent. C'est au cœur de cet art.

Si l'on cherche une méthodologie globalisante dans le livre de Tsing, on sera déçu. Mais si l'on regarde comment elle fabrique ses histoires, les met en scène, il y a beaucoup à apprendre pour celles et ceux qui veulent en raconter de nouvelles. Or ce monde a profondément besoin d'autres histoires pour éviter les extinctions multispécifiques. « Pour ma part – écrit Donna Haraway –, je veux faire des histoires [...] nous devons changer d'histoire ; l'histoire doit changer[20]. »

C'est ce à quoi je voudrais participer, en décalant la question de la production vers celle des relations avec les plantes : le monde agricole a besoin d'autres histoires. Ce concept d'histoire permet de situer les miennes, mais aussi celles des autres. Ces histoires que l'on va raconter sur l'agriculture changeront ou non le monde agricole. La critique, elle, ne le changera pas car elle partage la même histoire que ceux qu'elle critique. L'histoire ne peut donc pas changer si l'on n'en fabrique pas de nouvelles pour raconter autrement ce monde à l'agonie. Ces histoires que l'on va raconter feront, ou non, la différence. Il faut pour cela faire preuve d'imagination afin que les choses les plus impensables deviennent pensables et possibles.

Les faiseuses d'histoires savent que la narration constitue l'origine du monde. Trouver la bonne narration, la bonne histoire sur ce monde, ce n'est ni plus ni moins que se donner la possibilité de changer ce monde. Sans de nouvelles histoires, pas de possibilité de changement.

L'ethnographie spéculative donne une nouvelle prise. Elle donne le pouvoir de renommer les faits qui semblent évidents pour changer

19. Sophie Houdart, communication personnelle.

20. Donna J. Haraway, *Vivre avec le trouble*, Les Éditions des mondes à faire, Vaulx-en-Velin, 2020, p. 55-75.

de réalité, en n'oubliant pas que les « faits sont faits[21] ». En spéculant sur des avenirs possibles, elle veut changer le monde, mais cela n'est possible qu'à la condition d'avoir des histoires intéressantes à proposer. L'histoire de la production était une histoire très intéressante que racontaient les Modernes dans un monde qui se pensait infini et inerte ; il faut maintenant commencer à en raconter d'autres pour que cette histoire cesse.

L'art de raconter des histoires est un puissant outil méthodologique de subversion quand on le maîtrise. « Ça s'apprend, comme le fait de cueillir des fleurs de courgettes », souligne l'anthropologue Sophie Houdart[22]. On comprend pourquoi Le Guin écrit qu'il ne faut surtout pas renoncer ou arrêter de raconter des histoires, mais « commencer à en raconter une autre, une histoire que les gens pourront peut-être poursuivre lorsque l'ancienne se sera achevée[23] ».

Il ne faut pas distinguer l'art de raconter des histoires de cette puissante envie de changements et de subversion ; sinon on *se* raconte des histoires, dans le *storytellling* qui n'est pas du tout ce que ces femmes recherchent. Le Guin le dit sans ambiguïté : « Mon projet n'est pas réactionnaire ni même conservateur, mais subversif. Il semble que l'imagination utopique soit piégée, comme le capitalisme, l'industrialisme, et la population humaine, dans un futur unique où il n'est question que de croissance. Tout ce que je tente de faire, c'est d'essayer de faire dérailler la machine[24]. »

Raconter des histoires est une méthode puissante pour provoquer des changements, mais c'est une méthode compliquée, car il faut savoir spéculer. Il n'y a pas de mode d'emploi. Il faut apprendre sur le tas en fonction des histoires qui se présentent. Faire une recherche sur les liens entre les paysans et leurs plantes en partant des histoires qu'ils racontent – avec le but de fabriquer d'autres réalités avec des plantes animées dans un monde agricole dévasté et en essayant d'ouvrir d'autres voies possibles – était une occasion rêvée.

---

21. Bruno Latour, *La Science en action*, La Découverte, Paris, 1989.
22. Sophie Houdart, communication personnelle.
23. Ursula K. Le Guin, « La théorie de la fiction-panier », *loc. cit.*, p. 4.
24. Ursula K. Le Guin, citée par Anna Lowenhaupt Tsing, *Le Champignon de la fin du monde*, *op. cit.*, p. 51.

Introduire la spéculation dans la description ethnographique est un point essentiel de cette recherche. Au travers de la restitution ethnographique, les paysans et les paysannes spéculent quand ils se mettent en rapports animés avec les plantes. Ils et elles ne sont pas prisonniers de leurs pratiques, attendant sagement que leurs pratiques et leurs pensées soient objectivées et décrites par des scientifiques. Ils et elles réfléchissent intensément sur les manières de se lier aux plantes dans le champ.

Faire de l'ethnographie spéculative implique de rester attentif et de chercher des histoires sur le terrain qui soient intéressantes et se prêtent à une spéculation qui les rendent encore plus intéressantes et ouvrent des possibles. Cette ethnographie ne cherche pas à restituer l'exhaustivité des pratiques et des discours des personnes interrogées, tâche impossible. La principale difficulté réside dans le fait de trouver des histoires intéressantes qui permettent d'ouvrir des portes que la pensée moderne ferme. Toutes les histoires ne se valent pas. Il faut mettre en valeur certaines d'entre elles, spécifiques, les mettre au travail et espérer que les personnes qui les liront les trouveront, à leur tour, intéressantes. Quand une histoire suscite de l'intérêt, il y a des chances que d'autres s'en s'emparent pour dire qu'elle est plus réelle et véridique que d'autres moins intéressantes. Personnes ne veut écouter des histoires inintéressantes. Mais rendre intéressante une histoire ne va pas de soi. Il faut trouver la bonne prise, la bonne mise en scène, le style d'écriture. L'ethnographie spéculative hérite de la méthode des faiseuses d'histoires qui cherchent à raconter des histoires intéressantes pour fabriquer de la réalité, mais elle en diffère car elle cherche ces histoires dans l'empirie, auprès des personnes interrogées.

Je voudrais contourner à mon tour le binarisme entre réalité et fiction, vérité et illusion, caractéristique de l'épistémologie naturaliste qui veut croire qu'il existe une réalité qu'il faut aller chercher sur le terrain pour la décrire, au lieu de considérer que la réalité est fabriquée par celui qui la décrit. Je souhaite rompre avec une tradition intellectuelle dans les sciences sociales qui distingue les philosophes qui spéculent et créent des concepts en racontant des histoires sur le monde sans terrain, des ethnographes qui font des enquêtes empiriques et décrivent scrupuleusement ce que font les personnes en évitant toute spéculation pour rester fidèles aux dires et aux pratiques observés. Je souhaite apporter une réponse au problème théorique soulevé par les anthropologues Tim Ingold, Giovanni da Col et David Graeber sur l'anthropologie et son rapport à l'ethnographie.

Selon eux, les anthropologues ont recours à des concepts pour décrire des mondes qui ne sont pas issus de l'ethnographie mais bien davantage de la philosophie européenne[25]. Ce qui manquerait à l'anthropologie, ce sont des idées originales, et travailler sous la bannière de la philosophie européenne reviendrait à commettre une sorte de « suicide intellectuel ». Les philosophes deleuziens, ou ceux qui se réclament du réalisme spéculatif débattent d'ontologie, d'insaisissabilité de la vie et de topologie, sans tenir compte de l'immense littérature anthropologique sur ces sujets. Da Col et Graeber ont mis au défi les « anthropologues de produire des engagements fondés sur l'ethnographie théoriquement novatrice[26] », de forger des concepts à partir de l'ethnographie elle-même, afin que l'anthropologie trouve sa place par rapport à une philosophie qui occupe le devant de la scène.

Ingold leur a répondu que ce ne sont pas les idées originales qui manquent aux anthropologues si ce qu'ils ont à dire de ce monde n'est plus entendu ; c'est, au contraire, parce qu'ils « ont constamment recours à l'ethnographie » et que ce terme, surutilisé, a perdu son sens[27]. L'obsession des anthropologues pour l'ethnographie les conduit à ne s'en tenir qu'aux données, à s'attacher uniquement aux discours et aux pratiques des personnes qu'ils rencontrent. L'écriture ethnographique est donc dévalorisée par rapport à d'autres méthodes qui ont recours à l'imagination pour provoquer des changements.

Cet anthropologue ne fustige pas l'ethnographie en soi ; il ne dit pas qu'il faut cesser d'en faire, il plaide pour un retour à une anthropologie où la théorie prendrait plus de place que la simple ethnographie, pour guérir la rupture entre réalité et imagination. Je pense que le problème n'est pas de recourir constamment à l'ethnographie en laissant de côté la théorie, mais de laisser de côté la spéculation. Cela a pour conséquence que le travail ethnographique est dévalorisé par rapport à la

25. Giovanni da Col et David Graeber, « Foreword, The return of ethnographic theory », *Hau: Journal of Ethnographic Theory*, 1, 1, 2011, p. vi-xxxv.

26. *Ibid.*, p. 5.

27. Tim Ingold, « That's enough about ethnography! », *Hau: Journal of Ethnographic Theory*, 4, 1, 2014.

philosophie qui a la liberté de spéculer sur les manières de penser ce monde. Deleuze nous a appris que ce qui caractérise et définit la philosophie est la création de concepts : c'est impossible sans spéculation. La spéculation c'est-à-dire aussi l'imagination, permet la création de concepts et de théories ; sans elles les philosophes ne pourraient pas dire grand-chose sur ce monde.

Si les anthropologues empruntent les concepts des philosophes pour écrire sur les gens qui vivent à l'autre bout du monde, pourquoi devrions-nous nous priver de spéculer et inventer nos propres notions en relation avec les personnes que l'on côtoie sur nos terrains ? Comment guérir autrement de cette rupture entre réalité et imagination soulignée par Ingold sans recourir à la spéculation qui ouvre des possibles ? Pourquoi les philosophes auraient-ils seuls la liberté de spéculer sur ce monde, alors que les anthropologues se contenteraient de recueillir des données pour les ranger tant bien que mal dans des concepts imaginés par les premiers ?

Il ne s'agit pas de prétendre que les anthropologues n'ont jamais recours à la spéculation. Certains le font mais sans le dire. Ainsi, le travail sur les modes d'existence réalisé par Latour et sur lequel je m'appuie est issu de la pensée spéculative du philosophe Étienne Souriau. Latour, lui aussi, spécule dans son étude des modes d'existence mais il fait appel à la notion académiquement plus correcte de « métaphysique » pour ouvrir d'autres chemins aux descriptions du monde[28].

Mais plaider pour un retour à la théorie à la manière d'Ingold, en évacuant le jeu spéculatif ne règle rien. Le travail spéculatif dans la description ethnographique va au-delà de la théorie. Il consiste à se donner la liberté de penser en s'appuyant sur la théorie quand c'est nécessaire pour accentuer la spéculation ethnographique et décrire autrement. La théorie est une aide pour épaissir les histoires racontées, mais cela n'implique pas que l'histoire racontée doive correspondre à la théorie. Bien au contraire, l'histoire gagne en réalité quand elle détourne la théorie : c'est alors qu'elle devient plus saillante. Détourner ne veut pas dire trahir en la refusant catégoriquement, mais lui rester *infidèle*.

Une autre difficulté réside dans l'équilibre à trouver entre l'histoire que raconte le chercheur et les dires de celles et ceux qui le nourrissent

28. Bruno Latour, *Enquête sur les modes d'existence*, *op. cit.*, p. 31.

avec leurs récits, afin qu'une histoire ne prenne pas le dessus sur les autres. Encore une fois, il n'y a pas de mode d'emploi ; comme en cuisine, il faut savoir doser. Un bon exemple est l'histoire du paysan François Cost que j'ai racontée plus haut sur les rapports amoureux qu'il tisse avec ses plantes. Cette histoire m'a semblé particulièrement intéressante, j'ai donc spéculé à mon tour afin de l'épaissir pour la rendre plus réelle et plus intéressante encore. Les lecteurs jugeront ensuite, comme les clients d'un restaurant, pour savoir si c'est bon ou pas. Le chercheur est comme un cuisinier qui doit mettre le lecteur en appétit, avide d'écouter ce qui va lui être raconté.

Je tiens encore à préciser que proposer d'autres histoires sur l'agriculture au travers de l'ethnographie spéculative n'insufflera pas obligatoirement un changement dans les pratiques agricoles. Comme le dit Isabelle Stengers,

> tout cela va peut-être finir très mal, mais nos enfants et les enfants de nos enfants vont vivre à travers ça, et la manière dont ils vont réussir à vivre, à survivre dans la terreur, le désespoir, le cynisme dans lesquels nous baignons d'ores et déjà dépend beaucoup des récits que nous leur léguerons, de ce que nous leur dirons [...] Nous devons réussir à fabriquer de quoi être dignes, leur léguer des histoires de joies et de résistances. Même si finalement il faudra mourir, autant que la vie soit intéressante d'ici là. Autant que la vie vaille la peine d'être vécue[29]...

29. Isabelle Stengers, « Écoféminisme. La terre du point de vue des femmes », débat à la Maison des métallos, 29 octobre 2015.

3
FAIRE DU COMMERCE AVEC LES PLANTES

Le titre de ce chapitre annonce l'objectif : raconter comment les paysans, les cuisiniers et une entreprise intermédiaire font du commerce avec des plantes animées, c'est-à-dire sans les désanimer en produits ou marchandises à la différence de ce que fait l'Économie depuis l'invention du tableau physiocratique en 1759. Il s'agit de proposer une autre histoire du commerce, en s'appropriant ce beau mot *commerce*, et ne pas le laisser à l'Économie qui prétend que seuls les humains commercent. Ce chapitre propose de déborder ce récit, de faire émerger d'autres réalités à propos de la manière dont se fait le commerce. Le meilleur moyen est de discuter de cette prétention et dénaturaliser les récits de la discipline économique qui ont enfermé et dépecé la terre avec ses deux concepts fétiches, la production et le marché.

Je vais m'appuyer sur le premier terrain qui date du début de mon enquête et portait sur la manière dont travaillent paysans et cuisiniers avant de me focaliser dans les chapitres suivants sur les paysans et leurs plantes.

Sans animation, pas de commerce

J'ai fait appel au début de ce travail à Bénédict Beaugé, journaliste gastronomique, essayiste et grand gourmet[1]. Identifier les paysans qui travaillent avec des cuisiniers n'est pas facile ; ce n'est pas inscrit sur des pancartes au carrefour des campagnes françaises. Les guides

1. Bénédict Beaugé, *Aventures de la cuisine française*, Nil éditions, Paris, 1999 ; voir aussi *idem*, *Plats du jour. Sur l'idée de nouveauté en cuisine*, Métailié, Paris, 2013.

gastronomiques et culinaires ne donnent pas cette information. Ils vénèrent les cuisiniers pour leur savoir-faire et oublient très souvent de mentionner les paysans avec lesquels ils font commerce. J'ai donc demandé à Beaugé de me mettre en relation avec deux jeunes hommes qu'il connaît bien, Alexandre Drouard et Samuel Nahon, fondateurs de l'entreprise Terroirs d'avenir à Paris, qui fournit plus de cent cinquante restaurateurs parisiens et travaille en direct avec les paysans.

Quelques jours plus tard, nous avons rendez-vous pour déjeuner dans le restaurant Frenchie to go, rue du Nil dans le IIe arrondissement, à proximité des bureaux de l'entreprise et d'une épicerie connue des gourmets parisiens avertis.

Beaugé n'est pas pour rien dans le succès de cette entreprise. Il m'a raconté que Samuel et Alexandre, « deux rescapés des écoles de commerce », étaient venus le voir pour qu'il leur ouvre son carnet d'adresses et leur permette de proposer aux cuisiniers quelques variétés anciennes de légumes qu'ils avaient dénichées. Selon lui, ils n'avaient au départ pas de projet entrepreneurial bien réfléchi : « Ils étaient complètement paumés vis-à-vis de ce qu'ils voulaient faire. Tout ce qu'ils désiraient était sauver ces légumes de variétés anciennes en les proposant aux cuisiniers. » Cela présupposait que ces derniers soient intéressés. Ils voulaient changer, à leur manière, les pratiques agricoles, agir utilement dans ce monde dévasté. Connu pour sa générosité, Bénédict leur a proposé d'aller voir quelques cuisiniers de sa part. C'est ainsi que leur aventure commerciale a commencé.

Alexandre et Samuel sont en retard. Le cuisinier Gregory Marchand, que Bénédict connaît de longue date, apporte des sandwichs à la truffe en nous demandant notre avis. Il fait des essais. On joue aux cobayes avec beaucoup de plaisir ; il n'y a rien à dire, c'est parfait. Ceux qui auront les moyens de le goûter seront certainement ravis. Ce sandwich de luxe et de grande gourmandise me fait penser au magnifique livre de Dominique Brancher, *Quand l'esprit vient aux plantes*[2]. Je le dis en souriant à Bénédict. On y raconte comment les végétaux ont été discriminés ontologiquement par rapport aux hommes et aux animaux à partir de la Renaissance, prolongeant la tradition grecque depuis

2. Dominique Brancher, *Quand l'esprit vient aux plantes. Botanique sensible et subversion libertine (XVIe-XVIIe siècles)*, Droz, Genève, 2015.

Aristote et même la radicalisant chez les intellectuels et hommes de lettres. Elle rapporte notamment les écrits passionnants de Charles de Bovelles, mathématicien et philosophe de la Renaissance, un des premiers penseurs de la « modernité », pour qui il ne fallait pas s'adonner à la luxure, sous peine de devenir des gloutons :

> La luxure et l'amour immodéré d'un plaisir honteux rendent l'homme tout à fait semblable aux bêtes et le précipitent pour son malheur de son assiette humaine au rang de brute, puisque rien ne prévaut pour les brutes sur la lubricité et la reproduction de l'espèce. La gourmandise, c'est-à-dire l'envie irrépressible d'aliments pour le corps, fait rétrograder l'homme du premier rang, le sien, au troisième, et le rend semblable aux plantes qui, bien qu'elles soient privées de toute sensation et de tout plaisir, exercent cependant leur fonction de nutrition. Dernière de toutes, la paresse met l'homme au dernier rang et le rend semblable aux pierres[3].

L'auteur pensait le monde au prisme de cette hiérarchisation ; on lui doit une des multiples représentations de la *Scala naturæ* – littéralement, l'échelle de la nature –, qui avaient alors cours dans les milieux savants européens. Je dis à Bénédict que j'allais lui envoyer l'incroyable « pyramide des vivants » faite par ce mathématicien qui résume bien l'état des choses quand on parle, d'une part, des statuts ontologiques du vivant et, d'autre part, du statut de la gourmandise chez les Modernes. Occupant la première position, les humains sont les seuls êtres qui pensent ; en deuxième position, les animaux sont des êtres sensibles qui ne pensent pas. En troisième position, on retrouve les plantes, stupides et insensibles, dépourvues de toute sensation.

On finit notre sandwich à la truffe... en nous abaissant ontologiquement au rang des bêtes et des plantes. Arrivent enfin Alexandre et Samuel, accompagnés d'une jeune femme d'origine italienne, Lucia. Elle fait partie de l'entreprise. Je fais connaissance avec ces jeunes Parisiens, aimables et courtois. Ils me demandent de me présenter et veulent savoir comment ils peuvent m'aider. Je leur réponds que je souhaiterais rencontrer les paysans avec qui ils travaillent et si possible aller un ou deux jours chez eux observer ce qu'ils font avec tous ces

3. Charles de Bovelles cité par Dominique Brancher, *ibid.*, p. 38-40.

La « pyramide des vivants » de Charles de Bovelles (1509).

fruits et légumes. Ils acceptent avec plaisir, et j'apprends qu'ils sont tous les trois d'anciens membres du mouvement Slow Food qui milite pour une « alimentation bonne, propre et juste[4] ». Ils connaissent très bien les problèmes du monde agricole.

Terroirs d'Avenir achète des fruits, des légumes, des plantes et des herbes à des paysans et des paysannes à un prix fixe déterminé à l'avance. Les prix ne varient pas, ce qui permet d'assurer un revenu fixe et stable aux paysans et aux paysannes. Ils les revendent ensuite aux restaurateurs. C'est le principe du circuit court, mais ce n'est pas local : comme ils travaillent avec des restaurateurs de moyenne et très haute gamme, ils doivent avoir le choix et l'on ne trouve pas tout en Île-de-France. Les cuisiniers veulent de la diversité. Dans un monde idéal, il faudrait que les gens mangent local, mais, dans le monde de la vie, les choses sont plus compliquées.

---

4. Voir <slowfood.fr>.

Ils travaillent aussi avec des paysans en Italie et c'est Lucia qui se charge de la logistique. Les langues commencent à se délier et je comprends qu'ils sont très fatigués, que c'est compliqué de travailler en direct avec les paysans. Ils sont en contact avec plus de cent restaurateurs ; il y en a avec qui c'est impossible car ils veulent de la régularité. Pour Alexandre, « ils sont déconnectés de la terre ». Ils la considèrent comme un « supermarché » : « Allô, oui, tu me mets dix kilos de pommes de terre, cinq kilos de poireaux, dix kilos de carottes, dix cressons et tu me livres ça pendant deux mois pour mon menu fixe. » Un paysan va avoir quelques kilos de carottes pendant un moment, puis autre chose. Il n'est donc pas possible de travailler de cette manière. Pourtant, ce n'est pas compris. Ces restaurateurs veulent travailler avec des légumes de saison, sans savoir concrètement ce que ça veut dire : « Un champ, ce n'est pas Rungis. » « Et après, ils veulent du calibre », dit Alexandre en levant les yeux au ciel. « Ils ne comprennent pas qu'on ne peut avoir cela que dans l'agriculture industrielle. Tu vas avoir des carottes plus grosses, plus petites, moins grosses, des tordues et tu ne vas pas seulement prendre celles qui t'intéressent et jeter le reste ! » Samuel et Alexandre préfèrent parler des fruits et légumes issus de l'« agriculture paysanne », un terme plus flou. Certains paysans ne traitent pas leurs légumes sans pour autant obtenir le label biologique. Et puis d'autres traitent quand « il faut traiter », c'est-à-dire en cas de maladie, lorsqu'ils risquent de perdre toute la récolte. Il y a aussi des paysans qui ont le label bio. On termine de déjeuner et ils m'invitent à passer la semaine suivante dans leurs bureaux rencontrer les commerciaux. J'accepte avec plaisir. Cela me permettra de voir comment ils commercent d'un côté avec les cuisiniers et de l'autre avec les paysans. Ils me proposent de me retrouver au milieu du trafic commercial concernant le végétal ; ça ne se refuse pas.

J'arrive quelques jours plus tard dans un local fraîchement aménagé. C'est la première fois que j'observe ce qui se passe dans une entreprise en tant qu'« anthropologue des plantes ». Le bureau ne fait pas plus de quarante mètres carrés. Ariane, la responsable de service, me propose d'occuper un bureau libre. Je fais connaissance avec les commerciaux Benoît, Philippe, Quentin et Clément, le responsable des achats. Chacun dispose d'un ordinateur et d'une ligne téléphonique. Les commerciaux sont en relation avec les cuisiniers pour leur vendre des fruits et légumes, et Clément est en ligne avec les paysans pour acheter des fruits et légumes. Ariane supervise et aide les commerciaux à vendre quand les lignes sont saturées. Les téléphones sonnent sans arrêt, les conversations fusent. C'est très bruyant. Je ne peux poser la moindre question car nous sommes systématiquement interrompus. Je n'ai pas d'autre choix que de rester au cœur du trafic et d'écouter les conversations qui se succèdent. D'un côté, on vend, de l'autre, on achète.

Au bout d'un moment, Benoît prend deux minutes pour m'expliquer comment ils procèdent. Tous les jours, Clément met le stock à jour sur le logiciel en fonction de ce qui a été acheté pour que les commerciaux sachent ce qui est disponible. Une chose est troublante : le végétal ne se voit pas dans le bureau. Il se trouve à l'autre bout de Paris, dans un dépôt à Bercy. Là, ils font du commerce, non pas sans les plantes – car sans elles, ils ne peuvent pas faire du commerce –, mais d'une autre manière. Il ne s'agit pas de se rendre chez le commerçant dans un lieu où l'on voit ce que l'on achète. Ici, on ne voit rien, et pourtant les plantes sont bien là ; on en parle sans arrêt. Mais elles sont invisibles. Pour vendre et acheter, ces professionnels doivent faire exister le végétal, mais celui-ci n'existe pas ici comme un objet de production et de consommation, c'est-à-dire comme marchandise.

En écoutant attentivement les conversations téléphoniques de Clément, j'entends un paysan qui lui dit qu'en ce moment les blettes sont belles et qu'il faut en profiter. En revanche, les radis sont décevants, ils sont moins piquants que l'année dernière. La fraise arrive la semaine prochaine et sera magnifique. Clément prend la commande, mais remarque : « Tu sais, le cresson que tu m'as envoyé la semaine dernière n'était pas très beau. C'était un peu limite. » Le paysan reconnaît qu'il était « un peu moche », mais « c'est normal, parce que c'est la fin de saison ». Il faut accepter de ne pas toujours avoir de beaux légumes. Un autre paysan dit à Clément qu'il ne pourra pas leur fournir de légumes la semaine prochaine car les prévisions météorologiques sont mauvaises ; il va falloir patienter un peu mais ils seront plus gros que d'habitude. Clément répond de faire attention à la grosseur, sinon les cuisiniers « vont faire la gueule ». Un autre paysan s'excuse auprès de Clément parce que son stagiaire qui a cueilli les légumes ne l'a pas fait correctement. Clément lui fait aussi comprendre qu'il n'est pas très content de son dernier envoi, mais le paysan rétorque que même si ses légumes ne sont pas exceptionnels, ils sont quand même très jolis.

Un peu plus tard, j'entends une autre conversation entre Clément et un paysan avec qui Terroirs d'avenir s'apprête à travailler. Je comprends que c'est la première fois qu'ils se parlent et qu'ils ont été mis en relation par une connaissance commune. La conversation brasse large, très large – on parle des modes de culture des légumes. Clément demande sur combien d'hectares ils sont cultivés ; il veut savoir si les légumes sont certifiés biologiques. Ils discutent des prix, des modes de paiement et des délais… de la famille et des enfants, de l'histoire de la ferme. Le paysan parle de sa passion pour le végétal en précisant qu'elle se transmet dans sa famille depuis plusieurs générations. Clément demande s'il est possible que l'une de ses collègues vienne à la ferme voir les champs. Le paysan accepte avec plaisir et propose qu'elle reste quelques jours sur la ferme. Clément le rappellera pour convenir d'une date.

Je reviens vers Benoît, le commercial, pour savoir si ce n'est pas difficile de vendre des plantes que l'on ne voit pas concrètement. Il ne nie pas la difficulté, et m'avoue en souriant qu'il faut « dire des choses par téléphone ». Et les mots fusent : « beau », « magnifique », « frais », « bon », « extraordinaire », « joli », « parfait », « pas cher » ; « je te fais 10 % si tu prends tout » ; « elles sont arrivées hier » ; « je te jure que tu vas te régaler » ; « fais-leur confiance » ; « tu as l'exclusivité ». Ces formules tournent dans les conversations avec les cuisiniers. Les commerciaux sont obligés de faire exister les légumes de différentes façons pour les vendre, ils ne peuvent pas simplement dire : « Salut, j'ai des carottes – tu sais, des marchandises ; combien de kilos en veux-tu ? » Ils diront plutôt : « Salut Marc, j'ai des carottes fanes magnifiques, elles ont été cueillies hier, c'est de la variété nantaise, elles viennent de chez Olivier Durand, tu sais le paysan dont je t'ai déjà parlé. » Quant aux remises de 10 %, ils ne parleront pas aux cuisiniers de « la remise sur notre stock de marchandises que l'on ne peut pas vendre », mais diront plutôt « la remise sur des artichauts – ils sont très beaux, mais d'autres arrivent bientôt, alors comme tu es un client régulier, cela me fait plaisir de t'en faire profiter ». Quant à l'exclusivité, là encore ça dépend du cuisinier et des légumes. Les commerciaux argumentent sur les variétés ou les espèces rares et recherchées, soulignent qu'elles proviennent de tel paysan particulièrement attentionné, plutôt que de parler de simples produits. Les cuisiniers sont très sensibles au travail des paysans, mais tous ne cherchent pas la même chose. Le travail des commerciaux est de bien savoir quels légumes et quelles herbes proposer à quel cuisinier. Par exemple, certains chefs détestent la pomme de terre, un légume populaire, et, quelle que soit la variété, ils n'en prendront jamais. D'autres, au contraire, l'aiment beaucoup.

Les adjectifs « beau » et « magnifique » ne peuvent pas être employés pour tous les légumes. Les commerciaux ne disent pas au téléphone que « le chou-fleur est beau » ou que « les pommes de terres sont magnifiques » car ces termes sont plutôt réservés aux herbes, comme la moutarde pourpre feuille ou le mouron des oiseaux, car on insiste alors sur l'esthétique. Quand on parle de chou-fleur ou de pomme de terre, l'adjectif « bon » convient mieux. Pour vendre davantage de légumes, une technique consiste à demander aux cuisiniers s'ils ont été satisfaits de la dernière livraison. Si c'est le cas, les vendeurs n'hésitent pas à ajouter : « Tu vois, quand je te disais qu'ils étaient magnifiques, tu peux me faire confiance. » Parfois, être commercial veut aussi dire recevoir à l'autre bout du fil des reproches sur les plantes : « L'oseille que tu m'as envoyée hier était vraiment pourrie. » « Bon, comment te dire ? Tes navets là, ils ont une gueule pas possible. » Lorsqu'ils ne sont pas satisfaits du tout, les cuisiniers renvoient ce qu'ils ont reçu. D'un autre côté, ces derniers n'hésitent pas non plus à dire que c'est « super », qu'ils « adorent », que les mini endives sont leur « passion » et que les fleurs comestibles « leur changent la vie ».

Les commerciaux débordent d'inventivité pour trouver les mots justes, non pas pour créer la valeur d'une marchandise comme les économistes libéraux et les marxistes le prétendent, mais pour animer le végétal, le faire exister sur plusieurs modes et faire ainsi du commerce[5]. C'est totalement autre chose, on est ici dans des mondes radicalement différents. Les commerciaux ne parlent jamais des légumes en termes de produits de consommation. De même lorsque les paysans appellent

5. La théorie de la valeur est au cœur de la pensée économique de Marx, de Smith et de Ricardo pour comprendre comment se crée la « valeur d'une marchandise ». Ce débat est loin d'être clos : Luc Boltanski et Arnaud Esquerre reviennent sur la question de la marchandise dans un livre récent : *Enrichissement. Une critique de la marchandise*, Gallimard, Paris, 2017.

Clément, ils ne lui disent jamais : « Salut, Clément ! En ce moment, j'ai des carottes, des pommes de terre, des endives, du persil et des blettes. Tu sais, des marchandises. Tu en veux combien ? » Le paysan en ligne avec Clément qui s'apprête à travailler avec Terroirs d'avenir ne dit pas : « Je vais vous fournir trois cents kilos de marchandises par semaine, d'accord ? » Il anime le végétal au travers de sa passion, de son histoire familiale et des modes de cultures utilisés. On n'est pas dans le monde de la production ni dans celui du marché, où le vivant est réduit au statut de produit, mais dans le monde concret, réel et sensible, où des personnes font du commerce avec des plantes animées. Le végétal est pris dans différents types d'animation.

Les choses se gâtent parfois entre ces professionnels à propos du prix, de l'aspect, des délais, du goût, ou encore de la fraîcheur de ces êtres animés. Lorsqu'ils ne sont pas d'accord, ils essaient de trouver un compromis. Benoît m'explique que ça fonctionne parfois, d'autres fois, non. Certains professionnels arrêtent alors de commercer avec eux et d'autres continuent : « Il n'y a pas de règle. » C'est logique, car aucun ne voit ni ne cherche la même chose avec les plantes. Ici, on ne se demande pas qui sont les bons commerçants et qui sont les mauvais. Les fâcheries, disputes et engueulades font partie des jeux du commerce, car tous n'animent pas les plantes de la même manière. Mais tous commercent au sens plein du terme.

Commercer au sens plein signifie faire du commerce en ne réduisant pas les plantes à des produits et des marchandises. Pour commercer, tous sont obligés d'animer le végétal, sans quoi ni les paysans ni les commerciaux ne vendraient grand-chose, et les cuisiniers n'achèteraient rien. Cela veut dire concrètement que, pour eux, le commerce ne se réduit jamais à un simple trafic de marchandises, mais qu'ils commercent avec des plantes considérées comme des êtres de beauté, de passions. Ils commercent avec des êtres qu'ils adorent et trouvent magnifiques, mais aussi avec des êtres qu'ils trouvent « moches » ou « pourris » et qu'ils détestent parfois. Ce n'est simple pour personne de commercer, car personne ne correspond exactement à la fiction de l'*homo œconomicus,* cet être rationnel dépouillé de sensibilité qui satisfait ses besoins en fonction de ses contraintes et de ses ressources[6].

6. Pierre Demeulenaere, *Homo œconomicus*, PUF, Paris, 2003.

Toutes ces personnes sont des humains profondément sensibles achetant et vendant des plantes animées.

Les manuels économiques enseignent que les échanges de marchandises se font entre des producteurs et des consommateurs selon la courbe de l'offre et de la demande qui détermine les prix sur un marché[7]. Je ne vois moi que des personnes en chair et en os, à un bout et à un autre du téléphone, essayant de commercer tant bien que mal avec des plantes animées. Tous débordent généreusement ce Grand Récit de l'Économie. L'urbaniste Thierry Paquot souligne qu'avant cette conception très restreinte du commerce qui règne au sein de l'Économie, « commercer voulait dire avoir des relations (pas forcément charnelles...) avec autrui, et non pas seulement "vendre des marchandises"[8] ». En ce sens, ces paysans, cuisiniers et commerciaux commercent d'une manière non moderne qui ne se fait pas sous les auspices de l'Économie. Les plantes y sont animées, alors que l'Économie les désanime pour les réduire à des produits et des marchandises.

Le commerce tel que je le décris n'est donc pas idéalisé, comme les économistes néolibéraux l'ont fait lors de leur bataille contre les socialistes quand ils leur reprochaient de promouvoir un idéal utopique « collectiviste qui conduirait à asphyxier non seulement la liberté, mais aussi l'efficacité économique, et donc l'abondance[9] ».

Selon le philosophe Serge Audier, le socialisme et le marxisme étaient dans leur ligne de mire. Mais selon l'un des pionniers de l'orthodoxie néolibérale, Friedrich Hayek, commercer avec des plantes en tant qu'êtres animés vivant dans un monde sensible n'a pas de sens. Commercer, c'est pour lui faire entrer tout ce qui existe dans ce monde en tant que marchandises dans la grande fiction économique du Marché. Dans ce Grand Récit, il n'y a plus de place pour commercer autrement[10]. Le commerce n'est néanmoins pas à maudire comme le

7. Jean-Marc Daniel, *Manuel d'économie*, Ellipses, Paris, 2017 ; Jacques Généreux, *Introduction à l'économie*, Points, Paris, 2017 ; Alain de Crombrugghe, *Introduction aux principes de l'économie. Choix et décisions économiques*, De Boeck, Bruxelles, 2016.

8. Thierry Paquot, « Éditorial. Le commerce et la ville », *Urbanisme*, 321, novembre-décembre 2001.

9. Serge Audier, *L'Âge productiviste*, *op. cit.*, p. 392.

10. Friedrich Hayek, *La Présomption fatale. Les erreurs du socialisme*, PUF, Paris, coll. « Libre échange », 1993.

font les marxistes qui veulent le supprimer par la collectivisation et la socialisation des moyens de production. Pour eux, commercer signifie l'expansion du Marché et du capitalisme dans toute leur splendeur[11]. Pour les penseurs contemporains qui s'opposent au néolibéralisme, il ne s'agit pas non plus de commercer avec des êtres animés ; eux aussi croient à la même fiction économique du Marché que les néolibéraux et veulent soit réguler ce dernier en faisant appel à la nationalisation et aux pouvoirs publics, soit le supprimer car ce serait mal de commercer[12].

Pour certains, le « marché c'est Satan », comme le dit Michel Callon[13]. Ce sociologue, qui s'éloigne à la fois des conceptions néolibérale et marxiste de l'économie, veut nous « faire avaler le marché » comme il le dit lui-même, car il croit qu'« une société sans marché n'est guère possible »[14]. À la suite de l'historien Fernand Braudel, il pense que les « marchés ont précédé le capitalisme et qu'ils seront encore là pour longtemps une fois que ce dernier aura disparu de la surface de la Terre[15] ».

Or, cet auteur, reconnu dans le milieu académique pour son analyse des marchés, est trop catégorique quand il affirme que nous devons accepter cet état de fait[16]. Sa position est normative, surplombante, universaliste et naturaliste. Le commerce tel que je le décris ne prend place ni dans la fiction économique des Marchés partagée par les néolibéraux et les marxistes, ni dans une société de marché selon Callon, mais dans une pièce qui ne fait pas plus de quarante mètres carrés, peuplée

---

11. Serge Audier, *L'Âge productiviste*, *op. cit.*, p. 148-213.

12. Sur une synthèse de ce type de travaux, voir Fernand Braudel, *La Dynamique du capitalisme*, Flammarion, Paris, 1985 ; Élie Cohen, *L'Ordre économique mondial. Essai sur les politiques de régulation*, Fayard, Paris, 2001 ; Gilles Dostaler, *Le Libéralisme de Hayek*, La Découverte, Paris, 2001 ; Serge Halimi, *Le Grand Bond en arrière. Comment l'ordre libéral s'est imposé au monde*, Fayard, Paris, 2004 ; François Denord, *Néolibéralisme version française. Histoire d'une idéologie politique*, Demopolis, Paris, 2007 ; Serge Audier, *Néoliberalisme(s). Une archéologie intellectuelle*, Grasset, Paris, 2012 ; Attac-Fondation Copernic, *Cette Europe malade du néolibéralisme*, Les Liens qui libèrent, Uzès, 2019.

13. Michel Callon, *L'Emprise des marchés. Comprendre leur fonctionnement pour pouvoir les changer*, La Découverte, Paris, 2017, p. 491.

14. *Ibid.*, p. 491.

15. *Ibid.*, p. 480.

16. Michel Callon, *The Laws of the Markets*, *op. cit.*

d'êtres animés. Contrairement à Callon, je ne crois pas en l'existence de marchés réels ou concrets que l'on pourrait observer et dont on pourrait rendre compte[17]. Je souscris encore moins à l'idée que les « marchés sont partout[18] » pour la simple raison que je ne connais pas un seul endroit où les fruits et les légumes seraient réduits par les commerçants et par les acheteurs à des marchandises. Avec la notion de marché, le sociologue commet la même erreur épistémologique que Marx quand il a postulé que les productions étaient partout et qu'il suffisait de les analyser. Les marchés n'existent pas plus que les productions, le marché n'est qu'un concept pour raconter des histoires sur le monde, il ne se prête pas à l'analyse. En dépit de la grande qualité de ses travaux, Callon reste trop économiste, c'est-à-dire trop conciliant envers l'Économie et pas assez anthropologue, ce qui fait que ses travaux ne permettent pas de déstabiliser réellement les récits de cette discipline.

Les personnes qui font du commerce sont obligées d'animer les fruits et les légumes par une narration soit pour les vendre, soit pour les acheter. Le commerce de marchandises ne peut se pratiquer que dans la théorie économique, mais pas dans un monde sensible et animé. Il n'existe donc pas de marchés concrets : cela signifierait que, dans ces endroits, les êtres autres qu'humains n'existent qu'en tant que marchandises, et de tels endroits n'existent pas dans ce monde. Il y a bien des *lieux de commerce* où les gens commercent en animant les légumes de mille manières différentes.

Parler de lieu de commerce est un terme plus généreux que celui de marché envers le monde autre qu'humain. Il a pour avantage de ne pas systématiquement désanimer le vivant en produits et marchandises. Quand on parle de marché, le monde n'est plus animé, alors que le terme de commerce est très prometteur pour qui s'oppose au marché et cherche à se libérer de son emprise. Dans un lieu où l'on commerce concrètement, les commerciaux savent bien qu'il ne faut surtout pas *réduire* les êtres non humains à des marchandises mais, au contraire, raconter des histoires sur les êtres que l'on vend, c'est-à-dire les animer pour mieux les vendre.

---

17. Michel Callon, *l'Emprise des marchés*, *op. cit.*, p. 483.
18. Michel Callon, « Qu'est-ce que un agencement marchand », *in* Michel Callon *et al.*, *Sociologie des agencements marchands*, 2013, p. 328.

Quand les plantes s'invitent autour de la table pour faire du commerce

Nous sommes six dans le bureau et c'est toujours aussi bruyant ; les téléphones sonnent en continu. J'ai besoin d'air et je sors. Ariane me rejoint pour fumer une cigarette. Elle faisait aussi partie du mouvement Slow Food. C'est comme ça qu'elle a « atterri dans la boîte ». Elle est convaincue que les choses doivent changer en agriculture. Mais « c'est dur de le faire », reconnaît-elle, car, « franchement, combien sommes-nous ? Tu sais que fondamentalement cela ne changera rien et tout ce que l'on fait, c'est un verre d'eau dans un océan. Tout ça n'a aucun sens ». Elle dit que c'est bien que les gens comme moi viennent voir ce qu'ils font. « Mais ta thèse ne changera rien à l'affaire et puis moi, je ne sais pas ce que tu vas écrire dans ta thèse. » Je lui confirme que ma thèse ne changera rien à « l'affaire » et qu'elle ne servira probablement à rien du tout, finissant au placard comme tant d'autres. Même si elle ne changera peut-être rien, j'estime que nous avons le droit de raconter des histoires sur des pratiques que l'on trouve intéressantes.

Ariane m'interpelle encore : la saison des tomates approche. « Vous, les gens de l'Inra, vous allez sortir un énième hybride et toute l'industrie va le faire pousser hors sol pendant toute l'année pour faire des milliers de tonnes de tomates. Et, de l'autre côté, on va s'extasier devant les tomates de sol, de plein champ et de saison. Fais ta thèse si tu veux, mais bon, tu vois le problème. » Elle rentre dans le bureau dans un mélange de colère et de désespoir. Je sors mon carnet et j'écris : « Et si tu faisais une enquête sur la tomate ? » Je n'ai pas le choix. Malgré le désespoir induit par son témoignage, il faut garder de la joie et de l'espoir pour garder la possibilité de raconter d'autres histoires entre ces personnes et les plantes. Haraway nous apprend que si nous voulons changer ce monde ravagé, nous sommes obligés d'« en appeler à la joie créatrice[19] » afin de configurer des mondes possibles à venir. Associer le sentiment d'impuissance à la colère rend vulnérable et paralyse. Cela empêche de penser autrement et de fabriquer d'autres histoires.

Je rentre dans le bureau et me retrouve à nouveau au cœur du trafic commercial avec ces êtres animés. La principale difficulté dans ce

19. Donna Haraway « Sympoïèse, string figures, embrouilles multispecifique », *in* Didier Debaise et Isabelle Stengers (dir.), *Gestes spéculatifs*, *op. cit.*, p. 43.

commerce avec les plantes au sein de ce bureau de quarante mètres carrés est de trouver la bonne animation pour commercer. Si on n'y parvient pas, le commerce est impossible. Peu de temps après, une autre question se pose : qui fait ici concrètement du commerce ? Le végétal ou les humains ? J'ai appris dans les cours d'Économie au cours de mon cursus universitaire qu'il n'y a que les humains qui peuvent faire du commerce. Je me souviens qu'il fallait croire fermement à la « main invisible » imaginée par Adam Smith, une théorie selon laquelle les humains sont guidés par cette main que personne n'a jamais vue, afin de servir au mieux leurs intérêts personnels tout en contribuant à la création de la richesse[20]. Dans l'Économie, seuls les humains sont considérés comme des acteurs économiques. Tous les vivants autres qu'humains en sont exclus. Les plantes ne peuvent pas faire de commerce puisqu'elles sont reléguées au statut de ressource, de marchandise ou de produit. Commercer avec un produit, une ressource ou une marchandise est mission impossible. Cela ne marche pas.

J. K Gibson-Graham et Ethan Miller ont bien vu le problème : ils plaident pour que les autres espèces soient considérées comme des acteurs de la création de la richesse au sein de la discipline économique et que les êtres autres qu'humains ne soient pas réduits à des ressources, simples objets de production et de consommation pour créer une valeur marchande[21]. Ils veulent redéfinir l'Économie non pas comme un système unifié, mais comme un ensemble de processus et d'interrelations grâce auxquels nous (humains et plus qu'humains) constituons des moyens de subsistance. L'Économie (du grec, *oïkos*, habitat et *nomos*, négociation de l'ordre) pourrait alors devenir un cadre conceptuel ou un point d'entrée théorique pour explorer les diverses spécificités de la création de moyens de subsistance par une population.

Ce plaidoyer à première vue bienveillant envers l'Économie pose problème : il prend un tournant moraliste et fait comme si cette discipline était indispensable pour faire du commerce avec le monde autre qu'humain. Ce discours a donc encore besoin de l'Économie

20. Adam Smith, *Théorie des sentiments moraux*, PUF, Paris, 2014.

21. J. K Gibson-Graham et Ethan Miller « Economy as ecological livelihood », *in* Katherine Gibson, Deborah Bird Rose et Ruth Fincher (dir.), *Manifesto for Living in the Anthropocene*, Punctumbooks, New York, 2015.

pour nous autoriser à concevoir et à penser autrement le commerce avec les non-humains, alors que le commerce existait bien avant la naissance de cette discipline. On n'a pas attendu 1759 pour savoir comment commercer. De même, cuisiniers, commerciaux et paysans n'ont pas besoin de cette discipline pour commercer et n'ont jamais lu ces manuels. Il faudrait plutôt considérer qu'elle constitue plutôt un obstacle pour voir comment se fait véritablement le commerce, tant son épistémologie est puissante.

Que se passerait-il si je me levais de mon bureau en disant à ces paysans, à Clément, aux commerciaux et aux cuisiniers : « S'il vous plaît, arrêtez de parler des plantes de cette manière. Respectez l'Économie. Dites que les plantes sont des ressources, des produits, des marchandises, c'est tout ce que vous avez le droit de faire. Abandonnez vos discours affirmant que vous adorez les légumes, que les plantes sont belles, magnifiques ou pourries. Et puisque vous êtes les seuls commerçants dans ce monde, faites du commerce sans le végétal. Aidez-vous si besoin de la main invisible. » Tous me prendraient pour un fou, et me demanderaient de quitter le bureau.

Je ne peux pas dire que les cours d'Économie et les ouvrages que j'ai lus ne m'ont servi à rien. Au contraire, cela m'a donné la possibilité de constater les dissymétries profondes entre les théories normatives économiques et l'empirie, de voir que le monde ne fonctionne pas sous l'auspice des marchandises et des produits comme l'Économie le prétend. Ce n'est que lorsque nous nous trouvons dans cette histoire naturalisée que l'on peut demander aux gens de sortir de la société de consommation, pour sauver la planète et éviter la catastrophe. Les protagonistes de ces mouvements croient que notre commerce se réduit à un simple échange et à une accumulation de marchandises. Ils pensent que les Modernes ne vivent pas dans un monde sensible, animé, en lien avec le monde plus qu'humain.

Il n'y a aucune raison de garder cette hyper-séparation entre, d'un côté, les humains – les seuls êtres commerçants dans ce monde plus qu'humain – et, de l'autre, les plantes reléguées au rang d'objets passifs ne faisant pas de commerce. Les considérer comme des êtres actifs qui prennent part au commerce permet d'enrichir considérablement ce dernier terme. Voir les plantes comme des êtres commerçants permet de lier ces humains et ces plantes dans une relation. Le commerce fait partie des inventions les plus anciennes. Il ne s'agit ni de le critiquer ni de le célébrer, mais d'en hériter simplement d'une manière non moderne pour pouvoir commercer dans le plein sens du terme avec des êtres vivants. Il n'est jamais simple de commercer avec les plantes. C'est ce que montre la suite de l'histoire que je vais raconter.

Clément me propose de l'accompganer au dépôt. J'accepte avec plaisir. Il m'emmène en scooter. Comme il prend son temps pour fumer, j'en profite pour l'interroger. Ce trentenaire habite à Paris depuis peu ; il s'est fait embaucher chez Terroirs d'avenir après un stage de fin d'études. Il est allé jusqu'au master, mais la recherche ne l'intéresse pas ; il rêve de repartir en province afin d'ouvrir un resto avec des copains :

> Tu peux nous prendre pour des rêveurs, mais moi je trouve que ce que je fais, c'est un boulot utile, car je sais que derrière, je fais vivre les paysans. Et crois-moi, ce n'est pas eux qui gagnent de l'argent dans ce monde. Si je me lève le matin pour aller bosser, au moins je sais pourquoi, sinon ce n'est pas la peine. Comment veux-tu que je me lève pour aller bosser à la Défense ? Franchement, quel intérêt ? Et après on dit que les Français sont les champions du monde en déprime, tu comprends.

Je ne dis rien et laisse le silence s'installer. Il tire une bouffée de cigarette et continue :

> Moi, je pense que l'on habite dans un monde très violent, mais on s'y habitue, on supporte tout. Tu verras, je ne sais pas comment ils font ces paysans. À la rigueur, moi, je suis dans un bureau avec mon téléphone toute la journée, mais eux, ils sont dans le champ, ils nous nourrissent et ne gagnent pas grand-chose. Moi je trouve qu'il y a un vrai problème.

Il n'y a rien à ajouter. Je suis avec des personnes qui ne peuvent pas tolérer les injustices, « de gauche » aurait dit Gilles Deleuze, si être de gauche, « c'est une affaire de perception qui va au-delà de la morale, car tu sais que ça ne peut pas durer[22] ».

---

22. Gilles Deleuze (avec Claire Panet), *Abécédaire*, « lettre G », realisé par Pierre-André Boutang, Éditions Montparnasse, Paris, 2004.

On arrive au dépôt à Bercy. Le local est dans un tunnel aménagé (le bâtiment date de Napoléon selon Clément) que la SNCF loue aux entreprises artisanales. Il me fait visiter. Ce n'est pas très grand. Il y a deux chambres froides. Je commence alors à me rendre compte concrètement de la diversité des choses qu'ils ont en stock, et c'est impressionnant. Pas besoin d'être un grand gourmet pour comprendre que tout ce qui entre ici a été minutieusement choisi. Les végétaux, les viandes et les fromages issus de l'agriculture industrielle « n'ont pas le droit d'entrer ici », dit Clément en souriant.

Il ajoute qu'une équipe de nuit prépare ici les commandes que les commerciaux envoient à la fin de la journée et les livrent chez les cuisiniers le lendemain matin. Clément explique qu'il est difficile de trouver des personnes pour ce travail : la grande diversité des légumes, des fruits et des herbes les obligent à avoir une connaissance approfondie de toutes les variétés et espèces :

> Quand tu as une seule variété de tomate ou de carotte, bah c'est facile pour faire la commande : tu regardes la commande, tu prends, tu remplis le panier et tu livres ; mais quand tu as vingt-cinq variétés pour chacune et qu'il est précisé que tu dois mettre telle variété et pas une autre dans le panier... Pour un cuisinier, une carotte ou une tomate, ce n'est jamais juste une carotte ou une tomate, c'est telle tomate, telle carotte, telle herbe, avec tel aspect, tel goût, tel calibre. Le mec en face, il faut qu'il connaisse tout cela.

De simples livreurs ne conviennent pas. Les végétaux exigent une main-d'œuvre plus qualifiée, et surtout des personnes qui s'intéressent à eux. Recruter des personnes qui s'intéressent aux plantes n'est pas une mince affaire. Elles semblent être particulièrement exigeantes ; il est conseillé de savoir les appréhender. Clément me dit qu'ils ont embauché plusieurs livreurs, mais cela n'a pas marché car ils pensaient que le travail consistait simplement à remplir des paniers et les livrer. Remplir un carton et le livrer d'un point A à un point B, sans s'intéresser à ce qu'il y a dedans. Quand Clément leur disait qu'il fallait apprendre, cela ne les intéressait pas. « Va trouver des gens qui doivent faire de la manutention, qui doivent s'intéresser au végétal et qui doivent travailler la nuit avec, en plus, des salaires pas très élevés. » Le végétal demande aux gens qui commercent avec eux de bien les connaître, sinon le commerce ne peut pas avoir lieu.

Je l'interroge sur leur façon de procéder. Comme ils ne trouvent pas de personnel, il passe souvent la nuit au dépôt. La nuit, les employés l'appellent au téléphone, c'est un « bordel monstre », avoue-t-il dans un soupir. Ce qu'il raconte est extraordinaire : non seulement les plantes réclament d'être connues pour que l'on puisse faire du commerce avec elles mais, en plus, elles mettent un bordel monstre au sein d'une entreprise ! Si les personnes qui y travaillent veulent commercer avec elles, elles doivent s'intéresser à elles, sinon c'est le bazar garanti. Elles sont intransigeantes. Le manque de personnes intéressées par les plantes fait qu'elles ne peuvent pas être répertoriées convenablement – avec pour conséquence qu'elles ne peuvent pas être revendues aux cuisiniers, alors que l'entreprise les a déjà achetées aux paysans. Si les plantes restent dans l'entrepôt parce que les employés ne savent pas qui elles sont, l'entreprise perd de l'argent. Et comme la durée de vie n'est pas la même pour toutes les plantes, il faut savoir lesquelles doivent être traitées en premier, sinon elles ne seront plus mangeables et se transformeront en compost. Ne pas bien connaître les plantes a pour conséquence que les commandes sont susceptibles d'erreurs. Les cuisiniers ont commandé la veille certaines plantes et, le matin, ils en reçoivent d'autres. « Et là – explique Clément –, ça hurle très fort côté cuisiniers » ; ils commencent à faire la cuisine le matin pour le déjeuner du midi. « C'est la catastrophe », dit Clément, ils doivent alors les livrer en urgence en traversant tout Paris. Mais ils n'ont pas de livreurs à leur disposition pour livrer de suite, et même quand ils en trouvent, les coursiers ne peuvent pas traverser Paris en cinq minutes. « Alors parfois – dit Clément – mieux vaut ne pas décrocher le téléphone. »

L'entreprise n'a pas le choix, c'est très tendu. Samuel et Alexandre – les patrons – viennent souvent eux-mêmes faire les commandes et les livrer quand il y a des problèmes et qu'ils ne savent pas comment procéder. Il faut trouver des personnes qui veulent bien travailler la nuit, changer le monde, faire de la manutention et, en plus, connaître des centaines de variétés. « Cela fait beaucoup. » Les employés travaillent largement au-delà du temps réglementaire et ont du mal à déposer leurs congés et leurs RTT. Beaucoup quittent l'entreprise car « elles n'arrivent pas à tenir les cadences ». D'autres se mettent en arrêt maladie.

Le recrutement est devenu le principal problème. Pendant mon séjour, la personne qui enregistrait les commandes a craqué : elle s'est mise à pleurer car elle n'arrivait pas à suivre les cadences. Les commandes filent à toute vitesse et sont très précises quant à leur contenu ; il est difficile de les saisir en très peu de temps. Les plantes ne sont jamais ici de simples marchandises inertes. À l'heure actuelle, Terroirs d'avenir emploie plus de soixante-dix salariés qui s'agitent dans tous les sens pour répondre à l'extraordinaire puissance d'agir des fruits, des herbes et des légumes. Ces derniers les font durement travailler et créent un « bordel monstre » ! Les employés se font littéralement déborder ; ils et elles sont dépassés par le monde végétal.

En termes de spéculation ethnographique, pourquoi ne pas dire que ces plantes, par le « bordel monstre » qu'elles génèrent dans l'entreprise, savent aussi pratiquer « l'art de la négociation pour faire du commerce » ? Si ces personnes ne trouvent pas de compromis – dans le sens de se *compromettre* auprès des plantes –, l'entreprise ne peut pas exister. Clément, Alexandre, Samuel et les commerciaux devront faire autre chose ; les légumes et les fruits ne quitteront pas les champs ; les paysans ne pourront pas les vendre ; les cuisiniers resteront sans fruits et légumes ; les gourmets seront déçus. Raconter des histoires dans lesquelles les humains peuvent commercer avec les plantes, à l'endroit même où elles pratiquent l'art de la négociation, peut devenir terriblement jouissif, surtout dans les mondes multispécifiques à réinventer.

On peut dire que les plantes ne sont pas opposées au fait de faire du commerce, mais qu'elles imposent leurs exigences quant à la manière dont il doit se dérouler. Elles n'acceptent pas de le faire n'importe comment. Il faut embaucher des personnes qui leur portent un intérêt, qui ne les traiteront pas comme des marchandises et des produits à livrer quelque part, sans aucune considération. Ces employés doivent accepter de travailler la nuit, de suivre une formation pour connaître chaque plante, ne pas les traiter comme des objets et les transporter dans des conditions acceptables, etc. Leur salaire doit être correct. Les plantes exigent un confort très particulier. Elles réclament qu'on leur consacre du temp. Ces conditions sont des clauses non négociables. Ce ne sont pas Alexandre et Samuel qui formulent ces exigences, mais les plantes. Si Alexandre et Samuel veulent commercer avec elles, il n'y a pas de problème de leur côté, mais elles savent parfaitement négocier. Elles n'ont pas besoin de signer un contrat pour commercer, mais ce ne sera pas à n'importe quelle condition. Ce n'est pas le Marché qui décide, mais les plantes. Le commerce gagne ici en matérialité vis-à-vis des êtres réels concernés.

Rien n'empêche d'étudier cette entreprise comme une entité permettant de réguler le commerce plus qu'humain. Ces personnes gagnent leur vie, mais à la condition de se plier aux exigences des plantes, sinon il n'y a plus qu'à fermer l'entreprise. Cette entreprise répond à des demandes bien identifiées et, en cas d'abus ou de non-respect du contrat, les plantes ne feront plus de commerce : elles resteront dans les champs et ces personnes feront autre chose. En regardant ce que font ces professionnels dans leur bureau de quarante mètres carrés, en écoutant Clément, et en spéculant toujours plus, j'irais jusqu'à penser que dans cette histoire elles sont les « principales commerçantes ». Elles sont présentes en bien plus grand nombre. Elles sont majoritaires.

Faire entrer les plantes dans le commerce en tant qu'êtres commerçants permet de perturber le récit dominant. La pensée spéculative pourrait être ici bien plus efficace que la pensée critique pour troubler ce récit. Blâmer le néolibéralisme, la mondialisation et le capitalisme pour avoir dévasté le monde renvoie à des histoires déjà mille fois racontées. Cela ne change rien à l'Histoire, car contempteurs et partisans partagent la même conception du commerce. L'Homme serait le seul acteur économique et les plantes, des objets passifs, inertes, ne pouvant en aucun cas faire du commerce. Ce sont de simples marchandises. Récits dominants et critiques sont pris dans la même histoire, ils se miment réciproquement. Inviter les plantes à participer au jeu du commerce – les considérer comme des êtres actifs et animés capables de poser leurs propres conditions sur la manière de commercer – permet de changer l'histoire.

Quand le chou de Pontoise emballe la place de Paris

Avec Clément je me mets à trier les dernières clémentines de Sicile. Le téléphone sonne. C'est le paysan Laurent Berrurier. « Je t'ai appelé tout à l'heure, mais tu ne répondais pas. Je suis avec Dusan. Il fait une thèse et s'intéresse aux légumes, aux plantes. Ah oui, tu l'as déjà rencontré ! C'est bien. Bon, qu'est-ce que tu as à me proposer ? » Laurent lui dit que tout va bien pour le moment, que les plantes ont l'air d'« apprécier » le beau temps pas très sec et que, d'ici deux semaines, « cela va être un feu d'artifice ». Il y aura des nouveaux légumes. Clément s'installe devant l'ordinateur et passe la commande. Il prend des quantités de légumes non négligeables : il y en a pour huit cents euros. Laurent est leur plus gros fournisseur. Sa ferme est située à Neuville-sur-Oise dans le Val-d'Oise et il a été un des premiers paysans à travailler avec eux. Laurent demande à Clément ce qu'il pense de ce qu'il a envoyé la dernière fois : « Ah, c'était magnifique. Désolé Laurent, on ne te le dit pas souvent, mais on est tellement dans le speed qu'on ne prend pas à chaque fois deux minutes pour discuter ; enfin, là, je n'ai rien à dire, c'était super ! » La conversation prend fin. Clément me demande : « Tu connais l'histoire de Laurent ? C'est intéressant, je trouve. » Je lui réponds par la positive. Voici son histoire.

J'avais entendu parler de lui par des cuisiniers qui m'avaient donné ses coordonnées. Je me souviens très bien de notre rencontre dans son champ sous une pluie battante, juste avant de commencer officiellement ma recherche. Impossible ce jour-là de rester dans le champ, totalement inondé. Je suis resté sous l'abri avec Laurent et ses deux ouvriers. Il cultivait plus de deux cents variétés de légumes. D'une cinquantaine d'années, il est issu d'une famille de paysans depuis quatre générations. Il a repris la ferme familiale en 1994 et décidé de cultiver des légumes, dont un certain nombre de variétés anciennes que son père faisait déjà pousser et dont il gardait les semences, sur dix hectares en agriculture conventionnelle. Mais, comme « les vieux s'en vont et que les jeunes ne font plus la cuisine, il y a peu de monde au marché pour acheter ces légumes de variété ancienne. Ils ne les connaissent tout simplement pas ». Il abandonne donc progressivement leur culture. La ferme n'était pas vraiment viable, il ne pouvait pas en vivre. Il s'est alors demandé s'il n'allait pas arrêter.

La profession est selon lui tellement dévalorisée et le métier si dur que beaucoup d'agriculteurs achètent eux-mêmes à Rungis des fruits et des légumes qu'ils revendent ensuite au marché. « Personne n'a plus envie de faire ça. » Faire des légumes, « ce n'est pas noble » ; éleveur serait un métier plus respectable que maraîcher parce que le paysan est en contact avec un animal. Pourtant, il est très fier de ce qu'il fait avec ses légumes qui lui procurent non seulement de la fierté mais aussi de la joie. C'est quelque chose qui compte pour lui : être paysan maraîcher pourrait aussi être considéré comme un métier noble. Aucune raison ne justifie, selon lui, que le métier d'éleveur soit plus valorisé socialement que celui de maraîcher.

En 2005 ou 2006 – il ne se souvient plus précisément –, Laurent trouve des graines de chou de Pontoise dans les vieux tiroirs de son père. Il décide de les replanter car il en garde un très bon souvenir quand il était plus jeune. Il en parle à ses copains paysans qui lui « rient au nez ». Selon eux, il n'y aura pas d'acheteurs. C'est un chou aux feuilles lisses vert violacé issu de la variété *Brassica oleracea*. Laurent me raconte son histoire : il appartient à une variété de chou pommé cultivée dans le Val-d'Oise dès le XIXe siècle. Mais avec l'urbanisation galopante et la construction de lotissements (qu'on voit depuis chez lui, à deux cents mètres de son champ), et l'arrivée des choux hybrides, cette variété a disparu des champs à partir des années 1980.

Au tout début de leur aventure, lorsqu'ils étaient en quête de légumes issus de variétés anciennes, Alexandre et Samuel ont fait la connaissance de Laurent et ont proposé ce chou à un chef parisien. Le succès fut immédiat : ce cuisinier le trouva incroyable, dit Laurent. Il l'a mis sur sa carte et élabora des recettes adaptées. Le bouche à oreille marche bien dans ce milieu, et d'autres chefs commencèrent à s'intéresser au chou de Pontoise. Les cuisiniers parisiens contactèrent Samuel et Alexandre pour en obtenir ; ainsi a commencé le commerce du chou de Pontoise. Il leur a ouvert les portes d'une multitude de restaurants. Il est devenu leur pièce maîtresse ; c'est lui qui leur a permis de faire véritablement démarrer l'entreprise. En très peu de temps, on a assisté à une « véritable frénésie » autour de ce chou dans les restaurants parisiens. Tout le monde voulait en mettre sur sa carte, mais il n'y avait qu'un seul maraîcher et un seul fournisseur.

Son goût est inimitable. Il est plus sucré que les autres, ses feuilles sont beaucoup plus fines, il ne nécessite pas beaucoup de cuisson, et est très digeste. Il ne provoque pas une sensation de lourdeur dans l'estomac. L'incroyable, c'est qu'il ne passe presque jamais inaperçu. Il y a peu de chances de le rater si vous le croisez dans votre assiette. Je me souviens encore de ma première rencontre avec lui, bien avant de débuter cette thèse, dans le restaurant Septime (XIe arrondissement de Paris)[23]. Il était servi avec des noix de coquilles Saint-Jacques crues. Après les avoir goûtées, j'avais mangé toutes les Saint-Jacques et je ne voyais plus rien d'autre que ce chou. Je me souviens avoir demandé au serveur : « Comment avez-vous préparé ce chou ? » « Rien de particulier », avait-il répondu, il avait été simplement grillé à la plancha. Il n'était pas étonné de ma question, car tout le monde avait envie de savoir.

Ce chou est très apprécié des gourmets. Il fait aujourd'hui l'objet de nombreux articles, dans des magazines et sur Internet[24]. Laurent est sollicité par toutes sortes de médias pour en parler. Il y a quelques mois, il a été invité par France 2, au journal de treize heures, pour parler de son succès. Il serait injuste envers ce chou de ne voir dans cet attrait qu'un effet de mode, le reléguant ainsi au rang de marchandise. Le chou de Pontoise doit plutôt être vu comme un être commerçant hors pair qui a su séduire beaucoup de monde. Il faut lui reconnaître une incroyable capacité de séduction. Pour soutenir une telle conception, il faut « modifier un peu le regard que nous portons sur nous-mêmes et accepter de voir en nous un objet soumis aux désirs et aux projets d'autres espèces », comme le dit si bien Michael Pollan[25]. Aborder sous cet angle le rapport entre le chou de Pontoise et les gens qui l'ont goûté, c'est désanthropocentrer le concept de goût. Il s'agit de concevoir ce rapport comme un type d'accord chimique porté par le végétal et perçu par les êtres dotés de certains goûts auxquels les plantes s'efforcent de répondre. Natasha Myers et Carla Hustak s'engagent dans une direction similaire à celle de Michael Pollan lorsqu'elles soutiennent que les plantes assemblent leurs expériences et leurs désirs dans une

23. Gilles Deleuze disait qu'on ne fait pas de rencontres avec des gens, mais avec des choses, « avec un tableau, avec une musique, avec une plante », Gilles Deleuze, *L'Abécédaire*, « Lettre E », *op. cit.*

24. <leparisien.fr/espace-premium/val-d-oise-95/le-grand-retour-du-chou-de-pontoise-22-10-2013-3247761.php> ;<francetvinfo.fr/culture/gastronomie/le-chou-de-pontoise-un-legume-en-or_1326819.html>.

25. Michael Pollan, *Botanique du désir. Ces plantes qui nous séduisent...*, Autrement, Paris, 2004, p. 21. Je remercie Vinciane Despret pour cette référence incontournable pour ma recherche.

atmosphère aromatique[26]. Le goût est ici une *compétence* permettant à la plante d'agencer le désir et la chimie pour séduire.

La notion de désir est importante pour ne tomber ni dans le piège du « gène égoïste[27] », ni dans celui des théories néodarwiniennes réduisant les plantes à des comportements mécaniques, ne se reproduisant que pour préserver leur intérêt propre. Ce raisonnement dérive de celui de l'*homo œconomicus*, comme le souligne Natasha Myers. Dans ces théories, il n'y a pas de place pour des collaborations ou des jeux de séduction interspécifiques. Une économie néodarwinienne n'admet pas le plaisir, le jeu ou l'improvisation entre espèces[28].

Le succès revient donc pleinement au chou de Pontoise lui-même et à sa puissante envie de séduire. Dans cette histoire, ce végétal séduit, fait du commerce sans avoir besoin d'avoir un cerveau humain. On peut dire que c'est un fin stratège en politique commerciale, même s'il n'a pas fait d'école de commerce. Il est sans diplôme, ce qui ne l'empêche pas de commercer dans le sens plein du terme. « Je ris encore de cette histoire, dit Laurent : grâce à ce chou, je passe maintenant à la télé alors qu'au départ mes copains me déconseillaient de le cultiver. Maintenant, ils veulent que je leur donne des semences. »

Le chou de Pontoise est l'acteur clé qui a permis à Terroirs d'avenir de se développer. Sans lui, l'histoire de l'entreprise aurait sûrement été différente, et il n'est pas certain qu'elle aurait pu devenir le fournisseur de centaines de restaurants parisiens. Grâce au chou de Pontoise, Laurent commence à avoir une certaine notoriété dans le milieu de la restauration. Il remet au goût du jour d'autres variétés et espèces anciennes dont il a conservé les semences, comme l'asperge d'Argenteuil, les poireaux de Gennevilliers ou encore les pissenlits de Montmagny. Cela lui a permis de peu à peu diversifier ses légumes : il en cultive aujourd'hui deux cents. Pour garder une qualité hors pair, il faut bien sélectionner tous les ans les semences pour qu'elles ne se croisent pas avec d'autres variétés, au risque de perdre en qualité. Laurent sème de mai à juin et plante au mois d'août pour récolter

26. Carla Hustak et Natasha Myers, *Le Ravissement de Darwin. Le langage des plantes*, La Découverte, coll. « Les Empêcheurs de penser en rond », Paris, 2020.
27. Richard Clinton Dawkins, *Le Gène égoïste*, Odile Jacob, Paris, 1996.
28. Carla Hustak et Natasha Myers, *Le Ravissement de Darwin*, *op. cit.*, p. 29.

ses premiers choux en octobre.Ils sont très résistants au froid et peu sensibles aux maladies. Ils ne nécessitent aucun traitement particulier. Il peut donc se débrouiller tout seul dans son champ, comme avec la plupart des choux.

Le chou de Pontoise est un peu devenu le « bébé de la maison », dit Laurent. Il bénéficie de toute son attention et il en prend soin. Compte tenu de ce que ce chou a fait pour Laurent, il n'est pas étonnant qu'il soit devenu très généreux – ontologiquement parlant – envers lui et qu'il le considère comme un « bébé chou ». Pour Laurent, on pourrait dire que c'est un être « mi-humain » « mi-plante », un être vivant difficilement saisissable sur un plan ontologique. On comprend ici les limites du tableau de Charles de Bovelles présenté en début de chapitre : aucune catégorie n'était prévue pour un tel existant. Laurent invente donc une nouvelle famille qui n'est pas encore très connue. Bref, il crée à nouveau un « bordel monstre », mais sur le plan ontologique cette fois.

« C'est fou cette histoire, – dit Clément. Beaucoup de gens viennent l'acheter en boutique car ils l'ont déjà mangé au restaurant. Tu comprends, une fois que tu l'as goûté. Et puis, tu peux jouer au grand chef pour épater les copains. Tu l'achètes et il n'est vraiment pas cher. Tu cuis les feuilles à la poêle deux minutes, tu rajoutes un bout de poisson et c'est bon ! » On termine de trier les clémentines. Clément m'informe qu'ils iront la semaine prochaine voir un paysan dans les Yvelines qui cultive la fraise. Il me propose de les accompagner.

Quand les fraises du plateau d'Orgeval posent leurs exigences pour faire du commerce

Rendez-vous est pris quelques jours plus tard dans le centre de Paris. Nous irons en train, ce sera plus rapide. Clément me dit au téléphone que l'on sera nombreux. Le but de la visite est de savoir s'ils peuvent commercer avec ce paysan qui cultive une variété de fraises qui intéresse beaucoup Terroirs d'avenir. Elle est cultivée en plein champ. Avant de rendre visite à la fraise et au paysan qui la cultive, je lis la page Wikipédia qui lui est consacrée. Elle appartient au genre *Fragaria* et à la famille des *Rosaceae*. La fraise est un faux fruit, botaniquement parlant, car ce sont les petites graines encore jeunes (les akènes) qui sont les véritables fruits des fraisiers. Les premiers mis en culture en France, au jardin du Louvre, datent du XIVe siècle[29]. Les fraisiers de Virginie (*Fragaria virginiana*) provenant du Canada ont été importés en France par Jacques Cartier à la fin du XVIe siècle. Deux cents ans plus tard, grâce à l'espion français Amédée-François Frézier, les jardiniers la croiseront avec une autre variété importée d'Amérique du Sud, la *Fragaria chiloensis*. Cela permettra d'obtenir des fruits plus gros. Mais seulement cinq plants femelles ont survécu à la traversée. Les autres sont morts pendant le voyage[30].

Le voyage pour les rescapés n'a pas dû être facile ou confortable. À l'époque de la « colonisation du savoir[31] », les conquistadors ne se préoccupaient pas du bien-être des plantes. Ils ambitionnaient plutôt d'extraire des savoirs et des langages particuliers les concernant. Il fallait les traduire dans un langage dit scientifique à vocation universelle. Comme les colonisateurs ne connaissaient pas les plantes qu'ils découvraient, il fallait les inventorier, nommer, décrire et classer. Il y a peu de chance que cet espion ait demandé aux populations colonisées si les fraisiers acceptaient d'être déplacés, si cela leur ferait plaisir de se lancer dans un voyage long et épouvantable. L'on ne compte pas le nombre de fraisiers morts avant qu'ils ne s'adaptent aux sols européens.

Notre consommation de fraises en Europe remonte à l'époque coloniale. Dans ces histoires, la mort des plantes n'est pas mentionnée. On a l'habitude de faire comme si les plantes ne faisaient pas partie de l'histoire coloniale. Pour le dire autrement, elles ne sont pas entrées dans l'Histoire ! Insister sur ce point permet de rendre compte de la complexité des relations entre les humains et les fraises ; la fraise ne peut se réduire à un être uniquement mangeable, à un produit ou une marchandise. Elle a sa propre histoire. Je voudrais faire sentir les cohabitations compliquées entre les humains et les fraises qui relèvent de la « natureculture » de Haraway[32]. Comme elle le souligne, « la Nature et

---

29. Katia Astafieff, *L'Aventure extraordinaire des plantes voyageuses*, Dunod, Paris, 2018.

30. <lanutrition.fr/bien-dans-son-assiette/aliments/fruits/fraises/petite-histoire-de-la-fraise>.

31. Samir Boumediene, *La Colonisation du savoir. Une histoire des plantes médicinales du « Nouveau Monde » (1492-1750)*, Les Éditions des mondes à faire, Vaulx-en-Velin, 2016.

32. Donna Haraway, *Manifeste des espèces compagnes*, *op. cit.*

la Culture font partie de ces nombreuses binarités qui ont une longue histoire dans la conquête coloniale et qui sont radicalement hiérarchiques. Le concept de natureculture au contraire ne renvoie jamais à l'unité, ni à des choses, mais au multiple. C'est un tissu d'embrouilles, une sorte de nœud tentaculaire où s'enchevêtrent les vivants, les morts et toutes les choses terrestres[33] ». Aujourd'hui, il existe six cents variétés répertoriées de fraises, dont seule une dizaine est cultivée en France. On ne peut donc pas parler d'une grande diversité de fraises dans les champs français. Je n'ai pas pu trouver d'informations sur les raisons de cette grande pauvreté. Peut-être que le sol français ne leur convient pas, ou que les descendants des fraisiers importés ont toujours du mal à se remettre de cette histoire coloniale.

Nous sommes huit à nous retrouver au centre de Paris, dont Clément. Les fraises qui vivent sur le plateau d'Orgeval ne nous demandent pas un gros déplacement pour aller les voir. Il suffit d'aller au bout de la ligne B du RER et de prendre un bus. Le maraîcher, Philippe Nantois, les cultive à Morainvilliers, dans les Yvelines. L'accueil est chaleureux. On fait connaissance avec ce maraîcher d'une cinquantaine d'années dont le parcours ressemble à celui de Laurent : il a repris la ferme familiale. Il nous raconte que depuis le XIXe siècle, et jusque dans les années 1950, la vallée d'Orgeval était connue pour la culture de la fraise de sol et de plein champ. Les paysans la cultivaient à l'ombre des châtaigniers : les fraisiers n'aiment pas trop le soleil permanent et les chaleurs excessives. Ces paysans faisaient donc attention à répondre à leur demande. Les paysans de cette époque ont été très généreux ontologiquement parlant envers ces fraisiers. Je suis touché par cette histoire que raconte Philippe ; elle nous éloigne des tropes naturalisants qui prétendent que l'agriculture fournit des « services écosystémiques[34] ».

« En 1900, les paysans emmenaient leurs fraises à cheval au marché des Halles. C'était une variété ancienne qui s'appelait la Moutot et qui

---

33. Donna Haraway, « Faire entendre le son des terrestres », *Le Monde*, 2 février 2019.

34. Alison G. Power, « Ecosystem services and agriculture : Tradeoffs and synergies », *Philosophical Transactions of the Royal Society*, 2010. Voir aussi Inra, <institut.inra.fr/Missions/Eclairer-les-decisions/Etudes/Toutes-les-actualites/EFESE-services-ecosystemiques-rendus-par-les-ecosystemes-agricoles>.

donnait des fruits de mai à juin. C'était une fraise de couleur foncée et bien sucrée, que tout le monde adorait. Les gens disaient "Ah la jolie fraise, la jolie fraise", et puis plus rien depuis les années 1950 », raconte Philippe. La Moutot a finalement disparu de la circulation, comme le chou de Pontoise. Les terres agricoles ont également disparu du fait de l'urbanisation et de l'industrialisation de l'agriculture. Des champs de blé et de maïs s'étendent à perte de vue et les habitants ont été privés de leurs fraises. Les hectares de blé et de maïs donnent moins de joie, moins d'envie. Cette perte est une disparition de rapports sensibles et animés que les personnes cultivaient avec cette jolie fraise.

La disparition de cette fraise et des centaines de maraîchers qui la cultivaient a englouti l'originalité de cette vallée. Si l'on vient voir Philippe, c'est parce qu'il est le dernier qui cultive des fraises de plein champ sans abri sur le plateau d'Orgeval. C'est cette fraise que l'on a envie de voir et pas une autre. Philippe nous apprend que, dans les Yvelines, il n'y a que lui et un autre maraîcher qui cultivent des fraises de sol et en plein champ. C'est désormais très rare en France, à peine 10 %. Philippe et Terroirs d'avenir sont d'accord : la fraise doit vivre dans la terre. Les fraises hors sol ne les intéressent pas. Sur ce point, il n'y a pas de compromis. C'est là sa place, et non dans des petits pots suspendus à un mètre du sol. Si les anciens les cultivaient ainsi, ils ne voient pas pourquoi ils devraient changer. Ils veulent hériter de cette culture. Selon ce paysan, mettre la fraise dans un pot est dommageable. Le sol n'est ni très calcaire ni très humide, et elle peut développer ses racines en allant chercher les nutriments dans la terre.

La fraise, selon Philippe, se réjouit de vivre dans cette vallée et non pas dans des pots sans espace où la racine ne peut pas se développer et chercher ce dont elle a besoin. Il n'y a pas de raison de lui enlever ce plaisir. Toutefois, les choses se compliquent quand il s'agit de satisfaire les envies de la fraise. Cela peut vite devenir une corvée. À chaque fois, il faut s'agenouiller, se pencher et « le dos peut souffrir », avertit Philippe. Il ne faut pas idéaliser cette culture très pénible. Du côté des fraises, c'est le contraire ! Elles se réjouissent. Dans cette culture de fraises de plein champ, les plaisirs ne sont apparemment pas équitablement partagés.

Ce que nous raconte Philippe renvoie à une cohabitation interspécifique complexe. Mais il veut faire plaisir à ses fraises en prenant sur lui : tant pis si son dos en pâtit. Il faut aussi souligner que dans cette histoire, les fraises n'ont pas l'air d'être très exigeantes sur leurs conditions de vie. Elles veulent juste être cultivées dans la terre où elles se plaisent, même si elles acceptent, malgré tout, d'être installées à un mètre du sol, sans forcément s'en réjouir. Certains me diront que je vais un peu trop vite. Les fraises n'ont pas le choix. Elles sont contraintes de vivre dans des pots. Nous ne savons pas ce que les fraises « acceptent » ou ce à quoi elles sont « contraintes » en vivant hors sol.

Philippe accepte l'effort supplémentaire que lui demandent ces fraisiers : ils ne lui « donnent pas la même fraise » que ceux cultivés hors sol. Leur « goût est plus structuré », dit-il, plus complexe et beaucoup plus sucré que les fruits des fraisiers cultivés hors sol. Par sa culture de plein champ, Philippe aide la fraise à augmenter sa capacité de séduction, son goût. Il collabore activement dans cette affaire. « Et il faut accepter qu'ils donnent moins », dit-il, car un fraisier fait cent fleurs au départ pour ne donner *in fine* que vingt fraises. « Entre-temps, des scarabées vont passer dans les champs », et ils vont se nourrir de ces fraisiers. Le champ pour Philippe est un lieu où une espèce peut en nourrir d'autres. Il ne voit pas le champ comme un endroit destiné uniquement à nourrir les humains ; pour les fraisiers hors sol, personne ne passe, à l'exception des humains : « au moindre truc, on met de la sauce », dit-il en souriant. « Et donc avec cent fleurs, on obtient cent fraises. » L'hors-sol couplé avec cette « sauce » ne tolère pas le passage d'autres formes de vie. Cela empêche la diversité interspécifique de se propager.

En décimant les autres espèces, il est possible de cueillir sept cents grammes de fraises à partir d'un fraisier hors sol. Dans le champ de Philippe, on ne cueillera qu'entre trois et quatre cents grammes. Dans la culture hors sol, on ne partage pas les fraises avec d'autres espèces. « Si tu fais six cent cinquante grammes et pas sept cents grammes de fraises par pied, tu es nul », disent les techniciens agricoles. C'est ce que rappelle Philippe en souriant, avant de se reprendre : « Ils ne disent pas les choses comme ça, mais c'est ce qu'ils veulent faire passer comme message. » Seul le rendement les intéresse. Je lui demande ce qu'il répond : « Je ne les laisse pas entrer chez moi », dit-il toujours en souriant. Il les laisse à l'extérieur d'un monde où il y a de la vie.

« Bon, il faut qu'on aille dans le champ voir les fraisiers. » Philippe vit dans le village, mais il cultive des légumes sur quatre parcelles rassemblées sous le terme d'« îlot » et représentant cinq hectares. L'îlot est un terme administratif imposé par la PAC. Il n'est pas en agriculture biologique, mais il ne traite pas ses fraisiers. Il les aime beaucoup trop pour leur infliger cela. Selon lui, l'« atmosphère » ne lui permet pas ici de passer en bio. Son voisin qui, il y a deux semaines, a traité juste à côté de chez lui a grillé deux rangées de fraisiers en ne fermant pas la vanne au moment de faire demi-tour avec son tracteur. Sur la fraise, ça ne pardonne pas, dit-il : « Elle est très sensible. » Du coup, il n'y a pas beaucoup de traitements en cas de maladie. « Elle ne supporte pas grand-chose. » L'assurance le remboursera, mais ce n'est pas l'important. Le problème est qu'il a perdu ses fraisiers, et cela l'affecte, comme sont affectésles éleveurs qui perdent leurs animaux suite à un accident ou une maladie. Sauf que l'on ne parle pas d'animaux ici, mais de plantes. Il ne faut pas mélanger le monde sensible où les problèmes concernent les manières de vivre dans une ferme et les questions de remboursement qui viennent d'un monde qui veut produire.

On arrive sur une des parcelles. D'un côté, il y a des châtaigniers et, de l'autre, à trois cents mètres, des lotissements aux maisons identiques avec des jardins tournés vers le champ. Des gens sont assis. Au milieu de ces deux mondes, des rangées de fraisiers sont en fleur. Dommage, ce n'est donc pas aujourd'hui que l'on va en manger. Les premières seront là dans quinze jours, mais il faut être patient, prévient Philippe, et ce sera en faibles quantités. Trois personnes de sa famille sont en train de garnir les fraisiers de paille. Scène étrange : ils travaillent dans le champ, à côté de gens qui les regardent. Cela manque d'intimité. « On s'habitue », dit Philippe en inspectant le paillage pour voir s'il est bien posé. Il l'installe autour du fraisier dès l'arrivée des premières fleurs qui ne doivent pas toucher le sol. La paille conserve l'humidité du sol et protège du botrytis, un champignon phytopathogène qui peut se propager sur les fraises. Elle empêche aussi les fraises de retomber sur un sol nu. C'est une sorte de lit confortable. Comme il n'y a pas d'arrivée d'eau, les fraises dépendent des pluies, encore une particularité. La technique repose sur l'association binage-paillage. Le binage se fait avant et après la pluie, après « il ne touche plus à rien ».

Grâce au binage, l'eau pénètre le sol. La racine va s'enfoncer pour trouver de l'eau. Plus elle s'enfonce profondément, plus le fraisier sera robuste et résistera aux maladies et à la sècheresse. Les racines des fraisiers sont assez superficielles. Elles ne s'enfoncent pas très profond.

Il y a comme une forme de « paresse » qu'il faut éviter, sinon les plants ne survivront pas dans des conditions qui peuvent vite devenir défavorables. L'association binage-paillage est une technique efficace pour que ces fraisiers puissent vivre à peu près convenablement dans cette vallée rendue irrespirable par les quantités de pesticides déversées, et où les pluies sont aléatoires. Il faut prendre bien soin de ces fraisiers ; ils sont cultivés dans le sol où ils vivront trois années consécutives. Ce travail de binage avant et après la pluie est très contraignant. Philippe ne peut pas trop s'éloigner ; à n'importe quel moment, il peut y avoir des averses.

On s'agenouille et on commence à pailler pour aider Philippe et sa famille. Ce n'est pas un geste très compliqué, techniquement parlant. Il faut mettre de la paille tout autour des plants, en faisant juste attention à ne pas les étouffer. Il faut les couvrir, mais pas trop ; tout doit être homogène. C'est éprouvant physiquement, et au bout de quelques minutes, nous souffrons tous du dos. Nous ne sommes pas habitués et nous commençons à nous plaindre. C'est sûr que l'on ne deviendra pas demain des paysans ; si c'était si facile, je crois qu'il y en aurait beaucoup plus. Philippe sourit et se moque de nous, tout en continuant à pailler son allée : il veut avoir des fraises.

Lucia lui demande quelle variété il cultive. C'est une « variété endémique ». Philippe sourit à nouveau : « Oh là là, ça, c'est Terroirs d'avenir, ils veulent des variétés anciennes, des variétés locales. » Mais, en l'occurrence il ne s'agit pas d'une variété ancienne. Les variétés anciennes de fraises ne marchent pas très bien, explique-t-il. Il y a quelques années, il a planté de la Moutot qu'un copain lui avait donnée, « mais cela n'a rien donné, ce n'était que de la flotte ». Selon Philippe, comme les fraisiers se multiplient par marcottage – technique consistant à replanter le stolon du fraisier –, c'est toujours le même fraisier ; donc il vieillit et perd de sa qualité, de sa force, comme les humains qui vieillissent. Il trouve normal que « la Moutot n'ait rien donné puisque ce fraisier avait cinquante ans ». On ne pouvait plus rien attendre de lui.

Philippe nous dit en substance qu'il ne faut pas être nostalgique de la Moutot ; elle a eu son heure de gloire et il est temps de passer à autre chose. Cette variété a vieilli et on ne peut pas lui en demander plus. On ne demande pas grand-chose aux vieux humains, pourquoi en serait-il autrement pour la Moutot ? Il explique que c'est la Candiss que l'on est en train de pailler péniblement ; c'est une variété jeune, performante, robuste et qui se plaît dans son champ. Philippe rapproche les humains des fraises pour penser leurs ressemblances, pas seulement leurs différences. Il cherche ainsi à savoir ce qui nous lie aux autres espèces et non ce qui nous en distingue, à l'exact opposé de toute la tradition des sciences modernes[35].

Philippe nous explique encore qu'il faut cueillir la fraise à maturité, et surtout le matin, pour qu'elle soit très bonne. La fraise change de goût tout au long de la journée. Une fraise cueillie le matin n'a pas le même goût que le soir. S'il y a de la rosée le matin, il faut passer son chemin : ce n'est pas à ce moment-là que la fraise nous séduira le plus par son goût. Dans ce cas, mieux vaut prendre son mal en patience. À certains moments, elle séduira plus les scarabées que les humains. Pour Philippe, le fraisier est une plante « extrêmement sensible » qui réagit au moindre changement atmosphérique. Le goût de la fraise change sans cesse. Il ne faut pas y voir un procédé chimique mécaniste de la part de la fraise, mais plutôt les réactions d'un être très sensible au moindre changement.

Le maraîcher nous prévient que la fraise est tout aussi sensible aux conditions de transport. Elle n'est pas comme les fraises cultivées hors sol, plus résistantes quand on les transporte d'un endroit à un autre. Ses fraises sont gorgées de sucre, donc leur chair s'abîme à la moindre secousse et ne supportent pas les températures parfois élevées des véhicules de transport non climatisés. Il nous dit que commercer avec ces fraises n'implique pas le même soin qu'avec les autres variétés. Cette fragilité doit être vue comme une revendication des fraises. Elles nous disent : « Oui, on veut bien faire du commerce, mais avec un transport adéquat. » Et ce n'est pas tout. L'affaire se corse encore quand Philippe prévient que si les fraises sont convoyées par camion réfrigéré, elles perdent leur goût. Le frigo est l'« ennemi de la fraise ». C'est le casse-tête du transport – insiste Philippe –, car « elles ne supportent pas les déplacements longs » et il ne faut pas non plus les laisser dans le camion plus de deux ou trois heures. Il a eu de très mauvaises expériences auparavant avec des livreurs qui laissaient la fraise tout l'après-midi dans leurs camions. À la fin de la journée, il n'y avait plus rien à sauver : les fraises étaient trop abîmées. Elles détestent donc être déplacées

35. André Pichot, *Histoire de la vie*, Gallimard, Paris, 1993.

à l'autre bout du monde. Elles acceptent de faire du commerce, mais seulement de proximité. Les camions de transport longue distance, la mondialisation, ce n'est pas pour elles. Cela ne les intéresse pas. Elles ne veulent pas passer leur vie dans des avions, des camions ou des entrepôts, alignées à perte de vue. Philippe prend donc en compte leurs exigences pour faire du commerce.

C'est une histoire finalement assez cocasse. Au départ, nous avons rencontré des fraisiers assez fragiles, à l'agonie, qui habitaient dans cette vallée irrespirable. On ne pouvait que les plaindre, car ils étaient en train de disparaître. Mais quand l'occasion se présente pour aller ailleurs, les fraises ne veulent pas trop s'éloigner de leur lieu d'habitation parce qu'elles s'y plaisent !

Ce monde animé révèle bien des surprises, mais le cas des fraises d'Orgeval doit être distingué de celui des choux de Pontoise. Eux peuvent faire du commerce sur de longues distances ; ils sont moins exigeants sur leurs conditions de transport. Rien de surprenant car ce sont des espèces différentes qui ont donc des exigences propres. Lucia dit que quelqu'un viendra chercher les fraises après la récolte pour les amener au dépôt, et les distribuer dès le lendemain dans les restaurants. Ils se mettent d'accord sur les jours de passage, les modes de livraison et la taille des barquettes qui ne doit pas excéder une contenance de deux cent cinquante grammes. Plus, cela serait nuisible pour ces fraises qui risquent de se tasser dans les barquettes. Je suis stupéfait d'apprendre comment les fraises fixent leurs conditions de transport jusqu'au moindre détail, ne laissant rien au hasard. Terroirs d'avenir n'a pas d'autre choix que de respecter scrupuleusement leurs exigences. Les employés commencent à être rompus à ce jeu du commerce avec le monde végétal, ils et elles savent qu'en cas de manquement un nouveau « bordel monstre » s'annonce.

Ils décideront le moment venu quel prix fixer. Tant que les premières fraises ne sont pas récoltées, tout peut encore arriver. Non seulement les fraisiers posent des exigences pour faire du commerce, mais c'est par eux que s'instaurent les relations commerciales entre les personnes, ce sont eux qui ont mis autour de la table ce paysan et Terroirs d'avenir ; ce sont eux qui possèdent la force commerciale. Les fraisiers ont réussi un joli « coup commercial » et des dizaines d'humains vont s'occuper d'eux et leur permettre de vivre encore quelques années dans la vallée d'Orgeval. D'après Philippe, il y a peu de chances que quelqu'un d'autre reprenne la culture quand il prendra sa retraite. Personne n'a envie de se casser le dos. Certes, le monde sans la fraise d'Orgeval survivra après sa disparition, mais la liste des espèces et des variétés disparues s'allonge de jour en jour.

Rappelons pour conclure que mon propos était de perturber la conception physiocratique du commerce dans laquelle sont enfermés néolibéraux et marxistes, et montrer que ces courants – qui renvoient en politique à la distinction classique gauche/droite – partagent la même histoire. Je souhaitais compliquer cette histoire, ou plutôt la déborder, en me montrant plus généreux avec le commerce qui ne se réduit ni à la fiction économique du Marché, ni aux sociétés de marchés où ne sont pris en compte que les humains.

Animer les plantes et les faire entrer dans le jeu du commerce permet de résister à cette histoire naturalisée bien mieux que de critiquer ce dernier au motif qu'il détruit la planète, ou d'opposer commerce et protection de l'environnement. Le commerce réduit au marché et à l'échange de marchandises a effectivement dévasté la terre, mais il n'y a pas de raison de se priver du commerce et d'imaginer d'autres formes ontologiquement plus généreuses envers le monde plus qu'humain. Critiquer le commerce en désanimant le vivant nous fait retomber au pouvoir de Marx et de la critique. « Animer pour résister » signifie tenter de résister à la fois au capitalisme et au socialisme, deux faces d'une même pièce qui obstrue les possibles.

Le chapitre suivant, consacré à la tomate, approfondira l'argument : mieux vaut animer la tomate de multiples manières en la mettant en rapport avec des paysans plutôt que de critiquer sa production industrielle en cherchant des moyens de production plus traditionnels. C'est ainsi que nous pourrons peut-être sortir de l'histoire naturalisée et de la physiocratie.

4

LA TOMATE : UNE CODOMESTICATION AVEC UN ÊTRE AUX MULTIPLES MODES D'EXISTENCE

Le lecteur aura deviné que l'idée de faire une enquête sur la tomate m'est venue après une conversation avec Ariane de Terroirs d'avenir, quand, désespérée, elle me lançait que nous, « les gens de l'Inra », et l'industrie allions produire des milliers de tonnes de tomates industrielles hors sol pour ensuite s'extasier devant quelques paysans qui cultivent des tomates de saison dans le sol, mais qu'au fond cela ne changeait rien au problème. L'industrie continuerait de détruire le monde paysan avec ses productions qui se propagent à des échelles toujours plus grandes ; il n'y a aucun moyen de résister à son pouvoir dévastateur. Soutenir des paysans qui s'éloignent des cultures industrielles, c'était bien et même nécessaire, mais c'était une goutte d'eau dans l'océan qui ne changerait rien à l'histoire.

Effectivement, cela ne change pas grand-chose si l'on voit les paysans au travers d'une conception physiocratique de l'agriculture pour laquelle notre matérialité relève de la production. Cela a pour effet de mettre les paysans auprès desquels j'ai enquêté du côté des non-productivistes mais aussi de critiquer implicitement l'agriculture industrielle. Mais que se passe-t-il si je n'entre pas dans cette histoire et si je déplace le problème ? Je ne critique pas la culture industrielle des tomates (car, au fond, il n'y a rien à critiquer), je décris des rapports animés entre ces paysans et leurs tomates. Au lecteur de juger si cela change ou pas quelque chose.

Ni critiques ni controverses, mais de nouvelles histoires

Enquêter sur la tomate m'obligeait à aller sur le terrain rencontrer des paysans cultivant des variétés autres que les tomates hors sol dans des serres en verre chauffées – comme les hybrides F1 de supermarchés. Cela impliquait de faire connaissance de paysans qui ne font pas d'agriculture industrielle et qui risquaient de pas être très bienveillants envers l'Inra ! On sait que ses programmes de recherche soutiennent l'agriculture industrielle, même si l'on peut trouver en son sein de rares dissidents qui travaillent sur des variétés paysannes[1].

J'appelle Lucia pour avoir les coordonnés de deux paysans dont elle m'avait parlé, Christophe Collini et Jacky Mercier. J'ai choisi de rencontrer aussi des paysans qui ne travaillent pas avec Terroirs d'avenir. Lucia – comme Ariane – est désespérée par cette culture de la tomate hors sol F1 qui nécessite un lourd arsenal chimique et condamne les cultures dans le sol. Je comprends leur peine, mais, en même temps, je me réjouis de constater que des personnes veulent faire à nouveau émerger la vie dans ces sols ravagés en essayant de vivre avec les tomates. L'espoir est donc là : c'est une histoire de vie qui va au-delà de celle de la production.

Qu'est-ce qu'un hybride F1 ? Le généticien Christian Vélot le présente ainsi :

> Ce qu'on appelle un hybride renvoie à un terme un peu ambigu, car quand on parle d'hybride, on pense aux semenciers, on pense aux plantes fournies par les semenciers alors que ceux qui ont toujours fabriqué les hybrides, ce sont les paysans, ce sont les premiers généticiens au monde. Dans la notion d'hybride, il y a la notion de brassage. Dans le croisement, on croise et les paysans ont toujours fait des hybrides. C'est la sélection massale : une plante avait une propriété intéressante,

1. Voir les travaux de Véronique Chable et d'Isabelle Goldringer. Elles m'ont confié qu'elles étaient très marginalisées au sein de l'institution. Isabelle Goldringer *et al.*, « Recherche participative pour des variétés adaptées à une agriculture à faible niveau d'intrants et moins sensibles aux variations climatiques », *Pour*, 1, 213, 2012 ; Véronique Chable, Mathieu Conseil, Estelle Serpolay et François Le Lagadec, « Organic varieties for cauliflowers and cabbages », « Brittany : from genetic resources to participatory plant breeding », *Euphytica*, 164, 2008.

> une plante de la même espèce avait une autre propriété intéressante et ils croisaient les deux plantes en question pour récupérer un descendant qui avait deux propriétés réunies dans la même plante. Ce sont de « vrais hybrides », en quelque sorte. Aujourd'hui le terme est galvaudé parce qu'il est réservé aux semences produites par les semenciers, mais qui, en fait, n'ont plus grand chose d'hybride. C'est toujours un croisement, mais c'est un croisement entre deux plantes qui sont des clones, c'est-à-dire un croisement entre des plantes qui ont un appauvrissement génétique. Chaque plante parentale a été obtenue par des croisements successifs avec la même plante et, du coup, on finit par faire une sorte de consanguinité, même si ce n'est pas un terme qu'on utilise pour les plantes. On a une sorte de dégénérescence consanguine, des lignées pures génétiques. On a fait ça pour une plante parentale, pour une deuxième plante parentale et ce sont deux plantes parentales. On les croise et ça donne ce qu'on appelle un hybride F1 qui a une sorte de vigueur juvénile et qui va donner une plante extrêmement belle et productive. Mais la deuxième génération de cette plante, celle qui va récupérer les propriétés parentales, celle qui a une dégénérescence consanguine, elle sera très peu productive. C'est déjà un premier moyen d'obliger le paysan, en quelque sorte, à racheter ses semences. L'hybride n'est pas un OGM car ses deux plantes sont naturellement fécondables, sauf que, au lieu que ce soient deux plantes qui sont repérées par hasard par le paysan, ce sont deux plantes qui sont préparées par apprivoisement génétique et qu'ensuite on croise. On appelle ça un hybride F1[2].

Comme le dit ce chercheur – militant anti-OGM, qui se définit comme lanceur d'alerte[3] –, ce sont des variétés très appauvries génétiquement, créées par les semenciers pour faire des plantes « belles et productives », rapporter des revenus aux semenciers et obliger les paysans à acheter les semences au lieu de sélectionner les leurs. Christophe Collini – dont je parlerai plus loin – parle de « variétés dégénérées » obtenues par sélections consanguines afin d'extraire le maximum en fruits ou en légumes. Cette démarche s'oppose à celle des sélections

2. Christian Vélot, video, <facebook.com/A.Lecouillard/videos/695465270553888/>.

3. Christian Vélot, « Profession : lanceur d'alerte », <lemonde.fr/planete/article/2008/05/14/christian-velot-profession-lanceur-d-alerte_1044808_3244.html> ; Christian Vélot, *OGM. Tout s'explique*, Édition Goutte de sable, Paris, 2009.

paysannes où les semences sont génétiquement équilibrées. Les plantes issues des hybrides F1 sont, au sens génétique, des plantes malades. Cette question des semences paysannes est essentielle, en particulier pour l'avenir agricole. Les tensions et les disputes sont permanentes entre les gros semenciers et les associations de paysans. Comme on dit dans ce milieu, « celui qui contrôle les semences contrôle la vie ». Les tomates F1 sont prises dans ce tourbillon. Des citoyens, des paysans, des chercheurs, des journalistes reprochent aux semenciers de privilégier le rendement au détriment du goût et de la qualité nutritive des tomates, avec pour conséquence que l'on trouve sur le marché des tomates de culture industrielle insipides[4]. Mais ce sujet étant déjà bien circonscrit par la recherche, je ne m'y attarderai pas[5].

Mon enquête sur la tomate tombait à pic. J'avais effectué un stage de maraîchage pendant une semaine dans un centre d'expérimentation de l'Inra dans le sud de la France où des serres en verre sont destinées à des cultures de tomates hors sol. Depuis peu, elles sont à l'arrêt. Pour des raisons internes, l'Inra a décidé de ne plus faire d'essais hors sol, pour en laisser le soin aux semenciers. L'institution veut se consacrer à la création de nouvelles variétés hybrides F1.

Ce stage a donc fait partie de mon enquête sur la tomate. Un des aspects positifs de mon séjour était la possibilité de se balader dans les serres et interroger à souhait les techniciens, chercheurs et ouvriers qui y travaillaient. Ils m'ont expliqué l'ensemble des moyens techniques employés pour des cultures hors sol : pesticides, nutriments chimiques, bacs servant à cultiver des tomates sans le moindre gramme

4. Isabelle Brokman et Robert Barouki, *Savez-vous vraiment ce qu'il y a dans votre assiette ?*, Solar éditions, Paris, 2016 ; Jean-Baptiste Malet, *L'Empire de l'or rouge. Enquête mondiale sur la tomate d'industrie*, Fayard, Paris, 2017 ; « Pourquoi les tomates vendues dans le commerce ont-elles moins de goût ? », <huffingtonpost.fr/2013/08/23/tomates-vendues-commerce-moins-gout_n_3802993.html> ; « Les tomates ont-elles encore du goût ? », <blog.slate.fr/bien-manger/2011/08/07/tomates-gout/> ; voir aussi l'enquête récente d'Elise Lucet, « Cash Investigation », 18 juin 2019 : « Scandale de la tomate » ; <france.tv/france-2/cash-investigation/1019335-le-scandale-de-la-tomate.html>.

5. Sur la question des semences paysannes, Christophe Bonneuil et Frédéric Thomas, *Semences. Une histoire politique*, Charles Léopold Mayer éditions, Paris, 2012 ; voir aussi le site du Réseau de semences paysannes où l'on trouve beaucoup d'informations et une riche bibliographie : <semencespaysannes.org/>.

de terre. Ils la remplaçaient par de la fibre de noix de coco ou de la laine de roche. Dans les serres, des ventilations ultra performantes et des climatisations dernier cri maintenaient des températures et des taux d'humidité constants, évitant tout stress thermique. Les arrosages goutte à goutte étaient paramétrés avec l'aide de logiciels. Il y a aussi une salle de contrôle avec boutons et manettes. On avait l'impression d'être à bord d'un vaisseau spatial ! Il y avait des tuyaux partout, de bas en haut et sur les côtés, qui finissaient dans la salle de contrôle. Le dispositif technique pour canaliser les plantes dans une culture hors sol est impressionnant. Tout avait été fait pour extorquer le maximum à ces plants de tomates, jusqu'à leur dernier souffle[6]. Rien n'était laissé au hasard. Tout était mesuré, quantifié avec une extrême rigueur. Dans le langage de l'Économie, on appelle ça faire du rendement.

Le responsable technique avec qui j'ai passé du temps, un homme au demeurant très sympathique, m'a expliqué avec plaisir que l'on vivait une « belle époque » : « Tu maîtrises tout. » Il était fatigué et irrité par le discours agronomique ambiant prétendant que l'on « maîtrisait les cultures dans le sol » alors « qu'on ne maîtrise rien du tout ». Lorsque les cultures sont dans le sol, « la nature reprend ses droits et tu ne maîtrises plus rien », disait-il. Ce qui l'agaçait dans cette histoire, depuis qu'il ne pouvait plus faire d'essais hors sol – sans pouvoir s'en plaindre publiquement pour ne pas offusquer ses collègues –, c'est qu'ils pratiquaient des tests agronomiques dans des serres en plastique, pour des salades, des choux-fleurs, des betteraves et « d'autres produits » qui poussent dans le sol. Mesurer ainsi des rendements ne servait à rien. Ces résultats ne pouvaient pas, selon lui, être extrapolés et universalisés ; dans le champ d'à côté, on obtiendra autre chose. Les articles des agronomes concernant la « production végétale dans le sol » et les « rendements des cultures » ne servaient donc à rien ! Une dépense inutile. Parler de production lorsqu'on cultive dans le sol était selon lui un non-sens, la production ne pouvant se faire que hors sol dans les serres où l'on maîtrise le vivant. La production est corrélée avec la maîtrise. Dès que l'on redescend sur le sol et que l'on parle rendement et productivité, on jette de l'argent par les fenêtres. Il faut mettre les plantes hors sol si on veut les maîtriser.

6. Sur la notion de souffle, voir le beau chapitre, « Le souffle du monde », *in* Emanuele Coccia, *La Vie des plantes. Une métaphysique du mélange*, *op. cit.*

C'est aussi là que l'on travaille avec précision sur la couleur, la forme, la consistance ou encore le poids. Il m'a appris qu'il suffisait de « jouer » sur la dose d'un produit pour changer la couleur des tomates, qu'il pouvait en obtenir un rouge plus ou moins foncé avec des variations très subtiles. Depuis sa cabine, il pouvait intervenir sur leur forme et faire des tomates plus ou moins rondes. Il était aussi possible de donner plus ou moins de parfum à la tige. Il suffit de demander ce que l'on veut. Cultiver des tomates hors sol est presque devenu un jeu d'enfant, à la fois fort intéressant et intellectuellement très stimulant. Ce technicien dit s'être bien amusé ; cette « belle époque » lui manque et il a beaucoup de mal à accepter que l'Inra soit passé à autre chose.

Il connaissait évidemment la critique récurrente de la tomate industrielle : elle n'a pas de goût, serait insipide. Il reconnaît que ce n'était pas la priorité pendant les expérimentations ; on voulait obtenir ou, plus exactement, extraire le plus de tomates possible des plants. Mais, selon lui, il pouvait avec ses collègues « produire de bonnes tomates ». Il suffisait de mettre un autre produit et elles devenaient plus juteuses et sucrées, mais cela coûtait plus cher, car ils en obtenaient moins. Pour des raisons obscures, les plantes donnaient moins. Dans le langage de l'Économie, les tomates perdaient en productivité. Selon ce responsable technique, il était faux de dire qu'on ne pouvait pas produire de bonnes tomates hors sol.

Pendant mon séjour, les ouvriers confiaient s'être, quant à eux, beaucoup moins « amusés ». Ils effectuaient le travail physique le plus ingrat dans ces expérimentations hors sol : semer, faire lever les semis, mettre en culture des variétés, faire des tuteurages, effeuillages, couper les tiges, enlever les plants de tomates malades ou qui ne suivent pas le processus de production. À la fin, il fallait enlever tous les plants, nettoyer, stériliser les serres avant de recommencer. Ils ont vu passer entre leurs mains nombres de plants morts et, comme on s'en doute, il n'y a pas de statistiques sur les pertes de cette « belle époque ».

Une belle époque pour le technicien qui « produisait » ces tomates hors sol, mais, pour les tomates, c'est une tout autre histoire. Le nombre de morts s'élève probablement à plusieurs millions, comme les millions de morts qui ont accompagné l'acclimation des arbres provenant des mondes colonisés dans les premières serres chauffées, inventées et construites au XIXe siècle en Angleterre. Selon le philosophe

Peter Sloterdijk, les serres en verre chauffées ne servaient pas initialement à la production hors sol. Le dispositif avait été conçu pour élargir la notion d'hospitalité aux espèces avec lesquelles les Anglais souhaitaient vivre. La serre en verre était une manière de créer un lieu de cohabitation : la présence d'« un palmier, en Angleterre, est aussi absurde qu'un habitant de l'île de Kos, ou de Crète à Athènes, et pourtant Athènes fonctionne et la serre des palmiers aussi...[7] ». Mais notre technicien ne cherchait pas à créer de l'hospitalité à l'égard des tomates, il ne m'a jamais parlé d'une cohabitation avec elles ; il voulait les faire produire, c'est tout. C'est au nom de la production hors sol qu'il y a eu autant de plants détruits.

Lors de mon séjour, j'entendais sans cesse les expressions suivantes : « conduite de production végétale », « unité de production », « perte de production », « coûts de production », « rendement », « taux de rentabilité », « taux de rendement », « productivité », « systèmes de production », « système productif », « produit », « marchandise », « produire autrement » ou « production durable », « marché », etc. J'avais l'impression d'être avec des marxistes ou des marxiens des plus orthodoxes[8]. Ce qui les différencie, c'est qu'ils ne sont pas critiques du capitalisme. La production capitaliste leur convient, à la différence des marxistes, farouches partisans d'une production socialiste. Réunis à l'Inra autour d'une table, ils seraient d'accord sur le fait qu'il faut produire. En revanche, ils seraient en désaccord et se fâcheraient sur les détenteurs des moyens de production – l'État socialiste contre les capitalistes. Mais ils partagent le même fond théorique, épistémologique et ontologique lorsqu'ils parlent des tomates.

En cueillant des salades et en nettoyant les serres avec les ouvriers, j'ai compris que je séjournerai chez des marxistes inversés pour qui l'idéologie du progrès battait son plein. Je connaissais alors peu de choses techniquement parlant sur le maraîchage, et les techniciens comme les agronomes ont eu la patience et la gentillesse de m'apprendre quelques

7. Bruno Latour et Pasquale Gagliardi (dir.), *Les Atmosphères de la politique. Dialogue pour un monde commun*, Seuil, coll. « Les Empêcheurs de penser en rond », Paris, 2006, p. 103.

8. Sur la distinction entre marxistes et marxiens, voir Miguel Abensour et Louis Janover, *Maximilien Rubel. Pour redécouvrir Marx*, Sens & Tonka, Paris, 2008.

techniques élémentaires[9]. L'Inra produit des tomates – et il le fait très bien –, il ne cherche pas à vivre avec les tomates. On ne peut pas lui repprocher de produire des tomates. Les instituts équivalents de l'Inra dans les pays socialistes en voie d'extinction ne font pas mieux, et produisent aussi des tomates sans chercher à vivre avec. Il ne s'agit pas pour moi de sauver l'Inra, de relativiser voire de nier sa responsabilité : cette institution fait partie du consortium techno-industriel qui mène le monde agricole à la ruine[10]. Mais s'il le peut, c'est à cause des histoires que l'on raconte sur le monde agricole, et l'Inra n'est qu'une « petite main[11] » – ou plutôt une grande ! Mais le problème est plus profond, comme les tomates permettent de le comprendre. Je vais rapporter le témoignage du paysan Daniel Vuillon. Je suis allé le voir sur le conseil du chef David Ratheber, avant ce stage.

Le personnage est connu dans le milieu paysan. En 2001, il a fondé avec sa femme, Denise Vuillon, l'Association pour le maintien d'une agriculture paysanne (Amap)[12]. Ils vivent sur leur ferme à Ollioules, en Provence-Alpes-Côte d'Azur. Il appartient à une famille de paysans sur plusieurs générations, propriétaire de la même ferme depuis 1804. Il m'avoue qu'il a un peu « levé le pied » ces dernières années à la ferme, car la retraite approche et il est fatigué. Le travail n'est pas facile, mais cela ne l'empêche pas d'être engagé dans différents projets agricoles, en tant qu'expert et consultant. Il est aussi régulièrement sollicité pour la création de nouvelles Amap en France et à l'étranger. Il me prévient que nous sommes fin juin et qu'il n'y a pas encore de tomates. Il faut les espérer pour mi-juillet, au mieux. Ce n'est pas aujourd'hui que je vais pouvoir les goûter. Il raconte que les tomates hors sol sont apparues en France en 1991. Avant, les tomates de sol que lui et les paysans alentour cultivaient et vendaient dans les lieux de commerce et aux

9. Sur le sujet, voir l'article de *Reporterre* : « Un nouveau président à l'Inra, pour ne rien changer », <reporterre.net/Un-nouveau-president-a-l-INRA-pour-ne-rien-changer>.

10. Christophe Bonneuil et Frédéric Thomas, *Gènes, pouvoirs et profits. Recherche publique et régimes de production de savoirs de Mendel aux OGM*, Quae, Versailles, 2009.

11. Philippe Pignarre et Isabelle Stengers, *La Sorcellerie capitaliste. Pratiques de désenvoûtement*, *op. cit.*

12. Pour plus de renseignements sur le réseau et son fonctionnement, <reseau-amap.org>.

supermarchés étaient bonnes sur le plan gustatif. Un beau jour, au milieu de la saison, en 1991, les responsables des enseignes lui dirent :

> Ça va plus ; les tomates de plein champ, on n'en veut plus. Ce qu'il nous faut, c'est ça ; et ils me montrent des tomates sous serre, hors sol, en Belgique. C'était début août, et elles avaient une couleur qui n'était pas complètement rouge. Elles étaient un peu translucides. Elles étaient très, très dures, toutes pareilles, identiques et ils me font goûter ça. Pour moi, c'était immangeable. Et en même temps, c'était trois fois le prix que je leur vendais, beaucoup plus cher. Il me dit : « C'est ça qu'on veut. » Elles sont toutes pareilles alors, comme ça, les gens ne trient pas. Elles sont toutes pareilles, elles sont dures et ils peuvent faire ce qu'ils veulent avec. Ils peuvent jouer aux boules. On n'a pas de casse. Après, le prix, on s'en fout. Ils mettent le prix que ça coûte. De toute façon ils sont là, ils achètent. Ils m'ont dit : c'est fini les tomates, alors faites-nous ça, faites des serres, faites des tomates hors sol, modernes, comme ça, et on pourra continuer à travailler avec vous.

Daniel Vuillon se retrouve avec vingt tonnes de tomates sur les bras. Il perd tout car les grandes surfaces n'en veulent plus. Il me raconte avoir envoyé des centaines de fax aux restaurateurs sur la Côte d'Azur pour vendre ses tomates et il a eu zéro réponse. Pour autant, il ne veut pas cultiver ces nouvelles tomates hors sol. Les autres paysans sont plus ou moins dans le même cas. Des paysans de la région disparaissent avec l'arrivée de la tomate hors sol. Ils ne peuvent plus vendre les leurs alors que c'est une plante qui se plaît dans le Sud. Elle constitue un de leurs principaux revenus. Les investissements coûtent très cher pour cultiver des tomates hors sol ; il faut investir un million d'euros pour un hectare de serre. « La tomate hors sol – dit Daniel Vuillon – a provoqué des dégâts considérables sur le plan humain car beaucoup de paysans ne savaient plus quoi faire. Soit il fallait lourdement s'endetter, soit mettre la clé sous la porte. » Ils ont été enfermés dans une alternative infernale.

Nous nous trouvons ici dans un rapport classique de pouvoir entre le monde de la production qui regroupe un consortium techno-industriel de la tomate – dont la puissance technique, financière et scientifique est hors du commun – et un monde de paysans cultivant les tomates dans les champs pour vivre, décimé en 1991. Comment ne pas nier le problème sans tomber systématiquement dans la critique ? Comment résister à ce monde de production qui dévaste tout sur son passage sans verser dans la dénonciation ? Certains auteurs pratiquant la sociologie critique diront probablement qu'il n'y a aucune justification pour un capitalisme industriel appuyé sur une institution comme la mienne[13]. Je suis le premier à le constater sur le terrain. Ils soutiendront que la portée critique de leurs propos est parfaitement justifiée et qu'il est impossible d'abandonner la critique. Sinon, on est condamné à faire une anthropologie ou une sociologie de droite, justifiant toutes les politiques du pouvoir dominant[14]. « Vous, en tant qu'anthropologue, vous savez mieux que quiconque – diront-ils encore – que les gouvernements sont liés à l'industrie agroalimentaire et qu'ils ne soutiennent pas les paysans auprès desquels vous avez enquêté. »

Mais ce type de critique est totalement inefficace. À l'Inra tous les techniciens, chercheurs et ouvriers savaient bien ce qu'ils faisaient avec la tomate. Dans le cadre de leur travail, la tomate est réduite à un objet industriel, ils font appel à toutes les innovations scientifiques et techniques pour la faire produire plus. Ils sont payés pour. L'Inra ne les paie pas pour faire des caresses aux plants de tomates, mais pour faire de grosses tomates, lourdes, insipides, bien rouges, avec une peau très ferme pour résister aux transports. Personne n'est dupe ; ils savent très bien que cette technique industrielle va faire disparaître encore plus vite les paysans. Pour autant, cela ne veut pas dire que personne n'est sensible à cette problématique : les ouvriers agricoles avec qui j'ai passé la semaine n'arrêtaient pas de le souligner, même s'il y a aussi des personnes qui détournent la tête et font comme s'il n'y avait pas de problème.

Cette institution leur demande de produire, ces personnes font ce qui leur est demandé. Plus largement, nous pouvons dire qu'elle a été inventée pour produire le monde agricole, et non pour créer des

13. Pierre Bourdieu, *La Distinction. Critique sociale du jugement*, Minuit, Paris, 1979 ; voir aussi Alain Accardo, *Introduction à une sociologie critique. Lire Pierre Bourdieu*, Édition Éléments, Paris, 2006. Sur le passage de la sociologie critique à la sociologie de la critique et sur l'épuisement de la dénonciation, voir Luc Boltanski et Laurent Thévenot, *De la justification. Les économies de la grandeur*, Gallimard, Paris, 1991. Voir aussi Luc Boltanski, Yann Darré et Marie-Ange Schiltz, « La dénonciation », *Actes de la recherche en sciences sociales*, 51, mars 1984.

14. Bruno Latour, « La sociologie des sciences est-elle de gauche ? », *loc. cit.*

liens et vivre avec des plants de tomates[15]. Le monde industriel de la tomate aussi a été conçu pour cela, et ce monde occupe plus de 95 % de la culture française de la tomate. Les groupes industriels Saveol, Odelis, Casino, Sélection import-export, Vilmorin, Gautier semences n'ignorent pas les critiques faites à leurs tomates insipides : ils ont monté un projet de recherche ANR soutenu par l'État pour améliorer la qualité gustative des tomates industrielles. Ils ont travaillé sur la qualité de la tomate en tant qu'objet industriel pour faire de la production[16]. Les participants n'ont pas travaillé sur la qualité des relations entre les tomates et les paysans, ils cherchaient à répondre aux critiques sur les tomates industrielles. C'était l'occasion pour l'Inra d'améliorer son image, et de répondre aux critiques sur ses tomates sans mettre en cause sa préoccupation unique pour le rendement. Aujourd'hui, on peut trouver quelques variétés de tomates, notamment des tomates cerises, plus sucrées, attribuables à cette institution.

Ce monde ne vit pas avec les tomates. Il se contente de les produire. Pendant mon séjour dans le centre d'expérimentation, demander de prendre en compte les valeurs humaines, sociales, en insistant sur le fait que leurs activités relèvent du productivisme et de l'exploitation, n'aurait eu aucun sens. L'histoire est beaucoup plus compliquée quand on la raconte sous l'angle proposé ici : on est autant en face d'un rapport au monde capitaliste que d'une forme la plus aboutie de marxisme. Pour dénaturaliser cette histoire de production, on pourrait dire que les capitalistes profitent de l'histoire que Marx leur a offerte. Nous avons cru à cette histoire racontant que l'humanité produit et que cela constitue notre matérialité. Désormais, le monde occidental produit des tomates, il ne vit pas avec elles.

De même, faire une description de ce conflit en termes de controverses serait tout aussi peu efficace[17]. Comme Donna Haraway l'a écrit,

---

15. Sur l'origine de l'Inra et ses objectifs, voir Pierre Cornu, Egizio Valceschini et Odile Maeght-Bournay, *L'Histoire de l'Inra. Entre science et politique*, Quae, Versailles, 2018.

16. « Programme national de recherches en alimentation et nutrition humaines » (PNRA) 2006, projet QualiTomFil, <agence-nationale-recherche.fr/Projet-ANR-06-PNRA-0009>.

17. Michel Callon, « Pour une sociologie des controverses scientifiques », *in* Madeleine Akrich, Michel Callon et Bruno Latour, *Sociologie de la traduction. Textes*

suivre l'action des acteurs a un effet : « L'histoire est racontée par la même histoire ; une histoire d'action héroïque, où des mondes sont forgés par le rassemblement d'alliés, les épreuves et les faits de force. L'objet étudié et la méthode d'étude se miment entre eux. L'analyste et l'analysant font la même chose et, en lisant, on est aspiré dans le jeu[18]. » Ce type de travaux ne permet pas, selon elle, de changer d'histoire ; c'est toujours la même, celle racontée par les acteurs. La philosophe ironise à propos de cette approche en la comparant à « des champs militaires high-tech, des champs de batailles académiques automatisées, où des points lumineux appellent les joueurs à se désintégrer [...] les uns les autres pour rester dans le jeu du savoir et du pouvoir[19] ». Les actants – pour parler comme les sociologues des controverses – n'ont pas tous les mêmes forces et le même pouvoir au début du jeu ; on n'est donc pas obligé de retracer les controverses entre, d'un côté, les paysans qui cultivent des tomates de variétés anciennes et, de l'autre, le consortium techno-industriel produisant des tomates hybrides F1 pour savoir qui gagnera et qui perdra. Ce type de descriptions ne fait que valider l'histoire de la production que racontent les gagnants comme leurs critiques.

Les auteurs critiques n'ajoutent rien : les paysans savent très bien critiquer. Ils savent aussi mieux que tout le monde qu'ils sont dans un monde agricole très controversé et que le consortium techno-industriel qui les oblige à produire des tomates ne pense pas comme eux. C'est la raison pour laquelle la démarche anthropologique choisie ici ne se situe ni du côté de la critique ni du côté de ceux qui se proposent de décrire le monde « en train de se faire » au travers des controverses[20]. Mais je ne cherche pas à être fidèle à une école de pensée particulière, seulement à trouver d'autres points de vue pour tenter de raconter de nouvelles histoires sur des mondes animés. Seules de nouvelles histoires peuvent s'y opposer, et ce sont ces histoires qu'il faut trouver. Animer les tomates pourrait s'avérer une méthode plus efficace pour résister

fondateurs, Presses des Mines, Paris, 2006 ; Cyril Lemieux, « À quoi sert l'analyse des controverses ? », *Mil neuf cent. Revue d'histoire intellectuelle*, 1, 25, 2007.

18. Citée par Maria Puig de la Bellacasa, « *Think we must!...* », *loc. cit.*, p. 309.

19. *Ibid.*, p. 309.

20. Sur la différence de méthode entre ces deux écoles plongées dans une « guerre académique » qui ne dit pas son nom, voir Yannick Barthe *et al.*, « Sociologie pragmatique. Mode d'emploi », *Politix*, 3, 103, 2013.

à la destruction du monde que mener la critique envers la tomate industrielle ou tracer des controverses entre les acteurs. On pourrait ainsi parler d'une « anthropologie d'histoires ».

« Et, en plus, tu veux que l'on se mette aux trente-cinq heures ? »

Quand je prenais rendez-vous avec des paysans, j'avais peur qu'ils refusent que j'aille les voir en raison de l'institution à laquelle j'étais affilié. Je savais que celle-ci n'avait pas une bonne image. Le divorce est tel entre l'Inra et certains paysans que des collègues m'ont même conseillé de ne pas dire que j'en faisais partie pour pouvoir accéder à mon terrain. Ce n'est pas la démarche que j'ai retenue car cela posait un problème déontologique. Si je demande une certaine honnêteté à mes interlocuteurs, je ne me vois pas leur mentir sur mon rattachement institutionnel. Ne pas me présenter ni me situer m'aurait amené à considérer mes enquêtés comme des dupes. Les enquêteurs écoutent leurs enquêtés, mais il y a réciprocité. Les enquêtés savent bien si l'on se trouve du côté des récits dominants ou des récits de dominés.

En décidant de ne pas cacher mon appartenance lors de mes premières conversations téléphoniques, je n'ai pas eu de refus même si la plupart de mes interlocuteurs se sont interrogés sur les raisons qui poussaient un chercheur de l'Inra à venir les voir. Certains n'ont toutefois pas caché leur amertume envers l'institut, en particulier à propos des tomates. Le paysan Jacky Mercier – dont je parlerai plus loin – m'a, par exemple, dit clairement que « les gens de l'Inra ne sont pas ses amis », ajoutant que l'institut « était responsable de l'état de la tomate ». Pour établir des relations plus cordiales et mener mon enquête, je commençais par poser une question tout à fait innocente, voire déplacée, mais qui s'est avérée après coup assez pertinente. Je demandais à mes interlocuteurs s'ils comptaient partir en vacances en août, précisant que c'était mon cas. Certains ont plaisanté, me demandant ironiquement si je ne voulais pas, en plus, qu'ils se mettent aux trente-cinq heures. Encore une blague conservatrice de la part de ces paysans ?

C'est en me rendant chez Robert Albezard, à Romilly dans la région du Perche, que j'ai compris pourquoi ma question soulevait tant de sarcasmes[21]. Mais, avant de parler de la question des trente-cinq heures et des vacances, dressons le portrait de ce personnage connu dans le milieu de l'agriculture biologique. J'étais heureux de faire connaissance avec lui alors qu'il se préparait à prendre sa retraite. Dans les années 1970, il a été un des premiers maraîchers à pratiquer ce type d'agriculture. Issu d'une famille paysanne, il a fait des études d'informatique et a travaillé en entreprise à Paris à la sortie de son école. Mais il n'y est resté que peu de temps : il ne se voyait pas assis à un bureau derrière son ordinateur jusqu'à sa retraite. Il est alors revenu s'installer sur deux hectares de terre dans sa région.

Il sourit avec une certaine amertume quand il raconte avoir été traité de tous les noms – « arriéré », « réactionnaire », « fou », « traditionnel », « ésotérique », « sorcier », « essentialiste », etc. – par des institutions scientifiques, des représentants étatiques mais aussi des agriculteurs quand il a voulu cultiver ses légumes et ses fruits sans pesticides ni engrais chimiques. À l'époque, l'agriculture biologique était tellement marginalisée et disqualifiée qu'aucun syndicat agricole, aucun mouvement politique, écologique ou scientifique ne la soutenait. Les mouvements écologistes encore émergents étaient des mouvements urbains progressistes imprégnés de marxisme et baignant dans l'idéologie du progrès. Ils ne soutenaient pas les paysans qui, comme Robert Albezard, voulaient revenir à une agriculture traditionnelle ; c'était pour eux revenir en arrière. C'était très dur de cultiver dans ces conditions ; il fallait « tenir ».

Toujours en souriant, il me raconte que son comptable n'a pas cessé des années durant de lui dire que sa ferme n'était pas rentable. Il ne comprenait pas pourquoi il lui disait ça alors que sa femme, sa fille et lui vivaient très bien en vendant leurs fruits et légumes au marché ; il n'avait pas de crédit bancaire à rembourser. Il s'était installé sans emprunter, ayant des fonds propres, et ce qu'il gagnait lui suffisant pour vivre. Il découvrit des années plus tard que la grille salariale du rapport comptable impliquait de gagner une certaine somme pour que sa ferme soit jugée « rentable », un chiffre selon lui nettement supérieur à ce dont sa famille avait besoin. Lorsque je lui ai demandé comment il avait réagi, il a répondu : « On a changé de comptable. » Désormais, il fait lui-même sa comptabilité et la ferme est devenue rentable !

21. Ce paysan travaille en direct avec le cuisinier Guillaume Foucault.

Au fil de la conversation, son sourire disparut : il avoua être désespéré par l'actuelle « industrialisation du bio ». L'agriculture biologique est, selon lui, en plein naufrage. À l'époque, les paysans comme lui faisaient tout pour sortir du « modèle productiviste » et défendaient l'idée que l'agriculture biologique relevait avant tout d'un « mode de vie paysan ». Or l'agriculture biologique industrielle fait la même chose que l'agriculture conventionnelle : elle ne cherche que le rendement. La seule différence est qu'elle n'utilise pas de pesticides. Sinon, elle emploie les mêmes recettes. Selon lui, l'agriculture biologique majoritaire ne met pas en cause le modèle « productiviste », mais le renforce.

De nombreux travaux ont rendu compte de cette contestation des paysans à l'encontre de l'agriculture biologique productiviste mais sans interroger le concept de production[22]. Mon hypothèse est que ces paysans qui s'installaient en agriculture biologique dans les années 1970 ne voulaient pas sortir du productivisme, mais du *paradigme de la production et de l'économie* pour défendre un « mode de vie paysan », comme l'appelle Robert Albezard, en lien avec le vivant. Derrière le productivisme, il n'y a pas une bonne production qui nous attend et qu'il faut retrouver en se débarrassant de ses formes dégénérées. Mais défendre cette position dans les années 1980 et 1990 n'était pas envisageable. Si c'est possible aujourd'hui, c'est parce que nous sommes en pleine catastrophe écologique et face à une extinction multispécifique de masse. Les concepts les plus fondamentaux que la modernité a considérée comme les plus matérialistes sont en train de craquer. Les paysans qui refusent le productivisme sont depuis plus de cinquante ans dans un monde de vie sans production et sans économie et ils tentent de vivre de différentes manières avec les vivants autres qu'humains.

La loi des trente-cinq heures reste quelque chose de très abstrait dans un champ ; partir en vacances est un fantasme, car il faut s'occuper des plantes domestiquées *in situ*, explique Robert Albezard. Les paysans

---

22. Y Berthou, A. Capillon, J.-M. Cordonnier et Y. Touche, *L'Agriculture biologique. Éléments de diagnostic à partir d'une enquête sur 40 exploitations*, Chaire d'agriculture, édition INA-PG, 1972 ; Danièle Léger et Bertrand Hervieu, *Le Retour à la nature. « Au fond de la forêt... l'État »*, Seuil, Paris, 1979 ; D. Barrès, S. Bonny, Y. Le Pape.et J. Rémy, *Une éthique de la pratique agricole. Agriculteurs biologiques du Nord-Drôme*, INRA. ESR, Grenoble, 1985 ; H. Tovey, « Food, environmentalism and rural sociology : on the organic farming movement in Ireland », *Sociologia*, 37, 1997.

voulant travailler trente-cinq heures et partir au mois d'août en vacances ne sont pas de « vrais paysans ». Les nouveaux arrivants qui veulent s'installer tout en tenant ce type de discours doivent abandonner car ils ne comprennent rien à la vie paysanne, dit-il, agacé. Beaucoup pensent qu'il suffit d'acheter une ferme, de semer et d'attendre la récolte en regardant la télé[23]. Il me raconte l'histoire de personnes récemment installées à proximité de sa ferme et qui sont venues le voir pour se former. « Ils n'ont rien à proposer » au marché, dit-il, et après « ils se plaignent qu'ils ne peuvent pas vivre de leur travail, alors qu'ils partent en vacances en été et en week-end ». Cette histoire l'agace, car les gens viennent le voir au marché pour dire qu'ils n'ont rien à vendre, et que ce qu'ils vendent, « ce n'est vraiment pas terrible ».

Depuis, il a mis des conditions de sélection drastiques pour ceux qui veulent se former chez lui. Et dès que certains commencent à parler de leurs vacances, des week-ends, des trente-cinq heures, des heures supplémentaires, des RTT, etc., il refuse de les accueillir. Le travail paysan ne consiste pas à se tenir assis derrière un bureau. On peut éteindre un ordinateur, partir en vacances et le rallumer au retour, mais pas lorsqu'on cultive des plantes. On ne laisse pas les plantes toutes seules en pleine saison, sinon elles meurent. Elles ne peuvent pas survivre sans les paysans. Les tomates sont un cas particulier comparé à d'autres plantes, comme la pomme de terre ou les choux : elles demandent énormément de main-d'œuvre. Il faut lever les semis, les planter, ensuite les tuteurer, et faire régulièrement des palissages, des ébourgeonnages, des effeuillages, des désherbages. Il faut aussi leur donner des fertilisants ; les tomates sont très gourmandes : « Elles ont tout le temps faim. » S'il fait chaud, il faut ouvrir la serre pour que la température baisse. Dès qu'il fait froid, il faut la fermer ; les plants de tomates sont très sensibles et « craignent le gel ». La serre doit être bien aérée pour éviter une hygrométrie excessive à l'origine de maladies des feuilles. Si elle est humide, il faut laisser les feuilles sur les plantes ; si le temps est sec et chaud, il faut

23. Nombreux aussi sont ceux qui savent très bien qu'il va falloir se retrousser les manches et travailler très dur pour pouvoir vivre et se nourrir. Geneviève Pruvost, « Vivre l'alternative écologique au quotidien. Comment travailler autrement », *Terrain*, 60, mars 2013 ; voir aussi son ouvrage *Quotidien politique. Écologie, feminisme et subsistance*, La Découverte, Paris, 2021.

les enlever. Cette technique évite le botrytis, un champignon pathogène ravageur. Il faut être particulièrement vigilant, car les traitements autorisés en agriculture biologique sont rares.

Le mois d'août est le plus intense quand on cultive des tomates dans le sol. C'est à cette période-là que les plants de tomates donnent le plus... mais beaucoup de personnes partent alors en vacances. Des paysans se retrouvent alors avec plein de tomates mais il n'y a personne pour les acheter. Et si eux-mêmes sont absents, aucune récolte n'est possible. Des chaleurs élevées les empêcheront de survivre. En août, il faut régulièrement arroser. Mais pas n'importe comment. L'irrigation doit avoir lieu régulièrement, plutôt le matin pour éviter la propagation des maladies, avec beaucoup de vigilance, car l'excès d'eau peut provoquer une perte racinaire. Cultiver des tomates de saison implique donc de ne pas regarder sa montre, ni attendre ses jours de congé ni économiser le temps passé auprès d'elles. Le paysan est à leur disposition. Cela ne concerne pas uniquement les tomates, mais toutes les plantes cultivées.

Certaines plantes demandent plus de disponibilité. Les pommes de terre et les choux réclament moins de main-d'œuvre ; ce sont des espèces moins sensibles aux maladies et aux variations de température. Elles supportent mieux les conditions climatiques changeantes et sont moins fragiles que la tomate. Mais chaque espèce demande une attention et une disponibilité particulières.

Selon Guy Kastler (cité au premier chapitre), se mettre à la disposition des plantes renvoie au fait que paysans et plantes sont dans une « codomestication » : ce terme traduit l'idée que les paysans domestiquent les plantes mais, en retour sont aussi domestiqués par elles. Pour Kastler, cette codomestication date de l'invention de l'agriculture. Les paysans transforment les plantes mais, à leur tour, celles-ci les transforment. C'est à l'origine de notre civilisation, dit ce paysan.

Une codomestication implique que les paysans possèdent des plantes cultivées dans le champ, mais que celles-ci les possèdent aussi. La domestication n'est pas unilatérale. Leurs vies sont intimement entremêlées. Celle des paysans dépend de celle des plantes et inversement. Si beaucoup de paysans plaisantaient en réponse à ma question innocente, c'est peut-être parce qu'au fond ils aimeraient bien partir comme « tout le monde ». S'ils ne le peuvent pas, c'est qu'ils sont *tenus* par les tomates.

Je parcours le jour suivant quatre-vingts kilomètres plus au sud pour rendre visite à Aline Colin dans la banlieue de Tours. Cette paysanne travaille avec le cuisinier Antony Maubert qui exerce dans cette ville. C'est lui qui m'a conseillé d'aller la voir. La ferme est beaucoup plus grande que celle d'Albezard. Les légumes sont cultivés sur trois hectares et les céréales sur plus de cinquante. Elle ne fait pas partie des petits paysans et ne connaît Albezard que de nom. C'est une femme issue d'une famille de paysans bio qui travaille à la ferme avec son mari. Lui a grandi au sein d'une famille de paysans conventionnels. Cet écart dans leur formation est à l'origine de difficultés. Les compromis sont nécessaires pour que tout se passe au mieux. Tantôt ils traitent, tantôt non. Elle ne cache pas non plus les questions à l'origine de tensions au sein du couple : si leurs approches respectives sont radicalement opposées, « il faut faire avec ».

Pour les tomates, cela dépend des années et des variétés. Certaines résistent mieux que d'autres. Aujourd'hui, ils en cultivent une trentaine. L'année est compliquée par le mildiou, le champignon pathogène qui, à en croire Anna Tsing, est un des « meilleurs bouchers de notre temps[24] ». Aline pense qu'ils seront obligés de traiter au risque de perdre toute la récolte. La vie à la ferme avec les tomates n'est jamais simple. Elle reconnaît que la région n'est pas idéale pour en cultiver à cause de l'humidité, et des grandes variations de températures. Du coup, elles attrapent vite des maladies et une partie des plants meurt avant la fin de saison. Même si c'est compliqué, Aline ne veut pas arrêter : pas possible, pour ses clients de ne pas en avoir. C'est comme si les paysans ne méritaient pas de s'appeler ainsi s'ils n'en proposaient pas. On lui pardonne plus volontiers de ne pas avoir de choux. Aline a le sentiment de ne pas avoir le choix.

Elle parle de sa fatigue et de celle de son mari. Ils se lèvent tôt et se couchent très tard. « Tu peux travailler vingt-quatre heures sur vingt-quatre. Si tu le veux, ça ne s'arrête jamais », dit-elle dans un soupir. Ils se couchent souvent à minuit passé et se lèvent à quatre heures deux fois par semaine pour aller au marché. Les vacances, ils ne savent pas ce que c'est. Ils ne peuvent pas non plus embaucher : ils n'ont pas les moyens

24. Anna Lowenhaupt Tsing, conférence au Musée de la chasse et de la nature, Paris, 30 mai 2018.

de se décharger du travail que toutes ces plantes demandent. Se lever tôt pour préparer et emmener les plantes dans les lieux de commerce et ne pas dormir la nuit, c'est loin d'être une partie de plaisir.

À la saison des tomates, c'est encore plus fatigant, car les clients en veulent de bonnes qui ont du goût. Il faut les cueillir à maturité, donc juste avant de se rendre dans ces lieux de commerce. Dans le cas contraire, elles ne seraient pas mûres. Quand elles le sont, beaucoup s'abîment facilement. Il faut faire attention à leur rangement et au transport. Elles exigent d'être confortablement stockées et transportées. On retrouve ici la même exigence que celle posée par la fraise, même si cette dernière paraît encore plus exigeante, car plus fragile. Dans ces lieux de commerce, le sourire n'est pas toujours au rendez-vous. Aline Colin a à plusieurs reprises envisagé d'arrêter de cultiver les tomates au vu des difficultés mais c'est impossible. Elle me confie que les plantes ont une emprise, un « pouvoir », vu les cadences de travail qu'elles imposent. La situation dans laquelle Aline se trouve avec son mari fait qu'elle se demande s'ils ne sont pas devenus les « esclaves des plantes ». Elle rectifie pourtant le tir : « Non, on n'est pas esclaves, on est volontaires. » En réfléchissant, elle avoue qu'elle hésite entre plusieurs postures. Elle ne sait pas trop comment se positionner lorsqu'elle parle des rapports animés qu'elle doit avoir avec les plantes, *mi-esclave, mi-volontaire*. Ce sont des positions qui sont défendables. On peut aussi dire qu'il s'agit d'un « assujettissement volontaire », car le mot esclave a une très forte portée. Elle se pense dépendante de ses plants de tomates pour vivre et se soumet donc à leur volonté.

Aline m'apprend à faire attention quand on parle des rapports animés avec les plantes : la notion de codomestication pourrait supposer une certaine égalité. Elle souligne que l'on n'est pas dans une relation interspécifique entre des égaux. Voir la codomestication d'une certaine manière risque d'idéaliser les rapports, mais aussi de lisser les relations sans prendre en compte la complexité des manières de vivre avec les plantes. Dans cette histoire, les plantes mènent la danse. Si je compare cette histoire avec celle de Robert Albezard, la notion d'autorité paraît plus juste pour décrire ces situations vécues *in situ* : il y a beaucoup d'abus de la part des plantes. Dramatisons encore plus. Pour la législation française, elles sont hors la loi. Elles opèrent en toute illégalité et impunité : la loi des trente-cinq heures ne les intéresse pas vraiment.

Les plantes peuvent se transformer en « êtres d'autorité », voire cruels. Si on parle en termes de modes d'existence, et que la faute ne peut être rejetée sur le monde de la production, la responsabilité revient aux tomates. Imaginons que le monde de la production s'effondre. Aline aura le même problème avec ses tomates. La fin de ce monde ne changera rien à son l'histoire : elle relève d'une histoire d'un monde de vie, animé et concret. Le monde de la vie se situe au-delà de l'histoire de la production. Dans la codomestication, il faut tenir compte des rapports de domination et de pouvoir, réels et existants. Sinon, on risquerait de proposer une description plate du monde animé[25]. Mais pour commencer à rendre compte des rapports de pouvoir interspécifiques, il faut peut-être admettre que les humains peuvent être dominés, et qu'ils acceptent, dans certaines situations, de se soumettre à l'autorité des plantes.

La codomestication et la production : deux concepts qui ne fabriquent pas les mêmes histoires

Si je spécule à partir des histoires que m'offrent Robert Albezard et Aline Colin en les « épaississant », c'est pour faire savoir que la question des trente-cinq heures est liée au processus de codomestication. C'est aussi la lecture de l'ouvrage de Michael Pollan qui a rendu cela possible. Il soutient que « la domestication ne s'arrête pas à la grosseur des tubercules ou la docilité des moutons ; les fruits de l'alliance conclue de longue date entre les végétaux et l'homme sont bien plus étranges et merveilleux qu'on ne le pense ». Il nous invite à envisager tout autant

25. Je pense ici à la remarque classique adressée à Bruno Latour et aux sociologues pragmatistes. Leurs travaux se résumeraient souvent à des « collectifs », des « assemblages d'acteurs » ou des « réseaux » qui ne donnent pas à voir les processus historiques, les frictions et jeux de pouvoir à travers lesquels s'organisent les agencements. Sur la question, voir Aurelia Cardona, thèse en sociologie, EHESS, « L'agriculture à l'épreuve de l'écologisation. Éléments pour une sociologie des transitions », soutenue le 12 avril 2012 ; Yannick Barthe *et al.*, « Sociologie pragmatique. Mode d'emploi », *loc. cit.* ; Francis Chateauraynaud, « Les asymétrie de prises. Des formes de pouvoir dans un monde en réseau », 2006, <gspr.ehess.free.fr/docs/FC/doc/doc-FC-2006-Asymetries-de-prises.pdf>.

« l'agriculture comme une instrumentalisation de l'être humain par les plantes qu'[une] victoire de l'homme sur le végétal[26] ».

Anna Tsing a montré que cette domestication mutuelle entre céréales et paysans est une vieille histoire[27]. Elle propose de sortir de l'histoire de l'exceptionnalisme humain et de l'idéologie du progrès pour privilégier une histoire d'amour. Parler d'amour entre les céréales et les paysans permet de sortir du mythe de la domination de l'homme sur les autres espèces qui correspondrait à la « révolution néolithique », un terme forgé par l'archéologue marxiste australien Gordon Childe pour caractériser le passage d'une économie fondée sur la chasse et la cueillette à une économie de production avec l'invention de l'agriculture[28]. C'est ce qui distinguerait l'homme des autres espèces, à l'origine de notre « exceptionnalisme ». Seuls les humains cultiveraient et produiraient. Cette révolution promettait un futur meilleur. Parler en revanche d'histoire d'amour entre les espèces donne la possibilité de complexifier les relations interspécifiques tout en soulignant qu'il y a des espèces qui ne veulent pas entrer dans des rapports de codomestication avec les humains. Dans l'article cité ou dans son livre sur le champignon matsutake, Tsing ne dit toutefois rien sur la production. Nous ignorons ses positions sur cette question.

Dans le prolongement de l'argument de Pollan, l'archéologue Marijke van der Veen affirme que les plantes nous voient plutôt comme des « esclaves volontaires[29] ». L'expression est très forte ; c'est aussi ce que dit Aline Colin, mais c'est une position discutable. Cette chercheuse ne parle pas, elle non plus, de la production. Tout comme Tsing et Pollan, elle cherche à sortir de la vision anthropocentrée de l'agriculture.

Dans son ouvrage qui cite Pollan sur ce point, James C. Scott affirme que « c'est nous qui avons été domestiqués… La domestication des plantes telle qu'elle s'exprime par excellence à travers l'agriculture sédentaire nous a rendus prisonniers d'un ensemble annuel de routines

---

26. Michael Pollan, *Botanique du désir*, *op. cit.*

27. Anna Lowenhaupt Tsing, « Unruly edges : Mushrooms as companion species », *Environmental Humanities*, 1, 2012, p. 141-154.

28. Vere Gordon Childe, *L'Aube de la civilisation européenne*, Payot, Paris, 1949.

29. Marijke van der Veen, « The materiality of plants : Plant-people entanglements », *World Archaeology*, 46, 5, 2014, p. 799-812.

qui façonnent notre labeur, nos modes d'habitation, notre structure sociale, l'environnement bâti du *domus* et une grande partie de notre vie rituelle[30] ». Sur la codomestication, Scott écrit : « La question de savoir qui contrôle devient presque un problème métaphysique. S'il est vrai que les plantes domestiquées ne peuvent pas prospérer sans notre aide, il est également vrai que notre survie en tant qu'espèce dépend désormais d'une poignée de cultivateurs[31]. »

Quelle est la teneur du problème métaphysique soulevé par Scott ? Ne mobilise-t-il pas ce terme pour couper court à la discussion ? Ne se débarrasse-t-il pas un peu facilement du problème afin de passer à autre chose, considéré comme plus matérialiste ? Il me semble nécessaire de discuter plus longuement ses arguments ; l'histoire qu'il raconte sur l'agriculture est intimement liée à celle qui m'intéresse ici.

Scott fait la synthèse des études les plus récentes sur la naissance du Néolithique et remet en question deux récits dominants. Le premier prétend que l'essor de l'humanité correspond à la naissance de l'agriculture qui se serait « substituée au monde barbare, sauvage, primitif, brutal et sans loi des chasseurs-cueilleurs » :

> Contrairement à ce que prétend le récit traditionnel, il n'a pas existé de moment magique où *Homo sapiens* aurait franchi la ligne fatale qui sépare la chasse et la cueillette de l'agriculture, la préhistoire de l'histoire, et l'état sauvage de la civilisation. Il est plus pertinent de considérer le moment où une graine ou un tubercule ont été pour la première fois déposés dans un sol préparé à cet effet comme un acte parmi d'autres – et pas nécessairement très important pour ces auteurs – dans une longue et complexe chaîne historique d'interventions sur le paysage[32].

L'agriculture, la chasse et la cueillette ont cohabité pendant plusieurs millénaires avant que les humains y renoncent pour se consacrer à l'agriculture.

Scott remet aussi en cause le second grand récit largement admis parmi les spécialistes du Néolithique, qui veut que l'invention de l'agriculture ait spontanément donné naissance aux États. Il réfute cette

30. James C. Scott, *Homo Domesticus*, *op. cit.*, p. 101-105.
31. *Ibid.*, p. 102.
32. *Ibid.*, p. 23-81.

thèse : selon lui, cette entité politique émerge plusieurs millénaires plus tard, en Mésopotamie, territoire où apparaissent les premières activités agricoles. Pendant des millénaires, on n'aurait pas cessé de fuir devant cette entité politique qui prélevait des impôts sur les céréales, « principale source fiscale indispensable à [son] émergence [...]. En réalité, c'est seulement par le biais de diverses formes de servitudes que les premiers États ont réussi à capter une bonne partie de leur population[33] ». Scott réfute enfin l'explication qui veut que des élites bienveillantes aient créé l'État pour défendre les stocks de céréales. Au contraire, « l'État est à l'origine un racket de protection mis en œuvre par une bande de voleurs qui l'a emporté sur les autres[34] ».

Cette thèse se situe dans la continuité de l'anthropologie anarchiste de Pierre Clastres, Marshall Sahlins ou David Graeber[35]. Scott prolonge l'ancienne mais très intéressante querelle entre anarchistes et marxistes sur la naissance et le rôle des États[36]. Il oppose l'agriculture à l'apparition des États alors que les thèses marxistes affirment que l'agriculture les aurait fait naître automatiquement. Dans sa thèse, l'apparition de l'agriculture n'entraîne pas automatiquement la naissance de l'État. Scott fait une avancée majeure pour penser l'agriculture sans État. Le poids de l'héritage marxiste était tel qu'une histoire contraire était difficile à envisager. En ce sens, il faut saluer son travail.

Mais cette « histoire profonde » – pour reprendre la formule de Scott – met « en lumière les nombreux facteurs contingents qui ont convergé pour *produire*[37] ». On passe d'une histoire coévolutive indé-

33. *Ibid.*, p. 12.

34. *Ibid.*, p. 148.

35. Pierre Clastres, *La Société contre l'État*, Minuit, Paris, 1974 ; Marshall Sahlins, *Âge de pierre, âge d'abondance. L'économie des sociétés primitives*, Gallimard, Paris, 1976 ; David Graeber, *Pour une anthropologie anarchiste*, *op. cit.*

36. La bibliographie est immense. Pierre-Joseph Proudhon, *Philosophie de la misère*, FB éditions, Crissier, 2015 ; Karl Marx, *Misère de la philosophie*, Payot, Paris, 2002 ; Jean-Christophe Angaut, « Le conflit Marx-Bakounine dans l'Internationale. Une confrontation des pratiques politiques », *Actuel Marx*, 1, 41, 2007 ; Jean-Christophe Angaut, « Retour sur les critiques anarchistes du marxisme », *Actuel Marx*, 54, 54, 2013 ; Max Stirner, *L'Unique et sa propriété*, La République des lettres, Paris, 2000 ; Mikhaïl Bakounine, *Dieu et L'État*, Mille et une nuits, Paris, 2000.

37. James C. Scott, *Homo Domesticus*, *op. cit.*, p. 20. C'est moi qui souligne.

terminée en rapport avec le vivant – proposition que l'on trouve chez lui quand il parle de la codomestication – à une histoire déterministe qui nous replonge à nouveau dans la production. L'auteur propose alors une analyse matérialiste classique dans laquelle le récit dominant de l'histoire de la production n'est pas mis en cause. Pour lui et les auteurs sur lesquels il s'appuie, l'humanité produit depuis l'invention de l'agriculture. Il y a très peu de sens à soutenir une telle proposition : avant les physiocrates, les « humains » n'ont probablement jamais dit cela.

L'anthropologue Philippe Descola a très bien perçu ce problème dans *Par-delà nature et culture*[38]. Il écrit que pour

> les Achuar, par exemple, il n'y a guère d'intérêt à parler de « production agricole »... Les femmes achuar ne « produisent » pas les plantes qu'elles cultivent ; elles ont avec elles un commerce de personne à personne, s'adressant à chacune pour toucher son âme et ainsi se l'approprier, favoriser sa croissance et l'aider dans les écueils de la vie, tout comme le fait une mère avec ses enfants. Les hommes achuar ne « produisent » pas les animaux qu'ils chassent : ils ont aussi avec eux un commerce de personne à personne, une relation circonspecte, où entrent à parts égales la ruse et la séduction, tâchant de les amadouer par des paroles captieuses et des fausses promesses. Autrement dit, ce sont ces relations entre sujets (humains et non humains) qui conditionnent ici la « production » des moyens d'existence, non la production des objets qui conditionne les relations entre sujets humains[39].

Il écrit néanmoins que,

> certes, on a « produit » en tout lieu et en tout temps : partout les humains ont modifié ou façonné des substances de façon intentionnelle afin de se procurer des moyens d'existence, exerçant ainsi leur capacité à se comporter comme des agents qui imposent une forme et une finalité spécifique à une matière indépendante d'eux-mêmes. Peut-on dire pour autant que l'on appréhende partout ce genre d'action selon le modèle de la relation au monde appelé « production », si paradigmatique et familière pour nous que nous avons pris l'habitude

---

38. Philippe Descola, *Par-delà nature et culture*, *op. cit.*
39. *Ibid.*, p. 443.

> de l'employer pour qualifier des opérations très hétérogènes dans des contextes très divers[40] ?

Il faut rapporter ici l'analyse de Pierre Clastres, que bizarrement Descola ne cite pas quand il parle de production. Dans sa préface du livre de Marshall Sahlins, *Âge de pierre, âge d'abondance*, il écrit :

> Dans les sociétés primitives, l'économie n'est pas une « machine » à fonctionnement autonome : impossible de la séparer de la vie sociale, religieuse, rituelle, etc. Non seulement le champ économique ne détermine pas l'être de la société primitive, mais c'est bien plutôt la société qui détermine le lieu et les limites du champ de l'économie. Non seulement les forces productives ne tendent pas au développement, mais la volonté de sous-production est inhérente au mode de production domestique. La société primitive n'est pas le jouet passif du jeu aveugle des forces productives, elle est au contraire la société qui exerce sans cesse un contrôle rigoureux et délibéré sur sa capacité de production. C'est le social qui règle le jeu économique, c'est, en dernière instance, le politique qui détermine l'économique. Les sociétés primitives sont des « machines » antiproduction[41].

Dans un article intitulé « Les marxistes et leur anthropologie », rédigé quelques jours avant sa mort accidentelle, Pierre Clastres se montre très virulent envers l'anthropologie marxiste qu'il taxe de « nullité absolue[42] ». Les anthropologues marxistes, écrit-il, veulent faire entrer « dans la société primitive (où elles n'ont que faire) les catégories marxistes de rapport de production, de forces productives, de développement des forces productives – ce pénible langage de bois qu'ils ont sans cesse à la bouche – tout en se cramponnant au structuralisme : société primitive = rapport de parenté = rapport de production », alors qu'« il n'y a pas de rapport de production parce qu'il n'y a pas de production, car celle-ci est le dernier souci de la société primitive »[43]. Les anthropologues

40. *Ibid.*, p. 441.

41. Marshall Sahlins, *Âge de pierre, âge d'abondance*, *op. cit.*, p. 28-29.

42. Pierre Clastres, « Les marxistes et leur anthropologie », *Recherches d'anthropologie politique*, Seuil, Paris, 1980, p. 157.

43. *Ibid.*, p. 165.

marxistes ne peuvent pas renoncer à la « Sainte Production », sinon le marxisme ferait faillite et les marxistes seraient au chômage, suggère-t-il. Clastres pointe que

> le marxisme est un économisme, il rabat le corps social sur l'infrastructure économique, le social c'est l'économique. Et c'est pourquoi les anthropologues marxistes, bien obligés, plaquent sur le corps social primitif ce qui pensent-ils fonctionne ailleurs: les catégories de production, de rapports de production, de développement des forces productives, d'exploitation, etc. Donc le marxisme peut parler de tout type de société puisque, d'avance, il en connaît le principe de fonctionnement. Mais il y a plus: le marxisme doit parler de tout type de société possible ou réelle, car l'universalité des lois qu'il découvre ne peut souffrir aucune exception. Sinon, c'est la doctrine qui d'un bloc s'écroule[44].

Dans un de ses nombreux articles sur Pierre Clastres, l'anthropologue brésilien Eduardo Viveiros de Castro souligne que ce dernier « ne parvenait à voir rien d'autre [dans l'ethnomarxisme français] qu'un éloge ethnocentrique de la production comme vérité de la société... Cet évolutionnisme économiste se heurtait, dans les sociétés primitives, à sa limite épistémologique absolue, car celles-ci constituent des "machines d'antiproduction" qui contredisaient tous les préceptes scientifico-métaphysiques de l'économie politique[45] ».

Scott ne se réfère pas non plus aux écrits de Clastes. Il mobilise deux méthodes radicalement opposées, ce qui n'est pas sans poser problème. Lorsque Pollan, cité par Scott, parle de codomestication, il considère la pomme comme un être de « douceur », la tulipe comme un être de « beauté », la marijuana comme un être d'« ivresse » et la pomme de terre comme un être de « maîtrise »[46]. En parlant ainsi de codomestication, son objectif est de lier les humains avec les plantes pour ne plus voir ces dernières comme des objets passifs et inertes à notre disposition. Lorsque Scott parle des plantes et des céréales, il les voit, quant à lui,

44. *Ibid.*, p. 168.

45. Eduardo Viveiros de Castro, *Politique des multiplicités. Pierre Clastres face à L'État*, Éditions Dehors, Paris, 2019, p. 23.

46. Michael Pollan, *Botanique du désir*, *op. cit.*

comme des êtres de production et d'alimentation, des êtres uniquement mangeables. Dans une histoire de codomestication, il ne peut pas y avoir de production tout court : cela signifierait que les plantes sont reléguées au statut d'objets inertes et sans puissance d'agir sur les humains. Le concept de codomestication et celui de production qu'utilise Scott fabriquent deux histoires radicalement incompatibles. Dans la première, les personnes et les plantes sont dans un monde de vie animé, engagées dans une coévolution, une cohabitation. Dans la seconde, cette histoire de production soutient que les personnes et les plantes produisent ensemble depuis très longtemps. C'est une histoire inerte, « sans peuples et sans devenirs particuliers[47] ». En effet, le concept de la production qui peut nous sembler le plus matériel est aussi le plus robuste pour « mettre en lumière » – une expression de Scott – le passé des autres peuples et éclairer l'avenir – pour parler comme les marxistes, projeter dans le passé et dans l'avenir des « lumières aveuglantes[48] » sur la matérialité des mondes tout en empêchant l'invention d'autres histoires au présent, bien matérielles aussi.

Qu'en est-il de la question de l'origine de l'agriculture, une période « qui a transformé de petits groupes de chasseurs-cueilleurs nomades en villageois sédentaires à la démographie galopante[49] » ? Autrement dit, comment *in fine* les humains ont-ils inventé l'agriculture ? Il n'y a pas de réponse tranchée, souligne Scott, et il n'apporte pas de réponse définitive. Cette question reste l'objet de nombreux débats et spéculations. Malgré la réflexion sur la codomestication, la manière dont cette question est posée suppose que l'agriculture soit une invention exclusivement humaine dont il faut chercher les origines. Les choses mériteraient d'être complexifiées. Dans son livre *Jamais seul,* le biologiste Marc-André Selosse, dont les travaux portent sur l'interaction mycorhizienne, raconte une histoire intéressante sur les fourmis *Atta* d'Amérique tropicale[50]. Elles « cultivent leurs champignons comestibles » dans des nids souterrains de quarante mètres de diamètre

47. Benedikte Zitouni et François Thoreau, « Contre l'effondrement », *loc. cit.*, p. 2.
48. *Ibid.*, p. 7.
49. Jean-Paul Demoule, « Préface », *in* James C. Scott, *Homo Domesticus, op. cit.*, p. 8.
50. Marc-André Selosse, *Jamais seul. Ces microbes qui construisent les plantes, les animaux et les civilisations*, Actes Sud, Arles, 2017.

six mètres sous la surface, de la même manière que nous cultivons des champignons dans nos caves[51].

Une autre histoire concerne des espèces de fourmis qui pratiquent des « élevages de pucerons » pour bénéficier de leurs déjections liquides, un miellat dont cette espèce hautement sociale est très friande[52]. Pour obtenir ce fameux nectar, elles protègent les pucerons des prédateurs, notamment des coccinelles. Elles nettoient le miellat qui se propage sur les feuilles, car cela empêche les champignons néfastes pour les pucerons de se propager, puis elles déplacent les pucerons d'une feuille à une autre, « voire d'une plante à une autre, quand la sève commence à manquer[53] », c'est-à-dire quand les pucerons n'ont plus rien à manger. De leur côté, les pucerons mettent leur miellat à la disposition des fourmis et bénéficient ainsi de leur protection. Les fourmis travaillent donc avec les pucerons comme les éleveurs avec leurs animaux domestiques.

Le meilleur est toujours pour la fin. Voici ma dernière histoire. On a appris récemment que les « fourmis des îles Fidji cultivent des plantes depuis des millions d'années[54] », bien avant que l'agriculture humaine apparaisse, aux alentours de 10000 avant J-C. L'espèce *Philidris nagasau* cultive six plantes du genre *Squamellaria* qui vivent sur les arbres. Les fourmis se nourrissent du nectar qu'elles leur donnent. Elles en collectent les graines et les plantent dans les écorces d'arbres. Cela crée des rangées de plantes sur les arbres, comme le font les paysans dans les champs. Elles pratiquent donc une agriculture « hors sol » ! Les fourmis protègent les rangées des prédateurs pendant la germination, pour

51. *Ibid.*, p. 337.

52. Yves Wilcow, « Élevage des pucerons par les fourmis », <orchidee-poitou-charentes.org/article2630.html> 2012. Je remercie ma collègue Clémence Marescot de m'avoir suggéré ce deuxième exemple.

53. Clémentine Desfemmes, « Les fourmis élèvent-elles des pucerons ? », <gerbeaud.com/reponses-experts/fourmis-elevent-pucerons, 35.html>, 2018.

54. Julie Lacoste, « Les fourmis des îles Fidji cultivent des plantes depuis des millions d'années », <sciencesetavenir.fr/animaux/insectes/les-fourmis-des-iles-fidji-cultivent-des-plantes-depuis-des-millions-d-annees_108460>, 2016 ; Guillaume Chomicki, « Évolution d'une symbiose obligatoire. Les fourmis agricultrices de Fidji », <planet-vie.ens.fr/article/2372/evolution-symbiose-obligatoire-fourmis-agricultrices-fidji>, 2017. Voir aussi l'article en question : G. Chomicki et S. S. Renner, « Obligate plant farming by a specialized ant », *Nature Plants*, novembre 2016.

éviter qu'elles soient attaquées et mangées. Une fois que les semis atteignent un ou deux centimètres et forment des cavités, les fourmis entrent, et défèquent pour apporter du phosphore et de l'azote, autant de nutriments que les plantes ne peuvent pas trouver dans les écorces d'arbres. Sans les fourmis, ces plantes deviendraient des chloroses qui, attaquées par des insectes prédateurs, finiraient pas mourir. Ces fourmis sont en revanche dépendantes de ces plantes pour pouvoir nicher ; l'espèce a perdu la capacité de faire ses propres nids. Les biologistes parlent ici de « symbiose » ou encore de « mutualisme ».

Malgré la proximité de ces histoires, il semble impossible de concevoir les pratiques des paysans et des plantes avec les mêmes concepts. Ils partagent pourtant la même histoire, dépendant les uns des autres pour survivre. Les plantes domestiquées ne pourraient pas survivre sans les paysans, et inversement. Elles doivent leur donner quelque chose en retour pour que les hommes puissent se nourrir et les vendre dans des lieux de commerce. C'est le paradigme de la production qui empêche de concevoir cette relation de la même manière que celle entretenue par les fourmis avec leurs pucerons, leurs végétaux et leurs champignons, qui a pour effet que l'on ne peut la lire au prisme d'une histoire coévolutive. Pourtant, comme les fourmis, les paysans cultivent des plantes et élèvent des animaux ; l'espèce diffère mais pas le fait d'élever et de cultiver. Si les fourmis cultivent comme les paysans, il n'est pas exagéré d'avancer que ces derniers sont aussi dans une forme de symbiose et de mutualisme avec leurs plantes. La difficulté est là encore d'ordre épistémologique comme ontologique : la symbiose et le mutualisme ne sont censés concerner que les autres espèces, pas l'espèce humaine, celle-ci étant par nature au-dessus des autres.

Les fourmis nous apprennent que l'agriculture n'est pas une pratique uniquement humaine, mais concerne d'autres espèces. Elles nous obligent à admettre – ou, au moins, à considérer comme possible – que l'agriculture est une pratique bien antérieure à l'Homme et envisageable indépendamment de toute production. Si les fourmis cultivent leurs propres plantes pour survivre, l'agriculture n'a rien d'une activité uniquement humaine. Nous pourrions être prochainement obligés d'admettre qu'il existe une ou des agricultures non humaines. La question de l'origine de l'agriculture pourrait devoir être élargie à d'autres espèces et être considérée comme une pratique multispécifique. Encore une fois, l'exceptionnalisme humain pourrait nous aveugler. Comme le dit Haraway, la « révolution néolithique » constitue le mythe d'origine de ceux qui « souffrent d'exceptionnalisme »[55].

Le paysan Jacky Mercier auquel on va à présent s'intéresser ne souffre pas d'exceptionnalisme. Au contraire, il rend les frontières entre les espèces encore plus poreuses.

Quand les paysans opèrent leur « tournant ontologique[56] »

« Cela ne me dérange pas que les gens m'appellent Jacky la tomate »

Jacky Mercier vit à Frontenay-sur-Dive, en Poitou-Charentes. C'est un personnage connu dans sa région et dans le monde de la restauration parisienne pour ses tomates de variétés anciennes qu'il cultive en plein champ, sans serre. Il est issu d'une famille de paysans et il travaille avec Terroirs d'avenir. Suite à un accident de voiture, ses deux parents décèdent et il devient orphelin à quatorze ans. Il vit avec sa tante et sa grand-mère, avant d'obtenir son BEPC. Il travaille ensuite chez un paysan puis s'installe à son compte en 1993, en agriculture conventionnelle. En 2004, il se convertit au biologique. Il cultive sur trois hectares à cinq minutes en voiture de chez lui.

Je l'aperçois au fond de la cour en train de peser des caisses de tomates avec son ouvrier. Même s'il sait que je suis rattaché à l'Inra, il me salue avec bienveillance : « Tu es venu voir les tomates, mais, avant, je vais te les faire goûter. » Je déguste une dizaine de variétés ; elles sont exceptionnelles. Tout y est : les goûts, les parfums, le jus, le sucre. Si les cuisiniers de la capitale se les arrachent, c'est pour de bonnes raisons. Il m'apprend qu'il cultive une soixantaine de variétés. Pour lui, les variétés hybrides F1 cultivées hors sol ne peuvent pas être appelées des « tomates ». Il ne leur reconnaît pas le statut ontologique de tomate. Ce qui est fabriqué sous serres chauffées sont des êtres à qui l'on ne peut pas accorder cette caractéristique. Ils n'ont accès à aucun mode d'existence.

55. Citée par Émilie Hache, *De la génération*, à paraître.
56. C. B. Martin et J. Heil, « The ontological turn », *loc. cit.*

Il propose que l'on aille voir ces fameuses tomates de plein champ. Je remarque que les tomates multicolores sont ici partout, à la maison, dans la cour, dans la cave, sur le siège passager de sa voiture. Je suis même obligé de les déplacer pour pouvoir l'accompagner dans les champs. Mercier et ses tomates me rappellent le témoignage de l'éthologue Konrad Lorenz sur sa maison où il laissait les rats se promener librement et les oies sauvages coucher dans la chambre avant de s'envoler au petit matin[57]. Il précisait néanmoins que l'on ne pouvait pas avoir tous les animaux chez soi et qu'il fallait bien réfléchir à son choix. Tout dépend de ce que l'on veut faire avec eux. De la même manière, chez Mercier, les tomates sont davantage les bienvenues que, par exemple, les choux. Il pense que cette famille-là n'a rien à faire chez lui car ce n'est pas la bonne région pour la cultiver. Jacky est plus sensible à certaines plantes qu'à d'autres ; tout comme on peut préférer un chat à un chien. Et puis, chaque tomate – comme chaque chien ou chaque chat – diffère des autres. Ce paysan aime plus particulièrement les variétés fragiles, plus sensibles aux maladies et aux prédateurs : cela lui permet de nouer une relation plus intime avec elles, et aussi de « comprendre comment elles fonctionnent vraiment ». Il ne cache pas qu'il y a des variétés qui l'ennuient plus que d'autres pour des raisons gustatives. Cela m'évoque un autre passage où Lorenz écrit que les poissons rouges, les tortues, les chats, les canaris, les cochons d'Inde, les perruches de cage, les chats angoras, les petits chiens sont « pour la plupart tellement ennuyeux qu'ils ne valent ni le prix qu'on leur accorde, ni les soins qu'on leur donne[58] ».

On arrive au milieu d'un champ un peu vallonné, sur une colline offrant une belle perspective. Jacky explique que les champs alentour sont saturés de pesticides. Il ne critique pas les agriculteurs responsables mais les « plaint », car il sait combien il est difficile de changer. Il y a un savoir-faire perdu et ils sont désormais incapables de faire pousser quoi que ce soit dans un champ sans l'usage d'engrais chimiques et de pesticides. On passe devant quelques rangées de tomates tutorées. Il l'appelle son « jardin pédagogique » : c'est là qu'il reçoit des groupes

57. Konrad Lorenz, *Il parlait avec les mammifères, les oiseaux et les poissons*, suivi de *Tous les chiens, tous les chats*, Flammarion, Paris, 1985.

58. *Ibid.*, p. 152.

scolaires qui viennent voir des tomates issues de variétés anciennes. Mais ce n'est pas là que « ça se passe ». On se rend dans un autre champ dans lequel les plants de tomates ne sont pas tutorés. Les tiges sont au sol et les plants ont assez de place pour ne pas se gêner. « C'est ce que faisaient les anciens » dont il veut être l'héritier. Il ne voit pas l'intérêt de les mettre sur tuteurs.

D'après Jacky, on place les plants de tomates sur des tuteurs surtout pour ne pas avoir à se pencher au moment de la récolte, mais ce n'est pas dans l'intérêt de la plante. Dans son milieu, on dit qu'il faut « aider la plante », car sous le poids des fruits la tige peut se casser. Selon lui, c'est prendre les plants de tomates pour des « imbéciles » : ils ne feront jamais trop de fruits qui mettraient leur vie en danger. Ils savent bien ce qu'ils font. Jacky leur fait confiance. Je demande : « Mais lorsque la plante est couchée, il n'y a pas de risque qu'elle attrape une maladie, le mildiou par exemple, notamment parce qu'elle n'a pas d'air ? » Il répond : « Non, ça vous étonne, ça, hein ? Bah... ils (en allusion à l'Inra) disent qu'il faut couper les feuilles touchant le sol... le mildiou est un champignon non ? La plante développe d'autres champignons qui combattent le mildiou. » Pour lui, les tomates dans le champ sont des êtres intelligents et savent très bien se défendre. Soulignons la polysémie du terme « se défendre ». Jacky Mercier a la « capacité de résoudre des problèmes », une qualité mise en avant par le neurobiologiste Stefano Mancuso[59]. En ce sens, non seulement les plantes sont intelligentes, mais elles sont aussi brillantes, dit ce neurobiologiste ! Il affirme que ce n'est pas parce que les plantes n'ont pas de neurones ou de cerveau qu'elles sont incapables de calcul, d'apprentissage, de mémoire et de sensibilité. Selon lui, le cerveau des plantes se trouve dans l'appareil racinaire ou, plus précisément, à la pointe de la racine. Il refuse de réduire le comportement des plantes à un déterminisme mécanique. L'intelligence est « une propriété de la vie. Rien ni personne ne peut survivre sans intelligence, pas même une bactérie [...] L'être vivant doit sans cesse prendre des décisions et résoudre des problèmes, sans quoi il ne survit pas, et disparaît de l'histoire de l'évolution[60] ».

59. Stefano Mancuso et Alessandra Viola, *Brilliant Green. The Surprising History and Science of Plant Intelligence*, Island Press, Washington, 2015, p. 126.

60. Stefano Mancuso, « Le cerveau des plantes », <esalq.usp.br/lepse/imgs/conteudo_thumb/Le-cerveau-des-plantes.pdf>, p. 79.

Cette définition de l'intelligence des plantes s'accorde bien avec les propos de Jacky. Ce maraîcher connaît les « compétences » de la tomate lui permettant de se défendre. « Prêter des compétences », c'est, rappelle Vinciane Despret à propos des animaux, « prêter quelque chose qui n'existait pas avant, mais qui pourrait le devenir du fait d'avoir été prêté[61] ». Jacky cultive les tomates toujours au même endroit depuis vingt-cinq ans, alors qu'il est préconisé de faire des rotations pour éviter les parasites. D'après lui, les tomates vivent ici sans problème, ce que je peux vérifier. Jacky obtient ses propres semences sur ses plants de tomates :

> Je les ai fait naître, je les ai semées et, même avant de les semer, j'ai sorti les graines du ventre de leur mère l'année précédente. Sortir les graines, c'est comme si je les faisais accoucher. Mes graines, je les mets dans un récipient d'eau, je les lave au moins vingt fois. C'est un fœtus que je mets ensuite en couveuse dans des petits bocaux que je congèle. Au printemps, je les sème, et là je suis content quand je vois les plantes sortir de la terre : ça y est, la naissance est en train de se faire.

Cet homme semble heureux lorsqu'il doit en février commencer à semer les graines de ses tomates dans le ventre de la « terre mère », qu'il associe au fait de donner naissance. Si ses tomates sont « ses bébés », c'est que, pour lui, la terre n'est pas une ressource pour faire de la production, mais une « mère nourricière » pour ses bébés tomates. Les graines sont des fœtus que Jacky dépose dans le ventre de la terre. Et les plantes ne peuvent pas naître sans elle, de la même manière que l'animal ne peut pas naître hors du ventre de sa mère. Pour les graines, la terre est donc bien leur mère : elle leur est indispensable, et Jacky est le père de ces tomates.

Chez lui, il est interdit de labourer. Cela reviendrait à « violer la terre ». Il préfère parler de l'acte de « décompacter » : gratter la terre avec une grelinette. Selon lui, la vie se concentre dans les vingt premiers centimètres de la terre ; en labourant un champ, on enlève toute la vie interspécifique. Lui est attaché à cette vie. Jacky me rapporte également

61. Vinciane Despret, « Sheep do have opinions », *in* Bruno Latour et Peter Weibel (dir.), *Making Things Public. Atmospheres of Democracy*, ZKM Center for the Arts/MIT Press, Cambridge (MA), 2005.

qu'il est fondamental que la terre ait ses « moments de repos ». Puisqu'on lui demande de nous nourrir, elle doit pouvoir se reposer. Sa façon de me parler est matérialiste, non au sens du marxisme, mais d'une conception organique de la terre et des plantes animées.

Ces propos m'ont interpellé. J'en ai rediscuté ultérieurement avec lui. S'il a adopté un tel point de vue, c'est que ses parents paysans, tout comme sa tante et sa grand-mère, parlaient de cette façon. C'est aussi ce que ses voisins disaient. Toute une génération de paysans s'exprimait ainsi. Ils concevaient et animaient leur monde de cette manière. La sociologue Michèle Salmona va dans le sens du témoignage de Jacky Mercier :

> Les maraîchers parlent de la terre comme d'un être doué de sensations, de volonté, de pensée : c'est un être vivant qui exige des manières de l'approcher, subtiles. Elle est un corps vivant que l'on nourrit, soigne, prive ou laisse se reposer. On dialogue avec elle. Il faut savoir prendre la terre comme on apprend à prendre une personne, un animal. Il faut savoir reposer la terre[62].

Jacky hérite de cette conception matérialiste de la terre et la prolonge. Tous ces paysans qui, dans le passé, parlaient comme lui aujourd'hui n'étaient ni des « croyants », ni des « arriérés », ni des « farfelus antiproductivistes », « alternatifs », « subjectifs », « traditionnels » ou encore « réactionnaires », mais simplement des paysans qui vivaient dans des mondes animés « hors de l'orbite des Lumières[63] ». Ils n'étaient ni dans une conception métaphorique de la terre, ni dans le capitalisme ou le socialisme, ni dans la production et l'économie, mais dans un monde de vie où la terre est vivante, pensante, dotée d'une puissance d'agir, et où l'on dialogue avec elle. Comme tout autre être vivant, elle a besoin de « repos ». On est ici dans ce qu'on peut appeler un « conflit ontologique[64] », résultant de la manière de concevoir l'agriculture avec, d'un

62. Michèle Salmona, *Les Paysans français. Le travail, les métiers, la transmission des savoirs*, L'Harmattan, Paris, 1994, p. 220-221.

63. Ashley Lebner, « La redescription de l'anthropologie selon Marilyn Strathern », *L'Homme*, 218, 2016.

64. Mario Blaser, « Ontological conflicts and the stories of peoples in spite of Europe », *Current Anthropology*, 5, 54, octobre 2013.

côté, le régime de la production et de l'Économie désanimant la terre et, de l'autre, des mondes vivants animés par des paysans qui vivent auprès de leurs plantes et de leur terre. Nous sommes dans un conflit de réalités incompatibles, dans des mondes radicalement opposés.

Nous sommes dans un « conflit de vérité » portant sur la manière de concevoir le monde agricole et non dans des formes de résistance à l'agriculture productiviste, à la modernisation et au capitalisme. Le conflit est beaucoup plus profond. Il porte sur la manière de concevoir des mondes où s'affrontent des réalités incompatibles.

Au fil de la conversation, Jacky explique qu'avec ses plants de tomates, ils sont « complices de A à Z », et qu'ils « s'accompagnent un peu partout ». Quand la saison s'arrête, les « tomates lui manquent ». Ce n'est jamais lui qui leur ôte la vie en fin de saison ; c'est toujours son ouvrier qui le fait. Pour lui, c'est une « tâche compliquée », même s'il sait parfaitement que les tomates sont des plantes saisonnières qui ne peuvent pas survivre en hiver. Il ne l'a fait que quatre ou cinq fois au maximum depuis qu'il a débuté dans les années 1990.

Certains lecteurs d'Haraway verront probablement cette forme de complicité et d'accompagnement, à la lumière de la notion d'« espèces compagnes » (*companion species*), terme forgé pour prendre en compte les relations multiples avec les animaux (jeux, passion, désir, séduction, codomestication, etc.) [65]. Le concept d'espèces compagnes étendu aux végétaux fournit la possibilité de prendre en compte les rapports multiples existant entre les paysans et les plantes de manière dés-anthropocentrée.

Jacky n'est pas opposé au fait de concevoir ses tomates comme des espèces compagnes. Il ajoute : « Tu sais, cela ne me dérange pas que les gens m'appellent "Jacky la tomate". » Il ne souffre pas d'exceptionnalisme humain. On ne doit pas prendre l'expression « Jacky la tomate » seulement comme une métaphore, car ce paysan nous mêle à ce que l'on peut appeler une « embrouille ontologique ». S'il voit les graines comme des fœtus qu'il fait naître dans la terre, se voir comme une tomate n'est pas un problème. Jacky se projette ou plutôt se dissout, dans ses plants de tomates, en cherchant des « connexions partielles »,

65. Donna Haraway, *Manifeste des espèces compagnes*, *op. cit.*

dirait l'anthropologue Marilyn Strathern[66]. Ce paysan ne se conçoit pas comme un individu clos sur lui-même, un être atomisé, mais comme quelqu'un qui s'approprie les propriétés ontologiques de ses plants de tomates. On peut se demander s'il ne détourne pas la proposition d'Haraway pour passer d'espèces compagnes à des « êtres d'accompagnement » aux « ontologies variables ». Cela permettrait de rendre compte du fait qu'il se voit à la fois comme une tomate et un humain. Chez lui, les frontières ontologiques sont floues ou, plutôt, perméables. Elles ne sont pas constituées par des modes d'existence définitivement constitués. Elles varient, ce sont des « êtres en devenir », pour reprendre les termes de l'anthropologue Tim Ingold[67].

Il précise encore, à contre-courant de ce qui se fait habituellement, qu'il n'enlève pas les gourmands pour que la plante fasse plus de fruits. Tailler les tomates ?

> C'est comme si on te coupait les bras un par un. Ce n'est pas aider la plante. En lui enlevant les gourmands, tu la blesses, tu enlèves un gourmand comme ça – nous sommes dans son champ, il se baisse et accompagne ses mots d'un geste. C'est une blessure. Il faut qu'elle cicatrise. Elle va laisser en pousser d'autres. Bah oui, c'est pour essayer de se sauver, je pense.

Je demande : « Est-ce que tu dirais que tu cultives de manière non blessante ? »

Il répond : « Oui, oui, moins tu blesses la plante, moins tu as besoin de traiter. Tu ne fais pas de cicatrices. C'est quand tu te coupes que ça s'infecte... »

Jacky Mercier vit dans un monde animé où les tomates sont à la fois ses enfants, des êtres de désir, d'intelligence, d'accompagnement, de fierté, de goût, de joie. Ces êtres qui vivent dans le sol et sont couchés par terre ont plusieurs modes d'existence, et il lui est impossible de les tailler ou de leur enlever les gourmands, car cela veut dire leur faire du mal. Comment pourrait-il faire du mal à tous ces êtres aux ontologies variables ?

---

66. Marilyn Strathern, *Partial Connections*, AltaMira Press, Lanham, 2005.
67. Philippe Descola et Tim Ingold, *Être au monde. Quelle expérience commune* ?, PUL, Lyon, 2014, p. 37.

Au début de l'entretien, Jacky m'a demandé si je prenais des vacances en août. Tous les ans, le 12 août, il organise la Fête de la tomate et veut m'inviter. Chez lui, la tomate a droit à une fête. Beaucoup de monde vient voir des centaines de variétés. Ce jour-là, on l'honore, on l'admire, on la célèbre, on raconte des histoires et, évidemment, on la goûte, on la mange. Des ateliers à thèmes sont organisés et les gens prennent le temps de partager leurs expériences. Tous les ans, les tomates déplacent des centaines de personnes et les occupent toute la journée. Jacky Mercier préparera une ratatouille pour l'occasion.

Les tomates intelligentes de Christophe Collini

Quelques jours plus tard, je me retrouve à Saint-Pever en Bretagne. J'ai rendez-vous sur sa ferme avec le paysan Christophe Collini. J'aperçois un monsieur d'une cinquantaine d'années, coiffé d'un chapeau de cowboy troué. Il ne vient pas d'un milieu de paysans et, avant de s'installer, il y a six ans, en maraîchage, il avait été commercial dans une grande entreprise à l'étranger. La quarantaine approche et la naissance de sa fille bouleverse sa manière de voir le monde. Il ne pouvait pas dire à sa fille qu'il ferait du commerce toute sa vie. Il décide de tout quitter, voyage, prend son temps. Rentré en France, il décide de devenir paysan et s'inscrit dans une école pour faire un stage de maraîchage ; mais il la quitte vite car il a l'impression de se retrouver dans son ancienne entreprise : « Ils ne parlent que d'argent et de rendement. »

Il commence par apprendre sur le tas : ce n'est pas facile, mais ce n'est pas la technique qui l'intéresse. Il ne se dirait pas « bon technicien ». Il aime surtout bien cultiver les plantes, de manière spontanée, sans réfléchir au nombre de centimètres entre les plants. On est frappé de ne pas voir, comme chez Jacky Mercier, de tomates étalées à chaque coin de la maison. On trouve en revanche des sachets de semences un peu partout, dans l'entrée, sur la table du salon, sur le buffet, par terre, sur le réfrigérateur, la télé, dans la cuisine, sur les deux fauteuils dans le salon... Christophe ne vit pas au milieu des tomates, mais des semences. « C'est mon truc », dit-il. Il dépense une fortune pour acheter des semences de variétés anciennes dans le monde entier. Il est totalement hors la loi : le catalogue officiel français des variétés interdit de commercialiser des variétés anciennes cultivées et sélectionnées à la ferme. Pour faire entrer une variété dans le catalogue et la commercialiser, il faut qu'elle réponde aux normes de distinction, homogénéité et stabilité (DHS) et aux tests de valeur agronomique et technologique (VAT). Ces variétés anciennes ne peuvent pas y répondre car elles ne sont pas homogènes et stables génétiquement par rapport aux variétés hybrides F1[68]. Ce catalogue a été conçu et pensé pour l'agriculture industrielle et pour des semenciers qui font des hybrides F1, et non pas pour promouvoir des variétés anciennes sélectionnées sur les fermes par les paysans eux-mêmes, comme l'expliquent les chercheurs qui ont travaillé sur le sujet[69].

Si Christophe est hors la loi, ce n'est pas pour jouer au rebelle. Il en rit : « Et qu'est-ce qu'on va faire avec les oiseaux et le vent qui dispersent les graines ? Partout il faut qu'on demande qu'ils s'arrêtent à la frontière française ? » Les graines et les plantes ne connaissent ni frontières ni catalogues ni réglementations. Ces choses-là font partie des histoires humaines. Les plantes se « propagent partout. Tu ne peux rien faire et en plus elles sont plus nombreuses que nous, les humains ». Les plantes sont majoritaires dans un monde où les humains forment une « forte minorité ». Réguler les semences par des lois et des réglementations est une idée très « sotte », dit-il, c'est encore une fois placer « l'homme au centre du monde ».

Nous entrons dans les serres voir les tomates. Il en existe aujourd'hui 14 500 variétés. Depuis son installation sur ses deux hectares, il en a testé près de 2 500. En ce moment, il en cultive quatre cent cinquante, mais il me promet en plaisantant de ne pas toutes me les faire goûter. Nous marchons à travers des tomates multicolores, et je goûte ses préférées. Elles sont bonnes, mais il reconnaît qu'il n'y en aura jamais d'aussi bonnes que celles cultivées en Italie ou en Macédoine (il sait que je viens de ce pays). En Bretagne, on manque de soleil et c'est très humide. Je lui demande s'il est possible de cultiver les tomates sans serre. Selon lui, il n'y a aucune chance que cela fonctionne. Il a déjà essayé, mais elles sont toutes mortes. C'est incroyable : les tomates se

68. La législation devrait changer en janvier 2022.

69. Christophe Bonneuil *et al.*, « Innover autrement ? La recherche face à l'avènement d'un nouveau régime de production et régulation des savoirs et génétique végétale », *Dossier de l'environnement de l'Inra*, 30, 2006.

font construire des serres et habitent dans des endroits qui leur sont hostiles, où elles n'ont aucune chance de prospérer. Mais ce paysan ne voit pas cela comme un mode de domination de leur part. Il ne se plaint pas du travail qu'elles lui demandent pour rester en vie. Il prend du plaisir à se mettre à leur disposition. Se faire domestiquer par ses plantes ne le dérange pas : il est bien au milieu d'elles et préfère cela aux longues journées de travail dans le commerce.

Il m'apprend qu'il faut faire très attention à l'arrosage. Sous serre, les tomates « aiment » le temps sec et ensoleillé, mais pas les grosses chaleurs. Contrairement à une idée reçue, la tomate n'est pas une plante à chaleur. Ici, les plants sont tutorés et ce paysan taille et effeuille régulièrement, pour qu'elles puissent survivre sous serre. Il ne pense pas que l'on inflige une blessure aux plants de tomates en les taillant et en enlevant leurs gourmands.

Christophe Collini n'est pas Jacky Mercier. Ils ne cultivent pas de la même manière. Le second laisse ses tomates se débrouiller toutes seules dans le champ et, en cas de gros pépin, il emploie de la bouillie bordelaise[70]. Chez Christophe, il n'en est pas question. Son « truc », ce sont les huiles essentielles. Il les adore. Selon lui, si elles sont bonnes pour soigner les hommes, il n'y a pas de raison qu'elles ne le soient pas aussi pour soigner les plantes. Il ne laisse pas les plants de tomates régler seuls leurs problèmes dans le champ. Il pense qu'il faut en prendre soin. Son idée est que si l'on se codomestique pour habiter ensemble, il faut prendre soin de ses commensaux. Il n'aime pas trop l'idée de laisser les plantes seules dans le champ gérer leurs problèmes. Pour lui, il est logique de cultiver les plantes, de s'en occuper, et bien, insiste-t-il, puisque elles prennent aussi soin de nous. Elles nous nourrissent, nous vêtent et nous soignent, mais elles ont besoin des paysans quand elles rencontrent des problèmes. Autrement, cela impliquerait de les laisser « souffrir » dans le champ. Inacceptable ! On ne laisse pas les humains souffrir. Il n'y a donc pas de raison de faire différemment avec les plantes.

---

70. La bouillie bordelaise est un traitement fongicide à base de cuivre et de chaux. L'agriculture biologique en tolère l'utilisation à condition de respecter les bons dosages (sinon il brûle les feuilles). C'est un traitement controversé parmi les paysans car le cuivre pourrait polluer le sol. « Les dégâts méconnus de la bouille bordelaise », <60millions-mag.com/2018/07/12/les-degats-meconnus-de-la-bouillie-bordelaise-11882>.

Pour lui, cela fait partie du travail d'un paysan. Ce paysan fait ici un tournant ontologique par rapport à l'Économie : les plantes ne sont pas pour lui des êtres de production, mais des êtres de soin. Pour prendre soin, il n'y a pas de meilleur moyen que de partager avec elles les huiles essentielles avec lesquelles lui-même se soigne. Ces huiles cristallisent un principe de partage entre espèces compagnes.

Mais ce n'est pas tout. Toujours au milieu des tomates, il annonce qu'il se prépare à « diffuser de la musique de 432 hertz dans une serre pendant dix minutes pour tester ; apparemment, cela les détend et elles deviennent plus résistantes ». C'est un système connu et commercialisé sous le nom de Sonic Bloom. Des sons sont émis dont le but est de stimuler les plantes, les rendre plus vigoureuses et en meilleure forme. C'est une « boîte à musique » pour plantes qui émet des sons ultra stridents imitant les chants d'oiseaux[71]. C'est une autre manière d'en prendre soin, puisque le but est qu'elles se sentent bien dans leur champ. Et cela n'a pas de prix pour ce paysan[72]. Au fil de la conversation, Christophe remarque mon étonnement quand il me parle de cette technique : « Tu penses vraiment qu'il n'y a que nous qui sommes intelligents ? » S'il est clair qu'il était intéressé et au courant des nouveaux savoirs sur l'intelligence des plantes, sa remarque me rappelle que je n'ai pas compris tous les enjeux de cette situation. Ce paysan explique bien la façon dont les plantes sentent ou goûtent, comment elles voient et communiquent, comment elles entendent ou mémorisent[73]. Il aime lire des articles et regarder des vidéos sur « ces choses-là ».

Nous nous sommes revus quelques mois plus tard à Paris. Je lui avais envoyé la référence d'un livre de Stefano Mancuso et Alessandra Viola, *L'Intelligence des plantes*, pour savoir ce qu'il en pensait. Il trouve extraordinaires les expériences menées en laboratoire, mais pense qu'il est « naïf de chercher de l'intelligence dans les racines. Non mais, sérieusement, Mancuso pense vraiment qu'il va trouver de l'intelligence

---

71. <youtube.com/watch?v=E52N6Fn2-gE>.

72. L'idée que des plantes entendent certains types de musique et réagissent est relativement ancienne. Une des premières occurrences se trouve dans l'ouvrage de Dorothy Retallack, *The Sound of Music and Plants*, DeVorss & Co, Camarillo, 1973. Ce best-seller a fait l'objet de nombreuses discussions et controverses.

73. Sur la question on peut lire l'excellent ouvrage de Daniel Chamovitz, *La Plante et ses sens*, Buchet-Chastel, Paris, 2014.

dans les plantes ? Il pense qu'il va trouver la preuve de leur intelligence ? Elle ne sera marquée nulle part ! C'est une manière de voir les plantes, ce n'est pas un débat qui ne concerne que vous, les scientifiques. C'est un débat qui nous concerne tous ! » Pour lui, ce n'est pas un débat philosophique ou métaphysique, mais populaire. Beaucoup de paysans pensent déjà que les plantes sont intelligentes. Ils n'ont pas attendu les biologistes pour s'en rendre compte. C'est le scientisme de Stefano Mancuso qui l'irrite, tout comme le fait d'ignorer les savoirs paysans sur la question. Dans une interview plus récente, Mancuso a rendu hommage au savoir des jardiniers : « Je pense d'ailleurs que les vrais connaisseurs des plantes ne sont pas les scientifiques, qui étudient en laboratoire, mais les jardiniers qui les observent et les comprennent[74]. »

La question de l'intelligence des plantes passionne les paysans et les paysannes auprès desquels j'ai enquêté. J'ai obtenu de nombreux témoignages que je ne peux tous rapporter. Pas plus que les paysans ne sont interrogés sur le sujet, aucune des publications scientifiques sur le monde agricole en France ne fait état de cette question. L'intelligence des plantes dans les champs n'est pas un sujet prioritaire pour les scientifiques, et les paysans le savent bien. Deux histoires sont révélatrices.

Avant même d'avoir posé la moindre question en arrivant chez Aline Colin, elle a commencé à me parler des circuits courts, de la qualité des légumes et de la saisonnalité, de la manière de s'alimenter, résumant les différents débats sur la question du bio et du problème que pose l'agriculture industrielle. En bref, elle me parlait des problématiques habituelles que l'on rencontre dans le monde agricole. Je lui ai dit alors que je n'étais pas venu pour parler de cela. C'est l'intelligence des plantes qui m'intéressait. Elle a sursauté et dit à son mari : « Alors, tu vois que c'est vrai, ce que je te dis. » Puis elle a ajouté : « Ah, mais je passe mes soirées sur Internet à lire sur tout ça. » Pour elle, il ne fait pas de doute que les plants de tomates sont des êtres intelligents.

Je me souviens aussi très bien de ma rencontre avec le paysan Jean-Marie Roche, à Saint-Étienne-des-Oullières en Auvergne-Rhône-Alpes. Il est installé depuis plus de dix ans sur un terrain loué à un vigneron. Il ne vient pas d'un milieu paysan et a travaillé pendant de nombreuses années en ville avant de tout arrêter et de s'installer

74. Stefano Mancuso, « Un végétal doué de raison », *Télérama*, 23 mai 2018.

à la campagne. Il a fait des stages, a travaillé plusieurs années comme ouvrier agricole pour apprendre le métier avant de commencer à cultiver des variétés anciennes de tomates. La conversation tourne d'abord autour des mêmes problématiques qu'avec Aline Colin, jusqu'au moment où je le questionne sur l'intelligence des plantes. Il répond : « On sait tout ça, on sait que les plantes sont intelligentes, qu'elles communiquent entre elles. » Je dis : « Pourquoi vous ne m'avez pas dit cela avant ? » Il réplique : « Mais vous ne m'avez pas posé la question ! »

> J'avais un gars qui était là. Maintenant, il est parti en Irlande, un gars qui faisait de la vigne et qui avait écrit un tout petit bouquin très intéressant sur la communication entre les pieds de vigne ; il parlait d'une expérience où il avait mis du mildiou sous cloche sur un pied et que tous les autres pieds étaient en état de défense par rapport à ça parce que, par les racines, ça communique. Évidemment, on sait tout ça...

Puis il raconte qu'il connaît un vigneron qui sort son piano et joue au moment des vendanges, car cela déstresse les vignes. Et il ajoute, pour appuyer son propos : « Quand on voit les haricots qui grimpent, qui s'accrochent, qui s'enroulent, chaque année, c'est émerveillant. »

On pourrait me rétorquer que même si ces paysans s'intéressent à cette littérature, savent que les plantes sont intelligentes, qu'elles communiquent, qu'elles sentent, qu'elles regardent... quelles en sont les conséquences ? Que peut-on apprendre de plus de la part de ces paysans outre ce qu'on sait déjà sur la manière dont les plantes communiquent, entendent et voient ? Qu'est-ce que cela change dans un champ ? Attardons-nous un moment sur les propos du paysan Jean-Baptiste Anfosso (que l'on retrouvera au chapitre 6). Il passe beaucoup de temps sur Internet à lire des articles sur « ces choses-là » :

> L'année dernière, quand j'étais en train de faire mes buttes de permaculture et de creuser mes bassins, je m'absente, ou je reviens, je ne sais plus. Et là, je vois le gars qui est avec la pelle, en train d'arracher les branches d'un chêne, comme ça. J'arrive, je lui dis : « Qu'est-ce que tu fais ? » Il me répond : « Mais tu m'as dit que tu voulais couper les branches ! » Je réagis : « J'ai dit que je voulais couper les branches, mais je n'ai pas dit que je voulais arracher les branches ! Tu veux que je t'arrache les bras à toi ? Mais t'es un fou ! Mais qu'est-ce que tu fais ?!

> Tu te rends compte de ce que t'es en train de faire ? C'est une tragédie. Jamais, jamais plus tu ne prendras une pelle. T'es en train d'assassiner mon sol, là ! Tu sais qu'ils sont en train de se parler entre eux. Là, il y a des informations qui partent des racines, il est en train d'intoxiquer tout le sol, le chêne, en disant qu'il y a un danger ici, que c'est des salauds les gens qui sont là. »

Je ne sais pas si cela change quelque chose pour ceux qui ne vivent pas avec des plantes. Les propos d'Anfosso modifient radicalement la conception ontologique d'un champ et des plantes cultivées. Il vit dans un monde animé avec des êtres intelligents et qui communiquent autour de lui. Sa manière de concevoir un champ lui permet de voir et d'animer le sien d'une autre manière. Nous sommes ici très loin d'une histoire de production.

Lorsque Christophe passe de la musique à ses plants de tomates, on comprend que, pour lui, ils ne sont pas sourds. Mais ce qui l'impressionne le plus dans cette histoire, dira-t-il au cours de notre deuxième rencontre, ce n'est pas que les plantes entendent, communiquent, sentent, mémorisent. Il ne peut pas en être autrement. Le plus surprenant, c'est que les plantes *voient*. Il n'est pas difficile de deviner pourquoi ce point est fascinant. Une fois que l'on sait que les plantes sont dotées de telles capacités, le premier réflexe, dans un champ, est de se demander si ces êtres nous voient comme ils nous entendent ! D'après ce paysan, quand on se promène au milieu des quatre cent cinquante variétés de tomates, elles nous voient et ont conscience de notre présence.

Nous les regardions, mais peut-être nous regardaient-elles aussi. On se contemplait mutuellement. Nous les regardions comme des plants de tomates et, même s'il est difficile de savoir ce qu'il en était pour elles, il est probable qu'elles ne nous regardaient pas comme des « humains ». On ne peut pas prouver de telles affirmations dans le régime de preuve des sciences modernes ; mais, à l'inverse, rien n'invalide cette hypothèse, qui peut être confortée par certaines réactions des plantes à notre passage. Nous y reviendrons au prochain chapitre.

Dans les mondes animés de ces paysans, les plantes ne voient pas, ne sentent pas et n'entendent pas seulement les humains, mais aussi les autres espèces. Les plantes semblent aussi posséder un point de vue d'ensemble sur ce qui se passe dans un champ, tout comme les humains, même si ce n'est pas de la même manière. Les paysans perdent l'exclusivité de la perception d'un champ. Comme les humains, les plantes se représentent le monde qui les entoure ; ce qui diffère, c'est la manière dont elles conçoivent le monde. Les plantes ont leur propre rationalité, autre qu'humaine. Ajoutons qu'il est peu probable qu'un chou et une tomate aient le même point de vue sur ce qui se passe dans un champ. Ce sont des espèces différentes qui vivent à différentes saisons. Leurs préoccupations ne sont probablement pas les mêmes. Les plantes ont des points de vue multiples sur la vie d'un champ.

Ce que l'on apprend grâce au savoir mobilisé par ces paysans s'inscrit dans le sillage d'une rupture ontologique profonde quant à la manière de concevoir les plantes dans un champ par rapport à l'épistémologie et l'ontologie moderne. Cela permet de raconter de nouvelles histoires dont ce monde agricole a besoin. On n'aboutit pas aux mêmes histoires si on décrit un champ au travers de ces compétences, ou faisant partie de l'histoire de la production.

Quand Olivier Durand s'adonne à des jeux interspécifiques avec ses tomates

Direction Nantes. J'ai rendez-vous avec le paysan Olivier Durand dont la ferme est en périphérie. Ce paysan travaille en direct avec quelques cuisiniers nantais. Une moitié des légumes est vendue aux restaurateurs et l'autre à la ferme. C'est important pour lui de garder cet équilibre. Il ne veut pas travailler exclusivement avec des restaurateurs mais conserver un réseau de proximité.

Il occupe ce qu'il appelle « la plus petite ferme de France », 5 000 mètres carrés[2]. Une moitié en plein champ, l'autre occupée par une serre en verre non chauffée et abandonnée par l'ancien propriétaire qui proposait des cohabitations inacceptables à ses plantes (dans les termes de Sloterdijk). Dans cette serre, on sent tout de suite que l'on est chez lui. C'est une sorte de seconde maison où il vit avec ses plantes. Un coin est aménagé – cela ne serait pas exagéré de désigner cet espace comme un véritable salon – avec des chaises, un banc assez confortable et une table au milieu. Un peu plus loin se trouvent un point d'eau potable et un coin cuisine, rudimentaire mais avec de quoi faire du café. Olivier Durand m'invite à m'asseoir dans ce salon. Son parcours est inhabituel. Il ne vient pas d'une famille de paysans. Son père, cuisinier, a vécu à la campagne. Dès ses six ans, il commence à faire un potager avec ses parents. Il suit des études de technicien agricole avant de s'inscrire dans une école d'agronomie et devient ingénieur. Il voyage pendant dix ans en travaillant dans des fermes ; il va en Afrique et en Amérique latine. Il aime tout particulièrement la Bolivie : le climat est aride mais les paysans parviennent malgré tout à faire « pousser des légumes ». Revenu en France, il est assailli de doutes sur la manière dont il a été formé dans son école d'agronomie. Il prend conscience de la profonde dissymétrie entre la manière dont lui voit l'agriculture et celle des paysans des pays parcourus. Sur le conseil d'un ami, il s'inscrit à un master d'anthropologie. Le choc est violent. Des savoirs radicalement opposés sur la manière de voir le monde s'affrontent. Selon lui, l'agronomie dit :

> Vous vous occupez du centre, du gros, et vous laissez tomber la marge. Quant à l'anthropologie, elle suppose de laisser tomber le gros, mais de s'occuper de ce qui se passe à la marge, car c'est là que c'est intéressant et c'est par là que commencent les changements... Quand je me suis retrouvé en anthropo, je me suis demandé ce que je faisais là. J'ai remis en cause toute mon agronomie, tout ce que j'avais appris. Je ne voulais plus en entendre parler. Je n'étais plus agronome parce que j'avais l'impression d'être allé dans le mur avec l'agronomie et que l'anthropo c'était autre chose. Et je ne comprenais pas. J'avais perdu pied, toutes mes références avaient explosé.

Selon lui, l'agronomie écrase toutes les différences et toute approche sensible avec le vivant. Olivier appelle cela le « ressenti » : « Ce que l'on t'apprend en école d'agronomie, c'est à faire du rendement, de la productivité... Le problème, c'est que ce sont des cours qui se donnent, qui se perpétuent. On recycle souvent les mêmes choses de cours en cours, et c'est rare qu'on y intègre une grosse nouveauté. » Selon lui, il faut qu'apparaisse un nouveau courant en agronomie :

> Quand tu es agronome, tu te retrouves en Afrique à travailler sur des plantes améliorées, etc., mais les paysans s'en foutent, ça ne marche pas, c'est de la branlette intellectuelle agronomique ou une vision occidentale des choses. Les populations n'en ont rien à faire, parce qu'il

> y a un truc qui cloche... Tu regardes les photos que ces gens-là vont faire d'un voyage d'études, souvent l'agronome ne va prendre en photo que les plantes, avec les maladies, mais pas des humains. Tu ne prends jamais les humains en photo, jamais. C'est un peu trop raide ce que je dis, mais c'est marrant de voir les photos.

Ce « truc qui cloche » et qui gêne Olivier, c'est le fait que cette discipline perpétue la fabrique de la « science coloniale[75] » sans prendre en compte les « savoirs paysans » des pays concernés[76]. Cette approche normative, scientiste et universaliste le met hors de lui. La science coloniale a été créée pour faire des « productions agricoles » en disqualifiant violemment les savoirs paysans et en universalisant la vision des colons au sein même des territoires colonisés.

Pendant cette période « trouble », Olivier refuse de se faire appeler « ingénieur agronome », mais les choses ne sont pas simples. Il ne parvient pas à faire de l'anthropologie de manière approfondie, car les professeurs de l'université lui demandent de lire des livres dans un temps très court, et il n'y parvient pas par manque d'habitude. On ne lui a pas appris cela à l'école d'agronomie. Pendant leur formation, les agronomes ne lisent pas de livres. Il s'endort systématiquement dès qu'il commence à lire. Selon lui, l'anthropologie n'est pas un « savoir pratique », même s'il adore suivre les cours. Mais cela ne suffit pas. Il ne souhaite d'ailleurs pas lire mon travail de recherche ; il me demande de lui faire un résumé de trois ou quatre pages, pas plus. Ne sachant quoi faire, il part un an au Japon travailler sur des fermes. Les paysans japonais l'initient à l'« esthétique ». Il entend alors parler de l'« œnologie des légumes », et apprend que le végétal, « c'est un peu l'extension

75. Sur l'origine coloniale de l'agronomie, voir François Regourd, « Maîtriser la nature, un enjeu colonial. Botanique et agronomie en Guyane et aux Antilles (XVIIe-XVIIIe siècles) », *Revue française d'histoire d'outre-mer*, 1999 ; Mina Kleiche-Dray « Origine et mise en place de la recherche agronomique tropicale en France », *Comptes rendus de l'Académie d'agriculture de France*, 2000.

76. La bibliographie est abondante. Voir Georges Dupré (dir.), *Savoirs paysans et développement*, Karthala-Orstom, Paris, 1991 ; Vandana Chiva, *Le Terrorisme alimentaire*, Fayard, Paris, 2001 ; Jean-Phillippe Peemans, *Le Développement des peuples face à la modernisation du monde*, L'Harmattan, Paris, 2002 ; Gilbert Rist, *Le Développement. Histoire d'une croyance occidentale*, Presses de la Fondation nationale des sciences politiques, Paris, 2007 ; Silvia Pérez-Vitoria, *La Riposte des paysans*, Actes Sud, Arles, 2010.

des paysans eux-mêmes». Il se rend compte que la coupure entre les humains et les végétaux est moins nette que chez nous. De retour, il décide de s'installer sur la ferme qu'il occupe actuellement.

Avec le temps, les choses vont un peu mieux, mais c'est pour lui toujours difficile de tenir ensemble ces savoirs incompatibles. Le compromis qu'il a trouvé porte sur le choix des variétés. Il n'est pas opposé au fait de cultiver des tomates issues de variétés hybrides F1. Bien sélectionnées, elles peuvent avoir des caractéristiques intéressantes au niveau gustatif et bien résister aux maladies. Selon lui, il n'y a pas que la «variété qui compte», mais aussi le savoir-faire et, surtout, le lieu.

Il cultive plus d'une centaine de variétés modernes et anciennes de tomates. Il donne une chance à tout le monde:

> On a testé les cent vingt variétés l'année dernière. Je n'ai mis personne de côté et tout le monde est encore là cette année. J'en ai déclassé aucune sur les cent vingt, car, selon moi, il faut donner cent fois sa chance aux gens et aux tomates; on verra dans trois ans. Il y en a, ça ne sert à rien de les cultiver parce qu'elles ne se plaisent pas ici. Selon lui, «si elle n'est pas adaptée au terroir, si elle se fait chier, elle va se barrer! Il faut qu'elle se plaise. Si elle ne se plaît pas, elle ne va pas être belle. Si elle n'est pas belle, elle va être triste. Rien de pire pour nous que de voir une plante qui ne marche pas...

Olivier instaure dans son champ un rapport animé dans lequel ses tomates peuvent être tristes, belles ou heureuses, se plaire ou non. Son champ ne doit pas être pris comme un espace pour faire de la production, mais comme un terrain de jeu. Les tomates sont ses «copains pour jouer [...]. Ici, on joue avec les plantes». Les tomates sont ici instaurées comme des êtres de jeu. Le terrain s'y prête bien de par sa taille réduite.

> Ce qu'on peut dire, c'est que quasi chaque légume qui sort, je l'ai touché à un moment. Parce que soit c'est moi qui ai semé, soit c'est moi qui ai palissé, planté. J'aurai touché quasi toutes les plantes, parce qu'on est une petite structure. On n'est pas beaucoup et on touche à tout, du semis à la récolte. On n'achète pas de plant et tout ça, donc j'aurai eu un contact personnel avec chaque plante. Une relation. Et c'est ça l'intérêt d'avoir une microstructure; parce que je suis une microferme, je peux facilement voir ce qui se passe...

Ce paysan connaît chaque plante personnellement et invente des jeux interspécifiques particuliers. Pour lui, « chaque tomate est différente, son feuillage est différent, sa couleur est différente, sa vigueur est différente. Tu as plein de marqueurs comme ça qui te permettent de les caractériser ». En quoi consiste concrètement ce jeu interspécifique ? Son objectif est le maintien des plantes en vie jusqu'à la fin de la saison, en n'utilisant pas d'huiles essentielles, « ni de la bouillie bordelaise, ni du purin d'orties, ni des préparations. Rien. Ici, on ne traite pas, on ne fait rien ». Olivier joue un jeu très risqué. C'est, d'une part, la vie des plantes qui est engagée et, d'autre part, sa propre vie de manière indirecte. La mort des plantes signifierait que lui non plus ne pourra pas survivre longtemps. Il devrait faire autre chose. Ce paysan joue donc un jeu sérieux en voulant retenir les plantes dans son champ et en imposant quelques règles. C'est encore une autre manière d'envisager la codomestication entre les espèces compagnes.

Ce paysan joue sur plusieurs tableaux : l'humidité et la sécheresse, le temps de semis, les variétés choisies, la météo aussi, car il faut la guetter scrupuleusement pour savoir ce que l'on peut et ne peut pas faire. L'arrosage n'a pas lieu à n'importe quel moment de la journée, le palissage non plus. Il faut, par exemple, tailler les branches le matin, quand la sève n'est pas encore montée. Mais ce n'est alors pas bon pour les plants de tomates, plus vulnérables. Si des pucerons attaquent les tomates, il ne faut pas, selon lui, se précipiter pour mettre un produit. Il faut attendre le « coup de chaud » dans les serres, et ils disparaîtront. Lorsqu'au matin on trouve de l'humidité sur le feuillage des plants de tomates, il faut secouer chaque pied pour la retirer et que le mildiou n'en profite pas.

Selon lui, si l'on traite – et peu importe le traitement –, cela veut surtout dire que l'endroit dans lequel les plantes vivent n'est pas propice. Il n'y aurait aucune raison de traiter. C'est comme les médicaments prescrits aux humains. Il faut d'abord prendre en compte l'environnement. Le jeu interspécifique consiste à trouver de bons copains pour jouer et d'en faire « le moins possible ». C'est cela qui l'« amuse ».

Certains se demanderont si tout cela amuse les plantes. Prennent-elles du plaisir à ce jeu que ce paysan instaure avec elles ? On entend bien les arguments de ce paysan. Les plantes doivent se plaire, être belles et heureuses. Dans le cas contraire, elles risqueraient de se « barrer ». Mais ce jeu leur plaît-il ? Les rend-il heureuses ?

Plusieurs choses restent à préciser. Comme dans beaucoup de jeux, il est possible d'être heureux ou malheureux ; tout dépend de qui gagne et qui perd. Au cours d'une partie, on a souvent envie de gagner pour dominer son camarade de jeu, même si l'on dit « l'important, c'est de jouer ». Mais personne ne joue pour perdre. Tout se révèle en toute fin de partie, quand on sait qui a gagné et perdu. Or, les jeux avec les cent vingt variétés de tomates ont commencé l'année dernière. La partie est en cours. Quelles tomates seront malheureuses ou heureuses ? On ne le saura que dans deux ans, à la fin du jeu. Olivier compte donner trois chances à tout le monde ; le jeu s'étale donc sur trois ans. C'est un long parcours, surtout en comparaison avec celui d'Haraway avec sa chienne (l'agility) : « Il dure en général une minute au plus, et une victoire se joue sur quelques fractions de seconde[77]. » Ici, c'est différent : le parcours a lieu sur un temps relativement long. Les gagnantes, c'est-à-dire celles qui resteront dans ce terrain de jeu, seront heureuses, et celles qui en sortiront seront malheureuses. Comme ce paysan connaît personnellement chaque variété de tomates, on peut lui faire confiance. Il nous communiquera sans aucun doute les résultats en fin de partie.

Après une longue conversation, nous nous levons pour faire un tour sous la serre. Nous passons au milieu des tomates. Il les observe et l'on s'arrête devant un plant touché par l'oïdium, un champignon blanc qui se propage sur le feuillage. Il la touche, elle le touche. Quand on est dans un rapport animé, le contact direct est réciproque. Je lui demande s'il va enlever ce plant, ce que feraient certains paysans pour éviter que la maladie ne se propage. Il répond par la négative en insistant sur le fait que l'on ne tue pas les humains malades. Il ne voit donc aucune raison de le faire pour le moment. Il ne l'enlève pas, car il a envie de continuer à jouer avec ce plant de tomates au risque de contaminer les autres. Afin de s'assurer que je comprenne bien ce qui est en jeu ici, il me parle de la manière – très semblable à celle qu'il adopte pour s'occuper de ses propres enfants – dont il s'occupe de ses tomates. Il ne faut pas les surprotéger non plus : elles deviendraient plus vulnérables face aux agressions du monde extérieur. Il reconnaît que tout cela est un peu

77. Donna Haraway, *Manifeste des espèces compagnes*, *op. cit.*, p. 100.

« paternaliste ». Ses tomates sont un peu comme ses « enfants », il se voit un peu comme le « papa de [ses] tomates ». On comprend alors mieux pourquoi il affirme qu'il entretient un jeu avec elles. Il joue avec elles comme il le fait avec ses enfants, même si les jeux ne sont pas les mêmes.

Cette conception parentale est un peu différente de celle de Jacky Mercier. Olivier Durand ne dit pas qu'il les enfante. Il devient parent sans le biais de l'ascendance ou de la généalogie[78]. Jacky les fait accoucher, lui non. Ces différences ontologiques importent finalement assez peu. Haraway nous invite à faire preuve d'imagination pour composer des familles multispécifiques : « Faire des parents, pas des bébés ! » (*Make kin, not babies!*). Elle « pense que l'élargissement et la recomposition de la parenté sont autorisés par le fait que tous les Terriens sont parents proches, dans le sens le plus profond, et il est grand temps de pratiquer de meilleurs soins aux genres-par-assemblages (car une espèce n'est jamais seule). La parenté est une sorte de mot qui engage une notion d'assemblage. Toutes les créatures et autres bestioles partagent une "chair" commune, latéralement, sémiotiquement et généalogiquement[79] ».

Mais la famille mutispécifique d'Olivier Durand n'est pas celle d'Haraway. Elle ne se compose pas de la même manière ; ce paysan n'a pas la même conception de la famille. Lorsque Haraway compose la sienne avec sa chienne, elle s'oppose frontalement à ceux qui aiment les chiens comme « leurs enfants » ; elle veut vivre avec des chiens, pas des enfants. Elle refuse de se voir comme la « maman » de ses chiens, ce qui risquerait d'infantiliser des chiens adultes. Sa « famille multispécifique n'est pas une affaire de substitution ; nous essayons de vivre selon d'autres tropes, d'autres métaplasmes[80] ». Dans la famille interspécifique d'Oliver Durand, c'est différent ; il parle de « paternalisme » et d'« enfants » à propos de ses tomates. Mais ce paysan ne cherche pas non plus des « substitutions », car il a déjà deux enfants, dont une fille de trois ans avec laquelle il s'occupe du potager. Il cherche à prolonger, ou plus précisément à étendre sa famille à d'autres espèces, et tant

78. Donna Haraway, « Anthropocène, Capitalocène, Plantationocène, Chthulucène. Faire des parents », *Multitudes*, 4, 65, 2016, p. 79.

79. *Ibid.*, p. 80.

80. Donna Haraway, *Manifeste des espèces compagnes*, *op. cit.*, p. 149.

pis si dans cette ferme les plantes ne sont pas considérées comme des adultes, mais comme ses « enfants ». Il se voit comme leur père au sens d'un parent proche.

Il me semble important d'instaurer un peu de souplesse dans la composition de ces nouvelles familles interspécifiques pour imaginer d'autres mondes possibles. On peut concevoir ces familles de plusieurs manières pour faire émerger une certaine diversité, et c'est ce que je poursuivrai au prochain chapitre, tout en considérant qu'il est important de mobiliser la notion de famille multispécifique, et, en même temps, de la restreindre pour ne pas l'appliquer à tous les paysans cités.

5

LORSQUE LES PLANTES SE METTENT À TRAVAILLER

Vivre au milieu des plantes

Je me souviens très bien de l'entretien avec le cuisinier Daniel Baratier, propriétaire du restaurant Les Déserteurs à Paris : « Il faut absolument que tu ailles voir Dries Delanote. C'est un fou furieux... ce qu'il fait avec ses plantes... Prends du temps, reste sur sa ferme et tu vas avoir de quoi écrire ta thèse. » J'ai écouté son conseil et j'ai contacté ce paysan. Après une brève présentation de mon sujet de recherche, Dries Delanote a accepté de me recevoir. Je pouvais rester trois jours sur sa ferme qui se trouve à Dikkebus (près d'Ypres) en Flandre occidentale, à proximité de la frontière française. La région est plate. Quand on arrive en voiture, on se rend tout de suite compte que la ferme est entourée de champs dévastés par la monoculture. Pas la moindre haie, la moindre prairie ; les arbres se comptent sur les doigts de la main. Des champs à perte de vue avec une terre sèche et caillouteuse. On croise de gigantesques tracteurs qui obligent à se décaler car les routes sont étroites. On comprend vite que l'on est dans une région de monoculture.

Dries ne me reçoit pas sur son terrain de jeu, mais dans son jardin. C'est le terme qu'il emploie pour désigner sa ferme qui s'appelle « Le monde des mille couleurs ». Dans ce jardin de vingt hectares, sept sont cultivés et le reste est en prairie. Une serre en verre non chauffée de 2 500 m^2 vient d'être construite. Sans attendre, il me fait faire le tour de son jardin. Je suis impressionné par ce que l'on y trouve : cresson sauvage, crosnes du Japon, pourpier, mouron des oiseaux, moutarde pourpre, pimprenelle, bourrache, ficoïdes glaciales, mertensie maritime, aspérules, camomille ananas, fleur panachée, pensée fleur pourpre et jeune, bégonia, boutons de capucine, fleur de ciboulette, hibiscus, etc. Il faut y ajouter les légumes plus classiques issus de multiples variétés. La liste est longue. Une chose étonne au cours de la visite : une espèce ne se trouve presque jamais seule là où elle vit. Elle est souvent en compagnie d'autres espèces. Des associations sont faites sur des « rangées » qui s'étalent dans son champ. Je mets « rangées » entre guillemets car elles se croisent, s'entrecoupent, disparaissent et réapparaissent plus loin avec d'autres espèces. Tout est mélangé, enchevêtré. Si l'on ne connaît pas les plantes, il est impossible de distinguer entre plantes comestibles et mauvaises herbes. Sans une connaissance botanique approfondie, on est perdu au milieu de toutes ces plantes. Les unes sont plus grandes que les autres, certaines ont l'air plus douces que d'autres ou bien donnent l'impression qu'elles sont bien là où elles sont et qu'il ne faut pas les déranger. Et puis, il y a des plantes très jolies à admirer avec leurs couleurs vives et puissantes.

Il raconte que le contrôleur en agriculture biologique « s'énerve toujours » quand il vient. Il lui demande de cultiver des parcelles et des rangées avec des espèces et des variétés bien identifiées. Elles doivent vivre « entre elles », sans la compagnie d'autres espèces. Il réclame les factures d'achat pour vérifier la provenance des semences. Or, me dit-il dans un sourire, « je n'y suis pour rien si les semences se baladent partout et qu'elles se ressèment dans mon champ. Les plantes aiment bien vivre ensemble en se mélangeant ». Il explique que les plantes évitent de se retrouver « entre elles ». Elles se mélangent car elles n'apprécient pas l'homogamie sociale – pour parler comme les sociologues. Elles essaient de vivre ensemble, sans respecter ce que dit le contrôleur. Elles font de la résistance et cherchent la mixité sociale par tous les moyens. Pour elles, ce n'est pas un problème d'accepter des émigrés issus des autres parcelles. Elles veulent bien partager leur territoire. Dans une rangée, vert, blanc, rouge, jaune, marron, bleu, violet se côtoient. Dries et ses plantes évitent la monocouleur. Les plantes ne sont pas toutes identiques. Ce serait monotone et profondément ennuyeux. Toutes semblent apprécier le mélange interspécifique et, par conséquent, multicolore. C'est un cosmopolitisme dense qui est ici valorisé, et cela fait la beauté du jardin. Laisser les plantes entre elles dans une même rangée signifierait que « l'on veut maîtriser le vivant », en le remettant à « sa place ». Selon lui, difficile d'être cartésien dans un champ.

Comment évite-t-il les ennuis avec le contrôleur bio ? Il me répond avec humour qu'il sait exactement quand il vient contrôler. Avant son arrivée, il s'arrête cinq minutes, prend un verre de vin, s'installe devant le tableau accroché au mur de son bureau, et planifie fictivement une culture pour pouvoir annoncer au contrôleur que les plantes n'ont pas respecté ce qu'il avait prévu. Il ajoute ironiquement n'être pour rien dans cette histoire : s'il faut accuser quelqu'un, ce n'est pas lui, mais les plantes pour non-respect de la réglementation. Dries s'interroge : ceux qui font ces réglementations ont-ils une fois dans leur vie cultivé un poireau ? Ils se rendraient compte de la sottise de leur raisonnement. Ce paysan souhaite faire comprendre que la terre n'est pas donnée en exclusivité aux humains pour leur usage exclusif ; les plantes sont aussi des usagères[1].

Travailler uniquement avec des cuisiniers sensibles à son travail lui permet de ne pas faire comme « tout le monde ». Avant d'arriver chez lui, j'ai discuté avec le cuisinier Florent Layden, situé à vingt minutes, avec qui il travaille. Il m'explique avec humour la façon dont il procède :

> Quand le chou de brocoli a fait son bouquet, [Dries Delanote] le coupe et il le vend ; quand il coupe la tige, c'est comme quand on coupe un arbre. Après, il y a des ramifications qui se font, et il fait des brocoletti. Il les appelle comme ça. Cela fait des mini-choux et il vend une deuxième fois son brocoli. Mais ce n'est pas fini, car, à la base des choux, il y a des fleurs qui se forment. Il les coupe et il me les vend. Donc il m'a vendu trois fois son brocoli, mais ce n'est pas fini ; les premières gelées vont attendrir les feuilles de chou. Elles deviennent plus douces. Il les coupe et me les vend une quatrième fois. Et ce n'est toujours pas fini, parce qu'après, soit il laisse son pied de brocoli vivre une deuxième année, soit il a envie de changer de culture et il arrache le tronc. Et moi, je vais utiliser le tronc ; le tronc du chou, je le vois

1. J'emprunte la notion d'« usager » à Isabelle Stengers quand elle parle des « usagers de drogues » pour éviter de stigmatiser une population en les nommant « toxicos », « drogués » ou « junkie ». Voir « Une politique de l'hérésie. Entretien avec Isabelle Stengers », *Vacarme*, 2, 19, 2002.

> comme un os. Et bah… on fait quoi avec un os ? Je vais le rôtir. Je vais le couper en deux. Je le sers avec une cuillère et on mange la moelle.

Tous ceux qui sont familiarisés avec les pratiques agricoles remarqueront qu'il est rare de cultiver un chou de cette manière. En règle générale, on laboure, on sème, on met de l'engrais, puis on irrigue et on ajoute ou non des pesticides. On attend ensuite que les plantes donnent naissance à des légumes et, une fois ces derniers arrivés au calibre standard, on récolte tout d'un coup pour les emporter dans les lieux de commerce ou à la coopérative. Ici, cela ne se passe pas comme cela. En schématisant la pratique de Dries, on peut dire que sur cent choux, aucun ne sera coupé en même temps qu'un autre ; parfois, il coupe les feuilles avant maturité ; mais, sur d'autres, il va le faire à l'état sauvage avant la floraison. Sur d'autres encore, il va cueillir les fleurs également comestibles. Il laissera quelques choux pour constituer la semence de l'année prochaine s'il maintient la même culture à cet endroit. Il l'explique très bien : « Aujourd'hui, tu vas avoir un chou qui est un peu ouvert et, dans quatre semaines, un chou plus grand. Et après tu vas avoir les fleurs de choux. Le chou change, il n'est jamais le même. » Selon lui, les particuliers sont trop habitués aux calibrages standardisés avec très peu de diversité et c'est donc compliqué de vendre dans les lieux de commerce. Nous sommes trop « normaux », et beaucoup d'entre nous ne sont pas prêts à recevoir des légumes, des plantes cultivées de cette façon. Pour ce paysan, il est plus intéressant de travailler avec des restaurateurs qui « portent de l'attention à ces choses-là ». Il peut leur proposer beaucoup de choses que des particuliers ne sauraient pas utiliser. En retour, cela lui donne la possibilité de tester de nouvelles espèces et variétés. Cette collaboration avec les cuisiniers entraîne une belle diversification dans son jardin.

Nous sommes loin des productions *cheapisées*, un anglicisme qui désigne « les processus par lesquels le capitalisme transmute la vie non monnayable en circuits de production et de consommation dans lesquels ces relations ont le prix le plus bas possible[2] ». Selon Raj Patel et Jason W. Moore, l'époque d'une « nature pas chère » est terminée ;

2. Raj Patel et Jason W. Moore, *Comment notre monde est devenu cheap. Une histoire inquiète de l'humanité*, Flammarion, Paris, 2018 p. 31.

la plupart des réserves de la terre sont épuisées, appauvries, brûlées, empoisonnées d'une manière ou d'une autre. Et « avec le changement climatique, ce système alimentaire va se briser au cours du prochain siècle[3] ». Dries résume autrement l'état de notre monde : on ne vit pas vraiment sur la terre, on est dans une sorte de « ballon » très fragile, qui percera nécessairement un jour ; la chute sur la terre, physique cette fois, sera vertigineuse, violente, sans parachute. Il rejoint Rachel Berlier en soulignant que notre monde ne vit pas sur la terre, mais est « hors sol ». Peu de choses le tiennent, sinon l'histoire de ce monde serait toute différente. Pour ce paysan, l'agriculture n'est pas une voiture dans laquelle il faut mettre de l'essence pour augmenter le rendement. Il sait parfaitement que la terre a des limites physiques, que la fête du rendement est terminée, que le mythe de la modernisation agricole ne marche pas et que toutes ces histoires agricoles industrielles que l'on raconte ne peuvent créer que des ruines. Lorsqu'il parle de catastrophes à venir, il nous invite à voir la terre comme une puissance « redoutable », pour reprendre un terme de Stengers[4]. Il sait qu'il doit chercher un autre type de savoir, de nouvelles pratiques sur ces terres dévastées.

Il me raconte la malheureuse expérience d'un projet de recherche sur les fleurs comestibles auquel il a accepté de participer avec des agronomes. Les participants cherchaient à connaître les variétés de fleurs cultivées dans son jardin afin de les faire pousser plus rapidement à grande échelle. Tout ce qu'ils souhaitaient, c'était industrialiser les cultures de fleurs. Dries conclut en soupirant : « Ils ont pris les fleurs, mais pas le processus. » Ils voulaient faire de la production et du rendement en les mettant dans des rangées bien identifiées, toutes seules, sans partenaires, en mettant des engrais et des pesticides pour qu'elles « produisent plus ». Il est aujourd'hui très en colère car ils lui ont « volé » des variétés de fleurs pour industrialiser le processus. « Je me suis fait ma propre concurrence », affirme-t-il, alors qu'il était auparavant en Belgique le seul à cultiver des fleurs comestibles. « Ils sont fiers de ce qu'ils ont fait puisqu'ils se targuent d'avoir ramené la diversité dans les champs ! »

3. *Ibid.*, p. 193.

4. Isabelle Stengers, *Au temps des catastrophes. Résister à la barbarie qui vient*, La Découverte, coll. « Les Empêcheurs de penser en rond », Paris, 2009.

Il s'est promis de ne plus laisser d'agronome entrer dans son champ. Il fustige la pauvreté de leur pensée sur le vivant. Tout ce qu'ils veulent, c'est produire, sans voir que ces fleurs se ressèment souvent toutes seules, et qu'il y en a partout : dans les serres, en plein champ, entre les parcelles, à côté, derrière et devant la maison, sur la route qui mène vers la maison. Ils ont du mal à comprendre que les plantes ont « droit à une vie ici ». Les plantes de ce jardin ne produisent pas, mais elles vivent, dit-il encore. Il ajoutera plus tard qu'il veut « vivre au milieu des plantes dans un biotope fort ». La notion de biotope est soigneusement choisie : elle désigne étymologiquement le lieu (*topos*) de vie, que ce paysan cherche à créer pour lui et ses plantes. L'adjectif « fort » souligne sa recherche d'une grande diversité dans son jardin ; d'où son nom : Le monde des mille couleurs. Pour quelle raison a-t-il souscrit à ce projet ? Par naïveté, dit-il. Il pensait qu'ils s'intéressaient à la manière de travailler dans sa ferme et non pas qu'ils voulaient lui « piquer » ses variétés de fleurs pour en faire une culture industrielle.

Après cette promenade, on s'installe dans son bureau pour prolonger la conversation. La quarantaine, il est issu d'une famille de paysans en agriculture conventionnelle chimique, qui se trouve à côté. Il a travaillé dans le passé sur la ferme familiale tout en donnant des cours dans un lycée agricole ; il a voyagé en Afrique et en Amérique latine où il a aussi travaillé sur des fermes. À son retour, il a eu des doutes sur la manière dont ses parents pratiquaient l'agriculture. Des tensions et des désaccords profonds difficiles à gérer ont émergé dans la famille. Il était prévu qu'il reprenne la ferme. Mais, en raison du conflit sur la manière de cultiver, c'est son frère qui en a hérité. Dries Delanote s'installe alors, en 2006, en agriculture biologique et s'éloigne de sa famille. « L'agriculture industrielle, dit-il, je sais ce que c'est, je suis fils de paysans. »

Il précise pourtant qu'on ne peut pas les accuser ou les pointer du doigt en leur disant que « ce qu'ils font, ce n'est pas bien ». C'est trop facile, parce que l'« on a dit aux paysans qu'il fallait produire et produire ; ce n'est pas les paysans qui l'ont dit. Et maintenant, regarde ce qu'on a fait... », dit-il en me montrant les champs dévastés à perte de vue. Au fond, pour lui, critiquer, dénoncer et faire culpabiliser les paysan.ne.s ne sert pas à grand-chose. Il est bien placé pour le savoir. Si lui, « fils de paysans », n'a pas pu changer les pratiques agricoles au sein de sa propre famille, ce ne sont pas ceux qui critiquent l'agriculture productiviste qui pourront faire quoi que ce soit. Pour lui, le temps de la dénonciation est révolu, le problème est ailleurs. Pour changer l'agriculture, il faut changer le « système », dit-il. L'histoire qu'il raconte est édifiante : elle montre comment ce « système » provoque des déchirements à l'intérieur même d'une famille, au risque de la faire voler en éclats. Ni Dries ni les membres de sa famille ne s'en sont sortis indemnes. Il y a de la peine, du chagrin, de l'amertume, de la tristesse et de la colère des deux côtés, mais « que veux-tu ? Il faut vivre avec ».

Ce n'est pas la première fois que j'entends la notion de « système ». Elle est employée par d'autres paysans pour désigner cette histoire naturalisée qui fait disparaître leur monde à petit feu sans que l'on ait le pouvoir de changer quoi que ce soit. Un paysan se suicide tous les deux jours tandis que deux cents fermes disparaissent chaque semaine. Le nombre de fermes agricoles est passé de 2,3 millions à 490 000 entre 1955 et 2010[5]. Selon les sociologues Pierre Bitoun et Yves Dupont, ce monde a été sacrifié par la modernité. Pour eux, il s'agit d'un ethnocide[6]. Le monde des paysans est en train s'effondrer dans l'indifférence presque totale des pouvoirs publics[7].

Le problème est que « tu ne peux pas lutter et te battre contre un système », disait Yannick Ogor (au chapitre 1). Il y a quelques années, il a créé un collectif avec d'autres paysans pour bloquer l'arrivée de la viande industrielle bon marché venue d'Espagne. C'était à l'origine d'une véritable hémorragie dans le monde paysan. Mais une fois l'abattoir bloqué, ils ont vu que cela créait des problèmes pour les ouvriers qui y travaillaient ou pour les chauffeurs. Ces derniers sont repartis décharger les bêtes dans d'autres abattoirs.

> Alors – dit-il – tu vas lutter contre qui, contre l'État ? Contre l'abattoir ? Contre l'Europe ? Contre l'Inra ? Contre l'industrie ? Contre quoi ?

---

5. Estelle Deléage, « Les paysans dans la Modernité », *Revue française de socio-économie*, 1, 9, 2012.

6. Pierre Bitoun et Yves Dupont, *Le Sacrifice des paysans. Une catastrophe sociale et anthropologique*, L'Échappée, Paris, 2016.

7. Voir la lettre ouverte (2017) du paysan Dominique Pipet au président de la République, « Veut-on la disparition des paysans ? », <wikiagri.fr/articles/veut-on-la-disparition-des-paysans-/12667>.

> Ils parlent le même langage. Ils pensent pareil. Ils se connaissent pour la plupart, mangent ensemble, montent des projets de recherche ensemble, décident de ce qui doit être financé et de ce qui ne doit pas l'être. Pour eux, l'agriculture, c'est le pognon et rien d'autre. Et ça te rend fou, car tu ne sais pas comment les stopper !

Ce qui les rend « fous », c'est probablement le sentiment d'impuissance qui les empêche de résister à ce monde qui se pense comme le seul monde au sein de la Terre, comme l'écrit si bien la sorcière écoféministe Starhawk[8]. Ces paysans savent que leur monde est en train de disparaître, de s'effondrer et il y a une profonde colère, mais surtout une immense douleur. Il ne faut donc pas se tromper de cible, disent au fond ces paysans : les familles paysannes sont très peu responsables de la dévastation des terres. Elles n'ont pas inventé le régime de la production et l'idéologie du progrès. Elles ont été embarquées dans cette histoire hégémonique à prétention universaliste contre leur gré.

Avec l'histoire familiale de Dries Delanote, on peut saisir la complexité du terme « jardin » qu'il utilise et qui n'a rien d'innocent. Il est chargé de sens et s'il l'emploie, c'est pour souligner qu'il rompt avec l'histoire de la production. Il souligne la diversité des légumes, des plantes, des fleurs comestibles cultivés sur ses terres. Il est passé dans un monde d'après la production, sans économie. Lorsque je lui demande le nombre de variétés de légumes sur sa ferme, il trouve ma question bizarre et ne sait pas quoi répondre. Il y en a beaucoup mais, en règle générale, on connaît une vingtaine d'espèces et de variétés en agriculture conventionnelle contre une soixantaine en agriculture biologique. Pourtant, « la nature en a créé des milliers », conclut-il.

Plantes au travail

Le lendemain, Dries me demande si je veux bien cueillir avec lui quelques fleurs de brocoli ; j'accepte avec plaisir. Ce n'est pas difficile, même s'il faut se rendre sensible envers elles. Le but des fleurs est d'attirer les autres espèces par leur beauté. Elles savent qu'elles

---

8. Starhawk, *Rêver l'obscur. Femmes, magie et politique*, Cambourakis, Paris, 2014.

doivent se rendre belles pour attirer « notre regard », comme le dit joliment Pollan[9]. « Pour une fleur, la seule possibilité de conquérir le monde consiste à s'adapter aux fluctuations des idéaux humains[10]. » En étudiant plusieurs peuples du globe dans leurs rapports aux fleurs, l'anthropologue Jack Goody dit que l'amour des humains pour les fleurs est presque universel – à l'exception du continent africain, pour des raisons difficilement explicables[11]. Pour l'auteur cela pourrait être dû à la pauvreté florale du continent ou à la période réduite de floraison des fleurs de savane en climat très sec.

Impossible de parler de pauvreté florale dans le jardin de Dries. Il explique que les fleurs de brocoli ont beaucoup de succès auprès des cuisiniers. On peut le comprendre car, comme les autres fleurs, elles maîtrisent parfaitement l'art de la séduction. C'est avec elles que le légume signale sa présence. Les gestes doivent être doux, car les fleurs sont fragiles ; il faut prendre son temps pour les manipuler. Elles nous attirent, nous séduisent mais, en même temps, elles imposent leurs règles quant à la manière de les cueillir. Elles préfèrent que cela n'ait pas lieu en hâte, mais lentement. Avons-nous le choix ? Impossible d'accélérer car elles se déchireraient et perdraient leur beauté, ce qui n'est acceptable ni pour Dries ni pour les cuisiniers. Elles nous obligent à ralentir, nous apprennent que le rendement et la productivité sont des termes contre-nature, des notions qu'elles ne connaissent pas. Elles n'en ont jamais entendu parler. Ce sont des notions « trop humaines ». En revanche, le charme, l'élégance, la beauté, la séduction, elles connaissent. Ces termes viennent du monde de la vie et elles maîtrisent le sujet. On peut penser qu'elles nous tiennent grâce à ces notions. Comme le souligne Emmanuele Coccia, « la fleur est tout d'abord un attracteur : au lieu d'aller vers le monde, elle attire le monde vers elle[12] ».

On discute, on cueille, on se laisse toucher par les fleurs, et Dries Delanote me dit qu'avec Florent, le cuisinier, ils se sont interrogés en ramassant des fleurs et des herbes dans son jardin : les plantes nous regardent-elles lorsqu'on travaille avec elles ? Cela peut paraître fou,

---

9. Michael Pollan, *Botanique du désir*, *op. cit.*, p. 93.
10. *Ibid.*, p. 100.
11. Jack Goody, *La Culture des fleurs*, Seuil, Paris, 1994.
12. Emanuele Coccia, *La Vie des plantes*, *op. cit.*, p. 127.

mais comment pourrait-il en être autrement ? En pointant les têtes de brocoli vers moi, il dit : « Elles doivent nous regarder, non ? » Le paysan Christophe Collini (chapitre précédent) n'est pas donc le seul à s'interroger sur le regard des plantes. Dries est lui aussi très intrigué par cette question. Il n'a pas non plus besoin de connaître la littérature académique sur l'intelligence des plantes pour sentir qu'elles le regardent. Je souris, mais ne dis rien et nous continuons de cueillir. J'ai dit peu de choses sur la question du regard dans le précédent chapitre, car cette question m'éloignait trop des histoires que je racontais, mais il est maintenant temps d'apporter quelques précisions. Selon Daniel Chamovitz, généticien américain, « les plantes surveillent en permanence leur environnement. Lorsque quelqu'un s'approche, elles le remarquent ; et si l'on se tient au-dessus d'elles, cela ne leur échappe pas. Elles savent même si vous portez une chemise bleue ou rouge, si vous avez repeint votre maison ou déplacé leur pot d'un bout à l'autre du salon[13] ».

On ne peut pas trancher la question de savoir si les plantes voient ou non que ce cuisinier ou ce paysan sont rasés de près ; mais on peut affirmer qu'elles savent parfaitement qu'ils leur font de l'ombre s'ils sont entre elles et le soleil. Elles sont extrêmement sensibles à la lumière. Ce n'est pas simplement un signal de perception, mais une source de nourriture. Elles en ont besoin pour transformer l'eau et le dioxyde de carbone en sucre. Il faut donc faire attention à ne pas trop les gêner en cachant la lumière lorsqu'on les approche dans les champs. Non seulement les plantes voyaient Dries Delanote et Florent Layden quand ils s'interrogeaient dans le champ, mais elles savaient également à quel moment de la journée ils étaient venus les voir. Elles savent depuis combien de temps le jour est levé, si l'on est à la mi-journée ou si le soleil est sur le point de passer derrière l'horizon[14]. Elles savent si la lumière vient de la gauche, de la droite, ou de dessus.

Au moment de notre cueillette de fleurs de brocoli, nous pouvons dire que ces brocolis nous voyaient parfaitement, même si ce n'est pas de la même manière que nous. Ils savent exactement de quel côté on se trouve pour cueillir leurs fleurs et comment nous sommes habillés. Dries porte un tee-shirt jaune et moi un pull marron. La sensibilité

---

13. Daniel Chamovitz, *La Plante et ses sens*, *op. cit.*, p. 21.
14. *Ibid.*, p. 21-22.

de Dries aux couleurs est une très bonne chose puisque c'est aussi le cas des plantes qui savent les différencier. Ce qui change, c'est le fait que ces espèces compagnes ne sont pas forcément sensibles aux mêmes couleurs. Les plantes voient les infrarouges et les ultraviolets. En revanche, à la différence de Dries, elles sont insensibles au vert et au bleu. Il est logique qu'ils ne soient pas sensibles aux mêmes choses. Ce sont des espèces différentes, mais cela n'empêche pas ce paysan de *travailler avec* elles. Les plantes de cette famille multispécifique ne jouent pas de la même manière que sur le terrain d'Olivier Durand. Dans son jardin, les plantes *travaillent*, affirme ce paysan. Pour jouer, il a ses deux garçons de sept et huit ans qui habitent avec lui à la ferme. Travailler avec veut dire que non seulement ce paysan travaille dans le champ, mais que les plantes aussi travaillent, même s'ils ne font pas la même chose. Cette formule permet de prendre en compte la relation de travail entre les paysans et les plantes.

J'ai revu Dries à Paris. Il m'a raconté que depuis sa séparation d'avec sa compagne il essaie de passer plus de temps avec ses enfants pour en profiter, en faisant des choses avec eux. Il m'avoue qu'il a beaucoup travaillé avec ses plantes ces dernières années et qu'il ne leur a pas accordé beaucoup de temps. Il m'a demandé des endroits où passer des vacances en France avec eux cet été, car il le leur a promis, ce qui n'était encore jamais arrivé en été. Depuis cette séparation, des choses ont changé dans cette famille. Pour se libérer en partie de son travail avec les plantes et souffler un peu, il a embauché deux personnes. Il ne veut plus autant travailler avec ses plantes comme auparavant. Autrefois, il y avait la mère, la grand-mère, le grand-père, les tantes et les oncles dans les fermes. Tout cela constituait de grandes familles et l'on pouvait laisser les enfants pour travailler dans le champ, mais ce n'est plus le cas. Il faut s'y prendre autrement. Pour éviter les malentendus, il ne dit pas qu'il n'est plus attiré ou amoureux de ses plantes ; il adore toujours ce qu'il fait. Son ex-compagne lui reprochait son amour un peu trop excessif pour elles. Désormais, il veut délimiter ses relations avec les plantes dans un cadre de travail. Voici ce qu'il disait au cours de notre première rencontre :

> Dans la production intensive, dans le bio industriel aussi, on ne laisse pas travailler la plante. On lui donne à bouffer, bouffer, bouffer. C'est

> comme un enfant ; si tu lui donnes à bouffer, et encore bouffer sans le faire travailler... à la fin, il va être gros. C'est la même chose pour la plante. On ne lui donne pas la possibilité de capter de l'énergie, de faire une vraie photosynthèse, faire sa racine. Les plantes ne sont pas des robots ! Il faut les laisser travailler. Il faut les laisser s'exprimer. On est des champions pour produire des plantes feignantes. On plante, on met de l'engrais chimique, on met des pesticides, on la gonfle, on coupe et on l'emmène à la coopérative. Et on recommence : on plante, on met des engrais, des pesticides, on gonfle et on coupe. Et on continue. Et ça, ça n'a rien à voir avec le travail des plantes.

En disant qu'il faut faire travailler les enfants, il ne pense pas au travail dans les champs. Il ne veut surtout pas faire comme les anciennes générations – celle de ses parents – qui faisaient travailler leurs enfants dans les champs dès leur plus jeune âge. Il parle plutôt du travail quotidien à la maison : ranger ses affaires, aider à desservir la table, travailler à l'école. Dans le champ, seuls lui et ses plantes sont considérés comme des êtres adultes qui travaillent. Autrement dit, les plantes ne sont pas pour lui des enfants. Le monde animé de ce paysan n'est pas celui de Jacky Mercier ou d'Olivier Durand.

Ce qui est tout à fait étonnant dans la proposition de Dries Delanote, c'est le fait de soutenir que les plantes travaillent. Il fait, sans le savoir, de la concurrence ontologique à notre conception hégémonique du travail. Il brise en quelque sorte le monopole qui, depuis les travaux de Marx, Engels, Smith et Ricardo – les héritiers des physiocrates les plus connus –, veut que seuls les humains travaillent dans un « rapport de production[15] ». Dans « Le rôle du travail dans la transformation du singe en homme », Engels pousse cette conception à son paroxysme en affirmant que « le travail a créé l'homme lui-même[16] ». Ce serait une prérogative exclusivement humaine qui

---

15. Karl Marx et Friedrich Engels, *L'Idéologie allemande*, PUF, Paris, coll. « Quadrige », 1999 ; Karl Marx, *Travail salarié et capital*, suivi de *Salaires, prix et profits*, Éditions sociales, Paris, 1947 ; Adam Smith, *La Richesse des nations*, chapitre 1, « La division du travail », *op. cit.* ; David Ricardo, *Des principes de l'économie politique et de l'impôt*, GF-Flammarion, Paris, 1999.

16. Friedrich Engels « Le rôle du travail dans la transformation du singe en homme », *in Dialectique de la nature*, Éditions sociales, Paris, 1975, p. 171.

le distinguerait des singes. Le travail comme notion qui permet de distinguer les humains des autres espèces est au fondement de notre exceptionnalisme humain.

La sociologue Jocelyne Porcher s'est éloignée de cette conception anthropocentrée et exceptionnaliste du travail et a défendu l'hypothèse iconoclaste selon laquelle « les animaux travaillent », hypothèse que peu de sociologues ont prise en compte[17]. Elle a mis en question l'idée que seuls les humains travaillent. Quand nous parlons de travail ou du fait de travailler, nous avons du mal à nous départir du fait que ces notions renvoient explicitement à l'être humain. On considérait même jusqu'à récemment que seuls les « humains mâles » travaillaient, une manière de rendre invisible et d'exclure le travail domestique des femmes. Après un travail académique acharné de plusieurs décennies, les féministes ont réussi à faire reconnaître ces tâches domestiques comme un travail qui relève de la sphère non marchande[18]. Mais les plantes, les animaux et les bactéries restent exclus de la sphère du travail. Ils sont dans la nature, grandissent, produisent, se reproduisent, mais tout ce travail ne serait pas un vrai travail, au sens de métier ou d'emploi. Ces êtres vivants assurent pourtant leur propre condition d'existence et, au passage, le nôtre. Pour Jocelyne Porcher, « travailler c'est être en relation. La dimension collective et coordonnée du travail est en effet centrale dans sa définition. Dans l'élevage, cette dimension collective du travail renvoie aux échanges entre hommes mais également aux relations entre hommes et animaux[19] ». Elle a réussi à rendre compte autrement des relations entre les hommes et leurs animaux d'élevage, tout en critiquant les approches propres à l'éthologie et à la zootechnie qui présentent les relations entre les hommes et les animaux uniquement dans une perspective productive et marchande.

---

17. Jocelyne Porcher, *Éleveurs et animaux*, *op. cit.* Pour savoir comment les mollusques ordinaires travaillent pour les scientifiques qui étudient la pollution des rivières, voir le très intéressant article de Christelle Gramaglia et Delaine Sampaio de Silva, « Des mollusques pour "faire parler" les rivières ? », *in* Sophie Houdart et Olivier Thiery (dir.), *Humains, non-humains*, *op. cit.*

18. Ann Chadeau, Annie Fouquet et Claude Thélot, « Peut-on mesurer le travail domestique ? », *Économie et statistique*, 136, septembre 1981 ; Christine Delphy, *L'Ennemi principal. Économie politique du patriarcat*, Syllepse, Paris, 2013.

19. Jocelyne Porcher, *Éleveurs et animaux*, *op. cit.*, p. 162.

Dries étend ici la notion de travail aux plantes cultivées dans son champ. C'est une proposition ontologique sérieuse même si elle peut paraître « académiquement incorrecte[20] ». Pour d'autres, elle apparaît comme à la fois élégante et radicale, traduisant une forme de résistance aux histoires liées au capitalisme, au socialisme, au marxisme, au néolibéralisme – à l'histoire de la production –, où seuls les humains travaillent. En d'autres termes, c'est une proposition paysanne généreuse envers les plantes ontologiquement parlant, provenant de « savoirs paysans[21] ».

En faisant travailler les plantes dans ses champs, Dries ne réserve pas jalousement la notion de travail aux seuls humains. Cette proposition est plus novatrice et radicale qu'une critique académique sur les travailleurs exclus du marché néolibéral[22]. Critiquer les dégâts que provoque le marché du travail ne change pas l'*épistémè* à laquelle ce dernier appartient et qui partage la même conception que ceux qui ont le pouvoir de décider qui travaille et qui ne travaille pas. Elle valide l'*épistémè* physiocratique. En revanche, prendre au sérieux la notion de travail des plantes vient perturber le paradigme naturaliste de l'Économie.

Pour Dries, l'enjeu consiste à trouver des plantes qui veulent bien travailler dans son jardin : plus elles travaillent, moins il est obligé de s'en occuper, ce qui lui permet de libérer du temps pour jouer avec ses enfants. S'il y a autant de diversité dans son champ, c'est qu'il cherche en permanence de nouvelles plantes qui voudront bien travailler avec lui. Il sait cela au terme d'une saison : si elles ont poussé et survécu sans qu'il s'en occupe, cela veut dire qu'elles acceptent de travailler, sinon « tant pis, cela veut dire que les plantes ne veulent pas s'associer avec moi. Si elles ne veulent pas travailler, il faut accepter, c'est comme ça ». Il faudrait alors essayer avec d'autres, car « la nature en a créé des milliers ». Il y a le choix. Il me fait comprendre qu'une relation de travail dans son jardin implique un « accord » entre deux parenaires, et que l'on ne peut pas forcer les choses.

20. Isabelle Stengers, « Jeux de ficelle avec Haraway », *in* Florence Caeymaex, Vinciane Despret et Julien Pieron (dir.), *Habiter le trouble avec Donna Haraway*, Éditions Dehors, Bellevaux, p. 300.

21. Guy Kastler *et al.*, « Des savoirs paysans », *Cahiers philosophiques*, 152, 1, 2018, p. 37.

22. Stéphane Le Lay et Duarte Role, « Ce que le néolibéralisme fait au travail. Une étude de cas en centre d'appel téléphonique », *Terrains/Théories*, 2017, <journals.openedition.org/teth/905>.

Ceux qui ont lu *Le Contrat naturel* de Michel Serres remarqueront que le « contrat avec les plantes » dans ce champ ne se conçoit pas en termes de « forces » comme le fait ce philosophe quand il dit : « La Terre nous parle en termes de forces, cela suffit de faire un contrat[23]. » C'est bien plutôt la création d'un terrain d'entente entre lui et ses plantes. Au-delà de cette différence, tous deux débordent généreusement le vieux contrat social de Jean-Jacques Rousseau qui ne concerne que les humains[24]. Michel Serres a proposé un contrat naturel pour lier les humains avec les êtres plus qu'humains. Le point commun de ces contrats est leur nature spéculative, leur capacité à ouvrir les possibles. Il n'y a jamais eu de véritable contrat social entre les hommes et personne n'a signé ni vu une chose pareille. C'est une histoire racontée par Jean-Jacques Rousseau pour lier les humains d'une certaine manière au sein d'une société.

Dries dit qu'il y a des plantes qui n'ont jamais vu le jour dans son champ et que ce n'est pas facile à comprendre. Cela voudrait dire qu'elles ne veulent ni vivre ni travailler chez lui. Avec d'autres, le travail est difficile. Elles sont tout le temps malades, ne donnent pas grand-chose en fruits et légumes, ne sont pas très belles, leur goût n'est pas très convaincant, elles envahissent les autres espèces et ne leur laissent pas beaucoup de place, ou bien encore elles se font envahir par les autres et ont du mal à trouver la leur... Dans ce cas, il vaut mieux arrêter la collaboration ; ce n'est bon pour personne, ni pour lui ni pour ces plantes. Des deux côtés, on perd son temps.

Le but est d'agir le moins possible pour que les plantes puissent « travailler par elles-mêmes ». Pas besoin d'être tout le temps à leurs côtés. Ce paysan ne leur donne pas beaucoup d'engrais. Il fait attention aux arrosages pour que les racines pénètrent profondément dans le sol. Selon lui, ça fait partie de « leur travail ». Ce qu'il aime, c'est sentir cette « force », leur puissance, quand les racines s'enfoncent dans le sol. C'est au moment où elles s'enracinent qu'elles se lient profondément à la terre. Pendant la liaison, ces plantes emploient toutes leurs forces, mais aussi toute leur intelligence, toute leur « pensée végétale[25] ».

---

23. Michel Serres, *Le Contrat naturel*, *op. cit.*, p. 69.
24. Jean-Jacques Rousseau, *Du contrat social*, GF-Flammarion, Paris, 2011.
25. Michael Marder, *Plant-Thinking : A Philosophy of Vegetal Life*, *op. cit.*

Elles creusent en évitant soigneusement les obstacles qui pourraient les blesser, elles ne peuvent compter que sur elles-mêmes. Pendant ce travail, elles récoltent des informations sur l'endroit où elles vont vivre. Elles font connaissance avec les autres habitants terrestres ; ce n'est pas un « travail facile ». C'est le terme qu'utilise ce paysan pour souligner qu'elles n'ont pas d'outils et creusent pourtant le sol. Cette force le fascine.

Si elles n'ont pas d'outils à leur disposition, elles ont leur « tête ». Elles sont comme des animaux inversés pour reprendre le terme d'Aristote, auquel Linné et Darwin se réfèrent pour caractériser le végétal. Darwin a écrit :

> La marche suivie par la radicule lorsqu'elle pénètre le sol doit être déterminée par l'extrémité, et ce dans le but d'acquérir diverses formes de sensibilité. Il est à peine exagéré de dire que la pointe radiculaire, ainsi dotée du pouvoir de diriger les parties voisines, agit comme le cerveau d'un animal inférieur. Étant placé à la partie antérieure du corps, cet organe reçoit les impressions des autres organes des sens et dirige les divers mouvements. L'extrémité de la radicule agit comme un être intelligent[26].

C'est par la racine qu'elle saisit ce qui se passe autour d'elle, alors que nous, les animaux, nous le faisons par nos têtes[27]. Au cours de mon séjour, nous avons creusé des trous à la truelle pour planter des mottes de melons. C'est ainsi que l'on comprend avec plus de finesse ce que signifie « travailler avec ». On creuse, on les pose, on rajoute de la terre autour et elles reprennent le travail. On sert de relai en quelque sorte ; on les dispose pour qu'elles puissent travailler à leur tour. Dries fait un premier repérage pour identifier l'endroit où planter ses melons. Il ne creuse pas n'importe où. L'endroit est minutieusement choisi pour faciliter leur travail ; le sol doit être bien drainé. Dans le cas contraire, leurs conditions de travail seront mauvaises. Même si elles sont aidées autant que possible, le paysan n'arrose pas les mottes une fois mises en terre. Quand

26. Charles Darwin, *La Faculté motrice dans les plantes* (1882), Hachette livre, BNF, Paris, p. 581.

27. Stefano Mancuso et Alessandra Viola, *Brilliant Green. The Suprising History and Science of Plant Intelligence*, *op. cit.*, p. 84.

je demande s'il le fera plus tard, il réagit immédiatement : « Surtout pas ! » Nous sommes en plein champ, la plante a tout ce qu'il faut dans la motte. C'est désormais à la racine de creuser pour aller chercher de l'eau. Sinon la plante « se dira » qu'il y en a à la surface et « elle ne va rien faire ».

Dries me fait comprendre que les racines des melons risquent de rester en surface. Autrement dit, leurs têtes inversées vont limiter leurs mouvements – comme pour les animaux. Elles ne vont pas aller très loin chercher de l'eau s'il y en a juste à côté... J'insiste : « S'il n'y a pas beaucoup d'eau dans la terre et qu'il n'y a pas d'averses dans les jours qui suivent, est-ce tu ne vas pas mettre en péril ces melons en procédant ainsi ? » Pour lui, ce raisonnement provient du « système ». L'objectif de rendement réclame de planter à telle profondeur, en respectant telle date de plantation, telle dose d'engrais et de pesticides, telle échéance, un nombre de litres d'eau bien précis et un calendrier de cueillette. C'est précisément ce mode de pensée qui nous coupe du vivant et nous installe « hors sol ». L'agriculture ne fonctionne pas comme une « machine qu'il faut mettre en marche ». On allume et on attend. Ici, tout est vivant, les plantes, la terre, les insectes, les micro-organismes, les vers de terre, etc. Un des rôles des paysans n'est pas tant d'appliquer un cahier des charges que de faire des liens entre des entités vivantes. Si les racines ne trouvent pas assez d'eau dans la terre, il n'y a aucune raison de paniquer. Quelques jours passeront et il arrosera. L'essentiel est qu'elles puissent « travailler à leur tour ».

Dans son jardin, sa démarche est similaire à celle d'Olivier Durand, mais moins radicale. Dries utilise quelques préparations autorisées en agriculture biologique contre les maladies et les prédateurs, mais toujours au dernier moment. Même s'il n'est pas à l'aise, il le fait. Mais il prend moins de risques qu'Olivier. C'est pourquoi il n'est pas dans une histoire de jeu avec ses plantes ; dans un jeu, on prend souvent plus de risques que dans une relation de travail. Dans ce dernier cas, on souhaite avant tout que les choses soient bien faites, alors que, dans un jeu, le raisonnement est inverse. Il faut prendre toujours plus de risques pour que le jeu reste intéressant.

Si l'on peut concevoir que jeu et travail ne sont pas incompatibles, quand j'ai expliqué à Olivier que Dries entretenait une relation de travail avec ses plantes, il a répondu que ce n'était pas son cas : il n'aime pas travailler, mais jouer.

On pourrait dire aussi : très bien, Dries Delanote ne met pas beaucoup d'engrais. Il ne leur donne pas beaucoup d'eau pour que les racines s'enfoncent dans le sol, mais ce paysan ne les invite pas à travailler avec lui. Il les *force* plutôt à travailler, ce qui n'est pas la même chose et cela ne doit pas faire forcement plaisir aux plantes. On ne peut pas présumer qu'elles soient heureuses dans son champ. Elles se plient davantage pour travailler. La remarque est juste, mais Dries ne prétend pas que travailler avec les plantes est une partie de plaisir. Il faut travailler pour vivre et survivre dans un champ. Comment ces espèces compagnes pourraient-elles faire autrement ? Peut-on faire autrement ? Ces espèces peuvent-elles vivre sans travailler ?

Si Dries impose aux plantes une certaine façon de travailler, c'est aussi ce qu'elles font à leur manière. Cela ne lui fait pas forcément plaisir non plus. Cueillir des fleurs pendant des heures, trier des haricots jusque tard le soir, creuser des trous pour ses melons, se lever la nuit à trois heures du matin pour mettre en route l'arrosage dans la serre et faire baisser la température, il ne dira pas qu'il meurt toujours d'envie de le faire. Les plantes le forcent à travailler. Ni lui ni les plantes ne soutiendront qu'il est bon de travailler, mais cela fait partie de la vie. Il faut bien distinguer le travail – un terme employé dans le sens de travail salarié et qui vient de l'histoire de la production – d'un *travail interespèces,* qui relève du monde de la vie où des espèces travaillent ensemble. C'est radicalement différent. Chez Dries, ce travail se noue au sein de sa famille multispécifique.

Au cours d'une rencontre avec Christophe Collini (chapitre 3), j'apprends que c'est à la pomme de terre que revient cette « compétence ». Selon lui, « on sème la pomme de terre pour empêcher les adventices de se propager ; elles travaillent, elles nettoient le sol. Elles travaillent pour nous ». Il la cultive non seulement pour avoir des patates, mais aussi pour qu'elles travaillent le sol grâce à leur amidon. Ce serait un « savoir paysan » ancien. Les paysans, ou plutôt les paysannes, utilisaient l'amidon pour laver le linge, les casseroles et l'intérieur de la maison. Avant l'industrialisation, il n'y avait ni pesticides ni détergents et la pomme de terre était mise à contribution. Elle effectuait des tâches multiples dans les fermes. Elle était polyvalente et assurait des tâches quotidiennes très différentes. Non seulement elle travaillait dans les fermes où elle était un être précieux, mais elle était également présente avant l'invention du travail salarié et l'arrivée du régime de la production et de deux économies. Son travail relevait de la « nature-culture », selon l'expression d'Haraway.

Ce qui différencie la ferme de Christophe du jardin de Dries, c'est que chez lui les pommes de terre travaillent mais pas toutes les plantes. Christophe n'était néanmoins pas opposé à cette proposition ontologique académiquement incorrecte faite par Dries qui élargit la notion de travail aux autres plantes. Cette proposition lui paraissait juste et enthousiasmante : cela permettait que « l'on change les cadres de pensée avec lesquels on pense les plantes ».

Certains se demanderont si les plantes de Christophe se sont alors mises à travailler. Compose-t-il, lui aussi, sa famille multispécifique grâce au travail avec ses plantes, comme Dries ? Je ne le pense pas. C'est resté un projet : il n'en n'a pas eu le temps. Christophe est décédé en février 2018. Sa famille multispécifique était différente de celle de Dries. Il ne travaillait pas avec ses plantes, mais il partageait des huiles essentielles et ses techniques de soin avec elles.

Après son décès, son amie Rachel Lagière m'a expliqué que, pour Christophe, ce qui était bon pour lui devait être bon pour ses plantes. Les huiles lui servaient à la fois à diminuer ses douleurs et prendre soin de ses plantes. Atteint d'une maladie incurable, il usait des mêmes soins au sein de sa famille multispécifique. Je l'ai longtemps ignoré malgré nos multiples rencontres et conversations téléphoniques, jusqu'à son hospitalisation quand il m'a appelé pour savoir l'état d'avancement de ma recherche. « Ça va être compliqué », m'a-t-il dit.

Dans ce moment très délicat, je lui ai malgré tout demandé si ses plantes savaient que « ça allait être compliqué ». Il a répondu que oui et qu'il les avait prévenues. Si j'ai posé cette question, c'est que je savais qu'il aimait leur parler. Il abordait avec elles des sujets dont il ne parlait avec personne d'autre. S'il ne m'a rien dit sur son état de santé, il en a été tout autrement pour ses interlocutrices avec lesquelles il lui semblait normal de parler. Il y a des choses, comme les maladies, qui ne se disent qu'à l'intérieur des familles. Je pense à lui, à sa fille de seize ans, à son amie, ses parents, mais aussi à ses plantes. En ne le voyant plus passer parmi elles, privées des soins aux huiles essentielles, elles ont dû sentir sa perte à leur manière. Depuis son décès, ce n'est pas seulement la vie de ses proches humains qui a changé, mais aussi celle de ses plantes. Les plantes ont dû ressentir leur propre chagrin. Elles ont dû être affectées par sa perte.

Haraway nous a appris que la « pratique de deuil n'est pas une spécificité humaine » mais une notion partagée avec d'autres vivants. Être en deuil, c'est « séjourner avec une perte, en venir à apprécier ce qu'elle signifie, comment le monde a changé, et comment nous devons *nous-mêmes* changer, renouveler nos relations si nous voulons aller de l'avant depuis l'endroit où nous sommes[28] ».

Personne ne sort indemne d'un tel drame et le monde a changé pour sa fille, ses plantes, son amie et ses parents, même si les choses ne sont pas les mêmes pour tous. Malgré la douleur immense causée par cette perte, sa fille est moins concernée par la décomposition familiale. Elle continue à vivre avec sa mère, comme auparavant. Quant à ses parents, ils font leur deuil ensemble dans l'ancienne maison familiale. Son amie est retournée auprès de sa famille quand Christophe a été hospitalisé. Elle savait déjà qu'elle ne pourrait pas reprendre sa ferme. Dans cette histoire, ses plantes se sont retrouvées orphelines. Elles ont été abandonnées, plus personne ne s'occupant d'elles. La suite est facile à deviner. Seules dans le champ, les plantes ont commencé à mourir. Quand Christophe était en train de mourir à l'hôpital, les plantes mouraient dans le champ.

Beaucoup de personnes ont été affectées par la mort de Christophe, mais au cours des obsèques personne n'a parlé de la mort de ses plantes. Il ne s'agit pas de dire qu'il faut pleurer la mort des plantes au même titre que la mort de Christophe Collini. Il faut simplement souligner que ce paysan ne vivait pas seul sur sa ferme. Il vivait aussi avec ses plantes. Une famille interspécifique s'est décomposée sans que ses membres n'aient véritablement eu le temps de travailler ensemble.

La famille mutispécifique : éviter des généralisation hâtives

Avant d'élargir la question du travail des plantes à d'autres paysans, revenons sur le concept de famille multispécifique. Dans un entretien sur l'agriculture, Haraway explique :

28. Donna Haraway, « Sympoïèse, string figures, embrouilles mutltispécifiques », *in* Didier Debaise et Isabelle Stengers (dir.), *Gestes spéculatifs*, *op. cit.*, p. 51.

> Mon monde intégrerait de manière intensive des séries multispécifiques écologiques : le genre d'agriculture qui ferait la fierté du chthulucène. Il y aurait une sorte d'engagement envers les autres créatures et organismes (les plantes, les animaux, les microbes), une invitation à nouer des liens pour renforcer mutuellement les possibilités d'avenir des uns et des autres. Cela impliquerait donc aussi de « faire des parents » (*making kin*) sur des modes biogénétiques diversifiés, sans pour autant singer la fin de la procréation classique[29].

Elle parle d'agriculture d'une manière très générale sans mentionner les paysans et les paysannes. Il me semble néanmoins clair, pour elle aussi sans doute, qu'on ne peut imaginer une agriculture qui « ferait la fierté du chthulucène » sans eux. Il me semble à cet égard pertinent de mobiliser la notion de famille multispécifique pour certains paysans en supposant que d'autres pourraient également se reconnaître à travers ce concept. Au fond, l'agriculture a toujours été une affaire de famille pour les paysans. Il n'est donc pas anodin de se reapproprier ce terme en lui donnant un sens nouveau : cette notion élargit la parenté aux autres espèces avec lesquelles les paysans vivent depuis longtemps. Il ne s'agit pas pour autant de se tourner vers un passé mythique et idéalisé, mais de se le réapproprier, *reclaim*, au sens des écoféministes : « Réhabiliter et se réapproprier quelque chose de détruit, de dévalorisé, et le modifier comme être modifié par cette réappropriation[30]. » Avec l'arrivée de l'histoire de la production et les dégâts entraînés, des milliers de familles paysannes ont été brisées, anéanties et séparées du monde du vivant avec lequel elles vivaient.

Dès lors, au lieu de rêver d'un passé irrécupérable tout en critiquant le productivisme, réimaginer une famille multispécifique permet de tenir compte d'un certain héritage en contribuant à sortir du paradigme de la production et de l'économie. Cela permet de réparer en partie les dommages provoqués par cette histoire naturalisée en instaurant des relations décentes entre ses membres. Ce concept nous offre la possibilité de redécrire les familles paysannes d'une manière non exclusivement humaine, tout en les rappelant à leur passé. Ils cohabitent

---

29. Donna Haraway, « Faire entendre le son des terrestres », *loc. cit.*, p. 3.
30. Émilie Hache, *Reclaim. Recueil de textes écofeministes*, Cambourakis, Paris, 2016, p. 23.

ave les plantes même si l'Économie a rejeté ces dernières du côté de la Nature pour rendre la production possible. C'est un moyen supplémentaire pour rompre avec la pensée naturaliste et économique. S'il faut inventer de nouvelles formes d'agriculture, autant les imaginer au sein de familles multispécifiques, un parti pris qui me paraît être un bon début pour « cultiver les possibles[31] ».

La notion de familles multispécifiques permet de concevoir la relation entre les paysans et les vivants qui les entourent dans les mondes d'après la production. Il ne faudrait toutefois pas que l'invitation à « faire des parents », des parentés multispécifiques et non des familles (sous-entendu, exclusivement humaines), soit comprise comme une injonction moraliste. Cette proposition novatrice perdrait alors toute sa force spéculative et fictionnelle. De même que Donna Haraway compose sa propre famille multispécifique en racontant comment elle participe au jeu d'agilité avec sa chienne Cayenne, je tente de le faire en racontant comment Olivier Durand joue avec ses tomates, ou en essayant de décrire Dries Delanote au travail avec ses plantes. Il s'agit de nourrir le contraste avec la famille multispécifique d'Olivier Durand. La notion ne se substitue pas au travail de description et spéculation. Il faut la peupler d'histoires pour percevoir comment les espèces compagnes jouent, travaillent, s'aiment, se dominent, se disputent, se révoltent, souffrent, se mettent en colère, partagent leurs peines, etc. Il faut raconter comment ces espèces vivent et meurent dans ces nouvelles familles. Il me semble que Christophe accepterait que l'on spécule malgré le drame, si cela permet de changer la manière de raconter des histoires sur le monde agricole. En dramatisant sa mort, c'est aussi une manière de lui faire une place particulière parmi les vivants[32].

Élargir la question concernant le travail des plantes

On peut ouvrir la question du travail des plantes à d'autres paysans puisqu'ils abordent eux-même cette thématique. Dries Delanote n'est pas le seul à penser que les plantes travaillent dans le champ. Après mon

---

31. Isabelle Stengers, *Cultiver les possibles*, Éditions Esperluète, Noville-sur-Mehaigne, 2018.

32. Vinciane Despret, *Au bonheur des morts*, *op. cit.*

séjour chez lui, j'assiste, le 22 novembre 2016, à une journée d'étude organisée par la Fondation de France sur les microfermes. Le sujet intéresse beaucoup ; la salle est pleine ; des paysans ont été invités. Jérôme Dehoholt présente son travail à la ferme. Il aborde le travail des plantes en disant qu'il faut les laisser travailler dans les champs sans mettre de pesticides qui les « anesthésient ». Les pesticides les rendraient encore plus vulnérables envers les prédateurs et les maladies. Ces propos me poussent à prendre la parole.

« J'ai une question typique des sciences sociales (rires dans la salle) : vous avez dit qu'il fallait laisser les plantes travailler par elles-mêmes et non pas les perfuser avec des pesticides, des engrais chimiques, etc. Est-ce que vous voulez dire que les plantes travaillent ? C'est une proposition forte pour un chercheur en sciences sociales et cela m'interpelle. Pouvez-vous revenir sur cette notion ? »

Il répond : « Je sais que ce n'est pas anodin mais important. Bien sûr que les plantes travaillent pour nous. Les vers de terre travaillent aussi, nous sommes en relation avec eux même s'ils sont silencieux en comparaison avec un motoculteur. »

En évoquant le travail des plantes et celui des vers de terre, Jérôme souligne que sa relation avec les êtres autres qu'humains ne relève pas d'une agriculture de production. Les propositions de Dries Delanote et Jérôme Dehoholt ont de quoi surprendre. Ce n'est pas anodin de soutenir que les plantes travaillent. Je me suis fait le relai de leurs propos auprès d'autres paysans. Voici la réaction de François Cost, celui qui tisse des relations d'amour avec ses plantes (chapitre1) :

> Oui, elle bosse, elle se défend tous les jours, elle grandit. Son but, c'est de se reproduire, comme l'humain, c'est la même chose. Son job, c'est de faire la graine, d'avoir des petits pour perpétuer l'espèce, donc elle y va, et elle y va parce que des fois, moi, je ne supporte pas ! On passe des journées, parfois il fait 35-37 °C, nous on est à l'ombre et on boit tout ce qu'on veut. Elle se tape le machin, elle se referme complètement, là vous allez la voir à 17 ou 18 heures, vous lui dites : merde, qu'est-ce qui t'arrive, ma pauvre chouchoute ? Deux heures plus tard, il y a plus de soleil, plus rien. Là, vous voyez qu'elle se rouvre et qu'elle a capté, là vous lui dites : je vais te donner de l'eau maintenant. Elle s'est pris 37 °C dans la gueule pendant huit heures et toi tu étais à l'ombre bien au frais... Mais tu peux faire tout ce que tu veux, elle ne

> se met pas en grève. Elle bosse à sa vitesse. Et si t'es cool avec elle, que tu lui donnes tout ce qu'il faut, ça va, elle fera du légume.

Pour ce paysan, rien n'empêche d'avoir des relations d'amour avec ses plantes tout en travaillant. Ce n'est pas un problème de mélanger amour et travail. Il sait que les hautes températures rendent le travail interespèces inégal. Ce sont alors les plantes qui travaillent le plus. Ce sont elles qui endurent le plus difficile, tandis que le paysan peut se mettre à l'ombre et boire s'il en a envie. Il peut s'arrêter de travailler, ce qui n'est pas le cas de ses plantes. Pour boire, elles doivent attendre la fin de la journée. On ne peut pas leur donner de l'eau au moment des fortes chaleurs, un moment où elles sont plus vulnérables. Elles tombent malades quand il fait trop chaud. « Ce n'est pas le moment de les embêter. Il faut les laisser tranquilles. » Ses plantes travaillent sans pause, sans arrêt, en continu.

Il précise que les plantes ne se mettent pas en grève quand elles travaillent. Il aime cette spécificité des plantes. Quand il était entrepreneur et que ses employés se mettaient en grève, il n'aimait pas ça. Il détestait, même. Ce qu'il aime chez les plantes, c'est qu'elles « bossent », même si c'est à leur rythme. L'important, c'est de ne pas s'arrêter de travailler et de ne pas faire la grève. En retour, il faut être « cool » avec elles, sinon elles ne donneront rien du tout. Même si elles ne se mettent pas en grève, elles travaillent comme elles aiment le faire. Cet ancien entrepreneur ne peut donc pas leur « extorquer facilement une plus-value ». Les plantes travaillent, ne font pas grève et, pourtant, sans être totalement soumises. Elles résistent à leur manière. Le moindre faux pas de la part de cet ancien entrepreneur peut lui coûter cher. Elles le sanctionneraient en lui coupant ses vivres, en ne lui donnant plus rien.

Le travail interspécifique cartographie bien ce qui se déroule dans le champ. C'est un travail qui concerne les terrestres – ceux qui vivent et travaillent sur cette terre, en laissant derrière eux les modes de production. Ce travail entre les espèces permet de percer le « ballon » pour reprendre l'expression de Dries Delanote et atterrir sur terre[33]. Les plantes ne sont pas remplaçables, elles ne peuvent être remerciées ni

33. Bruno Latour, *Où atterrir ?*, *op. cit.*

par les capitalistes ni par les socialistes. Les plantes et leurs paysans sont sur le même bateau et il n'y a pas de marche arrière possible. Ils doivent terminer ensemble le travail commencé, jusqu'à la fin de vie des plantes.

Lors de mes tournées dans les campagnes françaises, j'ai fait la connaissance de Pascal Boureau, un paysan qui habite près de Poitiers, avec sa femme et ses deux enfants. C'est Inaki Aizpitarte, chef du restaurant Le Chateaubriand, qui m'a donné ses coordonnées. Il le fournit en asperges. Cette plante pluriannuelle appartient à la famille des *Asparagaceae*. Originaire du bassin méditerranéen, elle est très appréciée par les cuisiniers. On dit d'elle que c'est un « légume noble ». Dès la saison des asperges, au mois de mars, les cuisiniers ne jurent plus que par elle. On peut la manger crue, cuite à la vapeur, au beurre, à l'huile, la rôtir au four, etc.

Pascal Boureau est originaire de la région ; sa famille est composée de paysans depuis plusieurs générations. Il cultive l'asperge depuis une dizaine d'années sur dix hectares. Plus encore, il s'est pris d'amour pour elle et considère que ce n'est pas un légume « comme les autres ». Nous sommes dans son champ où il les cultive en pleine terre, sans serre et en buttes. C'est une culture très technique. Il faut savoir quand arroser, comment les cueillir – la tige doit être cassée au bon endroit afin de ne pas blesser la plante –, quand arrêter la cueillette, en laissant la plante monter en fleurs. Si on abuse d'elle, elle risque de se fatiguer et de moins donner l'année suivante. Elle doit être entretenue toute l'année. Un peu comme la vigne.

Je demande s'il utilise des traitements chimiques. Sa réponse est claire: « Jamais dans ma vie je ne mettrai quoi que ce soit sur mes asperges. Je les adore trop. » C'est une vraie passion ; il leur met du compost de champignons ; il a des ouvriers spécialisés qui savent précisément quand cueillir, ni trop tôt ni trop tard, « pour qu'elles soient parfaites ». Il m'emmène ensuite dans un hangar où plusieurs ouvriers les trient à l'aide d'une machine qui les lave et effectuent un premier classement en fonction du calibre. Les tiges tordues partent à droite, celles qui ne sont pas belles ne « passent pas l'examen » et sont écartées. Les ouvriers inspectent soigneusement celles qui ont passé l'examen et les reclassent en fonction du calibre, de l'aspect esthétique. Un vrai travail d'orfèvre.

Pascal Boureau est très content de l'asperge. Il en jette très peu. Même celles qui sont tordues, petites et pas belles sont vendues dans des lieux de commerce moins chers. Les acheteurs « s'en fichent complètement », dit-il. Il rentre toujours à la maison avec des caisses vides. C'est comme si les asperges avaient quelque chose de plus. En comparaison, la carotte, par exemple, c'est une tout autre affaire pour les vendre, expliquait Robert Albezard : elles doivent être droites. Pour l'asperge au contraire, « ça passe ». Beaucoup d'asperges ne sont pas droites et elles se font quand même manger. Le pouvoir de séduction dont use l'asperge pour se faire manger relève d'un mystère. Quelle est l'étymologie du terme « noble » ? C'est quelqu'un qui « est au-dessus des autres par sa qualité, sa valeur, ses mérites[34] ». Le terme vient du mot latin *nobilis*, « digne d'être connu ». Il est au-dessus des autres, noble par naissance, et n'a rien besoin de faire pour être différent. La proposition est spéculative : être un légume noble implique-t-il que les asperges n'ont pas besoin de faire particulièrement attention à leur esthétique, à leur beauté pour se faire manger ? Est-ce que c'est grâce à leur noblesse que les asperges, y compris les moches et tordues, se font quand même manger ? Dans le champ de Pascal Boureau, le fait que l'asperge soit un légume noble ne change rien à la question du travail des plantes :

> Forcément qu'elle travaille : tu as un sol compacté, alors elle va aller chercher différemment son enracinement. Le travail de la plante, ça va être s'adapter au climat, au terrain. Ça fait partie de son travail. Moi, je l'aide et elle travaille. C'est sûr, ce n'est pas moi qui vais prendre la racine pour l'enfoncer. Moi, je vais favoriser son travail, c'est tout.

Il va dans le même sens que d'autres paysans, et la noblesse de ce légume particulier n'y change rien : l'asperge travaille. Elle n'est pas un être privilégié qui ne travaille pas ; dans ce monde animé, la noblesse travaille aussi. Elle ne vit pas du travail des autres mais fait comme tout le monde. Tout ce que peut faire ce paysan c'est de l'aider. Mais le problème n'est pas de savoir si les légumes nobles doivent travailler ou pas. Cette question est déjà réglée. Le problème est ailleurs : à côté de ses asperges bien-aimées, ce paysan cultive quatre cents hectares de céréales, de manière mécanisée et chimique. Il fait partie de ceux que l'on pointe du doigt, et que l'on nomme, à tort, productivistes.

34. <cnrtl.fr/etymologie/noble>.

Pascal Boureau ne dit pas que ses blés travaillent. C'est réservé à ses asperges. Les blés, eux, produisent. Tout est fait pour cela. Ils ne peuvent rien faire d'autre ; ils sont privés de travail, au sens ontologique. Ses céréales sont désanimées par l'Économie. Il se trouve que cette culture n'est pas viable : il perd de l'argent, mais ne veut plus s'agrandir. Il fait alors juste le nécessaire, sans trop savoir comment procéder autrement. Plutôt que d'y voir une contradiction, il est plus intéressant de souligner qu'il est pris dans deux mondes opposés. Dans celui de la vie, les plantes sont dotées de cette compétence, le travail, mais pas dans l'autre. Je ne l'accuse donc pas de faire du productivisme, mais tente de rendre compte de la complexité des choses. Même un gros céréalier, sur quatre cents hectares, peut faire travailler ses asperges dans son champ dans un monde hors production.

Certains diront ici qu'il pourrait, au moins, passer en bio. C'est très difficile en pratique. Pris dans cette histoire de production, il est empêché de passer à autre chose. S'il le faisait, il perdrait encore plus en rendement. Cette question se pose d'emblée alors qu'elle est totalement absente de son travail avec ses asperges. On peut faire l'hypothèse que ce paysan accepte de « perdre en rendement » avec ses asperges, mais pas avec ses blés. Avec ses asperges, il parle passion, amour, travail, plaisir de cultiver, il n'a pas grand-chose à dire sur ses blés. Il respecte le cahier des charges, et l'histoire s'arrête là. Ce paysan sait qu'il n'y a aucune réalité derrière le terme de rendement : on ne peut jamais prévoir à l'avance ce que l'on va récolter dans un champ ; il suffit d'une maladie ou d'une mauvaise météo pour récolter moins. Pourtant, dans l'histoire de la production, il est toujours question de rendement.

Le passage en agriculture biologique ne réglerait pas le problème qui m'intéresse. Si Pascal Boureau réussissait à convertir ses blés en bio, il continuerait à les produire – même sans pesticides –, en cherchant toujours à faire du rendement. Chez les céréaliers – en conventionnel ou en agriculture biologique –, on ne dit pas qu'il faut vivre avec ses blés en les faisant travailler mais qu'on les produit et qu'on fait du rendement[35]. On parle en quintaux. Les plantes cultivées en bio

35. Voir le discours du syndicat AGPB des céréaliers en conventionnel : <agpb.com>; ainsi que le site animé par la FNAB sur les grandes cultures en bio : <produire-bio.fr/je-passe-a-la-bio/reussir-son-passage-en-bio/grandes-cultures>.

ne vont pas se mettre à travailler : l'agriculture biologique n'apporte pas de changements significatifs au niveau épistémologique et ontologique. Elle fait la même chose – sans pesticides – mais appartient toujours à l'histoire de la production. À la suite de l'anthropologue Arturo Escobar, on pourrait dire que l'agriculture biologique fait partie des « modernités alternatives, c'est-à-dire des formes d'action et des manières de penser l'économie et la nature déviantes par rapport à la modernité dominante. Même si elles se départissent des formes les plus dommageables vis-à-vis de cette modernité dominante, c'est-à-dire sous sa forme mondialisante et libérale notamment, elles fonctionnent toujours avec des coordonnées ontologiques propres à l'expérience de la modernité d'origine européenne[36] ».

Même si cela paraît paradoxal, ce paysan perturbe fortement l'« ontologie politique[37] » de la modernité en disant que les plantes travaillent. En ce sens, tout comme les autres paysans, il ne propose pas une alternative moderne, mais une alternative à la modernité elle-même. Au fond, ce paysan n'y est pour rien dans cette histoire de production. Il est dedans, comme nous tous. En voulant qu'il se convertisse en bio pour produire autrement, nous participerions à nourrir le jeu de l'Économie, en nous plaçant du côté pile de la même pièce.

Au lieu de voir ce paysan comme un ennemi qui cultive des blés en agriculture productiviste, « il faut le laisser venir », comme le disait Christophe Collini, le concevoir comme un allié potentiel qui pourrait créer d'autres mondes agricoles. Pour le moment, on dit qu'il faut produire du blé, mais que se passera-t-il si demain l'histoire change et que l'on dit qu'il faut vivre avec les plantes en les considérant comme des êtres sensibles et intelligents, qui peuvent avoir du chagrin, être heureux, tisser des relations d'amour, pleurer les paysans morts au sein de leurs familles multispécifiques et, bien sûr, travailler avec les paysans dans le champ ? Nous sommes déjà en train de changer d'agriculture en la concevant autrement.

---

36. Arturo Escobar, *Sentir-penser avec la terre*, Seuil, Paris, 2018, p. 17.
37. *Ibid.*, p. 85.

Les plantes travaillaient aussi par le passé

Quand on prend au sérieux la proposition de Dries Delanote – les plantes travaillent –, on découvre des choses inattendues, par exemple le fait que cette façon de concevoir le travail paysan n'est pas nouvelle. La sociologue Michèle Salmona rapporte des témoignages passionnants obtenus dans les années 1970-1980 :

> La chaleur agit sur la fécondation, l'ensoleillement, l'aération... En serre, si on n'agite pas les bouquets, les fruits ne se font pas. S'il y a une période froide au moment où les bouquets se forment, les fleurs coulent. Sur les melons, il a fait un temps frais, on a eu un quart des autres années... C'est pour les récoltes de printemps, celles d'hiver, elles sont plus habituées. Il y a le terrain qui joue et le vent. Un terrain léger féconde mieux qu'un terrain dur. Sur un terrain léger, *la plante travaille plus* [...] Si le terrain est sain de bestioles, *la plante travaille normalement*. S'il y a toutes sortes de bestioles, plus rien ne pousse. Le terrain, s'il manque de calcaire, il faut en mettre avec les engrais. Je fais une bonne fumure. Un trait arrosé, ça tient propre le terrain. Pour la nutrition, il faut que les plantes prennent la chlorophylle, que les feuilles soient assez importantes pour ça. Mais il ne faut pas trop d'excès de feuillage ou un feuillage déficient. Il faut une plante sans excès[38].

Non seulement les plantes travaillaient dans le champ, mais différemment. Il est question du terrain sur lequel elles travailleront plus par rapport à un autre où elles travailleront moins. Lorsque le champ est envahi de bestioles, le travail ne peut pas se faire correctement. Les paysans interrogés racontent qu'ils évitent les engrais chimiques. Ces derniers les « agressent » et « brûlent » la graine alors que « le fumier, ça allège la terre. Grâce à lui, la graine respire beaucoup mieux et la plante trouve à manger tout ce qu'elle veut[39] ». Le parti pris de ces paysans est très généreux, du point de vue ontologique, quand ils soutiennent que la terre respire pendant que les plantes travaillent. Soulignons aussi l'astuce qu'ils adoptaient pour faire travailler davantage les plantes au niveau racinaire. Ils ne mettaient pas l'engrais tout près des

38. Michèle Salmona, *Les Paysans français*, *op. cit.*, p. 251-257. C'est moi qui souligne.
39. *Ibid.*, p. 259.

plantes, car « plus l'engrais est loin, plus les plantes courent le chercher... On enfouit l'engrais entre les raies. Les racines se développent pour aller chercher l'engrais[40] ». Ces paysans savaient explorer ce qu'on appelle la « capacité cognitive » des plantes[41]. Ils savaient que la racine est capable de détecter la matière organique dans le champ. En d'autres termes, ces paysans savaient parfaitement faire travailler les plantes, et ce en s'appuyant sur la manière dont ils percevaient leur intelligence singulière.

On peut remonter plus loin dans le temps pour constater que d'autres paysans laissaient tout autant travailler leurs plantes dans le champ. Au XIXe siècle, dans les Pyrénées, les paysans disaient que les « plantes étaient en repos[42] ». Cela correspondait au moment où les paysans s'accordaient eux-mêmes quelques jours de repos pour s'adonner à la fête. Si les plantes méritaient de se reposer pendant ces fêtes paysannes, c'est parce qu'elles avaient tout autant travaillé qu'eux.

Lorsque j'essaie de cerner les enjeux du travail des plantes grâce à la notion d'interespèces, cela n'est donc pas nouveau. L'enjeu est plutôt de retrouver à nouveaux frais un lien qui semble avoir toujours existé dans les champs. Selon Eugen Weber, le travail était, pour les paysans d'antan, une façon de vivre et non uniquement une façon de gagner de l'argent comme dans le cas du le travail citadin. Le travail n'était pas conçu de la même manière en ville et à la campagne : en ville, il renvoyait à la production et à l'argent. Les paysans faisaient exactement l'inverse : ils prenaient leur temps[43]. Très peu de paysans possédaient une montre, qui avait peu d'utilité, tout comme les calendriers annuels qui restaient des abstractions[44] ; ils ne faisaient pas de distinction entre le travail et la vie, car la vie, c'était le travail. Le sociologue français Maurice Halbwachs écrivait en 1937 :

> Le paysan, en réalité – et c'est là ce que j'ai appelé le genre de vie paysan –, ne voit pas sa vie coupée en deux parties : l'une pendant

40. *Ibid.*, p. 248.

41. Eric D. Brenner, « Plant neurobiology : An integrated view of plant signaling », *Trends in Plant Science*, 11, 2006.

42. Eugen Weber, *La Fin des terroirs*, *op. cit.*, p. 471.

43. Louis Malassis, *La Longue Marche des paysans français*, *op. cit.*

44. Edward P. Thompson, *Temps, discipline du travail et capitalisme industriel*, La Fabrique, Paris, 2004.

> laquelle il travaille, et l'autre pendant laquelle il ne travaille plus et peut se consacrer à sa famille et à elle seule, aux distractions, se reposer, vivre une vie qui ne soit que sociale, entrer sans arrière-pensées en rapport avec ses semblables et échanger avec eux des idées, des réflexions indépendantes du travail. À la campagne, les hommes sont, pendant toute la journée, presque confondus avec les choses, arbres, animaux, champs, produits du sol. Le travail des champs se prolonge alors même qu'il est terminé, en représentations et préoccupations qui envahissent toute leur vie. Tandis que l'ouvrier peut oublier son travail quand il est hors de l'usine, le paysan n'oublie jamais sa ferme et les travaux de la ferme. C'est bien un genre de travail particulier[45].

Les paysans étaient attentifs au rythme des saisons. Être sensibles à leurs changements était fondamental pour adapter le travail interespèces aux rythmes du monde. C'est la raison pour laquelle les paysans n'usaient pas de montres pour se repérer dans le temps ou compter le nombre d'heures travaillées. Ils n'étaient pas à la disposition du capitalisme, mais du monde, ce qui les engageait dans une tout autre conception du travail.

D'après Weber, ce travail paysan a été massivement remplacé par un travail productif et industriel. Un point de désaccord subsiste pour qui hérite de la thèse latourienne sur la modernité – le travail capitalistique n'a pas remplacé le travail interespèces dans les champs. Il a toujours été là, mais il a été rendu invisible par l'hégémonie idéologique prise par le travail économique qui ne concerne que les humains enfermés dans des rapports de production. On trouve des traces de cette histoire depuis les années 1870 jusqu'à aujourd'hui. En dramatisant un peu, on peut dire qu'un siècle et demi (au moins) de travail végétal dans les champs n'a pas été pris en considération.

Ne pas confondre

Comment dès lors expliciter davantage ce travail interespèces dissimulé depuis près de cent cinquante ans ? Comment le restituer de manière plus concrète ? Revenons sur une discussion qui a eu lieu

45. Cité par Bertrand Hervieu et François Purseigle, *Sociologie des mondes agricoles*, *op. cit.*, p. 27.

pendant la journée d'étude organisée par la Fondation de France sur les microfermes, le 22 novembre 2016. Un agronome – économiste agricole – annonce que, selon ses calculs, on compte 1 800 heures de travail annuel sur des petites fermes. Il veut montrer la « rentabilité des petites fermes » par rapport au travail des paysans. La paysanne Jocelyne Montoliu remarque alors que « [elle] ne sai[t] pas où il trouve toutes ces heures. Moi je travaille de mars à novembre au maximum et je ne sais pas comment vous arrivez à ce nombre ». Elle reproche à ces calculs d'être abstraits, sans rapport avec le travail concret à la ferme. Elle ne voit pas comment ce chercheur peut prouver la rentabilité d'une ferme avec ce calcul abstrait d'heures de travail. Elle ne dit pas qu'il faut augmenter ou diminuer les heures travaillées pour faire des calculs justes, mais que ces chiffres calculant le rendement à la ferme ne veulent strictement rien dire pour elle. J'interviens :

> J'ai l'impression qu'il y a une confusion entre une forme de travail telle que l'agronomie, une sous-discipline économique, la présente, à savoir un travail abstrait basé sur des calculs, et une autre forme de travail, réelle, qui se passe entre vous et les plantes, et qui n'est pas prise en compte. Il me semble qu'on est ici dans un formatage de la part de cette discipline qui veut imposer une conception du travail capitaliste sur les fermes.

Jocelyne Montoliu trouve que c'est une bonne remarque : « Sérieusement, moi, je n'ai jamais compris ce que c'est le travail. C'est un tout. Moi, je vis à la ferme. »

Elle ne distingue pas entre la vie et le travail à la ferme, un constat que pourraient faire les paysans du passé comme nos contemporains. Cette distinction entre vie et travail n'existe dans aucune des fermes que j'ai visitées. Il n'y a pas d'exception. Aucun paysan, aucune paysanne n'est capable de dire quand commence et quand se termine le travail à la ferme. Aucun ne compte les heures travaillées. Aline Colin (chapitre précédent) explique qu'ils n'inscrivent pas les heures travaillées à la ferme dans leur comptabilité. Ils ne sont pas obligés de le faire. S'ils comptaient ainsi, la ferme ne serait pas « rentable ». Les autres paysans sont dans le même cas de figure. Ils relèvent tous cette contradiction entre leur travail et la norme comptable capitaliste : « Si on compte nos heures de travail par rapport à ce qu'on gagne, on se flingue.» Ils n'ont même pas envie d'en parler. Ils évitent de faire la même chose que l'agronome – prouver la rentabilité de leur ferme. On voit ici la puissance du formatage de l'Économie et de ses calculs sur le monde de la vie. Pour qu'une ferme soit rentable, il ne faut pas que les paysans inscrivent leurs heures travaillées dans la comptabilité, une aberration quand on parle de rentabilité !

Il y a ici une confusion profonde entre deux formes de travail : l'emploi salarié, urbain, spécifique, attaché aux systèmes capitaliste ou socialiste focalisés sur le nombre d'heures travaillées – dont parle l'agronome –, et le travail concret avec les plantes, avec le vivant, que l'on a appelé « travail interespèces », et qui n'a rien à voir avec le premier. Avec l'arrivée du régime de production et de la société industrialisée, la conception du travail à l'usine et au bureau s'est imposée jusque dans les champs par l'intermédiaire des disciplines économiques et agronomiques. Or ça ne marche pas. Le travail salarié inventé par l'Économie n'a pas remplacé le travail à la ferme. Les paysans sont toujours dans une forme de travail en relation avec le vivant dont dépend l'état du monde.

Quand on parle du travail aux champs, on confond ces deux conceptions. La première est associée au « temps de l'horloge[46] », mais pas la seconde, qui consiste à *travailler avec*. C'est une activité où deux espèces (au moins) font des choses ensemble. À certains moments, on travaille avec les tomates, à d'autres avec les choux, les carottes, ou les brocolis, en faisant attention aux semailles, aux moissons, aux saisons, aux cultures, au temps qu'il fait. Si ces deux formes de travail se côtoient dans le monde agricole, c'est le temps qu'il fait plus que le temps de l'horloge qui compte. Cette expression du « temps qu'il fait » vient de la paysanne Annie Bertin. Je sais peu de choses sur elle. Nous ne nous sommes pas rencontrés sur sa ferme, mais lors d'un événement organisé par William Ledeuil, un cuisinier parisien. Elle vit à proximité de Rennes. C'est une personnalité connue dans le monde

46. Expression employée par Edward P. Thompson. Je reprends son raisonnement tout en m'éloignant de sa catégorie de travail « orienté par la tâche ». Il n'y a pas de place pour les non-humains dans cette conception du travail. Edward P. Thompson, *Temps, discipline du travail et capitalisme industriel*, *op. cit.*

de la restauration et des gourmets de l'Hexagone pour son travail avec les plantes. Elle ferait partie des premières paysannes à avoir proposé des mauvaises herbes – mouron, lamier, pourpre, trèfle sauvage –, bien avant que ça ne devienne courant. Elles étaient, selon elle, très bonnes pour faire des tartes[47].

C'est la seule personne qui a refusé un entretien. Malgré mes relances, elle ne voulait pas prendre de rendez-vous. Météo-France se trompe souvent et son travail dépend « du temps qu'il fait ». Même en lui disant comprendre sa dépendance envers la météo et la difficulté de se libérer du temps pour m'en accorder, elle m'expliquait, en soupirant, avoir du mal à embaucher pour le travail aux champs. Les gens pensent que c'est comme à l'usine ou au bureau : on fait ses heures de 8 à 17 heures, puis on rentre à la maison. Or, disait-elle, « on ne sème pas les poireaux à 7 heures du matin, on ne ramasse pas les carottes à midi et on ne s'en va pas à 17 heures. Le travail dans le champ, ça ne marche pas comme ça ! »

Quand on travaille avec le vivant, il faut être plus disponible, s'adapter à son rythme. Ce n'est pas la même chose que d'« emballer des cartons ou taper sur un ordinateur », précisait-elle. Elle ajoutait ne pas comprendre le comportement des gens qui disaient pourtant vouloir travailler aux champs. Ce qui l'agaçait le plus, c'était ceux qui travaillaient avec des écouteurs dans les oreilles : comment entendre alors ce qui se passe dans les champs ? « Les écouteurs les déconnectent des plantes, du sol, de la terre. » Le travail dans les champs n'a rien à voir avec un travail au bureau et cette différence ferait qu'elle et les autres paysans seraient obligés d'arrêter, faute de trouver des employés. Elle ne comprenait pas pourquoi personne ne comprenait.

Rendre justice aux plantes pour le travail fourni

Quand j'ai demandé à Jean-Baptiste Anfosso (chapitre 6) ce qu'il pensait du travail des plantes dans le champ, il a répondu qu'il aimait beaucoup cette idée. Il a aussi souligné qu'il s'agit de plantes saisonnières : en dehors de la saison, on leur ôte la vie ; on les tue pour semer

47. On peut consulter l'article d'Olivier Marie : « Les légumes d'Annie », <goutsdouest.fr/goutsdouest/producteurs-bretagne/les-legumes-a-lannie/>.

autre chose. C'est comme ça, « c'est la vie ». Pour lui, ce sera encore plus dur s'il commence à les voir comme des plantes qui travaillent. Je n'ai alors pas su quoi lui répondre, même si sa remarque est très intéressante.

Plus tard, je me suis souvenu d'un livre de Latour où il écrit que les non-humains nous entourent « comme d'humbles serviteurs, ils vivent aux marges du social, font tout le travail, mais ne sont jamais autorisés à se présenter en tant que tels. Il semblerait qu'ils ne disposent d'aucune ouverture, d'aucun accès, d'aucun point d'entrée qui leur permettrait de venir se fondre dans l'étoffe dont le reste des liens sociaux est tissé[48] ». J'ai proposé à Anfosso d'imaginer ses plantes comme des « travailleuses saisonnières ». Cela lui convenait : c'était un « concept vivant ». Le concept – ou trope[49] – que je propose ici permet d'attirer l'attention sur l'engagement des plantes vis-à-vis des paysans – de leur naissance à leur mort. Il permet également d'insister sur le fait que ces êtres mortels ne sont pas là par la nature des choses, ou simplement parce que les paysans l'ont voulu, mais bien parce qu'elles ont décidé aussi de se codomestiquer et de travailler avec eux. La notion de travailleuses saisonnières donne la possibilité de caractériser un autre mode d'existence des plantes et de souligner que l'on n'est pas quitte envers elles. Ce trope a pour ambition d'épaissir davantage les rapports animés avec les paysans qui affirment que les plantes travaillent dans les champs.

Peut-être cette notion permettra-t-elle de prendre en compte les conditions de travail de ces travailleuses dans des nouveaux mondes agricoles à inventer. Précisons que le travail fourni par ces travailleuses saisonnières n'a rien de semblable avec le travail humain ; c'est un travail autre qu'humain. Impossible de leur attribuer des points retraite ou un numéro de Sécurité sociale, des congés payés ou un salaire... qui ne leur servirait à rien.

J'ai tenté de montrer dans ce chapitre comment l'hégémonie de la conception du travail issue des physiocrates a écrasé une autre forme de travail qui se déploie dans le champ et ne relève pas du régime de

48. Bruno Latour, *Changer de société, refaire de la sociologie*, La Découverte, coll. « Poche », Paris, 2007, p. 106.

49. Pour Donna Haraway un trope est une « manière de parler éloignée de celles qui sont naturelles et ordinaires », citée par Thierry Hoquet, « Insaisissable Haraway », *loc. cit.*, p. 149.

la production. Dans cette conception, les témoignages des paysans rapportés par Michèle Salmona sont pris dans un sens métaphorique et non pas littéral. La sociologie utilise encore aujourd'hui largement ces notions pour renvoyer les propos des gens dans le symbolisme, tant l'épistémologie naturaliste est puissante et empêche de faire émerger d'autres types de réalités. On trouve le même problème quand Jocelyne Porcher veut prouver aux sociologues que les animaux travaillent *vraiment* avec les éleveurs dans le champ. Aucun sociologue ne prend cette thèse au sérieux. Prendre au sérieux la question du travail des animaux remettrait en cause ce que la sociologie entend par travail, et personne n'y est prêt, sauf Jocelyne Porcher. Ce concept occupe une place centrale dans l'analyse du monde social[50]. C'est grâce à lui que se comprend l'exploitation des ouvriers et des salariés : c'est lui qui permet aux capitalistes d'extorquer une plus-value. Remettre en question cette notion implique de remettre en cause tout l'héritage marxiste[51]. Les sociologues préfèrent parler de symbolique, d'anthropomorphisme, et discréditer les propos des paysans.

À la différence de Jocelyne Porcher, mon but n'est pas de convaincre les sociologues que les plantes travaillent. Si les paysans disent que les plantes travaillent, tout ce que je peux faire, c'est spéculer ethnographiquement pour rendre leurs histoires plus réelles et consistantes. Au lieu donc d'apporter des preuves du travail des plantes et des animaux, ce qui ne convaincra jamais ceux qui adhèrent à l'épistémè naturaliste, l'enjeu est de ramener la question du travail dans le domaine ontologique (ce que ne fait pas Jocelyne Porcher, qui critique la production industrielle pour défendre un « bon élevage[52] »). Il s'agit de savoir si l'on veut garder la conception physiocratique du travail dont héritent libéraux, marxistes et sociologues. Ce pas de côté ontologique donne la possibilité de faire bégayer la réalité physiocratique qui règne dans les champs.

---

50. Antoine Bevort, Annette Jobert, Michel Lallement et Arnaud Mias (dir.), *Dictionnaire du travail*, PUF, coll. « Quadrige dicos poche », Paris, 2012.

51. Voir T. H. Bottomore, « Marxisme et sociologie », *L'Homme et la société*, 10, 1968 ; Gérard Mauger, « Sociologie et marxisme », *in* Jean-Numa Ducange (dir.), *Marx, une passion française*, La Découverte, Paris, 2018.

52. Jocelyne Porcher, *Vivre avec les animaux. Une utopie pour le* XXI*e siècle*, La Découverte, Paris, 2014.

Troisième partie

Après la production : au milieu des champs

6
CUEILLIR

Éviter de perpétuer des logiques coloniales

Jean-Baptiste Anfosso vit à Bandol dans le sud de la France. C'est lui qui voulait arracher les bras d'un paysan qui arrachait les branches de ses chênes. Pour lui, les plantes sont intelligentes et communiquent entre elles[1]. Il vend ses fruits et légumes aux particuliers et aux cuisiniers de la région. D'origine italienne, il est issu d'un milieu paysan. Lontemps dans la restauration comme barman et sommelier, il a eu envie de faire autre chose. Les gens ont commencé à l'ennuyer, et le monde agricole l'attirait. Sans avoir d'expérience dans le maraîchage, il s'est installé en 2012 après avoir obtenu un BTS en viticulture et œnologie.

Il n'a pas très bien vécu sa formation. D'après lui, si l'on veut changer quelque chose au monde agricole, il faudrait commencer par remplacer les formateurs, pour la plupart des gens ayant des liens avec le monde agro-industriel. « Quand tu fais ces formations agricoles, c'est de la propagande, rien d'autre. L'URSS en pire, si tu veux. » Parler, par exemple, de l'intelligence des plantes, c'est passer pour un extraterrestre. Le raisonnement de ces formateurs peut se résumer ainsi : « Un problème = une solution chimique pour ne pas perdre en rendement. Et quand tu leur dis : non, mais attendez, là, on ne peut pas faire autrement sans déverser tous ces poisons ?, ils te disent : Ah non, ça, c'est un marché de niche. Et tu ne peux plus rien dire. » Il faudrait, selon lui, créer de nouveaux lieux de formation. Je lui demande s'il n'exagère pas un peu, car on entend parler de plus

1. Voir chapitre 4, p. 187.

en plus de la nécessité pour ces formateurs d'apprendre à se rendre sensibles à des choses nouvelles. Il répond non ; il faut distinguer entre le discours médiatique et le terrain. Dans les centres de formation, rien ne bouge. Ces formateurs sont formés à former des chefs d'entreprise d'une exploitation agricole et non à apprendre à vivre et travailler avec le vivant. Nombreux sont ceux qui sont frustrés par cette formation. Certains ont quitté un travail jugé sans intérêt et sont en reconversion. Ils viennent pour changer l'agriculture, et on leur propose la même chose. Ces formateurs « cassent leur projet, leur rêve ».

Jean-Baptiste cultive sur deux parcelles qui font un peu plus d'un hectare et demi. Nous nous rendons sur la première parcelle en pente ; enserrée dans une petite vallée couverte de grands pins d'Alep, elle domine la mer. Ces pins ne sont pas endémiques comme les pins maritimes, plus petits et dont les branches forment un parasol. Ils ont été importés par Napoléon pour assécher les marécages et construire des routes pour faciliter ses conquêtes. Jean-Baptiste ne les aime pas : ce sont des parasites qui colonisent tout ; leurs racines contiennent beaucoup d'acidité qui tue les autres plantes. Du coup, on ne trouve pas grand-chose qui pousse au-dessous et les sols sont presque nus. Le pin d'Alep est une espèce envahissante, colonisatrice. Napoléon a choisi une espèce qui lui ressemble, engagée dans une même logique coloniale. Si ces pins ont pu proliférer sauvagement et devenir les meilleurs bouchers de la région méditerranéenne en tuant les autres plantes, c'est parce qu'ils ont été arrachés à la communauté écologique dans laquelle d'autres espèces contenaient leur pouvoir invasif. Ils ont pris de court des espèces plus vulnérables.

Jean-Baptiste me met en garde : il n'y a pas que des belles histoires à raconter sur les plantes. Ces pins sont à l'origine d'une violence chimique envers les autres plantes *via* leurs racines. Leur manière de vivre pose des problèmes dans son champ. Il faut apprendre avec quels végétaux il est possible de les associer, de créer des alliances, et avec quels autres ce sera plus difficile. L'objectif est de ne pas perpétuer les logiques coloniales. Autrement dit, il s'agit de faire attention aux types de relations établies, certaines pouvant être meurtrières pour les autres espèces. Tout cela dépend des circonstances et des lieux de vie. Sous l'ombre des pins d'Alep, rien ne prospère. Ils ont délimité leur espace en préférant vivre dans un entre-soi mortifère pour les autres. Ce mode de vie irrite Jean-Baptiste.

Mais il ne peut rien faire car il n'est pas propriétaire des terres sur lesquelles ils poussent. Il les loue et n'a pas le droit de les abattre. Il doit se contenter d'arracher les plus petits pour éviter leur propagation.

Quand Jean-Baptiste me parle de son BTS, des conquêtes de Napoléon et du comportement colonial du pin d'Alep, je ne peux que rapprocher ses analyses du projet décolonial de l'anthropologue Natasha Myers. Elle soutient que pour pouvoir imaginer et décrire d'autres façons de concevoir l'avenir avec les plantes, il ne faut plus croire aux tropes naturalisants et mécanisés qui affirment que les plantes procurent des « services écosystémiques ». Bien plutôt, « nous sommes parce qu'elles sont[2] ». Ces tropes supposent que les plantes n'ont rien à dire, qu'elles n'ont pas d'histoires à raconter dans les mondes en devenir[3]. Pour elle, en prétendant que les plantes n'ont pas de point de vue et n'ont rien à dire sur le monde, ces tropes expriment des logiques identiques à celles développées au cours des expéditions coloniales, celles qui se sont propagées sous couvert des sciences économiques et ont colonisé la façon dont nous pensons la terre et les plantes. On risque aujourd'hui de payer un très lourd tribut pour cette histoire dont on hérite, volontairement ou non, alors que la vie est menacée. Comme l'écrit Samir Boumediene, la domination coloniale passe par une « uniformisation » des formes de relations sociales existantes. Elle procède par réduction à ses propres schèmes de compréhension du monde. La colonisation est non seulement un asservissement mais aussi un appauvrissement de l'environnement, des liens sociaux, des façons de connaître comme des manières de vivre[4].

Pour sortir des projets qui colonisent la terre comme notre imagination, Natasha Myers invite à perturber ce qu'elle appelle le « *sensorium* écologique colonial » qui nous fait croire que les êtres vivants fonctionnent comme des machines, et bloque d'autres manières de connaître le végétal[5]. Pour configurer des mondes vivables, il faudra

2. Natasha Myers, « From Edenic apocalypse to garden against Eden : Plants and people in after the Anthropocene », *in* Kregg Hetherington (dir.), *Infrastructure, Environment, and Life in the Anthropocene*, Duke University Press, Durham, 2019.

3. Natasha Myers, « Becoming sensor in sentient worlds », *loc. cit.*

4. Samir Boumediene, *La Colonisation du savoir*, *op. cit.*, p. 428.

5. Natasha Myers, « Becoming sensor in sentient worlds », *loc. cit.*

végétaliser notre *sensorium* trop humain, et se lier avec les plantes. Il ne fait aucun doute que le régime de la production nous a profondément coupés de ces précieux alliés qui nous nourrissent et nous permettent de vivre dans des mondes respirables. Il a bloqué tous les autres accès et il faudra travailler dur pour démolir ces « murs conceptuels » et créer d'autres types de relations[6].

Créer des « zones de confort »

Sur cette parcelle, les plantes sont cultivées sur des buttes. Elles permettent de leur offrir ce que Jean-Baptiste appelle des « zones de confort ». Elles gardent l'humidité (l'été est très chaud à Bandol), et permet de ne pas arroser quotidiennement. De même, le compost sous les buttes permet de bien les nourrir. À proximité des buttes, on trouve deux bassins qui ne servent pas à l'irrigation des plantes mais à attirer les oiseaux. Leurs chants lui font du bien ainsi qu'aux plantes, dit-il. Ils mangent des chenilles et différents insectes. Les oiseaux non seulement contribuent au bien-être multispécifique, mais Jean-Baptiste les emploie indirectement comme main-d'œuvre. Les bassins créent aussi des voiles d'humidité pour les plantes pendant les grosses chaleurs. En hiver, les rayons du soleil réchaufferont l'eau et empêcheront la gelée. On ne peut que penser à Ernst Zürcher, chercheur et ingénieur forestier suisse qui émet une hypothèse spéculative très séduisante sur les liens entre les oiseaux et les plantes dans son livre *Les Arbres entre visible et invisible*. Les oiseaux ne chanteraient pas toute la journée, notamment quand il fait très chaud, pour éviter le dessèchement des plantes en ne les stimulant pas à ce moment de la journée. Selon lui, « peut-être avons-nous affaire ici à un phénomène de mutualisme analogue à celui des mycorhizes (partenariat champignons/racines). On peut en effet imaginer que si, d'une part, les plantes sont stimulées dans leur croissance, les oiseaux, d'autre part, profitent directement d'une base de nourriture plus riche[7] ».

Jean-Baptiste ignore si les oiseaux qui se posent sur les bassins chantent toute la journée ou font une pause pendant les fortes chaleurs,

6. David Graeber, *Pour une anthropologie anarchiste*, *op. cit.*, p. 73.
7. Ernst Zürcher, *Les Arbres entre visible et invisible*, Actes Sud, Arles, 2016, p. 161.

Mycorhize.

en revanche il n'est pas insensible aux mycorhizes. Il se penche sur ses buttes et écarte les plants de fraises : « Regarde, c'est ça, de la mycorhize. »

Le mot mycorhize associe deux étymologies grecques : *muko*, champignon et *rhiza*, racine, explicitant la vie symbiotique entre deux espèces compagnes : la plante et le champignon. Les ectomycorhizes s'enroulent autour de la racine pour créer des relations involutives où le plaisir et le jeu interspécifiques sont centraux pour survivre. À l'extrémité de la racine, on trouve les filaments microscopiques du champignon appelés « hyphes » qui « constituent la partie souterraine et pérenne de ces champignons et sont associés aux plantes[8] ». Dans le sol, les hyphes pénètrent certaines cellules de la plante. Au microscope, cela rappelle des arbustes, indique Marc-André Selosse. Si les deux partenaires trouvent un accord, ils s'associent intimement pour survivre en commun. Le champignon se nourrit de sucres dus à la photosynthèse

8. Marc-André Selosse, *Jamais seul*, *op. cit.*, p. 26.

de la plante ; il en est totalement dépendant. En retour, le champignon fouille le sol pour apporter à la plante de quoi se nourrir : azote, potassium, calcium, phosphore, zinc, cuivre et d'autres minéraux encore qui assurent sa survie. Le mycorhize n'est possible que dans des sols sans engrais chimique. Dans un sol riche en azote, explique Marc-André Selosse, les « symbioses racinaires s'établissent souvent mal », car des plantes suralimentées n'ont pas besoin de chercher des partenaires pour faire des mycorhizes ; elles restent « stoïques »[9].

Des mycorhizes, il y en a partout sur les buttes. Pour Jean-Baptiste, les plantes sont reliées entre elles. Elles se parlent en cas de problème ; si des insectes attaquent, elles auront la force de résister. « La butte est une forteresse pour elles. Et non, je n'ai pas beaucoup de problèmes de maladies. Pourtant, elles sont en plein champ et en plein soleil. »

Jean-Baptiste est très méticuleux quant à la disposition des plantes sur les buttes. Il s'inspire de quelques principes tirés de la permaculture sans se revendiquer « permaculteur », afin de ne pas se « figer ». Il veut éviter les grandes classifications agricoles et les « effets de mode ». Ce qui le rapproche le plus de la permaculture, c'est qu'il cherche avant tout la « productivité » sur de petites surfaces. D'après lui, il n'y a pas véritablement de nouveauté en permaculture. Cette dernière cherche simplement à produire par d'autres moyens.

Mais, en règle générale, on y prête une forte attention à l'association des espèces entre elles et à la question du *design*, ce qui n'est pas sans importance[10]. Dans sa thèse consacrée aux microfermes et à la permaculture, Kevin Morel écrit que l'une des fonctions du *design* est de créer

9. *Ibid.*, p. 233.

10. Sur la permaculture, on peut consulter le livre désormais classique : Bill Mollison, *Permaculture. A Designers' Manual*, Tagari Publications, Tasmanie, 1979 ; Rafter Sass Ferguson et Sarah Taylor Lovell, « Permaculture for agroecology : Design, movement, practice », *Agronomy for Sustainable Development*, 2014 ; Kevin Morel et Francois Léger, « A conceptual framework for alternative farmers' strategic choices : The case of French organic market gardening microfarms », *Agroecology and Sustainable Food Systems*, 2016 ; Perrine et Charles Hervé-Gruyer, *Permaculture. Guérir la terre, nourrir les hommes*, Actes Sud, Arles, 2017 ; Laura Cenemeri, *La Permaculture ou l'Art de réhabiter*, Quae, Versailles, 2019.

« de la beauté et nourrir les paysans[11] », qui sont pour lui les *designers*. Les paysans sont les principaux architectes de ces buttes et font émerger la beauté. On parle de *designer* un lieu, de concevoir un lieu pour rappeler que la beauté compte dans ce type d'agriculture. On pourrait pourtant considérer que les plantes sont tout autant les architectes de cette affaire. Si j'émets cette hypothèse, c'est qu'il ne peut pas y avoir de beauté sans les plantes. Si elles ne peuvent pas seules se fabriquer ces « zones de confort », l'inverse est aussi vrai : le paysan a besoin d'elles pour faire émerger toute cette beauté.

Ces plantes façonnent les buttes à leur guise et, en voyant la multitude de leurs couleurs, on ne peux s'empêcher de penser qu'elles s'y prennent bien. Elles mélangent couleurs et formes pour travailler en beauté. En regardant attentivement le travail fait sur ces buttes, on voit que très peu de choses sont laissées au hasard : l'esthétique est un de leurs points forts. Tout est fait pour qu'elles attirent le regard. Et vu le nombre d'espèces qui sont attirées par les plantes, pourquoi ne pas dire qu'elles ont bon goût ? Comme elles savent que la beauté émerge de la singularité, elles se différencient les unes des autres, pour augmenter les chances de se faire remarquer par les autres espèces. Pour elles, comme pour Jean-Baptiste, la question de la beauté est quelque chose de sérieux, qui compte : elles savent que c'est la beauté qui va aussi créer des liens entre elles et les autres espèces. Si elles sont laides, il y a peu de chances qu'elles intéressent les autres. Elles misent ainsi sur la beauté pour ne pas laisser les autres espèces indifférentes et font tout pour les affecter. Jean-Baptiste n'a pas l'air déçu du travail de ces architectes de premier ordre. Sait-il combien de plantes poussent sur les buttes ? « Probablement des centaines. Mais c'est ça qui est bien, car je plante et après j'en oublie quelques-unes, et je les retrouve en passant plus tard. »

---

11. Kevin Morel, « Viabilité des microfermes maraîchères biologiques. Une étude inductive combinant méthodes qualitatives et modélisation », thèse en sciences agricoles, université Paris-Saclay, 2016, p. 47.

De la production au don-des-plantes

Lorsque Jean-Baptiste vient me chercher à la gare de Bandol accompagné de son chien Vaillant, que son amie vient de lui offrir, il m'annonce avec un air fatigué et inquiet que cette semaine ne sera peut-être pas bonne pour moi : il pleut tout le temps. On ne peut ni entrer dans son champ ni planter. « On ne peut pas travailler la terre. On ne peut pas couper l'herbe autour, car elle est mouillée. Autrement dit, il n'y a pas grand-chose à faire, mais c'est comme ça. Il faut l'accepter. »

Jean-Baptiste se montre agacé par cette météo qui retarde le travail des cultures. « J'ai vu des pluies par le passé, mais là, ça dure depuis un mois. » Il est toutefois habitué à travailler en fonction du temps qu'il fait. Lorsque je m'inquiète un peu naïvement du retard pris par ses cultures, il affirme qu'il n'y a pas « d'inquiétude à avoir » :

> Les melons, les courgettes, les tomates vont sortir, mais pas à la date à laquelle toi, tu as décidé. Penser comme ça, c'est vraiment te prendre pour un dieu qui peut tout faire, que tu maîtrises tout [...]. C'est un raisonnement cartésien, puisque ce n'est pas comme ça que ça se passe dans un champ. Donc non, il n'y a pas de retard, car c'est à la plante de décider quand elle va faire ses fruits et légumes, et elle va le faire quand cela lui convient. Le 14 mai, ce n'est pas le 14 mai de l'année dernière et ça ne sera pas le 14 mai de l'an prochain. Là, il pleut, et ce matin il faisait 6 °C alors qu'on est au mois de mai. L'année prochaine, ce ne sera pas pareil. Quand il fait 6° et que c'est humide, les plantes ne font pas grand-chose, elles sont en dormance et tu ne peux rien faire. Tu ne peux pas les forcer à se mettre au travail. Elles se mettront à travailler quand elles vont avoir des conditions confortables.

Il ajoute : « Moi, je rigole, c'est très à la mode de parler de saison et de saisonnalité alors que d'une année à une autre tu ne vas pas avoir les fruits et les légumes à la même période. Je t'ai déjà raconté l'histoire sur les fraises, sur les tomates et les petits pois de l'année dernière ? »

> L'année dernière, il n'y avait pas de gelée. J'avais de la fraise, de la tomate et des petits pois jusqu'à la fin janvier, mais alors, là, tu es vraiment « hors saison » et je les amène chez Alexandre Mazzia [un chef cuisinier marseillais]. Je lui dis de les prendre en photo et de les mettre

sur Facebook, car je sais que ce crétin (au sens amical du terme) va les mettre quand même sur le réseau pour provoquer et qu'il va y avoir des réactions. Ça n'a pas tardé, voilà que Lionel Levi [un autre chef cuisinier marseillais] poste un commentaire: mais c'est quoi cette permaculture qui produit ses tomates au mois de janvier? On en a marre de manger des produits hors saison... Il m'a piqué au vif. Déjà, Monsieur je-sais-tout, ce ne sont pas des produits, mais des fruits et des légumes que les plantes te donnent pour faire ta cuisine, sinon tu fermes ton restaurant et tu vas t'inscrire direct à pôle emploi. Alors je lui réponds: mes plantes poussent en plein champ sans serre, bah je fais quoi avec mes fruits et légumes, je les jette? Je rentre à la maison et je me fouette car j'ai commis un péché? Je me flagelle parce que les plantes me donnent des fruits et des légumes au mois de décembre? Qui peut mieux décider quand c'est la saison que les plantes elles-mêmes? Qui est le mieux placé pour décider de la saison? C'est aux plantes de décider de la saison, ce n'est pas à nous!
– Tu as posté ça?
– Oui, la saison appartient à la plante et à personne d'autre. Tu sais, en 1965 ici, il y avait deux cueillettes de cerises, il faisait très doux cette année-là. Le cerisier a fait deux fois la cerise.

Jean-Baptiste complique la question des saisonnalités. Parler de saison ne semble pas si évident, puisque « tu colonises le vivant encore une fois. C'est encore te penser le maître en la matière ». Il dit qu'il serait plus juste de parler de « moments » ou d'« instants » plutôt que de saisons. Il a un vieux poirier qu'il appelle Saint-Jean et sa saison est très courte, une semaine, maximum dix jours. Il faut saisir le bon moment pour goûter cette poire et il n'y aurait aucun sens à parler de saison. « Ce sont des moments et il faut être là. » Si Jean-Baptiste complique le problème des saisons et essaie de se mettre à la disposition des plantes, c'est qu'il n'a pas de serre. « Tout le monde te dit qu'il faut installer des serres et comme ça tu n'as pas de problème, mais c'est faux, tu auras d'autres problèmes: de mildiou, d'arrosage, de chaleurs excessives. Et puis, tu forces la plante encore une fois, alors qu'elle te donne ce qu'elle a envie de te donner. » Pour lui, travailler sous serre est compliqué car, même si elle n'est pas chauffée, on est toujours à contre-saison. La serre a tendance à « te mettre toujours hors sol. Elle te déconnecte de la terre, si tu veux; et puis la serre te fait travailler pour le banquier. Non, mais vraiment, ça ne m'intéresse pas, et quand tu travailles sans serre, tu sais ce que tu peux cultiver dans ton champ et ce que tu ne peux pas ».

Quand on travaille sous serre, on est moins sensible aux changements climatiques. En étant exposé aux changements de temps, on voit ce qui marche et ce qui ne marche pas. La serre insensibilise le paysan. Avec l'arrivée du nouveau régime climatique, elle pourrait l'empêcher d'anticiper et de se préparer. Elle enferme le paysan dans une bulle, lui donnant l'impression qu'il peut faire toujours la même chose. La serre empêche la fine observation d'un champ. Un de ses amis qui travaille sous serre a écrit il y a quelques jours sur les réseaux sociaux que le printemps arrive : « Mais de quel printemps parle-t-il ? Il fait 7 °C ! » On a divisé l'année en quatre saisons et on veut trouver les bons fruits et les bons légumes correspondants. Mais ça se passe autrement. Les saisons, les temps ne sont pas figés mais plus fluides qu'on ne le voudrait.

Jean-Baptiste souligne l'importance des changements climatiques. « Il faut être fou pour le nier quand tu travailles dans le champ en tee-shirt au mois de novembre et qu'au mois de mai il fait 7 °C. Ça augmente d'un coup, ou ça baisse. Ce n'est pas difficile à comprendre. » Cultiver va être de plus en plus compliqué. Pour anticiper, il a planté des arbres tropicaux, des manguiers et d'autres plantes du même type : « Dans cent ans, ça va être un désert. Autant planter des arbres qui pourront vivre ici. Il n'y a pas le choix, il faut adapter de nouvelles variétés, de nouvelles espèces. » Les changements climatiques compliquent terriblement le problème, mais la serre n'est pas la solution. « On te dit : mets sous serre et c'est bon, tu vas au paradis. » C'est une autre façon de souligner que la serre véhicule l'idéologie du progrès, une version laïcisée du récit chrétien.

Jean-Baptiste m'apprend qu'il faut au moins 12 °C pour constater les premiers mouvements des plantes. « C'est comme lorsqu'il fait froid : tu es sous une couverture, tu mets un pied dehors puis tu te remets sous la couverture, tu attends cinq minutes avant de décider si tu te lèves ou pas. » Elles aussi attendent pour « pointer le bout de leur nez », mais par ces temps, c'est risqué. Une gelée peut les mettre en péril : « Personne ne le souhaite, ni elles ni moi, alors je m'adapte. Mais bon, j'espère qu'elles ne vont pas prendre beaucoup de temps, ajoute-t-il en souriant, car il faut rassurer le banquier. » Il n'est pas très inquiet : les plantes vont sortir et lui « donner quelque chose ». Cela n'empêche pas le banquier, qui ne comprend pas, de lui mettre une pression inutile. « Il veut voir dans mes comptes des revenus réguliers à la fin du mois, ce qui est impossible lorsque tu travailles avec les plantes. Ce mois-ci, je vais rentrer un peu moins d'argent ; le suivant ce sera un peu plus... Je ne peux pas forcer les plantes. Tu peux toujours les supplier et faire des prières... je ne sais pas si ça marche, mais moi, je dois me contenter de ce qu'elles me donnent quand elles veulent, c'est comme ça. »

Parler de rentabilité le fait sourire. « La rentabilité n'existe pas en agriculture. Ce sont les économistes qui ont inventé ce critère dans leurs livres et leurs ordinateurs. » Il m'avait déjà dit : « C'est drôle, à chaque fois, quand les cuisiniers me posent la question du moment à partir duquel je vais avoir des tomates ou combien de temps j'aurai des carottes, il m'arrive de plaisanter : je leur dis que je vais aller leur demander. » Pourquoi à son avis parle-t-on en termes de production et non pas de don ? N'attend-il pas que les plantes lui donnent quelque chose ? « C'est l'économie qui est passée par là », dit-il. Il rappelle les termes horribles réservés aux paysans par cette discipline : « exploitant agricole », « producteur » ; des mots qui le font bondir. « De toute façon, quand tu travailles avec le vivant, c'est stupide de parler de production et de rentabilité. Un coup de chaud, un coup de froid, une maladie et c'est fini. Ils ne donnent plus rien. Il faut attendre, tout cela est aléatoire. »

Jean-Baptiste a beaucoup contribué à la mise en cause du concept de production. Débarrassé de l'épistémologie économique, rien n'empêche d'introduire la notion de « don-des-plantes » pour prendre en compte sérieusement cette relation entre paysans et plantes. Au lieu de dire qu'elles produisent, permettent le rendement et la productivité, on dira qu'elles *donnent* plus ou moins de fruits et de légumes et que cela ne dépend d'aucune règle. Comme le dit Jean-Baptiste, tout dépend du temps qu'il fait, que personne ne peut prévoir. Ce paysan vit et survit en fonction de ce que les plantes lui donnent.

Nombreux sont les paysans qui disent la même chose. Même un paysan comme Arnaud Lasserre – à Cluny dans la région Centre – insiste sur le fait que « si beaucoup de paysans, je vous assure, pensent rentabilité, production, productivité, la plante, elle donne ce qu'elle peut donner, ce qu'elle a envie de donner ». Découvrir que des paysans parlaient et concevaient leur pratique dans un rapport de don avec les plantes, et que leur discours n'avait jamais été pris au sérieux par les recherches en l'agriculture, obligeait à trouver des chercheurs dans le domaine agricole pour en discuter avec eux. Ce fut possible au cours des journées d'étude sur l'agroforesterie organisées par la Fondation de France, en mars 2017.

J'y ai rencontré trois agronomes et un biologiste. J'ai aussi déjeuné avec ce biologiste et ce fut une belle rencontre. Passionné par la littérature sur l'intelligence des plantes, sans que cela soit son sujet de recherche, il trouve ce domaine de recherche incroyable et son seul regret est de ne pas l'avoir pris comme sujet d'étude. C'est trop tard pour lui, car il est en préretraite.

La discussion s'est engagée sur la question du don-des-plantes. Je leur suggérais qu'en affirmant que la plante produit, on se trouvait dans un rapport de production. En revanche, soutenir que l'on cultive les plantes et qu'elles nous placent dans un rapport de don, cela change tout. Ces deux formes de narration fabriquent deux mondes qui s'opposent.

Un des agronomes a répondu : « Les agriculteurs disent aussi que les parcelles leur donnent. On sait qu'ils disent ça. » Je réponds : « Tu vois qu'ils parlent de don et pas de production. Ce n'est pas la même chose. Il faut prendre ce qu'ils disent au sérieux. » L'agronome semble confus : « Non, mais je sais, je sais. Après, ils savent qu'il faut produire, mais moi je trouve dangereux d'accorder une intentionnalité aux objets. » Il se saisit d'un couteau sur la table : « Le couteau là, je te le donne, mais la plante, elle ne me donne rien du tout. Je prends et je ne demande rien. » Je lui réponds : « Mais la plante n'est pas un objet. Ce n'est pas un couteau. On pourrait se mettre d'accord sur le fait que c'est un être vivant qui fait plein de choses dans les champs, pour faire ses légumes. Elle ne fait pas ses légumes pour rien. » Il répond avec un air confus : « Il y a quelque chose de mystique dans ce que tu racontes. » L'autre agronome prend la parole : « Tu es croyant, non ? Vu comment tu expliques ce rapport... » Les deux autres témoins ne disent rien.

Je n'insiste pas. Il est intéressant de voir que le premier agronome associe le point de vue que je défends à une forme de mysticisme et que le second me prend pour un croyant. Je n'ai reçu aucune éducation religieuse et suis incapable de parler de ces choses-là, qui ne m'ont d'ailleurs jamais intéressé. Si ce que je leur disais ne relevait ni de croyances ni d'un quelconque mysticisme, eux m'ont confirmé en revanche que la production constitue bien le coeur du paradigme dominant de l'Économie dans sa manière de lire le monde agricole. En affirmant que les paysans disent que « les parcelles leur donnent », ils m'ont conforté du bien-fondé de cette hypothèse.

Au moment du départ, je salue le biologiste. Il me lance sur un ton cordial : « Alors ? Production ou don ? » Le lendemain matin, nous avons tous – une soixantaine de chercheurs – rendez-vous avec un paysan qui a planté des arbres fruitiers en agroforesterie. Il nous raconte la manière dont il s'y est pris face aux difficultés de cohabitation entre arbres, plantes et animaux. Lorsque les arbres sont jeunes, ils se retrouvent à la merci des animaux qui pâturent dans le champ et il faut les protéger. Ce paysan a placé des grilles autour des arbres pour que les animaux restent à distance. Il faut « éduquer l'arbre », dit-il, lui faire comprendre qu'il sera tout le temps attaqué par les animaux présents dans le champ. Il doit développer ses propres moyens pour résister, sinon il ne survivra pas au milieu des autres êtres vivants. L'agroforesterie, c'est ça, explique-t-il, savoir « trouver des compromis entre les plantes, les arbres et les animaux. [...] On fait avec ce que nous donnent les arbres, c'est comme ça ». On échange un regard avec le biologiste. Comment ne pas rire ?

Écrire « don-des-plantes » avec des tirets, c'est distinguer cette notion du concept de *don* de Marcel Mauss (dans son célèbre *Essai sur le don* paru en 1924). Il étudiait des « sociétés archaïques »... où il n'avait jamais mis les pieds. Il cherchait à rendre compte des échanges entre les humains en insistant sur la triple obligation : donner, recevoir et rendre[12]. Depuis, ce terme est toujours associé chez les anthropologues et les sociologues à sa définition maussienne[13]. Il s'agit de prendre en compte les liens sociaux entre humains dans des sociétés « non marchandes », par opposition aux sociétés marchandes – les nôtres –, dans lesquelles régnerait une « mentalité froide et calculatrice ». Selon Alain Caillé, héritier de Marcel Mauss, c'est sur cette triple obligation

12. Marcel Mauss, *Essai sur le don. Forme et raison de l'échange dans les sociétés archaïques*, PUF, Paris, 2012.

13. Pour une synthèse, voir Florence Weber et Caroline Dufu, *L'Ethnographie économique*, La Découverte, Paris, 2007 ; On peut consulter aussi le site internet de la *Revue du MAUSS* : <revuedumauss.com.fr/Pages/LIVNUM.html>.

que « se sont construites toutes les sociétés anciennes et traditionnelles[14] ». Le terme de don permet à Mauss de marquer la rupture entre la société moderne imprégnée d'« économie de marché », et les sociétés archaïques.

Cette conception théorique surplombante et asymétrique a pour conséquence d'opposer l'Occident et les Autres, ceux qui « calculent » et adhèrent à une économie capitaliste et ceux qui ne « calculent pas » et s'inscrivent dans un processus d'échange créant du lien social dans une économie non capitaliste. Je ne partage pas cette opposition théorique. Je m'inscris plutôt du côté de l'anthropologue Nicolas Thomas qui réfute l'idée d'« un grand partage entre des sociétés marchandes et des sociétés de don. [...] On ne peut pas parler d'un régime de don, pas plus que l'on ne peut postuler l'existence d'une économie de marché[15] ». Il reprend les travaux de Bronislaw Malinowski : les relations commerciales sont multiples et se font de différentes manières. Selon Bruno Latour et Michel Callon, ce qui différentie les peuples non occidentaux des Occidentaux « c'est la répartition entre ce qui est calculé et ce qui ne doit pas l'être[16] ». Il n'y a pas, d'un côté, des calculateurs et de, l'autre, des non-calculateurs. Chacun calcule, mais différemment...

Le don-des-plantes n'a pas pour objectif de créer du lien social entre paysans et plantes. Les liens sont beaucoup plus solides, matériels, profonds et enchevêtrés que ce que suggère l'idée de lien social. Cette notion de don-des-plantes n'a pas tant pour ambition de symétriser l'Occident avec les autres peuples qui habitent en dehors de l'orbite des Lumières, mais de prendre en compte un rapport de plus parmi tous ceux que les paysans disent avoir avec les plantes. Certains affirment que ces dernières leur donnent des fruits et des légumes pour qu'ils puissent les vendre dans les lieux de commerce afin de survivre, d'autres soutiennent que les plantes produisent et font du rendement. Le don-des-plantes n'empêche pas le calcul, au contraire. Jean-Baptiste calcule comme les autres paysans ce que les plantes lui donnent pour

14. Alain Caillé, *Anthropologie du don*, La Découverte, Paris, 2007, p. 11.

15. Nicolas Thomas cité par Michel Callon et Bruno Latour, « "Tu ne calculeras pas" ou comment symétriser le don et le capital », *in* Alain Caillé (dir.), *Le Capitalisme aujourd'hui*, *Revue du MAUSS*, 9, p. 15.

16. *Ibid.*, p. 12.

survivre. Mais il s'agit de ne pas confondre des lieux de commerce où les paysans vendent leurs légumes avec l'économie de marché. Comme l'écrit David Graeber, « l'histoire économique n'a pas grand-chose à voir avec ce que nous observons quand nous examinons comment se mène réellement la vie économique pratiquement partout, dans les vraies communautés et sur les vrais marchés[17] ».

Quand Jean-Baptiste calcule ce qui lui reste à la fin du mois pour rassurer son banquier, il n'est pas pour autant dans un régime capitaliste. Faire entrer à ce titre ce paysan dans l'économie capitaliste est une grave erreur. C'est ce que fait l'épistémologie économique qui formate le monde dans des rapports de production. Comme je l'ai déjà souligné, aucun de mes enquêtés ne réduit les plantes à des produits ou à des marchandises. C'est une opération impossible quand on se trouve dans des mondes concrets de vie animée.

Contre « l'obsession des économistes d'économiser le monde[18] », il faut souligner que ces paysans peuvent, s'ils le souhaitent, calculer à partir du don-des-plantes. Le faire à partir du don-des plantes ou à partir de la production ne revient pas au même. Dans une histoire de don-des-plantes, la dépendance des paysans envers les plantes est forte. Jean-Baptiste est obligé d'attendre des temps meilleurs pour qu'elles lui donnent quelque chose. Dans le rapport de production, ce rapport de don disparaît, privant les plantes d'un autre statut ontologique possible.

Les plantes se moquent parfaitement de la rentabilité, de la production, du rendement, des délais et du profit. En revanche, elles sont très sensibles aux fluctuations climatiques. Et si les plantes réagissent au moindre changement de température et de milieu, ce n'est pas par une quelconque réaction chimique ou mécanique, comme la philosophie mécaniste le prétend, mais parce qu'elles ont une sensorialité extrêmement développée, comme l'explique Jean-Baptiste. Ce sont les êtres les plus sensibles au monde. Leur sensibilité est mille fois plus développée que celle que l'on trouve dans le règne animal. Stefano

17. David Graeber, *Dette. 5 000 ans d'histoire*, Les Liens qui libèrent, Uzès, 2013, p. 31. Je préfère parler de « lieux de commerce » plutôt que de « vrais marchés », pour les raisons expliquées au chapitre 3.

18. Michel Callon et Bruno Latour, « Tu ne calculeras pas» ou comment symétriser le don et le capital », *loc. cit.*, p. 7.

Mancuso précise que les plantes doivent à la fois prévoir et anticiper : en cas de sécheresse, un animal, un humain peut se déplacer chercher de l'eau pour survivre, ce qui n'est pas le cas des plantes qui restent sur place et font avec les moyens du bord. Immobiles, elles doivent faire avec[19]. L'instinct de survie fera qu'un animal ou un humain mettra le monde à sa disposition pour chercher de l'eau, alors que l'immobilité des plantes les fait raisonner différemment : elles se mettent à la disposition du monde pour survivre. Il fait doux, il ne gèle pas, elles n'ont pas de raison d'arrêter de séduire les humains et vivants autres qu'humains en leur donnant des tomates, des fraises ou des petits pois.

À la différence des agronomes cités, les plantes et Jean-Baptiste ne confondent pas le monde de la production et le monde de la vie. Les plantes ont beaucoup à nous apprendre sur le monde actuel, sur nos rapports au temps et au travail. S'il pleut ou s'il fait froid, si le temps ne leur est pas favorable, elles dormiront, attendront que « ça passe ». Et lorsqu'elles ne donnent pas de légumes, les plantes du champ de Jean-Baptiste lui font savoir très concrètement qu'elles aussi sont dépendantes de ce monde. Parler de don-des-plantes dans une période défavorable permet de faire sentir la fragilité de la relation instaurée entre ce paysan, les plantes et le monde. Elles donnent parce que le monde actuel leur permet de donner.

Certains objecteront que même si les paysans vendent leurs fruits et légumes à partir du don-des-plantes, il y a néanmoins de l'argent en jeu, autrement dit, on ne peut pas se débarasser de l'économie ! Pour répondre à cette objection, il faut aller plus loin d'un point de vue épistémologique et distinguer la monnaie, l'argent ou encore la dette – autant de situations où l'argent entre en jeu – de l'*économie*, et se donner ainsi la possibilité de fabriquer des réalités non économiques. Cette distinction est possible grâce aux multiples travaux d'anthropologues, historiens et archéologues qui ont montré qu'elles ont été inventées et ont circulé dans un grand nombre de sociétés bien avant la naissance de la discipline économique au XVIIIe siècle[20]. Avec

19. Stefano Mancuso et Alessandra Viola, *Brilliant Green. The Suprising History and Science of Plant Intelligence*, *op. cit.*

20. Bronislaw Malinowski, « The primitive economics of the Trobriand islanders », *The Economic Journal*, 31, 121, 1921 ; Paul Einzig, *Primitive Money in its Ethnological,*

l'invention de la discipline économique, les économistes ont associé l'argent à l'économie et se sont accordé le monopole de l'explication de ces phénomènes, sans rapport avec l'empirie.

Apprendre à raconter des histoires en cueillant

Cueillir sans histoires de héros

Peu après mon arrivée chez Jean-Baptiste, il cesse de pleuvoir. Le soleil est revenu et il fait environ 22 °C. Il me dit que les plantes et les arbres au milieu et au bord des champs ne doivent pas être malheureux par le temps qu'il fait; c'est la température idéale pour vivre dans un champ. Les plantes ne sont plus en dormance, les arbres poursuivent leur floraison en attirant les abeilles. « Nous avons intérêt à ce que ça continue », dit Jean-Baptiste en souriant.

Les terres sont mouillées et Jean-Baptiste m'informe qu'on ne pourra pas planter pendant mon séjour, mais qu'on va « cueillir des choses » pour les porter chez les restaurateurs. Il explique que le problème avec certains paysans, c'est qu'ils cultivent très peu de variétés et d'espèces. Ils se retrouvent par conséquent sans grand-chose à vendre lorsque les plantes sont attaquées par les maladies ou lorsque le temps n'est pas propice. « Plus tu diversifies, moins tu prends de risques, car il y a toujours des choses que tu vas ramasser pour les vendre ensuite. »

Cueillir sera notre principale activité jusqu'à la fin de mon séjour. Je trouve plaisant d'arriver à ce moment. Il acquiesce : nous sommes des chasseurs-cueilleurs. « Moi, je ne chasse pas, mais je cueille. Je suis aussi un cueilleur. » Je trouve intéressant de ne pas opposer les chasseurs-cueilleurs à l'agriculture et aux paysans. « Pourquoi tu veux que je les oppose ? Ça va ensemble. On fait tous partie d'un maillon, d'une

---

Historical and Economie Aspects, Pergamon Press, Oxford/Londres 1966 [1949] ; Karl Polanyi et Conrad Arensberg (dir.), *Les Systèmes économiques dans l'histoire et dans la théorie*, Larousse, Paris, 1974 ; Marcel Mauss, « Essai sur le don. Forme et raison de l'échange dans les sociétés archaïques », *Sociologie et anthropologie*, PUF, Paris, 1985 [1923] ; Philippe Rospabé, *La Dette de vie. Aux origines de la monnaie*, La Découverte/MAUSS, Paris, 1995 ; Georges Le Rider, *La Naissance de la monnaie. Pratiques monétaires de l'Orient ancien*, PUF, Paris, 2001.

chaîne. Le cliché sur les chasseurs-cueilleurs en “harmonie avec la nature” et les paysans qui ont détruit la nature et sont aux prises avec les mauvaises herbes, ça va bien au bout d'un moment. »

Jean-Baptiste balaye d'un revers de main l'opposition entre la cueillette de plantes sauvages et la chasse d'un côté, et, de l'autre, des paysans qui auraient dévasté le monde par la domestication et provoqué des désastres écologiques depuis l'ère néolithique ; une thèse sans fondement empirique, d'après l'anthropologue Charles Stépanoff, mais popularisée par quelques philosophes et intellectuels contemporains et relayée par les médias[21]. Avec Jean-Baptiste, je prends conscience que les choses sont plus compliquées que mes postulats de départ. Comme l'écrit Ursula K. Le Guin, l'histoire du cueilleur et des cueilleuses par opposition à celle de l'Homme Chasseur invisibilisant toutes les femmes chasseuses est plus ardue à raconter :

> Il est difficile de faire un récit vraiment captivant en racontant la manière dont j'ai arraché une graine d'avoine sauvage de son enveloppe, et puis une autre, et puis une autre, et puis une autre, et puis une autre, et comment j'ai ensuite gratté mes piqûres d'insectes, et Ool a dit quelque chose de drôle. Et nous sommes allés jusqu'au ruisseau pour boire, nous avons regardé les tritons pendant un moment, et puis j'ai trouvé un autre coin d'avoine... Non, vraiment ça ne tient pas la comparaison avec la manière dont j'ai plongé ma lance au plus profond du flanc titanesque et poilu, tandis que Oob, empalé sur l'une des gigantesques défenses, se tordait en hurlant, et le sang jaillissait partout en de pourpres torrents, et Boob a été transformé en gelée lorsque le mammouth lui est tombé dessus alors que je tirais ma flèche infaillible à travers son œil pour pénétrer son cerveau[22].

Selon cette grande conteuse, on ne sait pas raconter des histoires intéressantes lorsqu'on parle de celui et de celle qui cueillent par rapport à celui qui chasse, sans parler de celle qui chasse, encore plus

21. Charles Stépanoff, « Les hommes préhistoriques n'ont jamais été modernes », *L'Homme*, 2018. Sur cette opposition, voir Paul Shepard, *Retour aux sources du Pléistocène*, Éditions Dehors, Bellevaux, 2013.

22. Ursula K. Le Guin, « La théorie de la fiction-panier », *loc. cit.*, p. 3.

inconnue que le chasseur... comme la femme du soldat inconnu[23]. Un des problèmes du récit de l'Homme Chasseur est que « s'il fait de bonnes histoires, il reflète des actes de bravoure masculins et individuels et, en valorisant leur héroïsme, réduit au silence les autres histoires. Nous avons tendance à être facilement embarqués dans l'histoire d'un héros, mais il s'agit toujours de son histoire à lui (*his-story*), et non pas d'une histoire commune, celle d'un "nous"[24] ».

Pour Le Guin, la question est de fabriquer de bonnes histoires de cueilleurs et de cueilleuses. Ces derniers/ères ne possèdent qu'un « panier » par rapport à l'Homme Chasseur qui possède des lances, des épées et des bâtons pour frapper, cogner et percer, bref, le pouvoir de décider qui vivra et mourra, alors que les récits « du cueilleur et de la cueilleuse et de son panier, eux, nous enjoignent plutôt de nous demander comment les choses vivent et meurent collectivement[25] ». Nous avons entendu beaucoup d'histoires sur ceux qui cognent, frappent et percent, souligne-t-elle encore, mais beaucoup moins sur ceux et celles qui cueillent. Le panier était pourtant un outil plus important pour l'accès à la nourriture que la lance. « Au Paléolithique, au Néolithique, entre 65 et 80 % de ce que mangeaient les êtres humains dans ces régions était cueilli ; la viande ne constituait l'alimentation de base que dans l'extrême Arctique[26]. » Ce n'est pas la viande qui fait la différence, mais l'histoire racontée.

Comme Le Guin, lançons-nous dans la narration d'autres histoires intéressantes dans une histoire non viriliste, où les femmes n'ont pas disparu du monde, pas plus que nos ancêtres qui nous ont transmis les savoirs et compétences requis pour une bonne cueillette. Il fait toujours 22 °C. C'est le temps idéal pour ramasser ce que les plantes ont donné. Je prends des barquettes en plastique pour y recueillir toutes les fleurs que l'on va cueillir. Jean-Baptiste, son panier autour du bras, commence à cueillir des fleurs de chardon de la main gauche, une plante sauvage de la famille des *Asteraceae.* Ce sont des fleurs rouge-violet dont on ne mange que les petites épines. Elles font partie

---

23. Émilie Hache, communication personnelle.

24. Ursula K. Le Guin citée par Pierre de Plessis, « Sur la piste de la truffe dans le désert du Kalahari ».

25. *Ibid.*

26. Ursula K. Le Guin, « La théorie de la fiction-panier », *loc. cit.*, p. 1.

des mauvaises herbes en agriculture industrielle. Il cueille ensuite des feuilles de mauve sauvage, une herbacée de la famille des Malvacées, qui revient tous les ans dans son champ. Il explique qu'elle a beaucoup de vertus médicinales : elle apaise, calme. Elle est parfaite pour les tisanes du soir. Grâce « à la permaculture et au fait de ne pas combattre la vie, la faune et la flore reviennent dans le champ ». J'observe ses gestes et je vois qu'il ne cueille pas toutes les feuilles. C'est une question de « code couleur », dit-il. Il choisit les feuilles plus petites, plus tendres et moins foncées. Cinq mètres plus loin, on tombe sur la nepita, une plante sauvage endémique de la famille des Lamiacées. Une menthe sauvage qui vit depuis plusieurs années dans son champ et qui fait le bonheur de beaucoup de monde. Il en cueille quarante feuilles.

Puis on remplit deux barquettes de roquette sauvage dont le goût est beaucoup plus fort que la roquette cultivée. Il faut l'associer avec d'autres herbes ou s'en servir pour assaisonner. Selon Jean-Baptiste, il n'y a pas « de mauvaises herbes. Là, tu vois, les herbes non comestibles sont très hautes. Dès que ça sèche, je vais les couper avec la tondeuse et ça va faire une couverture végétale et de la matière organique pour les autres plantes. Elles vont apporter du bien-être aux autres plantes et le sol n'est pas nu ; dans la nature le sol n'est jamais nu, il est toujours couvert ».

On commence à cueillir des feuilles de *Chysanthemum coronarium*, une plante comestible sauvage de la famille des Astéracées qui repousse tous les ans dans son champ. Elles ont un goût très fort, au point d'anesthésier la langue. Un bon dosage est également nécessaire pour les assaisonner. Cette plante fait partie des mauvaises herbes pour les plantations céréalières. On passe à la cueillette des feuilles de plantain lancéolé, une herbacée de la famille des Plantaginacées qui contient plus de nutriments que le poireau ; ses feuilles au goût de champignon se mangent crues, en salade. Elle est utile, car elle repousse les pucerons et attire les chenilles. C'est un bon allié, ce paysan lui fait confiance. Elle fait « du bon boulot » dans le champ. À côté se trouve le pissenlit sauvage. On en remplit deux barquettes de quarante feuilles. Leur consommation facilite la digestion. Cinq mètres plus loin, on tombe sur l'orpin de Nice, une plante sauvage de la famille des Crassulacées. On cueille les tiges, les jeunes feuilles se mangent. J'aime bien son goût, assez délicat, même si je ne vois pas avec quoi je pourrais l'associer. Il faut faire preuve d'imagination.

Un peu plus haut, on s'arrête pour cueillir des fleurs de pimprenelle sauvage, une « plante du coin » de la famille des Rosacées. Jean-Baptiste l'aime beaucoup pour ses vertus médicinales. Elle aide la digestion, fait baisser la fièvre, agit contre la diarrhée, les hémorragies, ou encore les brûlures du soleil. Les anciens et les chamans l'utilisaient pour soigner. Ses feuilles ont le goût du concombre. Fraîches et agréables, elles ont beaucoup de succès auprès des cuisiniers.

Nous voici devant le cerisier. Il faut cueillir de petites feuilles de cerisier – pas plus de cinq centimètres –, qui sont plus tendres et donc plus faciles à travailler, mais aussi plus jolies, précise-t-il en me les montrant. « C'est toujours une question de code couleur », dit-il en rigolant. « Regarde, elle est moins foncée. La feuille a des couleurs vert-rose. Elle est beaucoup plus brillante par rapport à d'autres feuilles plus grosses, touche ! » Elles « ne râpent pas, elles sont lisses et belles à regarder ». Les petites feuilles de cerisier n'ont rien à voir avec les grandes, elles sont douces et fragiles et ont un grand pouvoir de séduction. On prend notre temps pour les trouver et il faut les cueillir avec les petites tiges. J'ai déjà vu des cerisiers et cueilli des cerises par le passé, mais je n'avais jamais remarqué ces petites feuilles que je trouve alors d'une incroyable beauté.

Vingt mètres plus haut, on arrive devant un figuier. Le principe est le même : il faut cueillir les jeunes feuilles, plus douces et chargées en arômes. Je demande si les feuilles sont mangeables. Il répond que non, les cuisiniers en font des huiles, de la saumure, ils aromatisent le beurre. On commence la cueillette, en souriant : depuis que j'ai appris la manière dont ils pollinisent, ma relation avec les figuiers est un peu compliquée. Cette histoire me revient toujours : les figues ne sont pas des fruits, mais des fleurs inversées qui se développent à l'intérieur du sépale. Et comme les fleurs du figuier éclosent en interne, elles ne peuvent pas bénéficier de la pollinisation des vents, des abeilles ou des bourdons. Pour faire sa pollinisation, le figuier a besoin des guêpes de la famille *Agaonidae*, les « guêpes de figuier ». La guêpe femelle entre par la petite ouverture en bas dans la figue mâle, que nous les humains ne consommons pas, pour déposer ses œufs ; mais au moment où elle entre, ses ailes et ses antennes cassent, ce qui l'empêche de sortir. Elle meurt à l'intérieur de la figue mâle. Le figuier ne peut pas survivre sans cette guêpe et celle-ci non plus sans le figuier. Encore une forme de mutualisme. Sans collaboration, les deux espèces mourraient. Seuls les bébés femelles s'échappent de la figue, emportant le pollen avec eux. Les bébés mâles naissant sans ailes, ils creusent un tunnel pour rejoindre leurs sœurs avec qui ils se reproduisent. Ils peuvent alors sortir. L'insecte n'est pas interdit chez cette espèce, mais il arrive que la guêpe se trompe et entre dans une femelle, celle que nous mangeons. Prisonnière, elle meurt. Pendant la saison des figues, j'aime préparer une entrée composée de figues et de mozzarella di bufala, avec de l'huile d'olive, de la fleur de sel, le tout couronné par un tour de moulin à poivre. Il se peut que dans l'une d'elle, ma compagne ou moi mangions un reste de guêpe. Toutefois, le croquant qu'on sent sur la dent n'est pas le reste de l'insecte, mais la ficine, l'enzyme que la figue transforme en protéine. Certains véganes ont décidé de ne plus en consommer !

À côté des buttes, Jean-Baptiste cueille quelques tiges de fenouil sauvage, une plante que l'on trouve à volonté au bord des champs. Il y en a partout ! Il me demande de cueillir quelques tiges d'hysope avec leurs fleurs. C'est un arbrisseau vivace de la famille des Lamiacées qui se plaît bien dans ce champ. Les fleurs peuvent être rouges, blanches ou violettes. Jean-Baptiste a choisi cette dernière couleur, car il les trouve plus jolies. Cette plante facilite la digestion et a des vertus antiseptiques. Les fleurs et les feuilles ont un goût très fort. Les cuisiniers l'utilisent pour faire des sauces et aromatiser les salades. Le chef Michel Bras, très réputé dans le milieu de la restauration – il vient de prendre sa retraite –, l'utilisait dans le risotto. Il faut mettre dix tiges par barquette. Je ne vais pas nier que cet arbrisseau est très beau, mais d'une beauté très particulière. Les tiges sont dures, les fleurs sèches et pas très agréables au toucher et pourtant ce n'est pas par manque d'eau. Toutefois, cette plante ou son « langage », pour parler comme les amateurs de plantes du XIXe siècle – qu'évoque Jack Goody dans *La Culture des fleurs* –, ne m'inspire ni la joie ni la gaieté, mais la sécheresse, la tristesse, le malaise, la mort, la fin du monde. Elle me met mal à l'aise. Cinq minutes plus tard, Jean-Baptiste raconte que cette plante est chargée d'histoire et citée plusieurs fois dans la Bible, notamment au moment de la crucifixion de Jésus :

> Il y avait là un vase plein de vinaigre. Les soldats en remplirent une éponge, la fixèrent à une branche d'hysope et l'approchèrent de sa

> bouche. Quand Jésus eut pris le vinaigre, il dit : « Tout est accompli. » Puis il baissa la tête et rendit l'esprit.

Je ne suis pas le seul à sentir que cette plante évoque une forme d'accompagnement vers la mort. Que les auteurs de la Bible aient pris le temps de la mentionner et l'associer à la mort du Christ est tout sauf un hasard. C'est probablement pour souligner que même si l'humain meurt, elle restera en vie. Je la vois bien accompagner l'espèce humaine dans son extinction. Elle me paraît plus que solide, résistante à des changements climatiques extrêmes. Je suis ainsi prêt à parier qu'elle survivra à la fin de l'espèce humaine, et continuera à vivre dans le monde sans nous, mieux, dans un monde après nous. Sans savoir pourquoi, cette plante dont je suis en train de mettre les fleurs en barquettes plastiques est terriblement efficace pour penser le monde de la destruction, ce monde qui commence à « s'absenter petit à petit[27] » pour les humains. Je prends mon temps pour bien cueillir ses tiges, ses fleurs, malgré le caractère imperturbable de cette plante, et son indifférence à ma présence. L'hysope m'apparaît comme l'une des plantes les plus liées au monde et la moins liée à nous. Rien ne peut la perturber, elle me semble bien préparée pour survivre à la sixième extinction en cours[28]. C'est comme si j'étais en présence d'une plante parmi les plus pérennes au monde et les plus indifférentes à la présence humaine. Une plante avec laquelle il sera sûrement très difficile, voire impossible d'établir de quelconques rapports cordiaux et bienveillants. L'hysope m'apprend, ou plutôt me confirme qu'il faut accepter de ne pas pouvoir se lier avec tout le monde dans les mondes interspécifiques en devenir. Comme l'écrit joliment le philosophe Thom Van Dooren, rien n'est connecté à tout, mais « chaque chose est connectée à quelque chose, qui est connecté à autre chose [...]. La spécificité et la proximité des connexions importent avec qui nous sommes liés et comment[29] ».

---

27. Deborah Danowski et Eduardo Viveiros de Castro, « L'arrêt de monde », *in* Émilie Hache (dir.), *De l'univers clos au monde infini*, *op. cit.*, p. 252.

28. Richard Leakey et Roger Lewin, *La Sixième Extinction. Évolution et catastrophes*, Flammarion, Paris, 2011.

29. Thom Van Dooren cité par Donna Haraway, « Sympoïèse, string figures, embrouilles multispécifiques », *loc. cit.*, p. 43.

Jean-Baptiste m'appelle pour cueillir quelques jeunes fleurs d'hélichryse, une plante endémique appartenant à la famille des Astéracées, appelée « immortelle » (encore une !). En Grèce antique, elle évoquait l'amour, mais les Grecs l'utilisaient en tisanes pour soigner les blessures et dégager les voies respiratoires. Elle est aujourd'hui utilisée en cosmétique pour fabriquer des antirides. Je lui demande s'il a fait de la botanique. Il répond en souriant : « Non, il suffit de t'intéresser et de lire un peu. C'est assez simple en fait de connaître tout ça. » Je prépare aussi deux barquettes de diplotaxis. C'est une plante de la famille des Brassicacées, très répandue ici en Méditerranée qui a un goût fort, moutardé, qui ressemble beaucoup à celui du wasabi. À côté se trouve un amandier. Il en cueille quelques feuilles et me fait goûter. C'est très bon, très concentré.

Durant mon séjour, nous sommes revenus sur les buttes cueillir quelques feuilles de shiso, le basilic japonais de la famille des Lamiacées prisé des cuisiniers français pour son goût délicat qui se mélange avec ceux de la coriandre, de la cannelle et de l'anis. Je connaissais déjà cette plante bien dans l'air du temps. On la trouve dans beaucoup de restaurants. Jean-Baptiste, qui connaît bien la frénésie actuelle pour le shiso, dit en rigolant : « Ils n'ont que ça à la bouche, shiso, shiso. » Je comprends bien cette frénésie : le pouvoir de séduction de cette plante est hors pair, et son aspect rouge violet qui se distingue des autres variétés de shiso de couleur verte augmente encore cette force séductrice. Le shiso n'est pas comme l'hysope. Pour qu'elle se retrouve à toutes les bonnes tables, « il fallait le faire ». Chez beaucoup de cuisiniers, elle est devenue un facilitateur du travail, car permet d'apporter quelque chose de plus aux plats sans beaucoup d'effort. J'ai entendu des critiques gastronomiques dire que certains cuisiniers en abusaient. Mais c'est leur responsabilité, pas celle du shiso.Il n'est pour rien dans ces abus, même s'il fait son maximum pour séduire le plus de monde possible, humain ou non humain. Le shiso vit donc un véritable âge d'or. Par le désir qu'il suscite, il s'installe durablement sur le sol français. Pour y arriver, cette plante se laisse manger, mais ce n'est pas pour cela qu'il faut la considérer comme un être uniquement mangeable. On se laisserait berner par son jeu de séduction extrêmement habile.

Je remarque que quelques feuilles de shiso ont été mangées par les limaces. Comment Jean-Baptiste protège-t-il ses plantes de cet animal qui ravage les cultures ? D'après Olivier Mullier, conseiller à la chambre d'agriculture en Loir-et-Cher, il est même l'ennemi public numéro un de certains agriculteurs[30]. Jean-Baptiste dit qu'il ne fait rien. Les dégâts ne sont pas importants :

> Il faut que tout le monde mange [...]. Tu ne vas pas les tuer. Elles étaient là avant nous et elles seront là après nous. Si vraiment je vois que les dégâts sont très importants, cela m'arrive de mettre du Ferramol une fois par an [un traitement autorisé en agriculture biologique] et je ne fais pas ça tous les ans. Mais je n'aime pas ça, tu rentres encore dans la logique de l'agriculture meurtrière.

Il rejoint ainsi Fréderic Chaize dont j'ai parlé en introduction, qui utilise la bave des limaces pour soigner ses crevasses. Sur les buttes, les premières fraises pointent leur nez, prêtes à être cueillies. On les goûte, mais ce ne sont pas les meilleures. Elles sont acides, le sucre n'est pas encore monté ; cela ira beaucoup mieux dans quelques jours. Il faut préciser que tout ce que fait aujourd'hui Jean-Baptiste dans son champ est dû à la fraise ; c'est grâce à elle qu'il s'est fait connaître auprès des restaurateurs. Ses fraises sont exceptionnelles, au même titre que celles du plateau d'Orgeval dont j'ai déjà parlé. Il en a déposé des échantillons chez quelques restaurateurs alentour. « Le téléphone n'a pas tardé à sonner » pour lui demander s'il en avait encore. Le fait qu'elles soient élevées en plein champ, sans serre, sur les buttes, fait son effet.

C'est la fraise avec son goût exceptionnel qui a permis les relations avec les restaurateurs avec lesquels il travaille désormais. Lorsqu'il a déposé les échantillons, la fraise n'existait pas sur un mode de marchandise, mais comme tisseuse de liens. C'est un être relationnel qui a établi de futures collaborations. La fraise a été un médiateur actif qui a réussi à connecter le monde de la restauration avec Jean-Baptiste. Le pouvoir de créer des relations lui revient pleinement. Depuis 2012, c'est toujours la même histoire. Les cuisiniers attendent impatiemment ses fraises. Dans ce circuit, elle n'est pas une simple marchandise, mais un être qui possède la force relationnelle nécessaire pour nouer et ressouder les relations. Mais il n'y en a pas pour tout le monde ; Jean-Baptiste fait

30. Olivier Mullier, communication personnelle.

comme il peut et cela crée de la jalousie entre les cuisiniers... Il dit qu'il ne peut pas mentir en disant qu'il n'y en a pas, car certains cuisiniers mettent leurs plats sur les réseaux sociaux. Comme ils sont connectés, tous voient ses fraises. J'ai eu la chance de les goûter et elles sont exceptionnelles ; elles font partie de ses « plantes fétiches ».

Sauvage et cultivé : une distinction poreuse

En cueillant des feuilles de bégonias rouges trois jours après mon arrivée, je comprends pourquoi Jean-Baptiste parle de cliché à propos des chasseurs-cueilleurs en harmonie avec la nature, d'un côté, et des paysans qui l'ont détruite, de l'autre. Participer à la cueillette m'a permis de comprendre que les plantes sauvages peuvent se trouver au milieu ou au bord de champs cultivés, parfois au milieu du chemin ; elles sont partout. Il était difficile de marcher par peur d'écraser des plantes comestibles. Son champ brouille complètement les limites entre un espace qui serait destiné aux plantes cultivées et un autre aux plantes sauvages. Il ne sépare pas le sauvage et le domestiqué, les plantes sauvages comestibles cohabitent avec celles qui sont cultivées.

En cueillant des feuilles de câpriers, un arbuste méditerranéen de la famille des *Capparaceae* qui pousse et se ressème tout seul dans le champ et alentour, Jean-Baptiste raconte une histoire sur les champignons dans la suite de cette absence de distinction entre sauvage et cultivé, c'est-à-dire cette absence de coupure nature/culture propre à la modernité. À la mi-mars, alors qu'il récoltait des asperges vertes-violettes sur les buttes, il a trouvé huit morilles sauvages, ce qui est inhabituel. Trouver des champignons sauvages sur les buttes l'enthousiasme. « Normalement », les morilles sortent plus tard et surtout pas dans les champs des paysans, mais il ne faut pas s'étonner si des champignons sauvages poussent dans son champ qui ne ressemble pas à ceux de la majorité des agriculteurs. Bien que non spécialiste en la matière, je sais qu'une bonne partie des champignons sauvages ne poussent pas dans des sols profondément labourés et remplis de fongicides, de pesticides et d'engrais chimiques.

Si des morilles sont sorties, cela veut dire pour lui qu'elles étaient aussi présentes aux alentours, dans les espaces non cultivés. Il part alors faire la cueillette. Je lui dis ignorer qu'il était aussi cueilleur de champignons :

« Si, je peux dire que je me suis fait les mollets en allant chercher des endroits. » Je demande naïvement où sont ses lieux de cueillette, ce qui le fait rire. Les cueilleurs de champignons ne donnent jamais les endroits où ils en trouvent. Une fois, Jean-Baptiste a emmené son cousin et ce dernier ne voyait rien. Il courait et laissait tous les champignons. Il en a même écrasé, dit-il. Pour les trouver, il faut marcher doucement, « pas à pas, sinon tu les rates ». Il l'a regretté puisque ce cousin a ensuite indiqué à son entourage l'endroit de la cueillette.

Il a déjà cueilli quinze kilos de morilles sauvages en moins d'une heure. En Italie, sa tante Concetta sortait la nuit tombée et rentrait une demi-heure plus tard avec des champignons pour le dîner. Avant sa mort, il lui a demandé : « Mamie, il vient de pleuvoir, il fait un peu frais, dans quelle direction tu penses que je dois aller pour chercher quelques champignons ? » Elle s'est contentée de répondre : « Va un peu par ici et un peu par-là. » Il se désole qu'elle n'ait rien voulu dire. La fille de Concetta, Silvana, « est aussi très forte pour trouver des champignons ». Elle a appris de sa mère. Elle peut faire la même chose mais il n'est pas du tout sûr que sa mère lui ait indiqué les endroits. « De toute façon, je ne saurai jamais. C'est une histoire entre elles. » Je m'amuse de cette histoire et il réagit : « Ah oui, oui, mais elle est pareille que sa mère. Elle ne te dira jamais où elle va les cueillir. Mais au départ, la cueillette est une histoire de femmes, non ? Les hommes chassent et les femmes cueillent ! »

Jean-Baptiste a appris le métier par son grand-père Bruno, lui aussi un cueilleur hors du commun. Souvent, en voiture, son grand-père disait à son père de s'arrêter. On l'attendait dans la voiture ; il observait, ramassait quelques champignons et on repartait. « Il m'a appris à observer, c'est une question de transmission de savoir. » Pierre de Plessis dirait que Bruno a appris à Jean-Baptiste à « pister » des champignons, un « art de la collecte des signes[31] ».

Comment sait-il quand poussent les champignons ? Pouvait-il me donner quelques signes, quelques pistes ? « Tout dépend de ce que tu cherches », car tous les champignons ne poussent pas dans les mêmes endroits ni aux mêmes saisons : ils sont très sensibles à la lune et sortent le plus souvent au troisième et onzième jour de la nouvelle lune, après la pluie, et s'il y a eu quelques jours de soleil. Il faut observer le sol et

31. Pierre de Plessis, « Sur la piste des truffes ».

les arbres alentour ; si on cherche des morilles par exemple, l'idéal est de trouver des endroits récemment brûlés, des décombres, des terrains assez calcaires, frais. Pour les cèpes, c'est une autre histoire ; il faut viser des terrains acides bien drainés et un peu humides ; comme c'est un champignon mycorhizien qui vit en symbiose avec certains arbres, il faut le chercher en dessous du hêtre, du châtaignier, du pin, du pin sylvestre, de l'épicéa, et être particulièrement vigilant au chêne : les feuilles de cet arbre contiennent beaucoup de lignine – une biomolécule riche en sucre. Quand les feuilles une fois tombées au sol se transforment en matière organique, le champignon y trouve beaucoup de sucre.

Chercher des indices pour trouver des champignons est un savoir comme un autre qui s'apprend. Il faut observer, et le plus dur, selon lui, c'est de les trouver une première fois. « Il faut suivre les premiers champignons, ils vont t'indiquer le chemin pour en trouver d'autres. » Cette fois, les champignons sont allés plus loin, c'est-à-dire jusqu'à son champ, pour lui signifier qu'ils étaient sortis. Autrement dit, pour trouver les champignons, il faut savoir interpréter les signes. Le fait de trouver des champignons dans son champ est pour lui l'indication qu'il doit y en avoir d'autres aux alentours. Il part donc à la cueillette. On peut dire qu'il a, au sens littéral, lu le champignon, la terre, le monde d'une manière sensible, animée. Cette lecture du monde ne passe pas par l'écrit ; elle traduit la double érudition de ce paysan, capable de lire le monde au travers de textes écrits, mais aussi au travers de signes, de traces, de présences autres qu'humaines.

Les morilles aussi ne font pas de distinction ou, plutôt, réfutent cette distinction entre cultivé et sauvage. Elles poussent à cet endroit précis, car elles jugent que la terre y est propice. Pour Jean-Baptiste, le pistage n'est pas une activité propre à la chasse et aux chasseurs masculins, il fait aussi partie des compétences des cueilleurs et cueilleuses. Concetta était une cueilleuse et pisteuse hors pair, capable de cueillir des champignons dans le noir. En pleine nuit, elle pouvait les voir. Elle ne pistait pas les animaux, mais les champignons[32]. Selon le philosophe Baptiste Morizot, le pistage exige une « enquête systématique, [...] la nécessité de réfléchir, de prendre son temps, avant de décider d'identifier. Il y a un suspens systématique du jugement qui est nécessaire sur le

32. Baptiste Morizot *Sur la piste animale*, Actes Sud, Arles, 2018.

terrain, et qui appartient en propre à cet exercice[33] ». Silvana, la fille de Concetta, y excelle. Mais pister les champignons n'implique pas de concevoir l'humain comme un chasseur exceptionnel, en comparaison d'autres espèces ; cela reviendrait à proposer un énième mythe exceptionnaliste[34]. Inventer de nouveau des histoires sous l'égide de l'exceptionnalisme humain, c'est encore et toujours raconter des « histoires de héros », ajouterait Le Guin. Les champignons enseignent la retenue et l'humilité à celles et ceux qui les cueillent. Ils savent que l'on peut rentrer les mains vides. Si la tante de Jean-Baptiste n'a pas voulu lui indiquer les endroits propices avant sa mort, c'est qu'elle savait combien il est difficile de les trouver et souhaitait peut-être réserver ce savoir acquis à sa fille. S'est aussi parce que Concetta était une femme et qu'elle ne disait pas grand-chose de son savoir-faire exceptionnel. Ce sont les champignons qui l'intéressaient, pas les histoires de héros.

Pister les champignons, cueillir des plantes sauvages et des plantes domestiques sont des activités qui vont de pair chez ce paysan. Il n'y a pas de raison de les opposer. Pour être cueilleur-paysan, il faut savoir lire le monde de manière animée sans passer par l'écrit. Il fait partie des paysans qui vont au-delà de cette distinction moderne entre sauvage et cultivé. Il ne fait pas de simplification écologique en réservant les espèces cultivées à un seul endroit. Son champ ne relève pas des monocultures industrielles où l'on cultive une seule espèce génétique – ce que Tsing désigne par le terme de « plantations ». Une notion choisie pour rappeler le passé colonial européen qui commence avec les plantations de canne à sucre au Brésil. Pour faire émerger ces plantations coloniales esclavagistes, il fallait « exterminer les peuples et les plantes locaux, aménager à leur goût des terres sciemment dépeuplées, sans risque que quiconque les réclame, et enfin recruter des forces de travail issues de cultures lointaines et isolées. Ce modèle de scalabilité du paysage est devenu une source d'inspiration pour l'industrialisation

33. Baptiste Morizot, *Les Diplomates*, *op. cit.*, p. 213.

34. Comme le fait Baptiste Morizot. Sur ce point, voir la critique que lui adresse la sociologue Chloé Mondémé, « Le loup pour l'homme. À propos de Baptiste Morizot, *Les Diplomates. Cohabiter avec les loups sur une autre carte du vivant* », <laviedesidees.fr/Le-loup-pour-l-homme.html>.

plus tardive[35] ». En ce sens, le champ de Jean-Baptiste sort de la logique des plantations et du plantationocène, qui désigne chez Haraway « la transformation dévastatrice de divers types de fermes humaines, des pâturages, et des forêts en plantations extractives et fermées, qui se fondent sur le travail des esclaves et d'autres formes de travail exploité, aliéné, et généralement spatialement déplacé[36] ». Il n'y a donc plus de raison de « jouer cette vieille opposition cueillette contre agriculture qui ne correspond plus à rien dans un monde sans progrès, pour multiplier les possibilités de cohabitation multispécifiques[37] ».

Nous commençons à cueillir quelques fleurs de fèves, une des plantes préférées de Jean-Baptiste ; il adore son goût de champignon. Les bactéries qui entourent les racines apportent de l'azote aux plantes, et les fèves font un joli paillage. Ce paysan est très sensible à la symbiose – bénéfique aux deux organismes – entre fèves et bactéries. La plante apporte aux bactéries des hydrates de carbone indispensables à leur survie. Ce processus est connu des professionnels qui ne sont pas dans une logique meurtrière du vivant ; ils y voient une solution pour se passer des engrais chimiques azotés. Et il y a beaucoup de fèves dans le champ de Jean-Baptiste ; il la cultive un peu partout. Monsanto n'aime pas les fèves, dit-il en souriant, « car tu imagines, si on généralise le processus et qu'on crée des symbioses partout, ils ferment boutique. Mais non, on va faire de la recherche pour des engrais chimiques, pour des pesticides, pour des hybrides et des OGM avec l'argent de nos impôts ! »

Jean-Baptiste part cueillir les fleurs comestibles du pois de senteur, une plante de la famille des *Fabaceae* qui peut grimper jusqu'à 1,80 mètre. Il disparaît à ma vue tant les herbes sont hautes. Je vois enfin sa tête. Il revient avec trois barquettes plastiques transparentes remplies de fleurs rouges. Il me demande alors si je veux bien cueillir des fleurs de bourrache. Cette plante annuelle sauvage de la famille des Borraginacées revient tous les ans dans cette parcelle, mais pas dans l'autre. Il ne sait pas pourquoi elles « préfèrent celle-ci à l'autre ».

---

35. Anna Lowehaupt Tsing, *Le Champignon de la fin du monde*, *op. cit.*, p. 79.

36. Donna Haraway, « Anthropocène, Capitalocène, Plantationocène, Chthulucène. Faire des parents », *loc.cit.*, p. 77.

37. Émilie Hache, *De la génération*, *op. cit.*

Il suppose que c'est dû à l'humidité, car l'autre parcelle est moins protégée du mistral. C'est une fleur bleue, jolie et bonne à manger. Les cuisiniers l'utilisent beaucoup en ce moment pour agrémenter leurs plats. Pour pouvoir les vendre, je dois faire quatre barquettes de quarante fleurs, pas plus, pas moins. Je pars à la cueillette. La plante est recouverte de poils courts, ce qui la rend désagréable au toucher ; on ressent de légers picotements. Cette petite fleur est très fragile, et le geste doit être délicat. Il faut choisir les plus jolies, celles qui sont brillantes et le moins endommagées. Sachant que les cuisiniers sont très exigeants, on ne doit pas prendre la cueillette à la légère.

Très vite, un bourdon vient polliniser : il appartient à la famille des *Apidae*, menacée d'extinction par les pesticides[38]. Il est à trente centimètres, il n'a pas peur et ne bouge pas. Il y a peu de doute que, de son point de vue, cela doit être bizarre de voir une autre espèce cueillir des fleurs et les mettre dans des barquettes. Il pollinise, mais il laisse les fleurs à leur place ; lui ne les ramasse pas ! Je ne bouge pas non plus pendant qu'il passe d'une fleur à une autre. Je comprends au bout de quelques instants qu'il a envie de me faire savoir que c'est « son territoire » et que je dois partir. Il n'a pas l'air de vouloir partager. Le problème est que je les trouve particulièrement jolies, éclatantes, plus brillantes que les autres. Elles sont à côté du bassin et bénéficient sûrement du voile d'humidité dont m'a parlé Jean-Baptiste. Il se peut que l'on partage les mêmes préférences pour ces fleurs de bourrache avec ce bourdon. Pour ne pas créer d'embrouille interspécifique inutile, et en souhaitant aussi prendre en compte le point de vue de la plante – qui préfère ce bourdon à moi pour effectuer sa pollinisation –, je me décale de cinq mètres et lui laisse la priorité. Tant pis pour les cuisiniers. Ils auront des fleurs de bourrache un peu moins brillantes.

Deux jours plus tard, Jean-Baptiste me demande de cueillir des fleurs de sauge sur les buttes. Il me montre les trois variétés côte à côte :

---

38. On peut consulter le rapport de l'Agence nationale de sécurité sanitaire, alimentation, environnement, travail (Anses), *Co-exposition des abeilles aux facteurs de stress*, avis de l'Anses, rapport d'expertise collective, <anses.fr/fr/system/files/SANT2012sa0176Ra.pdf>, 2015. Voir aussi, B. Geslin, B. Gauzens, M. Baude, I. Dajoz, C. Fontaine, M. Henry, L. Ropars, O. Rollin, E. Thébault et N. J. Vereecken, « Massively introduced managed species and their consequences for plant-pollinator interactions », *Advances in Ecological Research*, 57, 2007.

la sauge Hot Lips avec ses fleurs blanc et rouge, la sauge ananas avec ses fleurs rouges et la sauge de Jérusalem dont les fleurs sont jaunes. Elles sont en pleine floraison, magnifiques ! Il faut remplir trois barquettes de quarante fleurs. Je commence à cueillir en me disant que leur pouvoir de séduction est incroyable ; elles ont poussé la beauté à son paroxysme. Apparemment, il n'y a pas que moi qui le pense : voilà un bourdon qui se pose sur la sauge. À nouveau, deux espèces se retrouvent attirées par la beauté et le goût de cette fleur rouge et blanc. Pourquoi sommes-nous attirés par les mêmes fleurs ? Dans son livre, Michael Pollan explique que les abeilles et les bourdons ne perçoivent pas les couleurs de la même manière que les humains. Pour eux, le rouge, le noir et le vert sont gris, et pourtant on les trouve également attirants[39]. Malgré cette différence de couleurs, la Hot Lips éveille en nous un intérêt commun même si c'est pour des raisons différentes. Jean-Baptiste explique : « Quand une plante attire ton regard par ses formes, ses couleurs, son odeur, ses parfums, cela veut ni plus ni moins dire que les plantes te signalent leur présence et qu'elles veulent communiquer avec toi. » Elles veulent créer des liens avec d'autres espèces.

Je cueille délicatement mes fleurs de sauge. Le bourdon a remarqué ma présence. Il ne vient pas sur les feuilles que je suis en train de cueillir ; il n'attaque pas. La situation paraît plus détendue que la première fois. C'est sûrement moi qui suis plus à l'aise. Pour autant, il ne s'en va pas et veut apparemment marquer également son territoire. Après quelques instants de réflexion, je repense à ma rencontre avec le premier bourdon ; j'ai peut-être mal interprété l'événement. En tentant de perturber mon *sensorium* écologique colonial, ce bourdon veut peut-être simplement partager les fleurs de bourrache avec moi et me montrer les « bonnes fleurs à cueillir ». M'invite-t-il à le suivre ?

Comme Jean-Baptiste n'est pas dans l'histoire de la production, je décide de prendre mon temps. Je me mets dans la temporalité du bourdon et tente d'accepter son invitation. Le travail interspécifique que le bourdon a peut-être envie d'instaurer entre lui et moi est simple : lui pollinise, et moi je cueille la fleur pollinisée. Il me montre le chemin en se déplaçant d'une fleur à une autre, et moi je cueille après son passage. Je n'ai aucune idée du temps que cela prendra et ça n'a aucune importance : nous

39. Michael Pollan, *Botanique de désir*, *op. cit.*, p. 115.

sommes dans une autre temporalité, une temporalité non humaine; le bourdon m'entraîne dans une autre dimension. Que je le suive n'a pas l'air de le déranger. Au contraire. Il vole d'une fleur à l'autre, et moi je cueille, car je dois quand même remplir les barquettes. Je ne peux rien lui dire, que je souhaite, par exemple, accélérer un peu notre travail interespèces; il est un peu long à certains moments. Mais cela a des avantages de ne pas pouvoir communiquer dans une langue humaine. Je ne peux pas me prendre pour le seul maître du jeu. Devoir prendre en compte le point de vue des autres espèces signifie simplement ne plus voir les autres qu'humains au travers des logiques néocoloniales meurtrières, dont le bourdon, comme les abeilles, sont les premières victimes.

Pour sortir des logiques meurtrières, je dois me rappeler que je ne suis pas seul au monde, faire attention à ce que me racontent le bourdon et la sauge. Je tente de me laisser faire, de m'adapter au rythme du bourdon en me disant que si c'est le sien, c'est peut-être aussi celui de cette sauge qu'il connaît mieux que moi. Je lui fais confiance: si tu as envie de participer à leur jeu de séduction, tu n'as pas le choix, tu dois accepter leurs règles du jeu. Et la première chose à faire est de changer de temporalité pour se mettre à leur rythme, se donner la possibilité d'accéder à leur monde animé. Y arriver nécessite un effort.

Pour éviter les interprétations néodarwiniennes et la logique explicative du « gène égoïste[40] », je ne dirai pas que le bourdon et moi sommes des dupes soumis à une manipulation des fleurs de la sauge qui ne veut que se dupliquer. La sauge pourrait elle aussi éprouver de la satisfaction et de la joie dans cette rencontre interspécifique. Elle pourrait être « heureuse » de cette rencontre, diront certains paysans. Si la sauge a fait toutes ces fleurs, ce n'est pas pour elle-même, mais pour les partager avec les autres espèces, pour entrer en relation. Elle ne peut donc qu'éprouver la satisfaction du travail accompli. Elle sait avec précision que nous sommes juste à ses côtés, et ce que nous faisons. Les fleurs jouent le rôle de médiateurs entre le bourdon, la sauge et moi. Toutefois, le mérite en revient quand même à cette sauge, car c'est elle l'architecte principale de la rencontre, c'est elle qui fixe l'agenda. Sans ces fleurs, la collaboration entre moi et le bourdon n'aurait pas eu lieu. Elle a créé les liens. Mieux, c'est elle a créé l'alliance, elle nous a réunis.

40. Carla Hustak et Natasha Myers, *Le Ravissement de Darwin*, *op. cit.*

La sauge et le bourdon.

Au bout d'un moment, le bourdon accélère pour des raisons que j'ignore. Peut-être veut-il terminer rapidement ce travail et passer à autre chose. Il n'a aucune raison d'être à ma disposition. L'histoire que je raconte entre la fleur, le bourdon et moi – pour permettre la configuration de futurs possibles –, et qui essaie de tenir ensemble le geste spéculatif et l'empirique demande au lecteur de « faire preuve d'une méfiance généreuse[41] ». Elle ne peut pas se raconter dans tous les cas de figure. Dans ce travail au champ, le bourdon ne prend aucun risque. Les fleurs n'ont subi aucun traitement et ne savent tout simplement pas de quoi il s'agit. Tout ce que cette sauge a à faire pour le moment, c'est de donner des fleurs pour la plus grande jouissance de tous.

Au bout d'un certain temps, les fleurs sont dans des barquettes et le bourdon est resté jusqu'à la fin. Je ne sais pas comment lui dire que je n'ai plus besoin de fleurs. Je ne sais pas quoi faire et commence

41. Donna Haraway, « Histoires des Camille. Les Enfants du compost », *Palais*, 25, 2017, p. 19.

à m'attacher à lui ainsi qu'à ces fleurs de sauge. Je ne vois toujours pas Jean-Baptiste dans les parages. Finalement, par manque d'inspiration et d'imagination, je sors mon appareil photo. Je m'approche à quelques centimètres du bourdon. Il y a un peu de vent. La tige sur laquelle il est installé bouge – la première photo est floue. Je tiens la tige de la main gauche juste au-dessus du bourdon et je commence à le photographier. Il tourne dans tous les sens, se laisse prendre en photo, se contente de tourner autour des fleurs sans intention de me piquer, j'en suis certain. Il doit bien sentir que je ne lui veux aucun mal. Je n'ose toutefois pas le toucher, ayant peur de lui faire peur et de gâcher ces quelques instants partagés.

Je laisse le bourdon, je dois partir. Jean-Baptiste est prêt. On embarque tout le matériel et on part livrer à Marseille. Il me demande si ça a été. Je lui raconte mon aventure avec le bourdon. J'espère que les cuisiniers vont apprécier les fleurs, car c'est le bourdon qui les a choisies. Il sourit et raconte que lui aussi se prend au jeu avec ses fleurs de courgettes et les abeilles. Le jeu consiste, au moment où il cueille ses courgettes avec leurs fleurs, à ne pas faire partir les abeilles pour qu'elles finissent leur travail. Il aime entendre leurs « bruits dans le panier, ça casse le silence habituel dans le champ, même si en réalité le champ n'est jamais silencieux ». Il y a toujours des bruits, des messages à entendre et décoder.

Il dit que beaucoup de gens n'aiment pas trop le bruit des abeilles : il leur fait peur. Souvent, le premier geste est de les repousser de la main. Selon lui, c'est à cause de notre éducation occidentale que nous n'aimons pas partager, « alors on repousse les abeilles d'un geste de la main » pour garder la fleur uniquement pour nous. Pourtant, dit-il, « les abeilles ne vont jamais te faire de mal si tu ne les agresses pas. Moi je partage les fleurs avec les abeilles si tu veux, c'est ça le truc. La plante n'a pas fait ces fleurs pour toi, mais pour les attirer elles, alors moi, je profite si tu veux, car j'ai besoin de manger aussi ». Je lui dis que je trouve très beau ce qu'il fait avec les abeilles. Il ajoute qu'en plus de faire attention à elles, cela lui fait travailler le geste puisque comme les fleurs de courgettes sont très fragiles, elles se déchirent au moindre contact avec les tiges. Les abeilles l'obligent à avoir un geste doux pour sortir intactes les fleurs des courgettes. Elles le rappellent à « l'ordre ». Je n'aime pas trop le terme d'ordre, je préfère parler de partage. Je suis heureux d'apprendre que Jean-Baptiste fait des choses semblables avec les abeilles, mais je comprends aussi pourquoi il évoque la difficulté de cueillir des fleurs de courgettes en « travaillant le geste ».

Jean-Baptiste n'est pas seulement un paysan-cueilleur, c'est aussi un grand supporteur de l'Olympique de Marseille. C'est la finale de la Ligue Europa et il m'a prévenu dès mon arrivée qu'il s'absentera une journée pour aller à Lyon voir le match. Il est abonné depuis que son arrière-arrière-grand-père a été président du club, il y a quinze ans. C'est une histoire sérieuse entre lui et l'OM comme entre lui et ses plantes. Il me demande de cueillir des fleurs de courgettes et des petits pâtissons en son absence ; il me montrera comment faire. J'accepte avec plaisir.

Nous sommes dans l'autre parcelle, où il n'y a pas de buttes. C'est ma préférée : elle est en pente et, dès qu'on arrive, on voit sur notre droite la mer à un kilomètre à vol d'oiseau, tandis qu'à notre gauche se trouvent les pins d'Alep. Même si c'est une espèce invasive qui entretient un rapport compliqué avec Jean-Baptiste, on a le droit de les trouver beaux. La parcelle est recouverte d'arbres fruitiers et de restanques appelées aussi bancau. Ce mot, qu'il faut prononcer bancaou, est le terme provençal pour les murets de pierres sèches, généralisés au XVIIIe siècle dans la région pour lutter contre l'érosion des sols provoquée par les déboisements.

Il me montre les rangées de petites courgettes ainsi que les petits pâtissons en fleur que je dois cueillir demain. Il ne faut pas déchirer les fleurs ; je dois faire attention, car elles sont très fragiles. Les pâtissons ne font pas plus de trois centimètres et les petites courgettes n'excèdent pas dix. Il ne faut pas toucher la jonction entre la fleur et le pâtisson, car elle casserait illico. Il faut faire la cueillette avant neuf heures ; plus tard, les fleurs se ferment et il ne faut récolter que les fleurs ouvertes des courgettes et des pâtissons. Quelle en est la raison ? Il répond que des fleurs fermées de courgettes et de pâtissons, ce n'est pas joli ; et ce n'est pas la « fête toute la journée au champ ». Par cette expression, Jean-Baptiste m'apprend qu'on ne peut pas cueillir tout le long de la journée. Le champ n'est pas en accès libre ou, pour le dire dans des termes plus précis, le don-des-plantes n'est pas permanent. Si la fleur s'est refermée, c'est terminé. Il faut revenir le lendemain et entendre ce que les courgettes et les pâtissons ont à dire.

> Quand les fleurs sont fermées, elles disent qu'il faut les laisser tranquilles, qu'elles ne veulent plus donner leur nectar et être cueillies. C'est comme chez toi, quand tu fermes le portail et que tu baisses les volets, tu ne veux pas que ton voisin vienne t'emmerder. Le voisin comprend très bien le message et sait qu'il doit passer plus tard. Pourtant, rien n'a été dit. Pour la plante, c'est pareil. Elle te communique ce message. Quand les fleurs sont ouvertes, les plantes veulent se donner à toi, rentrer en contact avec les abeilles, et c'est le matin seulement, pas dans l'après-midi, car, dans l'après-midi, la maison est fermée. Tu vois ça, quand les fleurs sont fermées, elles ne veulent pas te parler. Les abeilles comprennent ça très bien, elles vont sur une autre fleur et toi aussi tu passes ton chemin. Ce n'est pas l'heure de la cueillette.

Pour comprendre les courgettes et les pâtissons, il faut regarder comment font les abeilles et les suivre : fleurs fermées, ce n'est pas le moment, je ne veux pas me connecter à vous ; fleurs ouvertes, je veux bien vous donner quelque chose pour vous nourrir, « pour ne pas que vous creviez la dalle, vous pauvres animaux », ironise ce paysan-cueilleur. Je réagis : « Les économistes vont hurler en entendant ce que tu dis. Ils vont lancer une chasse aux sorcières. » Jean-Baptiste précise que les plants de courgettes ne sont pas tous les mêmes. « L'un va te donner cent courgettes et l'autre dix ; c'est comme ça, comme chez les humains. Il y a des hommes plus petits, plus gros, plus forts, moins forts, et il faut vivre avec ce qu'ils te donnent. »

Le lendemain, j'arrive vers sept heures et demie. En m'approchant des courgettes, je comprends que ce n'est pas avec les bourdons que je vais devoir négocier, mais avec les abeilles. Je ne suis pas seul dans le champ, d'autres visiteurs sont aussi venus pour ces fleurs. Et il y en a beaucoup ! Je décide de ne pas tenir compte du jeu interspécifique de Jean-Baptiste, qui me paraît cette fois très compliqué. Je commence à cueillir les premières courgettes avec les fleurs. Il n'y en a aucune sans abeilles, et je les comprends. Ces fleurs sont grandes, jaunes, magnifiques, et les cueillir s'avère difficile. Je déchire les fleurs : elles sont d'une grande fragilité et mon geste me semble trop brutal si bien que les choses ne se passent pas comme prévu. Pourtant, en regardant Jean-Baptiste hier, cela me paraissait facile. Je dois adoucir mon geste pour faire sortir ces fichues fleurs sans les abîmer. J'ignore les abeilles, car je ne peux pas faire deux choses à la fois. Nouvel essai, raté. Il suffit que la fleur touche la tige et inévitablement elle se déchire. Cela commence à sérieusement m'agacer. Mon expérience de père m'a pourtant appris à tenir dans les bras un nouveau-né avec douceur, par peur de lui faire mal, mais ces fleurs me demandent un effort supplémentaire. Cette histoire commence finalement à me faire rire. Au lieu de faire la cueillette de fleurs, je suis en train de les massacrer !

Je décide de prendre davantage de temps ; je commence par observer les abeilles pour savoir si elles déchirent les fleurs en entrant et en sortant. Je constitue un petit panel d'observation – non représentatif – sur cinq fleurs. Les abeilles sont étonnantes : elles sont en plein jeu interspécifique et se vautrent littéralement à l'intérieur des fleurs. Ces deux espèces compagnes prennent un incroyable plaisir et pas une fleur n'est abîmée *in fine*. Pour me déculpabiliser, je me dis que, de toute façon, la plante fait ces fleurs uniquement pour les abeilles et pas pour les humains. Jean-Baptiste, ses cuisiniers et moi profitons simplement de leur jeu interspécifique pour en récolter quelques-unes. Ce qui est sûr, c'est que si je veux avoir la même douceur que les abeilles, je dois m'entraîner. C'est une question d'apprentissage, car Jean-Baptiste y arrive très bien. Je recommence, ma main devient plus légère, je me laisse former par ces fleurs de courgettes et je commence enfin à sortir les premières sans les abîmer. Je finis de les récolter avant de passer aux petits pâtissons. Jean-Baptise m'avait prévenu que si je n'arrivais pas à les récolter à la main, je pouvais utiliser un couteau.

En voulant « jouer à Jean-Baptiste », je commence à les cueillir à la main. À peine touchés, le pâtisson et la fleur se détachent. Je n'ai pas d'autre choix que de manger le pâtisson ; délicieux ! J'en avais déjà goûté chez lui et c'est extraordinaire. Dans les lieux de commerce, on ne trouve pas de petits pâtissons avec leurs fleurs, tout le monde les cueille gros pour faire du poids. Ici, ils sont cueillis bien avant maturité et gustativement cela n'a rien à voir. Le goût est plus fin, délicat. Deuxième essai, encore raté. Je continue jusqu'au quatrième, sans succès. La fleur se détache toujours du pâtisson. Cela m'irrite à nouveau, j'aime beaucoup les pâtissons, mais il est neuf heures du matin et c'est le quatrième que je mange. Je m'arrête : « Soit tu prends un couteau et tu arrêtes de jouer au paysan et tu reconnais que tu es un simple apprenti, soit tu continues, mais tu risques de ne pas avoir de pâtissons à la fin. » Pour ne pas fâcher les cuisiniers dont je doute qu'ils soient très sensibles à mes préoccupations, je décide sagement de prendre un couteau. Je travaillerai mon geste une autre fois.

Dernier jour avant le départ. Il fait beau, les terres commencent à sécher. Avant que je parte, Jean-Baptiste veut qu'on plante au moins quelques melons qui attendent sagement dans trois cagettes; il a l'impression que je suis venu pour rien à cause du temps et il veut me faire plaisir. Comme son motoculteur est en panne, il va emprunter celui de son voisin. On le charge et on se dirige vers la parcelle où il n'y a pas de buttes, celle où le motoculteur passe. Pour faire les sillons, il utilise une houe équipée à l'avant d'une roue. Il le met en marche et commence à retourner la terre sur dix centimètres. À peine après avoir parcouru quarante mètres, il s'arrête et ne veut plus démarrer. De la fumée en sort, il est en panne. Jean-Baptiste se met en colère: cela va faire plus de trois semaines qu'il ne peut pas travailler dans le champ à cause du temps, et là c'est le « truc qui fait déborder le vase ». En plus, ce n'est pas son motoculteur mais celui du voisin. « Heureusement, tu es là comme témoin pour lui dire qu'on n'a rien fait. »

Je suis mal à l'aise, car je sais qu'il a fait cela pour moi et qu'il aurait pu attendre que son motoculteur soit réparé. Il voulait que l'on plante des melons ensemble avant mon départ. Il appelle son voisin. En l'attendant, on ne peut rien faire. On regarde les melons qui ont bien poussé dans la cagette, sur leurs mottes. « Ils ne demandent qu'à être plantés, mais avant, il faut démêler toutes ces racines. » C'est compliqué de lui parler à ce moment précis mais je brûle de le questionner sur le fait qu'il retourne la terre sur cette parcelle avec le motoculteur. Je tente de relancer la conversation en lui demandant comment font les gens qui ne font pas de labour. « Ils passent la grelinette, mais pour ça il ne faut pas être seul à la ferme. Comment tu veux que je fasse ça tout seul? Mais ce qu'on fait là, ce n'est pas bon, même si ce n'est pas du labour car ce n'est pas profond. C'est pour ça que j'ai envie d'abandonner cette parcelle et de seulement cultiver l'autre sur les buttes en en faisant d'autres; là je peux te dire qu'il y a quelques vers de terre qui passeront en dessous. »

Il dit tout faire pour que le sol soit vivant; il fait attention à son compost; il ne traite pas pour favoriser la mycorhize et que les plantes et les arbres soient liés entre eux, qu'ils puissent communiquer et que « le végétal soit heureux ici ». Ce n'est pas logique pour lui de tuer les vers de terre avec le motoculteur. Il faudra arrêter au bout d'un moment. Les relations entre ce paysan et les vers de terre sont problématiques. Il sait vivre avec les plantes, mais pas avec les vers de terre et il n'a pas de solution pour le moment. Son voisin arrive. Il essaie, sans réussir, de faire démarrer le motoculteur. Il n'y a plus rien à faire et on quitte le champ pour aller déposer l'engin. En ouvrant le cache, on s'aperçoit que c'est juste un problème de courroie à changer. Jean-Baptiste et moi sommes soulagés du peu de gravité de la panne. L'après-midi est bien entamé et j'avoue que cette panne m'arrange, car je voulais terminer la semaine en ne faisant que de la cueillette sans être embarqué dans d'autres histoires. Je suppose qu'on ne raconte pas les mêmes histoires si on cueille ou si on plante. L'heure est venue de prendre mon train. Il me dépose à Toulon ; on prend vite un verre. Il espère que je ne suis pas venu pour rien. Je lui réponds qu'il n'a pas à s'inquiéter. J'aurai des histoires à raconter.

En m'apprenant à cueillir, Jean-Baptiste m'a également appris qu'il fallait éviter le plus possible de parler des relations entre les humains et les plantes « en général ». La généralité n'est pas une bonne méthode pour tisser des rapports. Chaque plante entraîne le conteur et la conteuse d'histoire dans des histoires spécifiques, imprévisibles, ouvrant la possibilité de spéculer. Certaines rencontres s'y prêtent plus que d'autres. Quand on cueille des fleurs de courgettes, de sauge, d'hysope ou des morilles, on ne raconte pas plus les mêmes histoires qu'on ne mobilise les mêmes compétences pour le faire. Jean-Baptiste m'apprend qu'il faut chercher plutôt des connexions partielles entre ces mondes pour sentir les liaisons.

L'ethnographie spéculative a ici toute sa place. Comme on a pu le remarquer, Jean-Baptiste spécule lui aussi : il pense tout simplement ses rapports animés avec ses plantes dans le champ. Les fleurs de courgettes l'inspirent particulièrement. Les rapports animés avec les plantes n'attendent pas dans le champ, prêts à être ramassés, comme les fleurs de courgettes et de sauge : ils défilent à toute vitesse les uns après les autres dans les histoires qu'il me raconte. Il ne fait pas de distinction entre les faits et les fictions, car dans le monde de la vie, sensible, animée, c'est impossible. Il n'y a donc pas de raison que l'ethnographie spéculative le fasse de son côté. Au milieu des champs, les histoires ne sont pas finies, achevées, fixées et présentées comme des faits, mais sont en devenir, inachevées, spéculées et bien sûr réelles, mais sujettes à révision, c'est-à-dire à de nouvelles spéculations dans un sens ou dans un autre. Dans le chapitre qui suit, je vais restituer les histoires que j'ai récoltées sur le même mode, dans le champ de la paysanne Isabella Thieke, au fil des événements. La méthode reste la même, pas les histoires récoltées.

7
REMPOTER

Une ferme pas comme les autres

Il y a quelques mois, sur le conseil de Christophe Collini qui habite près de chez elle, je fais un passage éclair chez Isabella Thieke. Christophe et Isabella ont travaillé autrefois ensemble ; ils échangeaient des semences et des plantes. Ils se dépannaient, en somme. Christophe a insisté pour que j'aille la rencontrer car, d'après lui, elle fait tout autre chose dans son champ. D'abord, elle n'est pas maraîchère mais pépiniériste. « Les plantes, c'est tout elle », m'a-t-il dit. N'ayant jamais rencontré de pépiniériste pendant mon enquête, j'ai choisi de l'y intégrer, car même si c'est un métier à part, il est aussi fait par des paysans.

La pépinière est située au beau milieu de la Bretagne, dans une région dévastée et polluée par les monocultures et les élevages intensifs. Et quand « tu rajoutes l'alcoolisme, ça fait beaucoup », dit-elle. Après cinq heures et demie de route, j'arrive pour déjeuner. Pendant que nous mangeons un morceau de pain et de fromage et faisons connaissance, je joue avec ses deux chats, Lili et Megi, et son chien Tabac.

Son parcours est atypique. Originaire de Bavière en Allemagne, elle ne vient pas du milieu agricole. Elle aime préciser que c'est une région « très conservatrice » dont elle ne garde pas de bons souvenirs. L'homosexualité n'y était pas très bien vue et elle s'y est sentie comme un alien pendant toute son adolescence. Son père, ingénieur, et sa mère, assistante médicale, sont passionnés de nature et également bons connaisseurs des plantes. Ils lui ont transmis un savoir botanique non négligeable sur les plantes sauvages au cours de balades régulières en forêt. Ils pouvaient marcher jusqu'à quatre heures d'affilée pour voir une fleur qui sort après la fonte des neiges. Son père notait dans un carnet la date de sortie de certaines plantes. Mais ils ne connaissaient pas bien les plantes cultivées. Même s'ils n'étaient pas jardiniers, ils achetaient à Isabella des semences de radis et de carottes que, petite, elle aimait semer.

Ils se sont séparés quand Isabella a eu neuf ans. Elle a d'abord vécu chez son père, puis avec sa mère, avant de « se faire virer » du foyer familial à seize ans. « J'ai eu une enfance difficile. Mes parents sont morts. Je ne leur en veux plus, c'est du passé et ce qu'ils m'ont appris sur les plantes, ça me sert aujourd'hui. C'est sûr que ce sont mes parents qui m'ont fait me connecter avec les plantes. »

Elle ne passe pas le bac. Sans ressource, elle part à Berlin et commence des boulots alimentaires. Elle travaille dans une boulangerie bio et fait les marchés hebdomadaires. Elle aime Berlin pour son « progressisme ». Dans cette ville, elle se sentait « comme tout le monde ». Grosse lectrice, elle lit des romans et est très attirée par la littérature russe et les théories anarchistes. Elle regrette la disqualification totale du mot « anarchisme » par la très grande majorité des intellectuels et universitaires. Le terme ne veut surtout pas dire chaos ni désordre, mais renvoie à des sociétés hautement organisées sans État. Je ne sais alors pas si elle a lu l'anthropologue anarchiste David Graeber, qui dit aussi :

> La plupart des universitaires semblent n'avoir qu'une idée vague de ce qu'est l'anarchisme, ou bien le rejettent sur la base des stéréotypes les plus grossiers. (« Une organisation anarchiste ! Mais n'est-ce pas une contradiction ? ») Aux États-Unis, il y a des milliers d'universitaires marxistes d'une tendance ou d'une autre, mais à peine une douzaine prêts à se dire ouvertement anarchistes... Il semble en effet que le marxisme ait des affinités avec le milieu universitaire tandis que l'anarchisme n'en aura jamais. Le marxisme est après tout le seul grand mouvement social qui ait été inventé par un détenteur de doctorat, même s'il est devenu par la suite un mouvement destiné à rallier la classe ouvrière[1].

1. David Graeber, *Pour une anthropologie anarchiste*, *op. cit.*, p. 8-9.

Isabella aime la politique et n'hésite pas à prendre parti. Elle n'est pas marxiste, une théorie qui, selon elle, se résume à un « autoritarisme guidé par une élite scientiste éclairée qui n'a eu que les termes de production et de reproduction à la bouche ». Elle connaît le mépris de Marx et des marxistes envers les paysans.nes et est toujours attirée par les mouvements anarchistes, les seuls – dit-elle – à respecter les libertés individuelles.

Elle vient d'abord passer des vacances en France. La Bretagne l'attire et, après quelque temps avec ses amies Raphaela et Simonne, elle pense sérieusement s'installer dans une ferme de la région. En 2000, après plusieurs mois de recherche, elles tombent toutes les trois sur vingt-sept hectares « de terres en ruine », abandonnées depuis onze ans. Simonne est confiante dans la faisabilité de leur projet, et prétend s'y connaître en agriculture. Une fois installées sur la ferme, elles se rendent compte que ce n'est pas vraiment le cas, mais il est trop tard. Raphaela et Isabella ont mis toutes leurs économies dans ce projet.

Elles se revendiquent comme « collectif lesbien féministe », mais ouvert à tout le monde. La ferme porte le nom de Sheela Na Gig, une ancienne déesse païenne vénérée qui sera remplacée par le dieu chrétien. Cette déesse celtique exhibe son sexe et exprime la fertilité de la Terre lorsque celle-ci était animée comme une Mère avant d'être désanimée par l'Économie en un objet de production pour faire des marchandises[2]. Il était important pour elles d'évoquer le nom de cette déesse pour rappeler ce « passé oublié[3] ». Il n'y avait pas de « revendications politiques » clairement explicitées dans ce projet d'installation, précise Isabella ; elles voulaient simplement monter une ferme gérée collectivement par des femmes, lesbiennes et féministes. Pour Isabella, « féministe » ne se réduit pas à un engagement polique, c'est un mode d'être. Elle ne comprend pas comment l'on peut être une femme et ne pas être féministe, même si « en France, apparemment, c'est possible ».

---

2. Sa signification reste un sujet de controverses chez les spécialistes. Voir Jorgen Andersen, *The Witch on the Wall: Medieval Erotic Sculpture in the British Isles*, Rosenkide and Bagger, Copenhague, 1977 ; Joanne McMahon et Jack Roberts, *Sheela-na-Gigs of Ireland and Britain : The Divine Hag of the Christian Celts*, Mercier Press, Cork, 2001.

3. Émilie Hache, *Reclaim*, *op. cit.*, p. 20.

Elle a mis du temps pour le comprendre. La ferme attire la curiosité de beaucoup de monde ; des centaines de personnes y passent. « On a tout vu », dit Isabella, des femmes, des hommes, des homosexuels, des hétérosexuels, des gens qui revenaient plusieurs fois, des gens motivés qui voulaient travailler, des gens qui voulaient passer quelques jours de vacances, des enfants dont les parents étaient déjà venus, d'autres qui cherchaient un sens à leur vie, des « paumés », etc. Une chaîne nationale de télévision les a même contactées pour faire un reportage, mais elles ont refusé. C'était le premier collectif lesbien féministe agricole créé en France. Elles ne voulaient pas « faire de bruit », être « estampillées ».

Après des débuts difficiles, elles se mettent à cultiver des céréales, des blés en culture bio, mais sans rien gagner. Elles ne reçoivent aucune subvention et il leur reste juste un peu d'argent de poche. Régulièrement, elles n'ont pas grand-chose à manger et ont souvent des factures impayées. Elles vivent au jour le jour, dans la « débrouille ». En 2012, elles prennent la décision de dissoudre le collectif pour des raisons qu'Isabella me demande de ne pas détailler. Elle récupère quatorze hectares. Isabella partage toujours le vieux tracteur avec une ancienne membre du collectif. Elle rit en disant que les paysans du coin ne s'habituent toujours pas à la voir sur le tracteur. « Pourtant, c'est moins compliqué que de conduire une voiture. Et je ne te dis pas quand ils me voient sur mon camion de 7,5 tonnes pour transporter mes plantes aux marchés et aux foires ! »

Depuis la dissolution du collectif, elle ne veut plus vivre en roulotte. C'était sa maison depuis son arrivée. Elle récupère alors une maison en ruine totale. Elle me montre des photos sur son ordinateur. Il n'y avait rien, pas de toit, pas de portes, pas de fenêtres, juste trois murs en pierre et le quatrième à construire. Il n'y avait pas de sol non plus et, entre les murs, c'était de la terre. Elle l'a rénovée elle-même durant plus de quatre ans. Elle a fait appel à un ami charpentier pour faire le toit, et a emménagé en 2016. En regardant les photos et la maison actuelle, et en l'écoutant, impossible de ne pas associer Isabella aux femmes agricultrices bio, écoconstructrices, habitantes des squats ruraux, nomades, cueilleuses, boulangères, guérisseuses, auprès desquelles la sociologue Geneviève Pruvost a enquêté. Toutes ces femmes « autofabriquent leur maison, se livrent à de longues marches solitaires, diurnes et nocturnes, dans la forêt. Elles défrichent des champs à la pioche, savent conduire un tracteur, manier la bétonnière, hébergent des inconnus sous leur toit et n'ont pas toutes des enfants[4] ». À sa suite, comme à celle d'Émilie Hache, il est possible de reconnaître une forme d'écoféminisme dans les pratiques d'Isabella, même si cette dernière n'emploie pas ce terme[5].

Quand je lui demande ce qu'elle fait de ses quatorze hectares, Isabella répond : rien ; elles sont en prairie. Sur certaines parcelles, son voisin fait un peu de foin et elle laisse les terres aux animaux pour qu'ils puissent se mettre à l'abri des chasseurs, même si la loi les autorise à y entrer. « Ce n'est pas parce qu'on a la terre qu'on est obligé de faire quelque chose. La terre n'a pas besoin de moi, c'est moi qui ai besoin d'elle. La terre peut parfaitement vivre sans moi, ce n'est pas parce que la terre est cultivable qu'on est obligé de cultiver. »

Elle m'apprend que les chasseurs peuvent entrer sur les terres des paysans à l'exception de ceux qui possèdent des parcelles de plus de deux cents hectares, ce qui est rare. Les chasseurs peuvent donc aller partout. Cette concession leur a été accordée par Napoléon. Les chasseurs ne sont pas ses « amis », mais elle fait tout pour que cela se passe bien, car il y en a beaucoup autour d'elle et elle connaît les pratiques d'intimidation. Elle a habité auparavant sur une autre ferme. Même si elle ne souhaite pas trop s'étendre, elle dit brièvement qu'elle a eu des ennuis avec des chasseurs car elle voulait les empêcher de venir chez elle. Depuis, elle se méfie : les choses peuvent vite dégénérer et l'endroit devenir inhabitable.

Quand les plantes prennent soin d'Antonine

La pépinière d'Isabella s'étale sur un hectare ; deux serres ont été installées. Au bout du champ, on voit la maison de Simonne qui vient de créer sa pépinière après lui avoir « piqué » toutes sortes d'espèces et de variétés, dit Isabella. Avant de se mettre à son compte, Simonne a de temps en temps travaillé chez elle. Maintenant, c'est sa concurrente directe. Elle la croise régulièrement au marché et habite juste à côté de chez elle. Hormis Simonne, on ne croise que des vies autres

4. Geneviève Pruvost, « Penser l'écoféminisme. Féminisme de la subsistance et écoféminisme vernaculaire », *Travail, genres et sociétés*, 42, 2019, p. 32.

5. Émilie Hache, *Reclaim*, *op. cit.*, p. 20.

qu'humaines sur les terres d'Isabella. Sur l'hectare cultivé, on voit plein d'arbres fruitiers et de plantes vivaces où elle prélève des boutures et des greffons. Mais on ne va pas faire de greffages et de bouturages, me prévient Isabella ; on fait ça à l'automne. On va plutôt rempoter avec Antonine, une jeune fille de dix-neuf ans en stage, dont je fais connaissance. Je vais donc, cette fois, raconter des histoires non pas en cueillant, mais en rempotant.

Il faut mettre les plantes et les arbustes dans des pots plus grands, en fonction de la taille prise, en changeant le terreau. Cela se fait deux à trois fois par an. C'est l'activité principale du pépiniériste ; la pépinière d'Isabella n'étant pas industrialisée, tout se fait à la main ; concrètement, il faut rempoter une par une toutes les plantes. Il y en a des milliers ! Le faire régulièrement change tout, dit Isabella. Dans une pépinière conventionnelle, les plantes sont toujours dans le même pot, et on ajoute régulièrement de l'engrais et des traitements pour les booster ; mais dans les pots qui ne sont plus adaptés à leur taille, les plantes ne peuvent plus développer de racines. Elles sont alors totalement déséquilibrées, fragiles et malades ; on cherche à les faire grandir le plus rapidement possible avec des traitements chimiques. Quand on les achète pour les planter dans nos jardins, sans mettre d'engrais chimiques et de traitements, leurs chances de survie sont de l'ordre de 20 à 30 %. Ces plantes ne sont pas habituées à cette vie-là.

Les plantes attendent donc d'être rempotées pour plus de confort. On se met au travail en commençant avec des plants de vigne. Plusieurs variétés défilent : Moldavie, kyoho, blanc d'Ukraine, boskoop, glary, Ferdinand de Lesseps. Il y en a des centaines à rempoter. Antonine m'apprend le geste : retirer les plantes de l'ancien pot, enlever une partie de la terre côté racine et côté tige. Il faut aussi enlever les mauvaises herbes – des « adventices », dit-elle –, prendre ensuite un pot plus grand, mais pas trop, mettre du terreau, replacer la plante dans le nouveau pot et remplir à rabord de terreau. Il faut ensuite bien inspecter la plante, enlever les feuilles jaunes et pas jolies, couper des tiges si nécessaire, et arroser généreusement. Il ne faut pas qu'il y ait d'air entre les racines et la terre, seulement de l'eau. « L'eau, c'est la base de la vie », dit Antonine. On commence à travailler, mais ce qui paraît simple au premier abord ne l'est pas dans les faits. Je me trompe sur les pots, quelques racines ne sont pas recouvertes de terre, or la consigne d'Isabella est claire : « La racine n'a rien à faire dehors, sa place est dans la terre. » Je ne remplis pas bien les pots avec le terreau ; je ne vois pas la moitié des feuilles moches ; j'oublie de mettre les étiquettes sur les variétés, et une plante sans étiquette ne peut pas être vendue. Elle ne quittera donc jamais le champ, car Isabella ne pourra pas dire à l'acheteur à quelle variété elle appartient. Antonine est à mes côtés et corrige le tir. On travaille jusqu'à la fin de la journée sans beaucoup parler, à un rythme assez soutenu ; il y a beaucoup de plants de vigne à rempoter.

Isabella nous prévient qu'elle ne sera pas là le lendemain matin. Elle va chez le coiffeur puis fera quelques courses. Je vais donc rester avec Antonine qui sait quelles plantes il faut rempoter. Le lendemain, on finit de rempoter les vignes. On commence à s'occuper de l'herbe à bison, une plante vivace de la famille des Poacées, « que personne ne veut – dit Antonine – mais Isabella continue à la cultiver, car elle aime bien. » J'avoue que je ne la trouve pas très belle non plus et qu'elle me fait penser à une mauvaise herbe. Elle me montre comment faire la préparation. C'est toujours la même chose : verser la moitié d'un sac de trente litres de terreau dans une brouette à ciment, ajouter une petite poignée d'engrais bio et bien mélanger avec les deux mains.

Antonine semble curieuse de savoir ce que je viens faire. Isabella lui a expliqué mon travail, mais je ne dis trop rien, car je n'ai pas envie de lui raconter mes histoires, plutôt de connaître la sienne. Pour une jeune femme de dix-neuf ans, elle me paraît très mûre et je la sens très attirée par les plantes. Elle s'excuse auprès d'elles au moindre geste brusque, prend son temps pour les rendre belles, leur dit même des mots doux. Je n'ai pas souvent eu l'occasion d'observer cela chez une jeune femme de cet âge. Elle n'a certainement pas choisi de venir chez Isabella par hasard mais pris une décision mûrement réfléchie. Elle m'intrigue. En l'interrogeant, j'apprends qu'elle est inscrite en première année de BTS – productions horticoles – après un bac Stav (Sciences et technologies de l'agronomie et du vivant). Pas étonnant qu'elle ait choisi cette filière, on voit qu'elle n'est pas novice en la matière. Sa sensibilité envers les plantes m'intrigue car je sais que ce n'est pas dans ce genre de formations que ça s'apprend. Le titre de sa formation en dit long sur son contenu.

Elle insiste pour en savoir plus sur ma recherche et déclare apprécier le sujet sur lequel je travaille. Je la remercie, mais n'en dis pas plus, prétextant que ce n'est pas facile d'en parler dans le milieu agricole. Elle se dit « bavarde » et me précise être frustrée par sa formation. Ses formateurs ne s'intéressent pas à ce que fait Isabella. Ils forcent les étudiants à faire des stages dans des grandes enseignes, « dans des systèmes de commercialisation et de production » :

> Ils font la distinction entre la production et la préservation de l'environnement, alors que nous on leur dit qu'on a envie d'apprendre ça aussi et pas juste le système de production. Eux ils adorent parler des « cahiers des charges » alors qu'Isabella n'en a aucun. Ils ne veulent que ça, produire plus et vendre plus. Il n'y a que ça qui est valorisé, alors que nous, on veut plus de philosophie sur les plantes et non pas que de l'économie... Ils ne sont pas ouverts, ils sont ignorants, il faut qu'on ouvre les esprits aux profs.

Elle a vu toutes les émissions et reportages sur l'intelligence des plantes, mais ce sont des sujets qu'ils ne peuvent pas aborder en cours. Il n'y a pas de place pour ce genre d'enseignement. « Les profs n'aiment pas ça puisque ça ne fait pas partie de la production. Et nous, même si on est dans un BTS de production horticole, on adore ! » Elle explique que les cours sur la gestion des entreprises constituent la majorité du cursus. Elle en suit plus de sept heures par semaine et ils sont notés coefficient 2 alors que le cours de reconnaissance des végétaux n'occupe qu'une heure par semaine et il a un coefficient 1. Ce n'est pas du tout valorisé et c'est un cours très léger. « On fait la botanique de base. » Ses formateurs ont été très sceptiques à l'idée qu'elle fasse son stage chez Isabella, car dans une petite structure « on ne peut pas faire une analyse de la production, il n'y a pas de chiffres et quand il n'y a pas de chiffres, ce n'est pas intéressant pour eux », car on ne peut pas dire combien Isabella produit. Ils ne valorisent que les grandes exploitations. Tout ce qui concerne l'intelligence des plantes et leur sensibilité, ils s'en moquent. « Moi, je trouve ça con de voir les plantes au travers des chiffres. » J'ai déjà entendu cette histoire ; dans leur très grande majorité, les fils d'agriculteurs choisissent les filières de « production végétale et animale » en méprisant le maraîchage et l'horticulture puisque pour eux les gens qui en font ne sont pas de « vrais agriculteurs ». Les vrais sont ceux qui pratiquent une agriculture intensive, ce sont ceux « qui nourrissent le monde ». C'est cela qui est enseigné aussi au lycée et en BTS, dit Antonine.

En l'écoutant, j'ai du mal à croire avoir en face de moi une jeune femme de dix-neuf ans. D'où lui vient cette sensibilité pour les plantes ? Je décide de procéder selon une logique bourdieusienne, en cherchant des déterminismes sociaux. Je la questionne sur sa famille, ses parents. Elle ne vit pas avec eux. Antonine la « bavarde » s'arrête alors de parler, fait silence. Elle est, d'un coup, plus mystérieuse et un certain malaise s'installe entre nous. Je me tais à mon tour.

On commence à rempoter des groseilliers à maquereau, une espèce d'arbuste épineux appartenant à la famille *Grossulariaceae*. Elle me propose de faire le mélange du terreau avec l'engrais. Je préfère commencer par observer ses gestes. Elle est toujours bienveillante, corrige mes gestes inappropriés. Je suis un peu son stagiaire. Une bonne heure plus tard et une centaine de plants de groseilliers rempotés, Antonine décide finalement de parler de sa famille. C'est l'autre partie de l'histoire. Elle m'apprend qu'ils sont cinq enfants et qu'à la naissance d'Antonine sa mère a développé une maladie dégénérative incurable puis a été placée dans un centre pour handicapés. Son père, ingénieur en énergie renouvelable, est dépassé. Incapable de s'occuper de ses cinq enfants, ils sont placés dans différentes familles d'accueil. Antonine vit dans la même famille que sa sœur qui a aujourd'hui seize ans. Elle ne voit jamais sa mère et n'en a pas envie car, lourdement handicapée, elle ne reconnaît plus personne. Son père, des années plus tard, s'est remis en ménage ; il a récupéré ses enfants et tentent de construire une famille recomposée. Hélas, les choses tournent mal. À seize ans, son père la fait monter en voiture sans rien dire et la dépose chez ses grands-parents. Il lui annonce : « C'est là que tu vas vivre. » Il l'abandonne. Sa petite sœur connaît un peu plus tard le même sort. Jusqu'à récemment, elles passaient la première moitié de leur temps chez leurs grands-parents et l'autre moitié chez leurs oncle et tante. Elle n'a pas vu son père depuis trois ans, n'a pas son numéro de téléphone. Elle ne sait pas où il vit et il ne paie aucune pension alimentaire. Pourtant, « il a les moyens », dit-elle.

Fatiguée de la situation, Antonine prend un appartement où elle vit seule. Sa sœur, encore mineure, vit toujours chez ses grands-parents. Les autres membres de la fratrie sont plus grands, et elle refuse de raconter leur histoire. Je n'insiste pas. Pendant les semaines de stage,

Antonine dort sur place, mais ce soir-là, elle doit rentrer chez elle, pour écrire à son avocat. Elle a engagé une procédure pour obliger son père à payer une pension alimentaire car elle ne s'en sort pas financièrement.

Quand je retrouve Isabella au dîner, je dis à propos d'Antonine : « Quelle histoire ! » Dans un soupir, elle me dit que cela lui rappelle la sienne. À seize ans, ses parents l'ont virée. Antonine « a été obligée de grandir vite, elle n'a pas eu le temps de jouer à l'enfant ». Elle aurait pu finir comme tant d'autres enfants abandonnés, mais elle a trouvé dans les plantes un refuge. Elle en prend « soin, mais les plantes prennent aussi soin d'elle ». Selon Isabella, les plantes lui donnent l'envie, la force de continuer, d'avancer, malgré une vie difficile et pas très heureuse. Elles la « cadrent », dit-elle, donnent un sens à sa vie. Elles lui apportent du bonheur, de la joie, comblent un vide, remplissent une vie pas facile à supporter. « Sans les plantes, elle ne serait pas ici. »

Selon Isabella, l'extrême sensibilité d'Antonine envers les plantes ne vient ni de sa famille ni de l'école, mais des plantes elles-mêmes. Ce sont des êtres de bonheur, de joie, de soutien, de soin. Les plantes ont des modes d'existence très particuliers. Je comprends alors aussi pourquoi elle s'est montrée si irritée contre ses formateurs qui ne voient en elles qu'un objet de production pour faire du chiffre. Sa conception est radicalement différente et bien plus riche. Je comprends aussi pourquoi Antonine a choisi Isabella pour son stage, et pourquoi, en retour, Isabella a accepté qu'Antonine fasse son stage chez elle alors qu'elle est très sélective dans le choix des candidats.

Des apprentissages difficiles

Le temps est venu de rempoter le basilic. Il y a des centaines de pots. Isabella aime particulièrement cette plante. Elle en cultive une cinquantaine de variétés, c'est la plus diversifiée dans sa pépinière. Tout le monde connaît le basilic, dit-elle, et pourtant ce n'est pas une plante facile à cultiver ; elle est fragile et demande de l'espace. « Elle aime particulièrement le soleil. » Il ne faut pas abuser avec l'arrosage pour éviter le risque d'étoilement. Le basilic fait partie des premières plantes qui ont accompagné Isabella quand elle a créé sa pépinière et il lui a permis de gagner sa vie. Au début, dit-elle, « je n'avais pas grand-chose à vendre sur mon stand ». Le basilic reste une espèce compagne fidèle malgré la grande diversification qui règne aujourd'hui. Elle ne sait pas vraiment combien d'espèces et de variétés elle cultive, peut-être près de quatre ou cinq cents. Ça n'a pas été facile. Tout en rempotant, Isabella nous raconte la difficulté de l'apprentissage :

> Chaque plante, chaque arbre, a une spécificité particulière. Il y a des plantes qui sont très communicatives, qui montrent tout de suite comment elles vont, qui changent tout le temps, mais il y en a d'autres plus stoïques. Avant de mourir, elles changent un peu, mais, sinon, elles sont là. Elles ne bougent pas beaucoup. Elles ne montrent pas grand-chose pour que je puisse m'apercevoir qu'elles ne sont pas bien.

Elle lit des livres, consulte Internet, lit les instructions sur les sachets de semences mais, en règle générale, on a comme information que ça « aime bien les climats chauds, les sols drainants. Ça, c'est la base, mais ça ne t'apprend pas comment cultiver. Tout le reste, tu dois l'apprendre toi-même ». Elle prend l'exemple du basilic que nous sommes en train de rempoter : pour faire de nouvelles feuilles, il ne faut pas lui donner d'engrais chimiques,

> mais panser les têtes des tiges. En faisant ça, tu lui passes un message. C'est ça, communiquer avec les plantes. Et il ne faut pas seulement enlever les feuilles en gardant les tiges comme quand on fait la cuisine, mais casser aussi les tiges ; sinon, on embrouille le basilic. On ne communique pas bien avec lui car, dans la nature, le basilic est habitué à se faire manger par des animaux qui ne font pas de distinction entre feuilles et tiges. On pense qu'en ne cueillant que les feuilles, on ne lui fait pas de mal. C'est l'inverse qui est vrai : les tiges sans feuilles ont beaucoup de mal à repousser à la différence du basilic auquel on a enlevé les tiges et les feuilles.

Ce savoir, on ne l'apprend pas dans les livres en respectant les modes d'emploi inscrits sur les sachets de semences ou ce qui est dit dans les BTS « production agricole ». En règle générale, Isabella fait ses commandes une fois les plantes arrivées.

> La première chose que je fais, c'est que je les rempote bien ; quand c'est possible, j'enlève l'engrais chimique ; je les habitue graduellement à des

> doses d'engrais plus raisonnables, plus basses ; je mets le pot dans ma serre, je les arrose et je les regarde. Et je les regarde, je les regarde, je les regarde, je les rempote. Je vois combien les racines ont poussé ou pas et je change les endroits, pour voir comment elles réagissent à l'ombre, exposées à la chaleur du soleil... Il faut plusieurs années pour connaître vraiment une personne. Pour les plantes c'est pareil.

Isabella revient sur le savoir botanique acquis grâce à ses parents. Elle lit toujours des livres de botanique, mais reste critique envers ce type de savoir. Pour elle, c'est un « savoir abstrait », « savant » où « il n'y a pas de vie ». La botanique est détachée « de la vie des plantes », car elle n'apprend pas comment les cultiver. Pour apprendre, « il faut mettre la main à la pâte » ; c'est une chose de lire et connaître, c'en est une autre de faire. « Les botanistes savent tout sur le bouturage et le greffage en théorie, et pourtant ils ne savent faire ni l'un ni l'autre ; ils ne l'apprennent pas à l'école. » Je lui demander de me montrer les techniques. Elle le fera quand on aura un peu plus de temps.

Après avoir rempoté des basilics, elle observe attentivement le pot qu'elle tient dans la main : « En réalité, c'est la plante qui t'apprend comment tu dois te comporter avec elle. » Selon elle, ce ne sont ni les livres ni Internet ni la botanique qui apprennent comment cultiver, ce sont les plantes. C'est le savoir concret, celui qui « fait tourner une ferme », comme le dit Guy Kastler. Ce sont les plantes qui le portent en elles et ce sont elles qui apprennent à Isabella comment elle doit s'y prendre. Elle m'explique qu'auparavant elle ne savait rien sur la manière de cultiver le basilic. Désormais, elle est devenue une véritable « experte », et elle connaît la subtilité des différentes variétés. Le basilic réglisse, par exemple, n'est pas comparable au basilic cannelle, et ce dernier n'a rien à voir avec le basilic thaï. Certains sont plus fragiles que d'autres, demandent plus d'attention et de soin, tout ce qu'il faut anticiper pour que le travail interspécifique dans le champ se passe au mieux. Ce sont les basilics qui, au fil des années, le lui ont appris. Le basilic cannelle doit être rempoté plus souvent et être mis dans des pots plus grands, comparé au basilic thaï. Il est également plus gourmand en engrais et demande plus d'espace, de confort. Isabella n'hésite pas à se laisser guider par ses plantes, à entrer dans des « apprentissages multispécifiques » comme Fréderic Chaize dont j'ai parlé en introduction. Ces apprentissages supposent d'admettre que les humains ne sont pas la seule espèce qui apprend aux autres, mais que les plantes peuvent aussi apprendre des choses aux humains.

Mais ces apprentissages mutispécifiques posent un problème légal. Au cours du dîner, Isabella explique : « Les trois quarts des fruitiers que je possède dans ma serre ne sont pas dans le catalogue officiel des espèces et variétés de plantes cultivées en France [...]. Je suis complètement hors la loi. » Elle est dans la même situation que le paysan Christophe Collini qui m'avait conseillé d'aller la voir. Ses apprentissages avec les plantes se font en toute illégalité. A-t-elle des problèmes avec la DGCCRF (Direction générale de la concurrence, de la consommation et de la répression des fraudes) ? Si elle vendait des plantes sur Internet, elle serait certainement contrôlée : les inspecteurs surveillent de près les sites. Quelques collègues « se sont fait avoir » en y mettant leurs plantes mais, pour le moment, dans les lieux de commerce et les foires, ces mêmes inspecteurs laissent faire. Cela dépend des régions et des départements, mais cela risque de ne pas durer.

Isabella est inquiète pour la suite de son métier. Ce qui la différencie des gros pépiniéristes, c'est précisément cette diversité beaucoup plus importante en comparaison de ses collègues. S'ils interdisent totalement la vente des plantes non répertoriées au catalogue sur les lieux de commerce et les foires, elle fermera boutique ; elle ne pourra jamais concurrencer les grosses structures qui font les « mêmes plantes ». Elle pense même que son aventure va se terminer dans peu de temps : « Je ne sais pas ce que je vais faire. Macron, c'est le président des lobbyistes, ça n'arrange pas les choses. Je vais faire ça jusqu'à un premier avertissement. » Elle continue : « C'est une vaste blague de parler de la diversité dans les champs. Pour faire de la diversité, il faut être dans l'illégalité, tu n'as pas le choix. » En autorisant un faible nombre de variétés de vignes à être cultivées, la France se situe à l'opposé d'autres pays, mais le lobby de la profession est tellement puissant qu'il n'y a rien à faire. Concernant les plantes médicinales, Isabella compare la France à la Corée du Nord. En France, on peut vendre quarante-six plantes médicinales librement ; en Allemagne c'est quatre cent cinquante, et mille cinq cents en Italie !

Malgré tout, elle continue d'apprendre dans l'illégalité. À la fin de mon séjour, le facteur apporte un paquet. Isabella l'attend depuis une semaine et ne cache pas son enthousiasme. C'est Stéphanie qui l'envoie, une amie qui travaille dans un centre technique dont elle ne veut pas divulguer le nom. Il s'agit de plusieurs plants de fraisiers et de framboisiers ; des variétés anciennes introuvables dans le commerce.

> C'est complètement illégal, c'est hors la loi. Ces variétés ne sont pas inscrites au catalogue et Stéphanie n'a pas le droit de faire ça. C'est strictement interdit. Elle les a sorties du frigo et peut perdre son boulot, mais elle le fait quand même, car c'est une personne passionnée par les plantes. Elle sait que les semences, que les plantes circulent. Elles ne sont pas faites pour rester dans les frigos.

Selon Isabella, ces variétés doivent être bonnes, car les gens qui les sélectionnent savent ce qu'ils font, mais elles n'ont pas été sélectionnées. « Tout ça, c'est pour faire des hybrides et déposer des brevets ; tu vois pourquoi on est obligés d'être hors la loi. C'est scandaleux. » Elle les rempote avec la douceur et l'attention extrêmes qui lui sont propres ; elle les met à l'ombre : quand les plantes n'ont pas vu le jour pendant plusieurs jours, il ne faut pas les mettre directement au soleil, sinon elles meurent. Il faut qu'elles se réhabituent à la lumière, car elles sont extrêmement sensibles. Il leur faut donc un peu de temps pour réagir. « Ce sont les plantes qui m'ont appris cela. »

Contrairement à ce que l'on pourrait croire, Isabella n'est pas la seule à dire que les plantes apprennent aux paysannes la façon dont elles doivent s'y prendre avec elles. Au cours de mon enquête, j'ai pu récolter plusieurs témoignages passionnants allant dans ce sens. Arnaud Lasserre dit que la difficulté d'apprentissage monte d'un cran lorsqu'une nouvelle plante s'installe dans le champ, quand un être qui n'a jamais été cultivé auparavant dans ce type d'espace l'est désormais. « Il faut alors tout apprendre », disait-il. Ce paysan se montre très ouvert aux questions portant sur les apprentissages multispécifiques : tous les ans, il introduit de nouvelles espèces ou de nouvelles variétés de plantes dans son champ. Il m'avait précisé que même si les informations se trouvent sur les sachets de graines, elles sont d'une utilité limitée, car on ne sait jamais d'avance comment la plante se comportera dans son propre champ. Il s'agit d'informations indicatives très générales qui ne s'appliquent pas partout. Il est toujours nécessaire d'observer comment la plante réagit dans le champ. C'est un être sensible qui tente de s'adapter au moindre changement, mais le paysan doit aussi, à son tour, s'adapter.

Arnaud disait que les plantes, comme les humains et les animaux, diffèrent entre elles. Elles préfèrent un type de sol à un autre, sans oublier le climat qui est un élément primordial. Il ajoutait aussi : « On n'est jamais sûr d'avoir tout compris. » Pas simple, par exemple, de décider si une plante doit être mise sous serre ou pas ; si on se trompe, on risque de perdre à la fois du temps, de l'argent et de l'énergie. Il faut alors tout recommencer, mais pas tout de suite : l'année suivante ! La saison est passée et on ne plante pas n'importe quoi à n'importe quelle époque. Les plantes ont des préférences saisonnières qu'il faut respecter. De plus, la réponse n'est pas instantanée, il faut attendre, précise-t-il. Concrètement, les plantes de son champ apprennent à ce paysan la patience ou, dit autrement, à être un humain patient.

Lorsque j'ai évoqué la question des apprentissages avec Aline Colin, cette paysanne, sous l'autorité de ses plants de tomates, avait répondu :

> La plante nous apprend des choses, oui. Comment la soigner, oui. Avec certaines plantes, c'est flagrant parce qu'il y a des choses qu'on rate plusieurs fois de suite et, en fait, on n'a pas le temps d'ouvrir un bouquin ou de regarder. Et puis personne ne le fait. Chacun a ses petites recettes donc oui, c'est à nous d'apprendre, à nous de regarder le comportement de la plante pour modifier le nôtre.

Aline ne disait pas comme Isabella que le savoir des livres est trop « abstrait » et n'apprend pas à cultiver, mais que les paysans n'ont pas le temps d'ouvrir des livres pour apprendre. Dès lors, il faut le faire autrement, à partir du basilic, de la tomate, de la blette, du melon ou de l'épinard. C'est se laisser instruire, éduquer par les plantes. L'instruction se fait à partir de plantes cultivées, qui se révèlent des êtres qui éduquent.

En m'intéressant à l'asperge verte – le fameux légume noble –, j'avais fait la connaissance de Sylvain Enhart. Sa ferme d'asperges s'étale sur cinq hectares à Senas, en région Provence-Alpes-Côte d'Azur, à quarante-cinq minutes de Marseille. Fils de paysans sur quatre générations, il a hérité des terres familiales en 1995. Jusqu'en 2008, il a cultivé pour la coopérative et les grandes surfaces des melons charentais de mai à août, et des salades de novembre à avril. Il ne gagne pas grand-chose, a des dettes, travaille tout le temps, n'en peut plus et arrête: « Sinon, je sentais que ça allait mal se terminer. » C'est pourquoi il s'est lancé dans la culture d'asperges, sans rien connaître.

Pendant qu'on se balade dans son champ, il me raconte le difficile apprentissage qu'a exigé cette plante. Il m'avait prévenu qu'il ne me dirait pas tout, « sinon, c'est trop facile ». Il lui a fallu plusieurs années d'apprentissage, plusieurs voyages à l'étranger – notamment au Pérou, « le pays des asperges ». Il y a très peu d'écrits et de recherches sur ce type de cultures. Après plusieurs années, il a su qu'il fallait arrêter de récolter au bout de quarante-cinq ou cinquante jours, sinon « on épuise la plante », on risque de mettre en péril la récolte de l'année suivante. Même si elle continue à donner des asperges, il faut laisser les tiges monter et donner de petits arbustes. L'asperge est une plante pluriannuelle ; elle peut aussi s'épuiser et mérite du repos. Il a également appris que la présence d'une nouvelle pousse signifie qu'il faut davantage irriguer mais, « surtout, ne pas irriguer régulièrement ». Il faut le faire selon le besoin de la plante et non les préconisations du cahier des charges. Il me confie un de ses secrets : il a installé quatre sondes d'humidité à quatre niveaux de profondeur. Il a téléchargé une application qui lui permet de suivre ce qui se passe *in situ*, il est connecté en permanence avec ses asperges. Mais cette technologie n'est pas d'un usage aisé : « Il faut interpréter les résultats » et c'est une autre affaire.

Quand les paysans sont dans des apprentissages multispécifiques, le succès n'est pas toujours garanti. L'apprenti peut ne pas comprendre ce que dit le maître d'apprentissage. Christophe Collini m'avait raconté une histoire sur son melon Yubari King qu'il cultivait dans son champ. Cette variété est très prisée au Japon et cultivée dans une petite ville, Yubari. Il se vend à des prix exorbitants, allant jusqu'à cinq mille euros pièce. En 2008, dans une vente aux enchères au Japon, deux melons ont été vendus vingt-cinq mille euros[6] ! Dans les Yvelines, le maraîcher Asafumi Yamashita, très connu dans le milieu de la restauration, cultive cette variété. Il les vend

6. « Japon. Deux melons vendus plus de 25 000 euros, un record », <lepoint.fr/insolite/japon-deux-melons-vendus-plus-de-25-000-euros-un-record-26-05-2018-2221541_48.php>.

soixante euros pièce à des chefs triplement étoilés. Il y a quelques années, Christophe a fait la connaissance d'Asafumi Yamashita. Il lui a demandé quelle variété il cultivait. Asafumi Yamashita a refusé de lui dire, précisant simplement que c'est une variété japonaise. Vexé, Christophe a fait des recherches sur Internet et trouvé le nom de la variété dont il a commandé des graines. Chacune coûte cinq euros. Il voulait la cultiver sur ses terres et montrer à Asafumi Yamashita qu'on peut le vendre beaucoup moins cher. Selon lui, vendre un melon soixante euros pièce, c'est vraiment prendre « les gens pour des imbéciles ».

Il explique qu'avec cette espèce il ne faut laisser qu'un gourmand par pied pour que le sucre se concentre sur un seul melon ; on ne cultive qu'un fruit par plant. Mais les choses ne se sont pas passées comme prévu. Au bout de trois ans, il n'arrivait toujours pas à savoir quand ses fruits étaient mûrs. Soit ils l'étaient trop, soit pas assez ; rien ne lui permettait de le déterminer. Christophe était dans un apprentissage difficile, complexe. Ce melon n'est pas facile à comprendre. Sa couleur et son aspect ne semblaient pas changer selon sa maturité. La tige et les feuilles ne jaunissaient pas pour lui indiquer que le melon était mûr, comme dans le cas du charentais. Il ne voyait pas le moindre signe et cela le mettait hors de lui, lui coûtait du temps et de l'argent. Il dépensait une fortune pour ces graines de melon. S'il était très énervé, c'est qu'Asafumi Yamashita et les autres paysans japonais ont appris à cultiver ce melon et il n'y avait aucune raison que lui n'y parvienne pas. Il n'a pas eu assez de temps pour le faire...

L'apprentissage multispécifique demande du temps et de la patience. Il n'y a pas d'éducation rapide quand ces paysans sont en rapport avec les plantes. Les plantes ne vivent pas dans un temps humain. Leur vie se situe dans une autre temporalité. Pour apprendre à partir du savoir de ces plantes, ces paysans doivent naviguer entre deux temporalités. Chacune d'elles remet en cause l'idée selon laquelle l'instruction est une compétence exclusive des hommes et des livres. Leurs expériences rejoignent l'interrogation d'André-Georges Haudricourt : « Si c'était les autres vivants qui avaient éduqué les hommes, si les chevaux leur avaient appris à courir, les grenouilles à nager, les plantes à patienter[7] ? »

---

7. André-Georges Haudricourt et Pascal Dibie, *Les Pieds sur terre*, A.-M. Métailié, Paris, 1987, p. 169.

Au-delà des succès et des échecs, parler d'apprentissages multispécifiques, c'est épaissir le rapport sensible et animé entre les paysans et leurs plantes.

Isabella et ses plantes : une famille mutispécifique de plus à composer

Depuis mon arrivé chez Isabella, je rempote. Je commence à avoir mal au dos et j'ai besoin de faire une pause. Isabella s'apprête à arroser. Je la suis pour voir comment elle fait, et laisse Antonine rempoter seule les eucalyptus. Elle arrose avec le tuyau, plante par plante, pot par pot. Elle ne peut pas utiliser l'arrosage automatique, ni de goutte à goutte ou de sprinklers comme c'est le cas chez certains paysans. On n'est pas en présence de cultures identiques qui s'étalent sur des rangées tout le long de la serre.

Pour Isabella, certaines plantes ont besoin de plus d'eau que d'autres. Ici, on ne peut pas mettre « l'arrosoir automatique et faire autre chose ». Du coup, je comprends que je ne peux pas m'occuper de l'arrosage. Dans cette serre, même l'arrosage est une tâche compliquée ; il faut connaître le besoin de chaque plante. Isabella arrose et je traîne derrière elle, observant ; je me rends compte qu'arroser prend aussi du temps. Je fais remarquer que ça ne se fait pas en cinq minutes. « Ce n'est pas grave », dit-elle : elle en profite pour inspecter ses plantes. Elle repère celles qui ont soif, les malades, celles qui n'ont plus rien à « manger », à rempoter en urgence, celles qui ne sont pas « contentes » de leur emplacement, mais aussi celles pour qui tout va bien. Ce n'est pas seulement un moment consacré à l'arrosage des plantes, c'est aussi un moment privilégié pour observer ce qui se passe dans une serre.

Isabella commence à arroser les arbustes fruitiers à l'extérieur des serres. Dans la profession, on les appelle les « plantes mères ». C'est sur elles qu'on prélève des boutures, un des moyens de donner naissance à de nouvelles plantes. Antonine nous rejoint. Elle écoute la conversation et explique que pépinière veut dire « élevage de végétaux ». En anglais, on dit *nursery*. Un même terme pour la garde des enfants et l'élevage des végétaux. Je suis très heureux d'entendre cela ; c'est une nouvelle invitation à spéculer. Je les questionne sur l'historique de ces notions. Elles ne la connaissent pas, mais ce sont les termes habituels, officiels, utilisés par tout professionnel en horticulture. Après quelques recherches il semblerait que l'on parle de *nursery* en horticulture depuis 1560[8]. Je ne trouve pas d'autres références pour en savoir plus sur la façon dont ces termes si intéressants ont émergé.

Toujours en arrosant, Isabella dit :

> Moi je donne de l'eau, je donne du terreau, je donne de l'engrais, mais c'est grâce à la vie qu'elles sont là, et ça ce n'est pas mon mérite, ça n'a rien à voir avec moi. Moi je soutiens cette vie parce que, dans ma serre, je les garde dans une condition pas naturelle dans le but que quelqu'un les plante après et que ça vive dehors. Je les soutiens, je les aide, mais le fait qu'elles vivent, qu'elles poussent, qu'elles grandissent, ce phénomène relève de la vie elle-même. C'est comme un enfant, tu vas le nourrir et le garder en santé et l'aimer et lui apprendre à parler et toutes ces choses, mais sa vie, ce n'est pas grâce au sperme et aux ovaires. C'est grâce à la vie, sinon tu peux avoir du sexe comme tu veux, il n'y aura pas d'enfant. L'enfant existe puisque la vie existe. C'est pareil pour la plante. Elle existe parce que la vie existe.

On vit un moment privilégié, un de ces moments très précieux où les histoires se font et se racontent. Haraway nous a appris que « les histoires vont bien au-delà de l'idéologie. Et qu'en cela réside notre espoir[9] ». Je ne pose plus de question pour ne pas pousser Isabella dans une direction qu'elle n'aurait pas prévue. Je laisse le silence s'installer[10]. Isabella se tait aussi, tout en arrosant. Antonine et moi sommes fatigués ; j'ai l'impression qu'elle en a marre de rempoter toute seule les eucalyptus.

Alors qu'Isabella et Antonine gardent le silence, je pense à l'ouvrage de presque mille pages d'André Pichot, *Histoire de la notion de vie*, où il écrit :

8. <etymonline.com/word/nursery>.

9. Donna Haraway, *Manifeste des espèces compagnes*, *op. cit.*, p. 43.

10. Merci à Vinciane Despret pour cette remarque de méthode : « Il faut surtout se taire et ne poser aucune question lorsque tu penses que les histoires deviennent intéressantes. Laisse le silence s'installer car, avec un peu de chance, tu vas avoir l'occasion d'entendre des histoires que tu n'as pas prévu d'entendre et cela te donne de la nouvelle matière pour spéculer, pour ouvrir les possibles », communication personnelle.

> Bien qu'elle nous touche de très près, la notion de vie n'a jamais été clairement définie ni dans l'histoire des sciences ni dans la philosophie. Sans doute parce qu'elle est difficile à saisir. On pourrait dire d'elle ce que saint Augustin disait du temps : « Qu'est-ce donc que la vie ? Si personne ne me le demande, je le sais ; mais si on me le demande, et que je veux l'expliquer, je ne sais plus[11]. »

L'auteur conclut que la notion de vie est ignorée dans la biologie moderne parce que l'épistémologie dominante soutient qu'elle ne doit pas donner une définition *a priori* de ce concept. Elle se considère comme une science analytique et expérimentale – une définition loin de celle d'Haraway, qui, elle, la définit comme une « boîte à histoires[12] ». Dans cette discipline, la vie est présentée

> comme une qualité nouvelle apparaissant à partir d'un certain degré de complexité de l'organisation physico-chimique, sans qu'il soit davantage précisé comment se fait cette émergence, en quoi elle est nécessaire… ni même en quoi cette vie émergente (qui n'est pas définie) est qualitativement nouvelle comparativement à ce qui est du seul domaine physico-chimique. Dans ces conditions, il est permis de se demander si cette émergence n'est pas simplement un moyen de se débarrasser de la notion de la vie, dont on ne sait pas quoi faire dans le travail scientifique proprement dit… elle est naturellement mise hors la science[13].

Isabella a fini d'arroser. Avec Antonine, je l'aide à rembobiner le tuyau d'une centaine de mètres. Isabella nous lance que

> la pépinière fonctionne comme si tu élevais des enfants. Pour comprendre les plantes, il faut procéder par analogies en les comparant aux humains. Elles nous ressemblent beaucoup et sur plein de choses. Elles ont le même principe de fonctionnement. Les plantes sont comme nous. Après, quand je dis ça aux gens, ils me regardent bizarrement, mais c'est comme ça. Regardez-nous, dit-elle encore, j'ai arrosé les jeunes plants. Ils sont comme des bébés. Ils sont très fragiles et il faut bien s'en occuper quand il fait chaud. On met des chapeaux

11. André Pichot, *Histoire de la notion de vie*, *op. cit.*, p. 3.
12. Thierry Hoquet, « Insaisissable Haraway », *loc. cit.*
13. *Ibid.*, p. 939.

> aux bébés. On leur fait prendre une douche. On leur donne à boire. C'est pareil pour les plantes. Il faut les arroser, leur donner à boire, en mettre certaines à l'ombre car elles ne supportent pas le soleil. Quand il fait froid, on habille les enfants, on les protège contre le froid. C'est pareil en hiver ici. Il faut fermer les serres quand il fait trop froid. Il faut garder la chaleur sinon elles meurent...

Un peu plus tard, elle précise :

> Quand tu élèves des enfants dans une famille normale, tu fais cela jusqu'à ce que les enfants s'en aillent ou qu'ils se fassent virer, ça dépend. Et les plantes, c'est pareil. Je les fais grandir et elles s'en vont ou bien j'arrête de les élever, car ça ne marche pas.

C'est une belle analogie que fait Isabella entre les humains et les plantes. Il est alors moins difficile de comprendre pourquoi les Anglais ont le même mot (*nursery*) pour désigner une garderie pour enfants et une garderie pour les plantes. Isabella n'a, toutefois, jamais prononcé le mot « mère » pendant mon séjour ; elle ne se voit pas comme une mère pour les plantes qu'elle élève, et ce ne sont pas *ses* enfants. Elle nous embrouille ontologiquement en rapprochant à sa manière les plantes des enfants humains. Concrètement, elle fait grandir des bébés-plantes, des enfants-plantes, en en prenant soin, tout en refusant de se voir comme une mère. Isabella ne veut pas être réduite à ce rôle, et même s'il s'agit des plantes, cela ne change rien à l'histoire. En revanche, elle ne serait probablement pas opposée à considérer qu'elle compose une nouvelle famille multispécifique. Elle a auparavant vécu en couple, mais ne veut pas d'une famille fondée sur les normes hétérosexuées, patriarcales. Papa-maman, il n'en est pas question. L'histoire aurait pu être différente si Isabella acceptait le terme de mère ; j'aurais pu spéculer autrement en disant que les plantes mères – en extérieur – donnent naissance à ses propres bébés-plantes, et Isabella serait devenue une deuxième mère ou, plus précisément, une « mère adoptive ». J'aurais pu dire que les plantes-mères faisaient confiance à Isabella en leur confiant leurs enfants-plantes. Autrement dit, les plantes dans le champ auraient eu deux mères, une biologique où la parenté se ferait par ascendance, et l'autre par adoption.

Mais l'histoire qu'Isabella me raconte ne le permet pas. La mienne serait très éloignée de la sienne, et je sais qu'elle ne serait tout simplement pas d'accord. Or l'idée d'une spéculation ethnographique est de rester, dans la mesure du possible, le plus longtemps et le plus près possible des personnes enquêtées en essayant de restituer l'histoire qu'elles racontent, et qu'elles s'y reconnaissent.

Si Isabella ne se voit pas comme une mère, cela ne nous empêche pas de la voir comme un parent proche au sens d'Haraway : être parent ne renvoie pas seulement au rapport père/mère[14]. En apportant du soin et de l'attention à ses enfants-plantes, Isabella ne cherche pas plus des substituts à des enfants humains qu'Haraway n'en cherche avec sa chienne. La différence réside dans le fait qu'Haraway refuse d'employer le terme « enfant » quand elle parle de sa chienne. Il y a un risque de substitution et d'infantilisation. Au contraire, Isabella prend ce risque. Ces deux femmes – féministes, antipatriarcales et décoloniales – se distinguent aussi par le fait que l'une aime passionnément les chiens et l'autre, les plantes.

Dans la famille d'Isabella, les plantes ne jouent et ne travaillent pas, contrairement à ce qui se passe dans celle d'Olivier Durand ou de Dries Delanote. La composition se fait autrement. Les plantes sont élevées et gardées dans des « conditions pas naturelles », comme elle le précise, et il n'y a rien de choquant à faire des analogies avec les enfants. Ce qu'elle m'a invité à faire. Ces derniers sont aussi gardés dans des « conditions pas naturelles » par leurs parents. Et pas plus que ces plantes, ils ne peuvent survivre seuls. En restant fidèle au raisonnement d'Isabella, les serres ne sont pas ici pour faire « plaisir au banquier » et « déconnecter le paysan des saisons » – comme le disait Jean-Baptiste –, mais sont un moyen pour que cette famille puisse vivre au mieux. Il faut qu'Isabella en tire un revenu afin de survivre à son tour. Trouver de bons compromis dans une famille pour que tout le monde soit satisfait n'est jamais simple.

Quand les relations se compliquent au sein des membres de la famille

Les eucalyptus – des plantes « dangereusement allopathiques » selon Jean-Marie Pelt – nous attendent pour être rempotés[15]. On revient le jour suivant. Isabella les inspecte un par un. Elle ne dit rien, mais l'expression de son visage me fait comprendre qu'elle s'inquiète de leur

14. Voir chapitre 4.
15. Jean-Marie Pelt, *La Vie sociale des plantes*, Fayard, Paris, 1984, p. 200.

aspect. « Les eucalyptus n'aiment pas le pot. Ils préfèrent la pleine terre, et c'est compliqué de les garder jolis dans des pots. » Isabella m'a déjà dit, au cours de notre premier entretien, que « l'eucalyptus, est une plante qui pousse vite, qui supporte plein de conditions différentes, dans une certaine limite toujours. Quand les animaux le blessent, il repousse et ce sont des plantes comme lui, qui vivent souvent en symbiose avec d'autres plantes ou avec des insectes, qui survivent le mieux ».

Si les eucalyptus peuvent se montrer amicaux et coopératifs à l'occasion – comme le suggère aussi Jean-Marie Pelt[16] –, cette sociabilité a ses limites. Mais comment sait-elle qu'ils préfèrent la terre et n'aiment pas le pot ?

> Regarde ces couleurs, elles sont pâles. Regarde les tiges. Elles ne sont pas costaudes. Elles sont fragiles. Il n'a pas le même aspect par rapport à un eucalyptus qui vit dehors dans la terre. Tu vois ça tout de suite. Elle m'invite à regarder les tiges qui ne sont pas droites, car comme l'eucalyptus vit en serre où il fait plus chaud, les tiges poussent plus vite. Par conséquent, elles se penchent, et comme les clients veulent des plantes droites, on est obligés de mettre des tuteurs. L'eucalyptus s'en fout de se pencher, mais pas les clients, alors on est obligés de le soutenir.

L'histoire d'Isabella avec les eucalyptus est assez compliquée. Ils ne veulent pas vivre en pot et font des choses inacceptables pour les clients et le font savoir. D'un autre côté, Isabella doit tout faire pour que ces plantes acceptent de vivre dans ces pots et dans la serre, car les clients veulent des « plantes droites ». Autrement dit, les eucalyptus ne veulent pas se plier aux conditions de vie offertes par Isabella. Ils refusent cette exigence humaine – rester droits – et n'acceptent pas les conditions de vie qu'Isabella leur propose. À la rigueur, ils veulent bien habiter avec elle, mais à condition d'être plantés en terre à côté des autres plantes-mères. Comment Isabella compte-t-elle faire ? Elle dit en soupirant qu'elle ne sait pas comment leur proposer des conditions de vie plus acceptables. Elle pense arrêter les eucalyptus. Elle ne nie pas, ni ne relativise le problème. En tout cas, ce n'est pas pour aujourd'hui, vu

16. *Ibid.*, p. 200.

que nous avons rempoté tous les petits eucalyptus. Le conflit persiste néanmoins et il n'y a pas de doute que ces plantes sont soumises à un effet de domination au sein de cette famille.

Parfois, au sein d'une même famille multispécifique, les relations peuvent se compliquer. Lors de notre première rencontre, Isabella m'a raconté que c'était le cas entre un épinard vivace de la famille du sarrasin et les autres plantes :

> C'est un sarrasin vivace de Nouvelle-Zélande, le *Vivago pirosemuso* qui fait une bonne feuille, comestible, avec plein de vertus médicinales, qui pousse très vite, très fort, qui est complètement increvable. Tu peux le rabattre, rabattre, il revient. Il est super envahissant et il fait des racines qui deviennent très épaisses, très, très dures. Elles deviennent tellement denses qu'avec une fourche, une pelle-bêche, tu n'arrives plus à les enlever. Et quand tu essayes de l'arracher, il casse toujours ; il est hypercassant entre la racine et la tige. Ça veut dire que c'est une plante vraiment increvable qui colonise énormément. J'aime bien cette plante, moi j'ai de la place, je m'en fiche complètement si c'est envahissant. C'est une super plante, mais elle écrase tout. Je l'avais mise, avant de la connaître, dans une parcelle de dix mètres carrés, avec des légumes vivaces, mais elle les a tous tués.
>
> Moi : Elle a tué toutes les autres plantes ?
>
> Isabella : Oui, elles sont toutes mortes, elles ont toutes disparu. Cette plante, on peut dire qu'elle a un comportement assez violent. Elle est hyper dominante.
>
> Moi : Et tu fais comment pour t'y retrouver dans le champ entre les plantes douces et les plantes violentes ?
>
> Isabella : Les plantes douces, je les plante ailleurs et je laisse la place à l'épinard vivace.

Isabella règle cette situation délicate en attribuant à chacun une place. Ce qu'elle raconte est un cas très violent, extrême, mais qui existe. Ce n'est pas parce que l'on parle de famille qu'il faut idéaliser les rapports entre les différentes plantes, ou entre elles et Isabella. Pendant que nous rempotions les porte-greffes de merisier, Isabella me raconte une autre histoire de relations compliquées.

C'est un cerisier sauvage appartenant à la famille des Rosacées. Il y a plusieurs porte-greffes dans le pot et Isabella a fait le greffage l'an dernier. Maintenant, il faut séparer les porte-greffes qui ont réussi et les mettre dans des pots individuels. Mais lorsque l'on sépare les porte-greffes, il ne suffit pas de les mettre dans un plus grand pot. Il faut effectuer un équilibrage entre la racine et le feuillage, c'est-à-dire faire en sorte que les deux parties aient le même volume ; et si le feuillage est plus grand que la racine, il ne faut pas hésiter à couper des feuilles et quelques tiges, sinon la plante sera en déséquilibre et mourra. « Et ça, nous dit-elle, en conventionnel, ils ne le font pas. » Selon elle, c'est la raison qui entraîne un déséquilibre chez les plantes greffées en conventionnel, et qui explique que beaucoup meurent.

Ces plantes demandent encore plus d'attention que celles qui ne sont pas greffées. Il faut des arrosages réguliers et fermer la serre quand il fait frais. Au départ, les plantes greffées sont particulièrement fragiles et vulnérables. « En ce moment, il pleut, et il ne fait pas chaud, alors on peut prendre notre temps. Mais lorsque nous sommes dans des périodes de fortes chaleurs avec un temps sec, il faut arroser dès le matin, sinon c'est trop tard. » Et, dit-elle, ce n'est pas facile de supporter cela quotidiennement, car il faut être tous les jours à la maison. Elle ne peut pas partir en week-end quand ses amis l'invitent. Et nous savons tous comment « ça se passe » avec les amis, se confie-t-elle. Ils nous invitent une fois, deux fois, trois fois, mais après ils ne nous invitent plus si on refuse souvent. Si elle part quelques jours en vacances, elle doit prévoir toute une organisation pour que Raphaela la remplace. Isabella avoue que les plantes la privent « d'une certaine forme de liberté » et qu'il y a des jours où ce n'est vraiment pas simple de vivre ainsi. Elle ne dit pas que les plantes la dominent, comme le faisait Aline Colin (chapitre 4), mais c'est tout de même, selon elle, un problème de « liberté ». La distinction est subtile, mais elle ne parle pas de « domination » lorsqu'elle évoque un problème qui relève de la codomestication entre espèces compagnes.

Les plantes empêchent Isabelle de tisser des relations humaines. Quand on est célibataire, cela peut être un vrai problème :

> Ton partenaire, surtout quand c'est au début de la relation, il veut aller à gauche, à droite, et moi je suis obligée de dire à chaque fois : bah je ne peux pas. Je dois rester là, j'ai du travail. Tout le monde ne peut pas comprendre ça. Les gens pensent que je n'ai pas envie d'y aller, que je

> ne fais aucun effort, alors que ce n'est pas ça, donc ça ne marche pas. Si je pars un week-end, qu'il fait chaud et que je n'arrose pas, alors c'est fini avec les plantes. Il n'y a plus rien.

Elle souligne une dimension problématique supplémentaire de sa relation avec ses plantes : elles peuvent être à l'origine d'une forme d'enfermement, d'isolement, d'une privation de mouvement. Elles ne lui font pas que du bien comme dans l'histoire d'Antonine. Elles sont capables de faire du mal. Elles empêchent très concrètement Isabella de tisser des relations amicales et amoureuses avec d'autres humains. Le compromis n'est pas facile à trouver pour que toutes ces relations interspécifiques se passent bien.

Si elle part en week-end ou en vacances avec sa compagne sans avoir trouvé de remplaçant, c'est la vie des plantes qui est menacée ; mais si elle reste, c'est sa compagne qui risque de s'en aller. C'est d'ailleurs ce qui s'est passé à maintes reprises, ses précédentes compagnes ne comprenant pas qu'elle ne puisse pas partir en « vadrouille à droite, à gauche ou sur un coup de tête ». Isabella est tiraillée entre ses relations avec ses plantes et ses relations amoureuses. Dans cette famille interspécifique, ça manque d'humains. Les plantes ne les remplacent pas ; les relations interspécifiques ont aussi leurs limites. Concevoir ces familles avec un seul humain peut donc poser problème. Si Olivier Durand, Dries Delanote et Donna Haraway n'ont pas abordé ce problème, c'est qu'ils ne sont pas seuls. Ils vivent avec un autre humain à la différence d'Isabella qui ne vit qu'avec des êtres autres qu'humains.

Quels que soient les problèmes, pour qu'Isabella puisse vivre dans sa famille multispécifique, il faut non seulement rempoter, arroser et s'occuper des plantes, il faut aussi savoir les multiplier.

Greffage : une technique pour fabriquer de la parenté ?

Le greffage est une technique de multiplication. La fin de la semaine approche et on rempote toujours à un rythme soutenu. Au bout d'un moment, Isabella s'arrête de rempoter pour me montrer comment faire. Le greffage consiste à implanter un bourgeon, ou une autre partie de la plante sur une autre – le greffon. On le place dans le tissu de la plante – le porte-greffe. C'est un savoir-faire très technique. Isabella a commencé les greffages cinq ans après son installation. Ce ne sont pas les plantes qui lui en ont appris les bases, mais un vieux maçon, maintenant décédé, qui venait souvent à sa ferme regarder et admirer les plantes. « Il était très limite sur beaucoup de sujets, mais sur le végétal, il était à la pointe. Il pouvait en parler pendant des heures. » Cet homme adorait tout particulièrement les pommiers et c'est sur eux qu'il lui a montré comment faire. Isabella explique que si l'on greffe le pommier par le bas, il fera une tige mais si on le greffe par le haut, il fera sa couronne. Le pommier connaît la hauteur de sa tige et de sa couronne. « En fonction de la hauteur de sa tige et de sa couronne, il va prendre une décision, soit il va monter en hauteur soit il va faire des branches. Ça, c'est un exemple parfait de leur conscience et de leur intelligence », dit Isabella.

Les pommiers sont greffés selon la technique dite « en fente ». Elle en évoque trois autres : à l'anglaise, en écusson et *chip-budding*. Il y en a beaucoup plus et chacune a son propre nom. Il y a ainsi des centaines d'appellations, mais, quels que soient le nom et la technique, il s'agit toujours de « connecter le cambium qui est la peau de la plante avec le greffon pour que la sève qui est le sang de la plante puisse recirculer ». Le cambium du porte-greffe et le greffon sont mis en contact, condition de réussite de la greffe. Elle souligne qu'il n'y a rien de bizarre si l'on compare le cambium avec notre peau et la sève avec notre sang : « C'est la même chose, les plantes fonctionnent comme nous. »

Il n'y a jamais de réussite à 100 %. Certaines plantes rejettent le greffon. Il n'y a pas « d'explications rationnelles, c'est comme ça. C'est aussi le cas pour les humains… » Pour avoir des chances de réussir, il faut un couteau bien tranchant. Elle explique qu'il faut couper calmement, sans forcer, d'un coup. Elle précise : « Surtout ne pas faire d'allers et retours comme quand on tranche du pain ; c'est vivant, sensible, intelligent. Il y aura une cicatrice. » Isabella se demande comment les humains ont trouvé cette méthode, car cela remonte à la nuit des temps. Elle me montre la technique en fente, la plus simple, la plus couramment utilisée par les amateurs. Il faut faire une incision à l'intérieur de la tige du porte-greffe avant d'y placer le greffon taillé et de permettre le contact des cambiums entre eux. Isabella a la « main légère ». Les gestes sont précis, nets et doux à la fois. Il faut ensuite bien fixer les deux parties avec une bande. Il est intéressant de placer aussi un greffon de l'autre

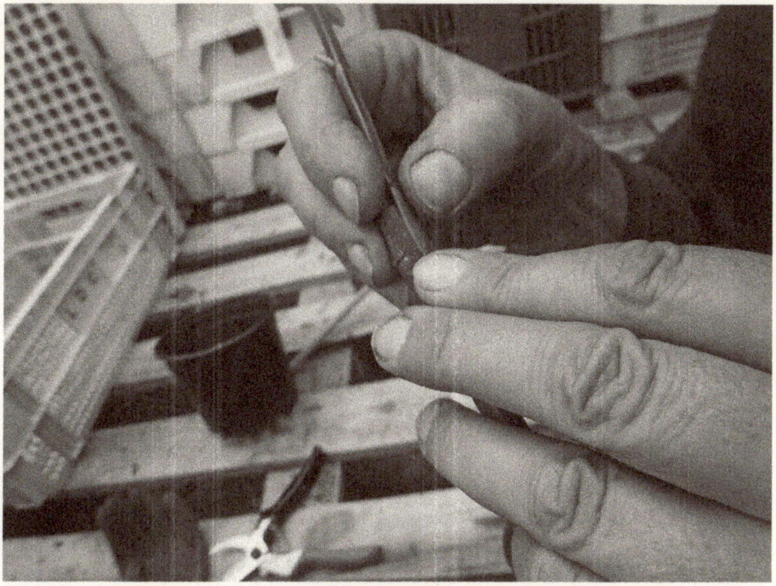

Greffage.

côté de la fente du porte-greffe, pour mieux sceller la fente et faciliter la cicatrisation.

En voyant faire Isabella, j'ai l'impression que le greffage est une « chirurgie pour les plantes ». Elle approuve : « Ça y ressemble beaucoup, c'est le même principe. On greffe et on attend pour voir comment ça se passe. »

Elle passe ensuite à la greffe à l'anglaise. Elle fait une entaille en biseau sur le porte-greffe et sur le greffon. L'entaille et l'angle doivent être identiques sur les deux parties. Quand on est attentif à la précision de ses gestes, on comprend tout de suite pourquoi il est difficile de se lancer dans cette technique ; il faut être entraîné. Les deux parties doivent s'ajuster et il faut faire le bandage sur les entailles. C'est comme chez les humains : on fait une entaille puis on met un bandage pour que ça cicatrise. Isabella me montre les deux formes de cicatrices en remarquant que celle provoquée par la greffe en fente est plus grande que dans le cas d'une greffe à l'anglaise. Le temps de cicatrisation est aussi plus long. « La greffe en fente leur inflige une plus grande blessure que la greffe à l'anglaise, mais pour la réaliser, il faut que le porte-greffe et le greffon aient le même diamètre. Si ce n'est pas le cas, on en fait une en fente. La greffe anglaise, c'est relativement doux. C'est toujours grave pour l'arbre, mais ça va encore. »

Isabella me montre comment faire la greffe en *chip-budding*. Elle fait une incision sur le porte-greffe de deux centimètres sur une profondeur de deux à trois millimètres. Quand on enlève l'écorce, il faut faire la même chose sur le greffon, un bourgeon. Il doit être de la même taille que le porte-greffe. On fixe les deux parties en vérifiant que les cambiums se touchent, puis on fait le bandage en laissant la place au bourgeon.

Elle me montre enfin la greffe en écusson. Elle fait une entaille de deux centimètres en forme de T où elle place le greffon, là encore un bourgeon ; puis elle fait le bandage. C'est un savoir très technique. Au-delà de ces gestes ultra-précis, il faut savoir quel type de greffe convient à quel type d'arbre, à quelle saison il est mieux d'effectuer certains types de greffe que d'autres. Et puis il y a des espèces sur lesquelles on ne peut pas en faire. Elles refusent ce mode de multiplication.

En ce qui concerne les deux dernières techniques, Isabella précise qu'il ne faut surtout pas toucher avec les mains les parties vives des greffons et des porte-greffes ; le couteau doit être propre et désinfecté, sinon les greffons « s'infectent et meurent ».

Elle nous montre les néfliers, de petits arbres fruitiers de la famille des Rosacées. Ils sont doublement greffés. Il faut deux ans pour cela. La première année, on greffe sur le porte-greffe et la deuxième on regreffe sur le greffon. Isabella utilise deux technique : en fente la première année et à l'anglaise la deuxième. La double greffe a pour objectif de faire monter le tronc de l'arbre, sinon le néflier fait ses branches plus bas. Lorsqu'on pratique la double greffe, les arbres sont plus beaux, et cela évite qu'ils se fassent manger par les chevreuils. Elle a donc pour but de rendre les néfliers à la fois plus jolis pour le commerce et de l'aider à survivre à cette « bête noire » qui dévaste tout sur son passage. Cette précaution rappelle un très beau passage de Peter Wohlleben : il ne faut pas croire que les plantes ont du plaisir à se faire brouter à longueur de journée par les chevreuils[17].

---

17. Peter Wohlleben, *La Vie secrète des arbres*, Les Arènes, Paris, 2017, p. 64.

Mais si je prends en compte le point de vue des plantes, je ne suis pas sûr non plus que cela leur fasse plaisir de se faire greffer pour générer un tronc plus haut. Qu'en pense Isabella ? Elle voit bien le problème, mais le néflier ne connaît pas encore le chevreuil. Et alors, ce sera trop tard. Elle, elle peut anticiper ce problème. La conversation se termine mais ma question ne l'a pas laissée indifférente. Plus tard, elle reviendra sur ce qui constitue pour elle un problème moral. Quand elle greffe, elle est bien consciente d'infliger une blessure certainement « douloureuse » ; mais les plantes et les arbustes y trouvent aussi leur compte, car ils se multiplient. Isabella reconnaît qu'ils sont blessés et que cela génère de la douleur, mais c'est nécessaire pour faire naître et multiplier les végétaux. Isabella spécule en faisant un nouveau rapprochement entre les humains et les plantes. Elle compare la naissance et la multiplication des végétaux avec les femmes qui donnent naissance par des voies non adaptatives, également dans la douleur et les blessures. Ces étapes font partie de la naissance et de la reproduction d'espèces.

J'ai envie de spéculer à mon tour sur cette technique de greffage ; Isabella donne une belle occasion d'étirer plus encore l'imagination et de permettre de changer les choses quand on parle des paysans et des plantes. Haraway écrit que « faire parenté, c'est faire des personnes, pas nécessairement en tant qu'individus ou en tant qu'humains... faire des parents et faire un type comme catégorie, soit *sans* lien de naissance, des parents latéraux et beaucoup d'autres choses encore[18] ». Je me demande si dans l'acte de greffer, une technique de multiplication non sexuée, Haraway ne verrait pas une forme de « faire parenté » *avec*, tout en abandonnant la notion de famille au sens classique du terme. En greffant, Isabella crée un lien de naissance entre elle et les plantes. Avec cet acte, elle devient une sorte de parente proche dans un lien de filiation issu de la natureculture. Isabella fait de la parenté à sa manière en comparant l'acte de greffer à l'acte de naissance.

Pourquoi ne pas voir le greffage entre Isabella et ses plantes comme une recomposition de la parenté dans le sens le plus profond du terme ? Certains diront que je « force le trait ». Peut-être, mais les familles sont à recomposer à partir de ce que racontent celles et ceux qui sont pris

18. Donna Haraway, « Anthropocène, Capitalocène, Plantationcène, Chthulucène », *loc. cit.* C'est moi qui souligne.

dans des relations multispécifiques, sauf à rester dans une mauvaise abstraction. L'invitation d'Haraway à faire des parents risquerait de devenir un sujet de discussions académiques sans lien avec le monde. Or je ne souhaite pas simplement commenter cette proposition, mais contribuer à composer des familles quand l'occasion se présente.

Beauté des plantes : un critère important pour faire du commerce

Nous devons rempoter les framboisiers. Il est temps car ils sont déjà grands. Tout en les inspectant et en enlevant les feuilles qui jaunissent, je demande à Isabella pour quelles raisons on accorde autant d'attention à la beauté des plantes. Elle dit que les garder jolies est un critère très important pour un pépiniériste, sinon personne ne les achète. C'est la principale différence entre un maraîcher et un pépiniériste ; à la fin de la saison, les plantes annuelles ne sont pas belles chez un maraîcher. Ce n'est pas grave car elles sont en fin de vie. C'est comme les humains : plus on avance en âge, plus la beauté s'efface. Mais, ici, il faut que les plantes soient belles parce que les gens les achètent pour cela.

C'est très intéressant : sans leur beauté, il ne peut pas y avoir un commerce des plantes. En tant que membres de la famille, il n'y a que les plantes jolies qui peuvent faire du commerce et assurent, par conséquent, un revenu à ladite famille. Néanmoins, il est maigre : « J'ai de quoi payer les factures, mais je suis en dessous du Smic. Pourtant je m'estime privilégiée car je fais ce que je veux et ça n'a pas de prix. » Dans cette histoire Isabella n'est pas la seule commerçante, ses plantes sont aussi des êtres commerçants. Elle est là pour les soigner, s'occuper de leur beauté, et les emmener dans les lieux de commerce avec son camion de sept tonnes pour que les plantes séduisent les clients. Elle s'assure que les plantes puissent faire du commerce. L'histoire d'Isabella fait écho à celles du chapitre 2 sur le chou de Pontoise et la fraise d'Orgeval, même si leur qualité première pour commercer était plus le goût que la beauté.

Si seules les belles plantes peuvent faire du commerce, un problème se pose avec celles qui sont plutôt laides. Je demande à Isabella ce qu'elle pense de cette forme de discrimination subie par les plantes moches de la part des humains dans les lieux de commerce et les foires. Antonine sursaute en entendant ma question et se presse de répondre en coupant la parole à Isabella. C'est un vrai problème, dit-elle, et c'est « la faute aux humains ». C'est comme lorsqu'ils veulent des beaux légumes au marché, bien calibrés, homogènes, tous semblables. Elle estime que les plantes qui ne sont pas très jolies ont aussi droit au soin et à l'attention ; les gens devraient être plus souples. Ils pourraient tout autant les acheter puisqu'« elles ont aussi le droit de vivre ». Pour elle, les plantes ne sont pas responsables. Si elles attrapent des maladies ou un coup de froid, « c'est normal qu'elles soient plus abîmées. C'est comme nous quand nous tombons malades, nous ne sommes pas très beaux non plus ».

Isabella reste plus réservée. Elle comprend les clients qui ne veulent pas acheter des plantes pas jolies, c'est son travail de « les rendre belles ». Si les plantes sont moches et abîmées, c'est un échec personnel. Pour les rendre belles, il faut bien s'en occuper ; Isabella est dans une relation de soin constant avec ses plantes. Sans elle, pas de commerce. Si les plantes sont moches, elle en assume toute la responsabilité puisque c'est elle qui les élève dans les serres. Le raisonnement d'Antonine la gêne, elle trouve l'argument un peu facile. Dire que « c'est la faute aux autres » n'est pas son point de vue. Elle se voit entièrement responsable de ce qui arrive à ses plantes : « Moi, ça m'énerve quand les plantes sont moches sur le stand au marché. Je ne supporte pas. »

Elle reconnaît néanmoins qu'il n'est pas simple de maintenir la beauté des plantes, notamment à cause du mildiou, un des redoutables bûchers de notre temps ; il sévit tout particulièrement en Bretagne à cause des traitements chimiques déversés sur les monocultures. Il est devenu plus résistant. « Tous les vieux disent qu'il y a toujours eu le mildiou dans la région, mais il n'était pas comme ça, dévastateur. Cela n'avait rien à voir avec le mildiou d'aujourd'hui. » Il pleut toujours. Le temps est humide. Comme elle a vu des plantes malades sous la serre, Isabella nous annonce qu'elle va traiter certaines avec des produits autorisés en agriculture biologique.

La pépiniériste nous apprend qu'une plante doit avoir de la place pour être belle. C'est une règle de base. Plus elle a d'espace, plus elle sera grande et ravissante ; mais parce qu'elles pèsent plus lourd, Isabella ne peut pas toutes les mettre dans de grands pots. Elle est pourtant très exigeante sur ce point. Pour se rendre sur un lieu de commerce, elle peut soulever jusqu'à deux tonnes et demie par chargement et elle en fait trois par semaine au printemps et à l'automne. Au total, elle peut donc déplacer jusqu'à quinze tonnes par semaine, « ce qui fait beaucoup pour une femme seule de cinquante ans. Mais il n'y a pas de secret, plus le pot est grand, plus la plante est contente, et plus elle va se sentir bien, car elle a plus d'espace pour développer ses racines ».

J'en prends note. Isabella nous demande de choisir le « bon pot ». Elle cherche en permanence les bons compromis pour le bien-être des plantes. C'est la raison pour laquelle elle se montre si exigeante sur le « choix des pots ». Les plantes doivent trouver un bien-être acceptable pour tous ; les deux parties doivent vivre et faire du commerce dans les meilleures conditions possibles. Rempoter c'est toujours chercher des compromis pour qu'un certain bien-être multispécifique lui convienne à elle et à ses plantes au sein de la famille. Il n'y a pas de solution idéale, et chacune fait son possible. Même si c'est une activité physique assez monotone, rempoter est une tâche importante. Sinon, il ne peut pas y avoir de bien-être multispécifique et, par conséquent, pas de commerce possible. Impossible de composer une famille multispécifique sans cela. Au bout de quatre jours de ce travail, je comprends parfaitement ce que veut dire « rempoter ».

Manger des plantes, pas des animaux : une position tenable ?

Nous mangeons au dîner un poulet qu'Isabella a acheté à la Biocoop. Aucun d'entre nous n'est végétarien. Isabella revient sur l'interminable débat pour savoir si oui on non on doit manger les animaux, mais elle fait entrer les plantes dans le débat[19]. Très souvent, dans les débats sur la question animale, on exclut les plantes. Quand Florence Burgat ou Élisabeth de Fontenay – deux philosophes qui défendent la cause animale – parlent des plantes, c'est pour les discriminer sur le plan ontologique : le monde des plantes serait mécanique. Fontenay affirme qu'il faut cesser d'assimiler les bêtes aux machines ou aux plantes[20]. Pour

---

19. Renan Larue, *Le Végétarisme et ses ennemis. Vingt-cinq siècles de débat*, PUF, Paris, 2015.

20. Élisabeth de Fontenay citée par Sylvie Pouteau, « "Beyond animals" : Making sense of plant ethics », *Journal of Agricultural and Environmental Ethics*, 2014, p. 9.

Florence Burgat, le végétal n'est pas affecté par la douleur, à la différence des animaux[21]. Pour elle, une des solutions pour arrêter de manger de la viande à l'échelle mondiale est d'augmenter la productivité des végétaux, inventer des viandes végétales et des viandes *in vitro*[22].

Dans son monde idéal, il ne faudrait pas manger d'animaux, uniquement des végétaux, en les soumettant à un régime encore plus intensif, un régime extractif encore plus poussé. D'un côté, on exploite les végétaux et, de l'autre, on vit et on joue avec les animaux, des êtres conscients, intelligents et souffrants. Lors d'un débat entre la sociologue Jocelyne Porcher et le chimiste Hervé This, Florence Burgat affirmait : « En mangeant de la viande, l'homme entretient un rapport fondamentalement meurtrier par rapport à l'animal[23]. » Dirait-elle qu'en mangeant des plantes, l'homme entretient un rapport fondamentalement meurtrier vis-à-vis d'elles ? Cette philosophe propose un curieux monde. Isabella complique encore le problème :

> Moi, quand je coupe ma salade pour la manger, bien évidemment que je tue la plante et je trouve ça complètement normal parce que sinon on doit devenir frugivore[24]. Ce n'est pas mon alimentation préférée, alors on tue tout le temps. Je me rends compte qu'une salade vit, qu'elle me donne sa force de vie quand je la mange. C'est une jolie chose et on vit toujours parce que quelqu'un d'autre meurt. La vie fonctionne comme ça.

Isabella revient sur cette thématique :

> Tu vois, moi je ne suis pas végétarienne, je mange de la viande. Maintenant, j'achète dans les Biocoops. Avant, par exemple, j'avais des amis qui faisaient des super-agneaux. On les a tués ensemble. J'ai trouvé ça dur, mais c'est une expérience précieuse pour moi parce que j'ai tué deux moutons et, depuis, je mange la viande autrement. Je regarde tout ça complètement différemment. Ce qui est très intéressant, même si ça

21. Florence Burgat, *Liberté et inquiétude de la vie animale*, Kimé, Paris, 2016.

22. Florence Burgat, *L'Humanité carnivore*, Seuil, Paris, 2017 ; voir aussi l'intervention de Florence Burgat sur France Culture : <franceculture.fr/emissions/la-grande-table-2eme-partie/florence-burgat-lobstacle-pour-ne-plus-etre-carnivore-est.>.

23. Florence Burgat, « Un dîner presque saignant », *Philosophie magazine*, mars 2018, p. 66.

24. Isabella veut dire qu'on n'aura plus le droit de cultiver pour ne pas tuer les plantes.

> m'attriste, c'est que quand tu tues les animaux, tu les sors le matin doucement, mais ils savent ce que tu vas faire. Ils sentent ton intention, que tu vas les tuer. Et ils se battent un peu, mais à un moment ils s'abandonnent. Ils restent au sol. Tu n'as même plus besoin de les tenir. Ils se laissent tuer. C'est ça qui m'a rendue si triste, mais ce don énorme – cet animal te donne sa vie –, c'est une chose incroyable. Tu vois en quoi ça me touche, ça fait dix ans que j'ai fait ça, mais je ne suis plus triste parce que j'ai tué. Tu tues une plante, tu tues un animal, ce sont des êtres vivants, sensibles, intelligents. La vie marche comme ça. Le problème est qu'une plante, ça ne crie pas, ça ne saigne pas. Quand un pauvre cochon dans un élevage industriel se fait maltraiter et qu'ils le font souffrir, on trouve ça horrible, et c'est normal, mais on s'en fiche de la souffrance des plantes parce que ça ne se manifeste pas comme ça. Pourtant, quand tu vois les plantes dans un sale état, tu sais très bien qu'elles souffrent, mais ça nous fait moins mal. L'animal, on peut se mettre à sa place, alors que c'est plus difficile de se mettre à la place des plantes.

On peut se mettre à la place des animaux parce qu'ils nous ressemblent plus que les plantes ; c'est plus facile non pas d'anthropomorphiser mais d'entrer dans des rapports animés avec les animaux qu'avec les plantes.

Isabella n'est pas la seule paysanne à défendre un point de vue radicalement opposé à celui des philosophes citées. Aline Colin disait aussi : « Comme les plantes ne crient pas, ça n'inquiète personne. Le débat porte seulement sur le bien-être animal et oublie les plantes, car ils [les défenseurs de la cause animale] pensent qu'elles ne peuvent pas souffrir. » Antony Maubert, le chef qui m'a envoyé chez Aline Colin, faisait une belle analogie :

> Je ne comprends pas les gens qui disent qu'il ne faut pas manger les animaux. Moi, quand un végétarien me dit « je veux une assiette de légumes », je le fais avec grand plaisir parce que j'aime le faire, mais sur le principe, je ne le comprends pas. Un être humain pour moi, je le compare toujours à une pomme. [...] Nous les hommes, on est comme une pomme. On est comme un légume. On est des légumes. Je considère qu'on est une pomme parce que chez moi, c'est la région de la pomme : on est tout petits, on ne comprend rien à la vie. Et la pomme est toute petite. Elle est verte ; elle est dure et elle mûrit peu à peu. C'est ce qui se passe avec l'homme. On mûrit aussi, petit à petit. On vieillit. La pomme, elle vieillit également jusqu'à pourrir, et moi je considère qu'on est exactement pareils.

Christophe Collini était excédé par le débat sur le bien-être animal qui occupe l'espace public sans jamais être lié à la question des plantes. Il disait : « Au-delà de ce qu'on pense sur le concept du "bien-être animal", au moins les animaux ont quelque chose pour débattre, mais il n'existe pas un concept comme le "bien-être végétal" à débattre aussi. » Il ne comprenait pas comment l'on pouvait croire que les animaux souffrent dans les cultures industrielles intensives sans penser que c'est exactement la même chose pour les plantes en agriculture intensive. Le principe est pourtant le même. On soumet les animaux et les plantes à des régimes violents.

Les plantes comme les animaux changent d'aspect physique quand on les soumet aux régimes industriels. Comme eux, elles grossissent à une vitesse sans rapport avec ce qui se passe dans les cultures moins intensives. Les tomates sous serre ne sont pas des plants de tomates, mais des « lianes ». Les plantes, comme les animaux, sont complètement déséquilibrées. Il suffit de regarder les tiges et les racines. Dans ces serres, la plante n'a pas de racines. C'est comme un animal qui n'arriverait pas à tenir debout à cause de son poids. Christophe disait que ces plantes et ces animaux étaient « déséquilibrés », des « monstres ». Il allait dans le sens d'Isabella et d'Aline : « Ce n'est pas parce qu'elles ne crient pas qu'elles ne souffrent pas. » On peut souffrir sans crier, en silence. Il avait beaucoup de mal à comprendre ce gouffre qui sépare les animaux des plantes. Pour lui, se manger les uns et les autres fait partie de la vie. La vie ne peut pas exister sans ce principe. Je me souviens très bien de notre dernière rencontre dans un café parisien avant son décès. Il disait : « Les plantes te donnent des fruits et des légumes. Tu les manges. Ils se donnent à toi pour se faire manger et pour te nourrir et cela fait partie de leur stratégie pour se reproduire. Et, bah, quand tu vas mourir, tu vas te transformer en compost et elles vont te manger aussi. Tu deviens une nourriture pour elles. Elles vont te manger et c'est comme ça. » Christophe n'a pas eu besoin de lire Haraway pour comprendre que « nous sommes tous du compost[25] ».

Le problème vient, selon lui, d'une peur de souffrir et de mourir propre à notre civilisation. La mort est un « tabou » – lui-même savait

25. Donna Haraway, « Anthropocène, Capitalocène, Plantationicène, Chthulucène », *loc. cit.*, p. 78.

qu'il allait mourir, mais ne me l'a pas dit –, aussi a-t-on du mal à accepter ce rapport entre les humains et les plantes. Ce paysan a terriblement compliqué la question. Pour lui, les plantes acceptent de mourir et de se faire manger à la différence des animaux et des humains. L'acte de se faire manger par les autres fait partie de leur stratégie de reproduction. Contrairement aux humains et aux animaux, les plantes ne peuvent pas bouger en cas de danger même si elles peuvent s'alerter et réagir en conséquence. Quand les animaux et les humains se font traquer pour être tués, ils font tout pour s'échapper ; les plantes ne le peuvent pas, elles se laissent, pour ainsi dire, faire. Il ne disait pas qu'elles aimaient mourir – ce n'est le cas de personne –, mais elles l'« acceptaient ». Elles n'avaient pas d'autre choix que de « faire avec ». Selon lui, « quand ton tour vient, il faut l'accepter aussi ».

Impossible de ne pas lier cette réflexion au fait que Christophe savait qu'il allait mourir et qu'il était en train de l'accepter, mais l'important c'est qu'il pensait sa mort avec les plantes : elles l'aidaient à penser et accepter sa propre mort. Les plantes se donnent aux autres pour qu'ils se nourrissent, mais elles attendent que les autres espèces aussi se donnent à leur tour. Ce paysan voyait cela comme une forme de « don contre don ». On vous donne nos légumes, nos vies pour vous nourrir, en retour il faut que vous nous donniez les vôtres. Pour qu'on puisse vivre chacun sur cette terre, il faut se nourrir les uns les autres, donner sa vie, accepter la mort. Il m'avait conseillé de lire le livre de Jean Duvignaud *Le Don du rien*[26]. Mais ce livre est très éloigné de ce que Christophe disait. L'auteur conçoit le don au sens de Mauss, il ne parle ni des plantes ni des animaux ni de la mort, mais de fête et de rire. Je suis néanmoins certain qu'il l'a lu en référence à son monde multispécifique.

Si je traduis ainsi sa pensée, c'est parce que les plantes ne sont pas des êtres uniquement mangeables, qu'elles élaborent différentes stratégies pour repousser des prédateurs mais, sans pouvoir faire autrement, elles se laissent manger. Elles nous nourrissent, mais ce n'est pas un don gratuit. Se nourrir a lieu au détriment de la vie d'autres espèces. L'idée de ce paysan consistait à dire que personne n'est un être uniquement mangeable, mais qu'en même temps tout le monde à un moment

26. Jean Duvignaud, *Le Don du rien*, Tétraèdre, Paris, 2016.

donné devient un être mangeable pour un autre[27]. On comprend pourquoi il était exaspéré par le débat sur le végétarisme. Il le taxait de « moraliste », de « superficiel » et d'« urbain ». Pour lui, seul un urbain peut penser qu'il ne faut pas manger d'animaux. Il disait souvent : « Tu connais beaucoup de paysans qui sont végétariens ou véganes ? »

C'est aussi mon expérience. De son vivant, ma grand-mère gardait des cochons à la ferme, à cinq minutes de la maison. Une fois par an, on tuait le cochon. C'était la fête, on mangeait une viande dont le goût n'a strictement rien à voir avec celui de la viande issue des élevages industriels. Pourtant, ma grand-mère n'entretenait pas un rapport meurtrier avec les cochons – comme le prétend Florence Burgat. Ils avaient un nom et elle les adorait ; mais ils étaient aussi là pour nourrir la famille. Ce cochon nous coûtait cher : avec l'argent dépensé pour le nourrir un an, on aurait pu en acheter quatre. Mes parents lui ont souvent suggéré de s'en séparer ; même à un âge avancé, elle a refusé. Cette paysanne ne pouvait pas concevoir une famille sans cochon. Il faisait partie de la famille.

Soulignons que, tout au long de ma recherche, j'ai hésité à rédiger cette section. Jusqu'à récemment encore, ma décision était de n'en rien faire car je considère les végétariens et les végétaliens comme des alliés et non des ennemis dans l'effort collectif nécessaire pour composer de nouveaux mondes hors de l'emprise des deux économies. Beaucoup de personnes engagées dans la cause animale voient d'un mauvais œil les livres sur les plantes, craignant que cet engouement n'affaiblisse leur cause. C'est peut-être la raison pour laquelle Florence Burgat a récemment écrit un livre – *Qu'est-ce qu'une plante ?* – qui rejoue les vieux dualismes philosophiques entraînant une énième discrimination ontologique des plantes[28]. Leur crainte est légitime : plus les plantes seront vues comme des êtres sensibles et intelligents, plus on (re)mettra les plantes sur le même plan ontologique que les animaux, et plus l'édifice théorique sur lequel repose leur défense des animaux sera inaudible.

27. Val Plumwood a raconté comment elle a été attaquée par un crocodile qui la ramène au statut de « nourriture ». Val Plumwood, *The Eye of the Crocodile*, ANU Press, Canberra, 2012.

28. Florence Burgat, *Qu'est-ce qu'une plante ? Essai sur la vie végétale*, Seuil, Paris, 2020.

Il est difficile d'énumérer des raisons valables pour manger des plantes mais pas d'animaux. On sait qu'il n'y a jamais eu une seule civilisation végétarienne dans l'histoire[29]. Impossible de penser des mondes sans manger d'animaux. Les espèces se mangent les unes les autres. C'est pourquoi Haraway écrit : « Je pense que c'est une erreur de diviser les êtres du monde en deux catégories : ceux qu'on a le droit de tuer et ceux qu'on n'a pas le droit de tuer… l'erreur consiste à oublier que l'écologie de l'ensemble des êtres vivants consiste à vivre et à user du corps des autres[30]. » Emanuele Coccia la rejoint : « Le débat animalier, qui est fortement imprégné d'un moralisme extrêmement superficiel, semble oublier que l'hétérotrophie présuppose la mise à mort d'autres êtres vivants comme une dimension naturelle et nécessaire de tout être vivant[31]. » Jocelyne Porcher défend que l'on peut avoir des relations d'amour, de travail avec les animaux et les manger, position que je partage[32]. Ce sont les élevages industriels qui posent problème, pas de manger des animaux.

Si j'ai finalement écrit cette section, c'est à cause des paysans et paysannes rencontrés au cours de cette recherche. Isabella est revenue plusieurs fois sur cette thématique sans que je pose la moindre question, car elle voulait que son témoignage soit rapporté. La mort de Christophe pendant la rédaction de ce livre a contribué aussi à me faire changer d'avis. Après son décès, j'ai compris que tout ce qu'il me racontait sur les plantes et sur la mort était en lien avec la sienne qui approchait. Son témoignage ne pouvait pas rester dans mes carnets de notes. Il me l'a donné pour qu'il soit rapporté.

Une autre raison m'a poussé à écrire cette section et me mêler de ce débat. À chaque fois que je suis invité à présenter ma recherche, la première question de la salle est sur la question animale. Les auditeurs veulent savoir si je pense que l'on peut ou non manger de la viande. Au cours de l'une de ces manifestations, je lis un extrait de mon premier chapitre : la manière dont François Cost tisse des relations

29. Paul Shepard, *Retour aux sources du Pléistocène*, *op. cit.*

30. Citée par Vinciane Despret, « Rencontrer un animal avec Donna Haraway », *Critique*, août-septembre 2009, p. 756.

31. Emanuele Coccia, *La Vie des plantes*, *op. cit.*, p. 57.

32. Jocelyne Porcher, *Vivre avec les animaux*, *op. cit.*

d'amour avec les plantes. Un étudiant me coupe la parole : « Monsieur, si on commence à parler de relations d'amour avec les plantes, elles deviennent comme les animaux et là, on ne peut plus les manger. » Pour les paysans et paysannes rencontrés, on peut à la fois tisser des relations d'amour avec elles et les manger. C'est même ce que les éleveurs font tous les jours.

J'ai aussi été invité à un séminaire avec une autre doctorante qui enquêtait sur une ferme végane. Ses occupants se présentaient comme anarchistes et leur ferme était un refuge pour animaux. La doctorante raconte comment s'organisaient les journées de travail. Chaque tâche était inscrite la veille sur des tableaux. Chacun devait scrupuleusement respecter ce qui avait été écrit. Le but étant de faire un monde idéal où les animaux seraient enfin pris en considération. À l'entendre parler de l'organisation des journées de travail – des temps dont on ne pouvait pas dire grand-chose tellement les règles étaient fixées par avance –, j'ai pensé tout haut qu'il s'agissait d'un fonctionnement presque soviétique et que ce n'était pas le monde que je souhaitais. Quelle était la position des enquêtés sur le sujet des plantes ? Elle a expliqué qu'ils n'en parlaient pas trop, car ils savaient que s'ils les introduisaient dans leur raisonnement, les choses se compliqueraient et leur argument ne tiendrait plus.

Ces discussions reflètent – de manière un peu rapide, pour ne pas dire caricaturale – ce qui se passe quand on aborde cette question dans le champ académique. Tant que les plantes ne sont considéréres que comme des ressources, des objets de consommation et de production – des êtres uniquement mangeables –, on peut débattre en toute tranquilité du fait de savoir si l'on peut manger des êtres intelligents et sensibles avec lesquels on tisse des relations d'amitié et d'amour, avec lesquels on peut jouer, ou que l'on peut câliner. Quand les plantes sont animées et ne sont plus des êtres uniquement mangeables, elles sont elles aussi des êtres vivants avec lesquels aussi on peut jouer, travailler, tisser des relations d'amour, des êtres sensibles et intelligents, souffrant dans les champs ; cela complique terriblement le débat.

Il ne s'agit pas d'assimiler les mammifères aux plantes, et de dire qu'il n'y a pas de différence. Vinciane Despret souligne que, les humains et animaux se pensant en termes d'individus, cela importe pour eux, *en tant qu'individus*, de se faire manger ou pas. Les plantes se pensent en tant qu'espèces et, pour elles, cette question est intégrée dans leurs stratégies de reproduction[33]. Il n'en reste pas moins que les plantes souffrent au même titre que les animaux lorsqu'on les maltraite, même si cela ne s'exprime pas de la même manière. Elles aussi sont sensibles, intelligentes et vivantes.

Ce qui pose problème dans la position végétarienne, ce n'est pas tant la recherche d'une forme de pureté dans les relations entre humains et animaux – une forme de moralisme –, c'est qu'elle empêche de voir l'extrême difficulté qu'il y a à vivre dans un monde autre qu'humain. Vivre avec les autres espèces dans un monde vivant, animé, sensible, est toujours compliqué. Lorsque les éleveurs abattent leurs animaux ou les amènent à l'abattoir, cela ne leur fait pas plaisir, comme l'a montré Jocelyne Porcher[34]. Cela ne fait pas non plus plaisir à Isabella lorsqu'elle doit supprimer certaines plantes, par manque de place, parce qu'elles ne sont pas belles, ou parce que le greffage a échoué. Elle prend alors son sécateur, mais elle les coupe pour les faire mourir instantanément et ne pas les laisser se dessécher pendant des jours. Elle ne veut pas qu'elles « meurent lentement ». Elle inflige une mort rapide. Ces paysans vivent avec l'amour et la peine qu'ils portent à leurs animaux et leurs plantes ; il n'y a pas à choisir. Ils nous apprennent ce que cela veut dire concrètement vivre avec les animaux et les plantes dans un monde sans économie.

Les éleveurs sont attaqués par des associations de défense des animaux car ils en élèvent pour les tuer et qu'ils soient mangés. Ces associations sont aveugles au fait que, sans les plantes, il ne peut tout simplement pas y avoir d'élevage : ce sont elles qui mettent les éleveurs et leurs animaux dans un rapport de codomestication. Exclure les plantes de ces relations, c'est ne pas comprendre comment se constituent les relations entre éleveurs et animaux. Ce ne sont pas les éleveurs qui emmènent les animaux à l'abattoir, mais les plantes. Ce sont elles qui créent ce rapport ambigu et compliqué entre éleveurs et animaux : ce ne sont pas les éleveurs qui nourrissent les animaux mais les plantes. *Les plantes ont une agentivité sans avoir pour autant une intentionnalité.* Autrement dit, les principales responsables dans

33. Vinciane Despret, communication personnelle.

34. Jocelyne Porcher, *Éleveurs et animaux*, *op. cit.*

cette histoire ne sont pas prises en compte quand on parle d'élevage, comme si les recherches sur les animaux avaient occulté les relations entre éleveurs et plantes, mais aussi entre animaux et plantes.

La question de savoir si l'on doit manger uniquement des végétaux en laissant de côté les animaux est fort ancienne. Dans le chapitre intitulé « Opinion d'un philosophe erewhonien sur les droits des Végétaux », extrait du roman *Erewhon ou De l'autre côté des montagnes*, Samuel Butler mène le débat en des termes très proches[35]. Le narrateur voyage dans un pays imaginaire où il est interdit de manger des animaux. Des lois et des châtiments très sévères ont été promulgués contre ceux qui mangent de la viande en secret. Après le décès du vieux prophète, gardien de la bonne exécution des lois, un philosophe se met à les critiquer. Dans un pays où manger de la viande était un blasphème, il ne restait à ce philosophe qu'une seule chose à faire : « Leur démontrer qu'il fallait ou bien pécher jusqu'à un certain point, ou bien mourir[36]. »

Avant de développer son argumentaire, le philosophe rend hommage au vieux prophète pour avoir instauré des lois interdisant de manger les animaux ; mais il ajoute que les temps ont changé et qu'on en sait maintenant beaucoup plus sur les végétaux grâce aux découvertes scientifiques. Un professeur de botanique lui a appris que la distinction entre règnes animal et végétal était absurde et arbitraire, et que les plantes et les animaux ont une origine commune. Ils sont, autrement dit, des cousins. Il faut regarder les végétaux « au même titre que les animaux[37] ». Il n'y a pas de différence entre un germe qui deviendra un cep de vigne, une rose ou un chêne et un germe qui deviendra un homme, une souris ou un éléphant, si ce germe est déposé dans son milieu habituel. Si vous modifiez ce milieu, alors le germe ne pourra pas s'adapter et mourra. Cette logique s'applique aussi bien aux plantes qu'aux animaux et il n'y a aucune raison de les priver de l'intelligence propre à toute espèce permettant de s'adapter au milieu habituel. Certes, ajoute-t-il, l'intelligence des plantes ne se manifeste

---

35. Samuel Butler, *Erewhon or Over the Range* (1872), Forgotten Books, Londres, 2015.

36. *Ibid.*, p. 193.

37. *Ibid.*, p. 194.

pas de la même manière que celle des animaux. Les plantes ne s'intéressent pas aux affaires des hommes. Cela ne sert à rien de vouloir, par exemple, leur apprendre le calcul, mais il ne faut toutefois pas en conclure qu'elles ne comprennent rien à l'affaire.

Lorsque nous disons

> que les plantes sont stupides parce qu'elles ne comprennent pas nos affaires – poursuit-il –, est-ce que nous nous montrons bien capables de comprendre les leurs ? Pouvons-nous même nous faire la plus vague idée de la façon dont une graine de rosier fait, avec de la terre, de l'air, de la chaleur et de l'eau, une rose épanouie ? [...] Voit-on que la graine manque d'intelligence, dans cette alchimie par laquelle elle transforme la boue en roses ? Quel est le chimiste qui peut faire quelque chose de semblable ? Pourquoi personne n'essaye ? Tout simplement, parce que tout le monde sait que c'est quelque chose de trop difficile pour l'intelligence d'un homme. Nous y renonçons[38].

Après avoir dés-anthropocentré la notion d'intelligence, il affirme que les plantes sécrètent des poisons, piquent, sécrètent de mauvaises odeurs, mentent, poussent dans des endroits inaccessibles pour se protéger de leurs ennemis, ou encore font des pièges en enduisant leurs feuilles de glue pour capturer des insectes. Après avoir énuméré tout ce qu'elles peuvent faire, Butler demande : « Qu'est-ce donc qu'être intelligent, si ce n'est pas l'être que de savoir comment faire ce qu'on veut faire, et de le faire à maintes reprises[39] ? » Il répond à ses détracteurs allant un peu trop vite qui soutiennent, par exemple, qu'une graine de rosier n'éprouve pas le désir de devenir rosier de la même manière qu'un embryon humain désire devenir un bébé et un bébé désire devenir un homme. Pour Samuel Butler, la graine de rosier garde des liens avec ses ancêtres, tout comme les animaux et les humains. Elle est également capable de se souvenir de ce que faisaient ses parents placés dans les mêmes circonstances.

Les végétaux ne sont rien d'autre que des animaux sous un nom différent. Butler conclut que « s'il y avait eu de l'impiété à tuer

38. *Ibid.*, p. 195-196.
39. *Ibid.*, p. 196.

et à manger des animaux, il y en aurait également eu en tuant les végétaux et en mangeant leurs graines[40] ». Pour pouvoir manger il faudrait attendre qu'elles meurent d'une mort naturelle, par exemple, que leurs fruits tombent au pied de l'arbre et soient prêts à pourrir ou que leurs feuilles jaunissent. Après avoir entendu ces arguments et malgré l'opposition des plus puritains, le pays abrogea les lois qui interdisaient de tuer et manger des animaux et la nation retrouva un certain sens commun.

Butler fait partie des auteurs comme Charles Darwin, Gustav Theodor Fechner, Johann Wolfgang von Goethe, Girolamo Cardano, Jules Michelet, Tommaso Campanella et tant d'autres qui réussirent à ne pas souscrire aux récits dominants de leur époque discriminant ontologiquement les plantes, évoqués par Dominique Brancher dans son livre *Quand l'esprit vient aux plantes*[41]. Ces auteurs accordaient de l'intelligence, de la sensibilité, une âme, de l'émotion aux plantes à l'opposé des récits exceptionnalistes. Ces positions ont eu peu d'écho et sont largement oubliées, nous laissant ignorer que le débat sur l'intelligence et la sensibilité des plantes est fort ancien.

Si Butler a pu écrire ce chapitre à forte visée spéculative, c'est qu'il était un lecteur assidu de Darwin, un des pionniers de la physiologie végétale. Surtout connu pour son ouvrage *L'Origine des espèces*, paru en 1859, il l'est moins pour ses travaux sur les plantes. Il a publié trois livres : *Le Mouvement et les habitudes des plantes grimpantes* (1875), *Les Plantes insectivores* (1875), et *La Faculté motrice dans les plantes* (1880). Jusqu'à sa mort, il s'est intéressé aux « facultés perceptive et motrice chez les plantes, suggérant ainsi que ces facultés, loin d'être réservées au règne animal, existaient aussi chez les plantes, quoique sous des formes différentes, et puisaient donc peut-être dans une source évolutive commune[42] ».

Décrire des mondes sans progrès, sans production, sans marché, sans économie mais où l'on fait du commerce avec les plantes ne permet pas d'idéaliser. Le monde idéal fait partie de l'idéologie de progrès.

40. *Ibid.*, p. 129.

41. Dominique Brancher, *Quand l'esprit vient aux plantes*, *op. cit.*

42. Georges Bernier, *Darwin, un pionnier de la physiologie végétale*, Académie royale de Belgique, Bruxelles, 2013, p. 12.

Le socialisme, la défense de la cause animale en sont des exemples parfaits, qui montrent les problèmes qu'il y a à vivre avec des vivants autres qu'humains. Je consacrerai le dernier chapitre à la paysanne Rachel Berlier, une femme incroyable qui insiste sur la nécessité d'animer les plantes, sans quoi leur perte serait aussi la nôtre.

8
DÉSHERBER

Rachel Berlier vit avec son compagnon Antoine à La Chaise-Dieu, à 1 100 mètres d'altitude en Auvergne-Rhône-Alpes. C'est le cuisinier Bernard Charret qui m'a conseillé de la rencontrer. Ils se connaissent depuis longtemps déjà, mais ne travaillent pas ensemble, en raison de la distance géographique. Il m'avait dit : « Vu ce que tu fais, il faut absolument que tu ailles la voir. »

Mais tous les cuisiniers ne sont pas Bernard Charret. Au cours de notre première rencontre, Rachel m'a raconté ses expériences malheureuses avec quelques chefs qui n'avaient que le mot « produit » à la bouche : « Tout est "produit" pour eux. Une salade, une betterave, une carotte, c'est un produit. Ils ne parlent que des produits et moi je ne peux pas. Ce mot me fait bondir à chaque fois. Tu ne manges pas des produits, tu manges des salades, des betteraves, des carottes. C'est du vivant que tu manges. » Depuis, elle a arrêté de travailler avec les cuisiniers.

Je suis content de la revoir au début du printemps. La dernière fois, c'était la fin de l'hiver, il faisait froid et il y avait encore de la neige sur les branches des sapins, des chênes et des épicéas. Il y en a beaucoup autour de chez elle où les plantations d'arbres sont nombreuses. Il était trop tard pour que j'aille voir les champs et je devais partir le soir même ; le lendemain, je devais voir d'autres paysans à deux cents kilomètres de là, dans le Vercors, à quatre heures de route sur des départementales. Je suis parti frustré, sans avoir pu m'entretenir vraiment avec Rachel et Antoine et voir concrètement ce qu'ils faisaient dans leur ferme. Rachel m'avait proposé de venir passer cinq jours à la ferme, trois jours pour « l'aider » un peu, et deux jours pour faire une formation afin de me connecter au végétal avec une autre personne, Odile, que je ne connaissais pas. Une telle proposition ne se refuse pas.

La plaque à l'entrée de la ferme indique où l'on met les pieds : « Geb Nout – site d'observations, d'expérimentation et d'échange avec le vivant ». Tous les mots ont été délibérément choisis pour souligner qu'ici on cherche des liens avec des êtres autres qu'humains. Le nom de la ferme n'a pas été choisi par hasard ; dans la mythologie égyptienne Geb évoque le dieu de la terre et Nout la déesse du ciel. Je m'apprête à frapper à la porte quand j'entends les aboiements de Tila, Tsitsine, et Sumca, les trois chiens de la maison. Rachel m'accueille avec son sourire bienveillant en compagnie de ses chiens qui la suivent à la trace. Avec ses cheveux courts et rouges, elle ne passe pas inaperçue au milieu de la foule.

J'entre directement dans une pièce garnie d'étagères. J'aperçois des bouteilles de vinaigre, des baumes, des élixirs, des hydrolats, des sachets de thé, des savons, des infusions, des pâtes, des cristallines. Tout est fait maison. À ma droite se trouve l'atelier de préparation. Rachel cultive des plantes médicinales et aromatiques et les transforme à la ferme. Les clients commandent en ligne et elle fait les expéditions par la poste. Cette paysanne travaille aussi avec quelques épiceries et boutiques bio de la région. Une odeur agréable envahit mes narines. Je reconnais la menthe. Rachel est en train de la distiller pour faire de l'hydrolat et de l'huile essentielle. C'est un beau dispositif artisanal.

On pénètre dans un immense salon. À ma droite, sur une grande gazinière, deux récipients sont remplis de plantes dans un liquide frémissant. À côté de la gazinière sont disposés de grands flacons en verre, semblables à ceux utilisés dans les laboratoires de chimie. Ils sont remplis d'un liquide foncé en train de fermenter. De quoi s'agit-il ? Rachel est en train de faire du kombucha, une boisson connue sous le nom de « boisson aux champignons de longue vie ». On la consomme en Russie, en Chine et dans d'autres pays depuis des millénaires ; elle est réputée soigner les problèmes de digestion. On l'obtient grâce à la relation symbiotique entre les bactéries et la levure dans un liquide sucré. Elle fabrique entre trente et quarante litres par semaine qu'elle vend dans ses réseaux. Sa boisson n'est pas pasteurisée, à la différence de celle que l'on trouve dans les magasins bio ou les épiceries fines. C'est une « boisson vivante ».

Elle en prend un verre et on prend la direction de la véranda. Là, il y a du monde : un plant de vigne montante qui traverse par

Dispositif de distillation.

le haut toute la véranda, un Tea Tree (« arbre de thé ») juste devant moi, un ashwagandha, un avocat, des kiwis, plusieurs *Aloe vera*, de la germandrée, des anémones du Japon, de la verveine d'Argentine, des géraniums roses, une sauge-ananas, un orthosiphon, du ginseng... et j'en passe. Dans le coin gauche, il y a une table et quatre chaises. Chose étonnante, la table n'est pas au milieu, mais au fond de la véranda. Rachel et Antoine ne vivent pas au milieu des plantes, mais parmi elles. Je lui demande de me raconter son parcours. Sans interrompre ses allers et retours de la gazinière au dispositif de distillation, elle explique qu'elle a grandi en milieu rural, mais qu'elle ne vient pas du milieu paysan. Ses parents ne sont pas des jardiniers, ils ne connaissaient rien sur les plantes. Ils faisaient de la céramique, mais Rachel reste discrète à leur propos et ne veut pas en dire plus. Inutile de discuter de ses parents : « Ce ne sont pas des gens intéressants. »

Elle entre à l'école à sept ans et en sort à seize. Elle est ravie que cela n'ait pas duré plus. L'« enfer », le « calvaire », l'« horreur » sont les mots qu'elle emploie. Elle comptait les minutes avant la fin des cours. Pour elle, l'école est une forme d'incarcération qu'elle ne supporte pas ; les élèves sont enfermés au lieu d'être dehors, de jouer et d'apprendre dans la forêt. L'école sélectionne et ne valorise que les « meilleurs » en laissant les autres de côté. Ce n'est pas seulement la production qui met les Occidentaux « hors sol », mais aussi l'école. Selon elle, l'école déconnecte du monde vivant et du « savoir vécu » pour se focaliser uniquement sur des « savoirs abstraits », « futiles ». « Regarde, les gens qui gouvernent et qui ont le pouvoir, tu n'as pas l'impression qu'ils sont cloués dans le sol ? » L'école est une de ses pires expériences.

Sa critique de l'enseignement scolaire est radicale et les lecteurs d'Ivan Illich penseront à son livre *Une société sans école*[1]. Dans les années 1970, ce pionnier de l'écologie politique fit une critique radicale de cette institution hiérarchique et répressive, qui crée et entretient les inégalités sociales, laissant sur le carreau ceux qui ne se plient pas à un type d'enseignement infantilisant. Elle rend l'enfance « interminable ». Pour Illich, la solution n'est ni de prolonger ni de démocratiser cette institution, mais de supprimer le principe de l'enseignement obligatoire et « déscolariser la société » au profit d'autres structures pour éduquer et transmettre des savoirs. Même si Rachel ne connaît pas ce texte, elle en prolonge l'héritage quand elle insiste sur le fait que les mutations écologiques et les changements climatiques ne seront pas résolus par le type de savoirs dispensés dans les écoles « déconnectées du monde vivant ».

Elle vit depuis trente-sept ans dans cette maison où l'on est tranquillement en train de boire du kombucha. Elle avait dix-huit ans quand elle s'y est installée en 1981. Elle est passée par hasard dans le village et au vu des plantes fleuries et du paysage à couper le souffle, elle s'est dit : « C'est bon, c'est ici que je vais vivre. » Elle emménage dans la maison qui possède un jardin de mille mètres carrés. Elle part de rien, mais commence à cultiver des plantes et à les cueillir aux environs. « Ça fait trente-sept ans que j'essaie de comprendre et d'écouter le végétal. » C'est un long apprentissage multispécifique toujours en cours. Le végétal est tellement sensible, tellement intelligent, « que tu vas apprendre jusqu'à la fin de ta vie ». Mais elle n'apprend pas exclusivement du végétal. Elle lit des livres, consulte Internet. Elle est aussi

1. Ivan Illich, *Une société sans école*, Points, Paris, 2015.

allée plusieurs fois au Pérou travailler et se former auprès de chamans sur les plantes médicinales. Elle connaît beaucoup d'herboristes avec qui elle entretient des relations de travail tout à fait cordiales, mais il n'y a pas de meilleurs maîtres que les végétaux eux-mêmes, faisant écho ici aux propos des paysans et des paysannes précédemment cités.

Comment a-t-elle appris à faire des baumes, des hydrolats, des huiles, des élixirs, des infusions, des savons et des vinaigres ? « C'est comme apprendre à faire la cuisine. » Il faut savoir doser, cuire, aromatiser, découper, maîtriser les quantités. Selon elle, elle fait une forme de cuisine. La différence, c'est que ce n'est pas une cuisine uniquement alimentaire mais une « cuisine élargie ». Cela demande, au même titre, des années d'apprentissage. Elle dit que quand on pratique ce type de cuisine, on se rend compte avec plus de finesse et de profondeur de tout ce que le végétal donne pour que nous puissions vivre décemment sur cette terre. Rachel a une immense soif d'apprendre, mais pas par le biais de l'école. Je la laisse finir sa cuisine en allant m'installer dans une des deux cabanes adjacentes à la maison ; je la rejoindrai plus tard. Rachel me dit en souriant qu'on va travailler ensemble, et travailler « dur », pendant les trois jours précédant le stage.

Désherber : une nécessité ?

L'arrivée d'Antoine sur la ferme a modifié pas mal de choses. Aujourd'hui, ils possèdent dix-neuf hectares : quatorze en grandes cultures de blés de variétés anciennes, trois destinés aux plantes aromatiques et médicinales et deux pour le moment en prairie. Vu la quantité de travail que cela représente, je leur demande où ils cachent leurs employés et leurs stagiaires. « Tu veux dire ceux qui désherbent à longueur de journée, ceux qu'on exploite et qu'on ne paie pas ? » s'amuse Antoine. Ils ont beaucoup de demandes, mais les accepter est compliqué, car que leur faire faire sinon désherber ? Et encore, précisent-ils, c'est une activité qu'ils aiment bien, car c'est le moment où l'on est auprès des plantes. Cest ce que l'on va faire pendant mon séjour.

Je vais pouvoir raconter des histoires sans cueillir ou rempoter, mais en désherbant. Je garde pourtant de mauvais souvenirs de cette activité que j'effectuais à longueur de journée autour des vignes de mes parents en Macédoine. J'inventais toujours des excuses pour le faire le moins possible.

À l'époque, on ne mettait pas encore de Roundup contre les mauvaises herbes. Une pratique bien plus tardive (voir chapitre 2). « Maintenant, tout le monde en met », m'a dit récemment mon père. Aujourd'hui, c'est lui qui fait du lobby auprès des autres viticulteurs pour leur dire de ne pas le faire, car ce pesticide fragilise les vignes. Outre le fait d'empoisonner les paysans, il est à l'origine de nombreuses maladies des vignes.

C'est la première fois que j'entends des paysans dire aimer désherber, y prendre du plaisir. Selon François, en agriculture biologique « on passe notre vie à désherber et ce n'est pas drôle [...]. C'est une corvée ». Christophe détestait ce travail et le confiait aux stagiaires présents périodiquement sur sa ferme. Chez Jacky, c'était son ouvrier. Quant à Olivier, qui n'aimait pas ça non plus, il le faisait avec deux ouvriers.

Rachel et Antoine disent que ceux qui cultivent des plantes aromatiques et médicinales sont nombreux à aimer désherber. Ce n'est pas dans leur champ que « des robots de désherbage high-tech vont débarquer pour désherber et envoyer un SMS à l'agriculteur quand le travail est fait[2] ». Le développement de l'agriculture numérique, dite « connectée », inquiète Antoine[3]. « On va faire quoi, nous, si on met des robots partout pour désherber et qu'on surveille les cultures par des satellites et des technologies numériques ? » Un collègue biologiste travaillant sur des blés hybrides dans le département de génétique et des plantes améliorées de l'Inra aurait sûrement répondu qu'ils étaient tout simplement voués à disparaître. *Tout simplement.* Ce biologiste m'a raconté que des projets de recherche se chiffrant en millions d'euros sont en cours à l'Inra pour développer cette agriculture : « On est en plein dedans. » Pour eux, ce n'est pas un problème que les paysans disparaissent ; ils seront remplacés par des « techniciens de conduite de cultures » formés non pas pour cultiver les plantes, mais pour « piloter des cultures » grâce aux satellites connectés à des écrans d'ordinateur. Un bond supplémentaire hors sol ! Le mot « piloter » prend ici tout son sens.

---

2. Pour la démonstration d'un robot de désherbage : <youtube.com/watch?v=-U2yD5gMk-E0>.

3. Voir l'interview de Jean-Marie Savalle, « Aux sources de l'agriculture connectée. Témoignage d'un fondateur de l'informatique en agriculture », *Pour. La revue du Groupe ruralité, éducation et politiques*, dossier agriculture, *Des ruptures à la transition*, 2019, p. 113-116.

Rachel et son chien au milieu des plantes.

Après un bout de chemin, je vois sur ma gauche une culture de blé. C'est le champ de leur voisin Patrice. Il fait des variétés hybrides en bio, qui ont l'avantage de ne pas polluer leur champ. Rachel me fait faire le tour du propriétaire. Au bout d'un chemin en pente, on se trouve subitement en pleine forêt. Il y a une petite serre sur la droite. C'est la seule, dit Rachel. À gauche une petite parcelle est dissimulée au milieu des arbres. Vingt mètres plus bas, il y a encore une parcelle entourée de hêtres, de chênes et de noisetiers et, en descendant plus bas, j'en aperçois une autre. Je commence à comprendre leur logique d'aménagement. Il y a plusieurs parcelles dans cette forêt avec des espacements bien dégagés pour que les plantes puissent accéder à la lumière. Elle en ignore le nombre exact. Il faudrait qu'elle compte. Elle a mis dix ans pour faire émerger de la « terre cultivable » ici. Ce n'était pas seulement une question d'espace, mais de sol. Ils sont très pauvres, plutôt acides, sans calcaire. Il a fallu ramener de la matière organique et nourrir le sol. Cela ne s'est pas fait en une année.

On pénètre sur une parcelle. Rachel inspecte quelques plantes et, comme dans la véranda, on trouve du beau monde : sorbier, saule marsault, sureau, merisier, houx, guimauve officinale – Rachel m'invite à la toucher pour sentir sa douceur en expliquant que cette plante aime bien être touchée, d'où sa douceur –, mélisse, alchémille, rhubarbe, trois variétés de menthe, agastache, lunaire, hysope, lavande, sauges, onagre, goji, rose, géranium, lin, nepeta, poivrier du Sichuan, tanaisie, verge d'or, amélanchier, épervière, ronce, érable, reine-des-prés, sans compter les oubliées… Les plantes sont paillées pour garder l'humidité mais aussi pour empêcher les mauvaises herbes de proliférer. J'en profite pour la prendre en photo à côté de ses plantes, avec un de ses chiens, caché sur la gauche.

On sort de ce petit coin encastré au milieu des arbres pour redescendre à travers la forêt. On arrive rapidement sur un terrain dégagé rempli de végétation, et de quelques arbres fruitiers. Est-ce une friche ? Non, « c'est un lieu de vie que nous avons créé ». Elle y fait de la cueillette de plantes sauvages et ramasse les fruits des arbres. Je lui demande de me parler comme si j'avais sept ans pour que je comprenne bien ce qui se passe ici. Elle m'invite à regarder les arbres qui se trouvent à environ deux cents mètres en face. À gauche, on a des plantations d'épicéas et, à droite, des arbres sauvages. Côté gauche, plantation et, côté droit, forêt sauvage, l'une à côté de l'autre. Les épicéas alignés acidifent les sols. Des sols pour ainsi dire morts à cause de la perte presque totale de biodiversité. Quand ils ont acheté le terrain de droite à leur voisin, il y a plus de cinq ans, c'était aussi une plantation d'épicéas. Ils les ont coupés et ont dessouché le sol pour que la vie renaisse. Rachel et Antoine ont mis fin à leur manière à la logique coloniale (chapitre 6).

On s'approche de la forêt sauvage. L'endroit est magique pour observer les contrastes. La forêt sauvage et la plantation d'épicéas se touchent et cohabitent, même si la démarcation est nette. On s'arrête sur la ligne de cohabitation, une frontière « naturelle » établie au millimètre près entre ces deux mondes. Côté plantations, le sol est noir, il n'y a pas un brin d'herbe, comme celui d'une forêt incendiée. On voit les racines d'épicéas en partie découvertes. Un pas à côté et le sol est brun, couvert de végétation. Il y a comme une ligne naturelle infranchissable, avec la vie d'un côté et la mort de l'autre. Je prends en photo cette ligne invisible qui sépare ces deux mondes, mais la photo neutralise bien trop une frontière pleine de relief et de sens.

Rachel m'offre une balade entre ces deux mondes pour que je perçoive bien une terre en vie et une terre morte. Antoine, qui nous a rejoints, explique qu'il y a deux types de plantation d'arbres dans la région ; la première est constituée de pins Douglas, un arbre de la famille des *Pinaceae* à croissance rapide, mais mortifère pour le sol. Dans ce cas, il ne peut pas y avoir de mycorhize : cette famille ne s'associe qu'avec un type de champignon qui « cuit le sol ». Lorsqu'ils coupent les arbres, ils trouvent une terre en ruine. Le sol est gorgé de phénol et de terpène. Il faut plusieurs années avant que la vie ne revienne. Le deuxième type de plantation associe sapins et épicéas. Les choses sont moins graves une fois les arbres abattus, car ces deux espèces sont endémiques, alors que le Douglas est une espèce hybride et importée. Le sapin et l'épicéa permettent l'émergence de la mycorhize, ce qui préserve la vie du sol.

On fait demi-tour et on arrive sur la parcelle du début de la forêt par où nous avons commencé notre balade. Il faut désherber autour des thyms citronnés et des thyms officinaux. Selon Rachel, « les thyms ont beaucoup souffert cet hiver ». Il faisait -15 °C. On ne sait pas si tous repartiront cette année. Après le désherbage, Antoine va faire quelques bouturages. Rachel explique que cette ferme est traversée par la « problématique de cohabitation entre le sauvage et le cultivé », une question importante à cette étape du désherbage. Les mauvaises herbes ne sont pas mauvaises en elles-mêmes. Elles sont mauvaises quand elles poussent au « mauvais endroit » – à côté des plantes cultivées avec lesquelles les paysans se sont codomestiqués depuis la nuit des temps. Or, en se codomestiquant avec les paysans, elles ont perdu leurs défenses naturelles. Il n'y a plus d'autres choix que de les protéger contre les plantes plus fortes qui, elles, n'ont pas perdu leurs défenses naturelles. Les mauvaises herbes ne sont pas dans une relation de codomestication avec les paysans. Désherber est donc le résultat d'une certaine coévolution entre les paysans et les plantes cultivées. Pour qu'ils puissent vivre ensemble, le désherbage est une nécessité, sinon les plantes meurent.

Cette manière de faire de la place – du point de vue ontologique – aux plantes non domestiquées n'empêche pas Rachel de considérer que le paysan a un droit de vie et de mort sur les plantes qui vivent sur son champ. Michael Pollan complique le problème dans « Weeds are Us », où il montre comment la littérature romantique du XXe siècle a idéalisé les fleurs sauvages, les mauvaises herbes et la beauté de la « nature »[4]. Il cite Ralph Waldo Emerson, le père du romantisme américain, qui écrivait qu'une « mauvaise herbe est tout simplement une plante dont les vertus n'ont pas encore été découvertes[5] ». Pour lui, la mauvaise herbe (*weed*) n'est pas une catégorie de la nature, mais une construction humaine et un défaut de perception. Cette manière de penser peut être source d'ennuis, écrit Pollan. Quand il a décidé de tester pratiquement cette proposition dans son jardin, le résultat fut sans appel : on mourrait de faim ! Certes, certaines mauvaises herbes peuvent finir dans l'assiette, mais toutes ne sont pas comestibles.

Contrairement aux romantiques, Pollan soutient que les mauvaises herbes ne sont pas des plantes sauvages : elles ne poussent pas dans les forêts, mais dans les jardins, les prairies, les champs, les terrains abandonnés par les hommes, les embranchements des chemins de fer, les fissures de trottoirs, autour des bennes à ordures, bref, des lieux où les humains vivent et nulle part ailleurs. Les mauvaises herbes prospèrent alors et se montrent plus adaptées à la vie d'un jardin que les plantes cultivées. Selon lui, les mauvaises herbes ont évolué dans un seul but : « prospérer dans un sol que l'homme a perturbé », et elles le font bien. Même si elles peuvent paraître très agressives, ces mauvaises herbes ne peuvent pas survivre sans les humains. Elles cultivent, en ce sens, un rapport tout à fait particulier avec nous : elles comptent sur les humains pour créer des espaces où vivre, sans développer des relations amicales, de soin, de commerce ou d'admiration réciproque.

Ces dernières années, Rachel a observé un phénomène nouveau. Avec le dérèglement climatique, à l'origine de brusques changements de température, certaines plantes cultivées hésitent à pousser, prennent leur temps car elles ne comprennent pas ce qui se passe ; et d'autres ne poussent plus. Les mauvaises herbes envahissent alors encore plus vite le champ et les étouffent davantage. Les changements climatiques déjà défavorables aux plantes domestiquées ont donc un autre effet : ces dernières sont encore plus envahies par des espèces non codomestiquées

---

4. Michael Pollan, « Weeds are Us », *The New York Times Magazine*, novembre 1989, <michaelpollan.com/articles-archive/weeds-are-us/>.

5. *Ibid.*

plus robustes et résistantes. Elle a peur que tout cela se termine mal, aussi bien pour les plantes cultivées que pour nous, humains.

Elle dit qu'elle sent « le végétal fatigué » ces derniers temps. En l'exploitant « à mort en croyant profondément qu'il est là pour nous servir », la situation s'aggrave encore davantage avec le changement climatique. La menace grandit avec la prolifération des mauvaises herbes qui attendent de prendre leur place. Rachel a peur que le végétal « arrête de donner », c'est-à-dire que le don-de-certaines-plantes ne dure pas encore très longtemps. Selon elle, les graines pourraient se mettre en dormance, attendant des conditions meilleures pour pousser à nouveau.

C'est une proposition spéculative très intéressante. Elle a déjà était faite par le biologiste Thor Hanson dans *Le Triomphe des graines*. Selon lui, « la dormance permet très concrètement aux graines de se disperser dans le temps... si une graine est véritablement dormante, vous pouvez la placer sur un substrat humide à des températures favorables, elle ne germera pas. En d'autres termes, les graines dormantes ne sont pas seulement posées là à attendre la prochaine averse et les beaux jours[6] ». La dormance fascine les biologistes. « Ils connaissent la plupart des substances chimiques et les gènes qui entrent en jeu, mais la manière dont une graine apparemment sans vie parvient à détecter des phénomènes aussi divers que le gel, la fumée, la chaleur, la durée du jour, et les longueurs d'onde de la lumière du soleil, voilà qui demeure mystère[7]. »

La dormance peut durer d'une dizaine à plusieurs centaines d'années. Elle permet aux graines de vivre très longtemps et « de rester concentrées sur le futur, sur la projection de leur descendance vers l'avenir. Les plus conscients de cette réalité sont sûrement les jardiniers et les agriculteurs, qui se retrouvent année après année à devoir ôter les mêmes mauvaises herbes des mêmes lopins de terre[8] ». Rachel est parfaitement consciente de ce que peuvent faire les graines. En désherbant autour du thym, elle explique que le végétal est un meilleur stratège, bien plus intelligent que les animaux et les humains, face aux nouveaux problèmes. Selon elle, les plantes peuvent parfaitement anticiper les changements climatiques et elles ne prendront pas de

6. Thor Hanson, *Le Triomphe des graines*, *op. cit.*, p. 150-151.
7. *Ibid.*, p. 154.
8. *Ibid.*, p. 157.

risques inutiles si le temps ne leur est pas favorable. Il n'y a pas de raison de croire qu'elles vont continuer à pousser si leurs descendantes ne peuvent pas survivre. Elles attendront des conditions meilleures. « Il ne faut pas les prendre pour des imbéciles. Elles savent très bien ce qu'elles font. Toi, tu ne vas pas faire des enfants si tu sais que ton enfant mourra une fois venu au monde, et bah là, c'est pareil. » La différence est qu'elles sont mieux armées – grâce à la dormance – que le règne animal. Autrement dit, les plantes « prendront peut-être les devants » face au dérèglement climatique qui les concerne aussi. L'enjeu n'est pas uniquement humain, et les plantes y répondront à leur manière sans demander de permission.

S'excuser : un moyen pour régler une cohabitation compliquée

Tout en parlant, Rachel désherbe. Le plus souvent, je note ce qu'elle dit au lieu de désherber. Je décide finalement de l'aider ; je continue à trouver cette tâche pénible. Rachel me demande d'être doux quand je manipule les thyms pour déserber à l'entour : ils sont très sensibles. Ils ont effectivement l'air d'étouffer. Rachel affine alors davantage le problème de cohabitation entre elle, les plantes cultivées et les mauvaises herbes : « Quand tu enlèves les mauvaises herbes, tu leur dis qu'ici ce n'est pas leur place, qu'elles peuvent pousser à côté, là-bas. C'est comme ça, tu t'excuses auprès d'elles. » Je souris. Elle insiste : « Allez, il faut le faire Dusan, c'est en t'excusant que tu vas te mettre en rapport avec le végétal. »

Elle ne me laisse pas le choix. Je m'excuse alors à mon tour auprès de ces mauvaises herbes que j'arrache en souriant un peu, non sans une certaine gêne. Dans ma vie quotidienne, je m'excuse plutôt envers les humains et beaucoup moins envers les mauvaises herbes, mais, pour Rachel, c'est une manière d'instaurer des rapports sensibles et d'entretenir une cohabitation pas toujours facile à gérer. Mais Rachel ne veut pas désherber partout. Les mauvaises herbes peuvent vivre aux alentours des plantes cultivées. Elles permettent d'entretenir la faune auxiliaire qui abrite des insectes régulateurs. Désherber oui, mais pas partout et pas sans s'excuser !

Certains pourraient penser que s'excuser est un peu facile pour régler une cohabitation compliquée. Pourquoi ? C'est une chose de voir quelqu'un s'excuser auprès de mauvaises herbes, c'en est une autre de le faire soi-même. Essayez et vous sentirez quelque chose d'étrange vous traverser... Cela exige un effort, mais une fois le premier pas franchi, s'excuser permet de mieux sentir la matérialité des rapports avec les plantes. Vous pourrez ressentir ce qu'est une certaine manière de vivre avec les plantes. En le faisant, Rachel brouille la distinction amies/ennemies. Elle ne dirait pas que les mauvaises herbes sont ses alliées, mais pas non plus qu'elles sont ses ennemies. Elle instaure une zone grise où elle cultive avec elles des rapports ambigus, mélangeant bienveillance et autorité. Elle ne mène pas une guerre ouverte aux mauvaises herbes, mais passe des compromis propres à sa manière de vivre avec elles, établissant une forme de bon voisinage. Si ce n'était pas le cas, il n'y aurait aucune raison de s'excuser. Rachel ne s'excuse pas simplement pour régler un problème de cohabitation compliquée, elle confère à ce geste la possibilité d'épaissir davantage les relations animées dans son champ.

Quand les plantes se mettent à parler à leur manière

Même si je dois m'excuser auprès des mauvaises herbes, cela ne change rien : je n'aime toujours pas désherber. Cueillir, rempoter, oui ; désherber, non ; je trouve cette tâche dure, pénible. Je la fais par obligation. Je ne suis pas en phase avec Rachel et Antoine qui y prennent du plaisir. Deux jours plus tard, alors que nous désherbions autour des menthes, Rachel ne dit pas grand-chose, prise par son travail ; elle prend son temps. Je ne peux m'empêcher de penser : heureusement qu'elle est la propriétaire, sinon elle serait vite congédiée !

Rachel rompt le silence pour dire qu'il faut faire quelque chose avec la menthe, étouffée par les autres plantes. « Elle n'est pas très heureuse ici. » Je l'aide à désherber en lui demandant comment elle le voit. Elle dit de « bien regarder » : elle n'est pas très grande, n'a pas beaucoup de feuillage. Les feuilles sont abîmées ; la couleur est pâle ; elle manque de brillance comparée à d'autres menthes dans les autres jardins. Tous ces signes font comprendre qu'il faut la déplacer. « L'endroit ne lui plaît pas. » Ces signes font partie de « son langage ».

Le fait que Rachel emploie le verbe « parler » à propos de ses plantes entraîne un grand saut ontologique. Elle ne dit pas que les plantes sont muettes, mais qu'elles ne parlent pas le langage humain, ce qui est très différent. Pour cette paysanne les plantes possèdent leur propre langage. « Bien regarder », c'est se rendre sensible à ce langage. Rachel n'est pas la seule paysanne à être aussi généreuse sur le plan ontologique et à accorder aux plantes une forme de langage. Jean-Baptiste m'avait déjà expliqué que c'est la plante qui

> te dit : je suis mûre… C'est elle qui m'avertit, qui me dit : ramasse-moi, ne me ramasse pas, surtout pas, et encore moins. Là, ce n'est pas la position normale de la feuille. Elle nous parle. C'est pareil de l'autre côté. Regarde comment la feuille s'est fermée au lieu de prendre le soleil, de dire « baigne-moi », « je me ferme » et « je me retourne », « j'en peux plus de toi », « tu me brûles ». Et encore une fois, c'est son langage à elle… Il faut être attentif à ce qui se passe dans les champs, mais ce n'est pas facile comme les plantes ne communiquent pas de la même manière. C'est sûr que je loupe des choses de ce qu'elles me disent, mais j'essaie de les écouter.

Lors de mon enquête sur la tomate, Aline m'avait dit : « Ce n'est pas que les plantes ne parlent pas, mais c'est qu'on n'a pas encore trouvé comment elles nous parlent. » Pour elle, il est très difficile de savoir ce qu'elles disent, ce qu'elles racontent, car elles ne parlent pas le langage humain avec des signes, des syntaxes et des règles grammaticales. Autrement dit, c'est difficile d'interpréter. C'est la principale difficulté, mais il n'y a pas de doute qu'elles parlent dans son champ.

Le paysan Jean-Marie Caillon rejoint les propos de Jean-Baptiste, d'Aline et de Rachel. Jean-Marie est un paysan installé en Île-de-France, très connu dans le milieu de la restauration parisienne pour son échalote grise. C'est une variété ancienne cultivée depuis plusieurs générations au sein de cette famille paysanne. Les cuisiniers en font des compotes et des desserts. J'en ai acheté chez Terroirs d'avenir. Elle est forte en goût, piquante et sucrée en même temps ; c'est sa particularité. Ce mélange donne envie de la manger. Elle a quelque chose d'addictif. Il n'y a pas de doute qu'elle a tout misé sur le fait de se faire passer pour un être très mangeable. Pour des raisons d'agenda, je n'ai pas pu aller voir ces échalotes dans leur champ. J'ai rencontré Jean-Marie Caillon dans un café parisien, en pleine tournée auprès des restaurateurs, ce qu'il fait deux fois par semaine :

> Les plantes nous parlent et je le sais bien. Par exemple, on a commencé l'irrigation quatre ou cinq jours trop tard parce qu'il a fait vite très chaud et on était absents à cause d'un problème familial. Mes échalotes me l'ont montré. Des feuilles commençaient à jaunir. Vous allez me dire, ça, c'est agronomique. Bon, mais elles parlent à leur manière.

Je ne dirais pas non plus que cela relève de l'agronomie. L'agronomie ne dit pas que les plantes parlent. Ayant appartenu à un département composé en grande majorité d'agronomes, je le saurais si c'était le cas. Le paysan Arnaud Lasserre me dit qu'il n'y a rien de plus normal ; il faut bien que n'importe quel paysan « soit à l'écoute de ses plantes ». Ceux que je viens d'évoquer ne sont pas une exception. La sociologue Michèle Salmona rapporte des témoignages de paysans des années 1980 disant que « la plante manifeste ses besoins ; elle vous le dit, la plante ; il faut voir les plantes, le matin elles vous parlent[9] ». Elle nous apprend qu'il y avait d'autres paysans qui, par le passé, disaient plus ou moins la même chose.

Cette référence aux générations précédentes permet de revenir sur un point important : si cette similitude entre leurs mondes animés ne dénote aucun retour en arrière, mais renvoie plutôt au fait que *les paysans n'ont jamais été dans un rapport de production avec les plantes*, cela autorise à dire qu'il n'y a pas de « bonne production » à retrouver derrière une production capitaliste ou productiviste, comme le prétendent antiproductivistes et décroissants[10]. Des plants de tomates dans une ferme industrielle ne produisent pas plus des tomates que dans une ferme non industrielle. En revanche, les liens que les plants de tomates tissent avec les paysans ne sont pas de même qualité ni de même nature. Autrement dit, la différence entre ces fermes se situe dans le *type de relations* entre les paysans et leurs plantes. Dans les fermes industrielles, les paysans abîment et réduisent leurs liens avec les plantes au nom de la production.

9. Michèle Salmona, *Les Paysans français*, *op. cit.*, p. 280.
10. Voir chapitre 4.

Vivre avec des plantes dotées d'un langage autre qu'humain – qui parlent à « leur manière », comme le dit Jean-Marie – et vivre avec des plantes qui ne parlent pas ne crée pas les mêmes mondes. Dans *Comment la terre s'est tue*, David Abram traite cette question du langage et propose un déplacement théorique. Il ne cherche pas à savoir s'il faut étendre ou non le langage aux autres êtres non humains, mais se demande pourquoi certains soutiennent que le langage est une propriété exclusivement humaine. Comment en sommes-nous arrivés à postuler qu'il n'y a que les humains qui possèdent un langage ? Abram interroge l'épistémologie de « la conception dominante du langage, telle qu'elle existe depuis la révolution scientifique ou du moins telle qu'elle est toujours acceptée aujourd'hui, d'une manière ou d'une autre, par la plupart des linguistes contemporains qui font de tout langage un ensemble de mots ou de “signes” arbitraires, les objets d'un accord conventionnel et liés par un système purement formel de règles syntaxiques et grammaticales[11] ». Pour faire entendre le langage des êtres autres qu'humains, il faut renoncer à cette définition abstraite du langage :

> Dire que la signification linguistique est d'abord expressive, gestuelle et poétique, que les significations conventionnelles et dénotatives sont intrinsèquement secondaires et dérivées, c'est renoncer à prétendre que le langage est une propriété exclusivement humaine. Si le langage est toujours, en profondeur, vibration physique et sensorielle, il ne peut jamais être séparé une fois pour toutes de l'expressivité évidente des chants d'oiseaux, ou du pouvoir évocateur du hurlement des loups au milieu de la nuit. Le chœur des grenouilles qui coassent à l'unisson au bord d'un étang, le feulement du chat sauvage qui défend ses jeunes, le cri lointain des bernaches du Canada en vol plein sud avant l'hiver, tout résonne de signification affective, gestuelle – le même type de significations qui résonne à travers nos conversations et nos soliloques, suscitant parfois les larmes ou la colère, ou encore des intuitions intellectuelles que nous n'aurions jamais pu anticiper. Le langage comme phénomène corporel profite à tous les corps expressifs, et non aux seuls humains. Notre manière propre de parler ne nous situe donc pas en dehors du milieu animé environnant, mais – que nous en soyons

11. David Abram, *Comment la terre s'est tue*, *op. cit.*, p. 105.

conscients ou non – elle nous inscrit encore plus pleinement dans les profondeurs bavardes, murmurantes et sonores des alentours[12].

Le langage ne se réduit pas à la parole, aux mots, aux règles grammaticales ; il est expressif, sensuel, corporel, gestuel et partagé par les autres êtres vivants. Dans cette conception très éloignée de l'ontologie naturaliste, les plantes parlent donc aux paysans de manière plus ou moins explicite, par des chuchotements plus ou moins sensuels. Tout dépend de l'intensité de l'accès à ces formes de langage, c'est-à-dire du degré d'ouverture de chacun envers le monde des plantes. Certains pratiquent une ouverture plus grande que d'autres, ce qui leur permet de capter plus de langages subtils. Dire que les plantes leur parlent est une façon de s'immerger, d'entrer dans un autre rapport animé avec les plantes. En termes de modes d'existence, les plantes ne sont pas considérées comme des êtres muets, mais parlants. Elles parlent à ces paysans en faisant des gestes corporels au travers de leur tige, de leurs feuilles, en changeant de couleur, etc. Rachel m'apprend qu'une couleur plus brillante ou plus pâle n'a pas la même signification : une couleur vive veut dire que les plantes sont bien ici pour le moment, qu'il n'y a pas de problème ; une couleur plus pâle signifie qu'il faut les déplacer, que l'endroit ne leur convient pas.

Les entendre parler demande des apprentissages multispécifiques sur de très longues périodes. Rachel est prise dans ce coapprentissage depuis trente-sept ans. Jean-Baptiste m'avait raconté ne pas trop comprendre ce « que lui disait » l'abricot dans son champ à cette période. Il ne savait pas s'il fallait le tailler pour cueillir ses fruits qui étaient très hauts, inaccessibles. Ils tombaient et éclataient au sol. Mais, s'il taillait l'arbre, il avait peur qu'il prenne de la hauteur pour chercher de la lumière. Il n'aurait alors ni fleurs ni fruits. Il avait ajouté : « De toute façon, je n'ai pas d'autre choix que de procéder par tâtonnements et il faudra bien trouver un compromis. » L'arbre lui parle, mais c'est compliqué de le comprendre. Pour ces paysans, parler n'est donc pas une affaire exclusivement humaine, c'est une compétence partagée avec les plantes. Lorsque les paysans disent que les plantes leur parlent – à rebours de l'exceptionnalisme humain pour qui seuls les humains possèdent un

---

12. *Ibid.*, p. 111.

langage, d'où leur supériorité –, ils sont très généreux sur le plan ontologique avec les plantes. Affirmer que les plantes parlent, c'est pratiquer une ouverture radicale envers leur monde.

Rachel dit que je vais devoir finir seul à désherber les menthes, elle a rendez-vous à l'extérieur. Les menthes attendront un peu avant d'être déplacées. Je continue à désherber, sans essayer de capter leur langage ; ce serait prétentieux d'y prétendre au bout de trois jours de travail. Je m'interrogeais sur la la manière d'écrire cette section, mais les choses ne se sont pas passées comme prévu. Je ne me sens pas bien, j'ai des vertiges et mal au ventre. Quand je rentre, je suis vidé, incapable de me relever. Antoine appelle Rachel. Le verdict tombe : je dois boire du kombucha et manger des gâteaux faits maison. « Ce sont les hémérocalles que tu as mangées au déjeuner qui te font ça, mais tout va bien, ne t'inquiète pas. Ça va passer », dit Antoine en souriant. C'est une bulbeuse appartenant à la famille des Liliacées qui m'a rendu malade. Rachel arrive en fin d'après-midi et constate mon état assez pitoyable. L'air satisfait, elle dit : « Je suis très contente de voir ce qui t'arrive. Tu es venu chez nous, tu as changé d'alimentation. C'est super, ce n'est plus ta tête qui parle mais ton corps. On ne voit jamais ton corps. C'est toujours la tête qui est mise en avant. Il faut que tu retrouves ton corps et là, c'est ton corps qui parle. »

L'a-t-elle fait exprès ? Elle rit, mais ne répond pas. Elle me dira plus tard dans la soirée : « Tu comprends maintenant comment parlent les plantes. » Rachel spécule à son tour pour ouvrir les possibles ; je dis en plaisantant que je vais la dénoncer. Rachel m'a permis d'apprendre sur un mode accéléré à ressentir une autre forme corporelle de langage. Les hémérocalles m'ont dit, à leur manière, qu'elles pouvaient se faire manger, mais pas trop. Il n'y a donc pas de problème pour elles à être considérées comme des êtres mangeables, mais dans une certaine mesure. Lorsque cette limite est franchie, elles peuvent mettre dans un sale état sans prononcer un mot. J'expérimentais un langage corporel agissant dans un corps à corps, sans un mot, sans syntaxe, sans règles grammaticales, sans accord conventionnel... et pourtant très compréhensible. Elles font passer un message dans un silence assourdissant. Le reconnaître n'implique pas que, dans un monde d'après la production sans économie, on vivra dans des mondes idéaux en laissant les plantes nous parler de manière douce et agréable, mais on cherchera à mieux les comprendre, que leur message soit violent ou pacifique.

Désherber au milieu de blés durs, de blés tendres, de sarrasin et d'épeautre

Quand la compétition et l'entraide se rencontrent dans un champ

Rachel et Antoine cultivent aussi du blé tendre, du blé dur, du lin, du colza, de l'épeautre, du petit épeautre et du sarrasin de variétés anciennes sur quatorze hectares, et les transforment grâce à un moulin dans leur grenier. Ils font du pain dans la boulangerie au sein même de la maison de Rachel, en fonction des commandes. Ce n'est pas une pratique quotidienne. Le couple fait partie des « paysans boulangers » qui refusent de cultiver des variétés hybrides et revendiquent le droit de cultiver et échanger des variétés non inscrites au Catalogue officiel des espèces et variétés[13]. Antoine me propose de désherber quelques champs de blés « pour changer ». Le désherbage ne se fait plus à la main mais avec le tracteur auquel on accroche une herse, un outil constitué d'un châssis en forme de grille sur lequel il y a des barres verticales, comme un « gros peigne », dit Antoine. Le désherbage à la main trouve ici sa limite, il faudrait embaucher des centaines de stagiaires. Antoine veut bien se priver de robots de désherbage high-tech, mais pas de tracteur.

On se rend en tracteur sur des parcelles éparpillées autour du village. Je ne sais rien d'Antoine. La première fois que nous nous sommes vus, nous n'avons pas eu le temps de discuter. Il m'apprend qu'il est de la région. Avant de s'installer en 2005 sur la ferme de Rachel, il vivait trente kilomètres plus loin. Il a une formation de berger, un métier

13. Sur la constitution et l'historique de ce mouvement, voir Élise Demeulenaere et Christophe Bonneuil, « Des semences en partage », *Techniques & Culture*, 57, 2011 ; il ne faut pas confondre les « paysans boulangers » avec les « boulangers paysans », dont la fabrication de pain constitue l'activité principale et qui achètent de la farine. Voir Geneviève Pruvost, « Dépenser moins pour vivre mieux. Le cas de boulangers paysans vivant en yourte », *Revue des politiques sociales et familiales*, 123, 2016.

qu'il a exercé pendant deux ans. Les animaux ne lui manquent pas trop. Ce métier ne le passionnait pas. Avant, il « faisait le con », c'est-à-dire pas grand-chose. Ses parents sont professeurs d'histoire-géographie au collège, un métier qui ne l'intéressait pas. Ce qu'il adore aujourd'hui, c'est de cultiver les blés, faire de la farine et du pain. « Ça n'a pas de prix », dit-il, de voir le blé sortir de terre, se transformer en farine et finir dans l'assiette.

Comment l'aventure a-t-elle commencé ? Il répond que c'est grâce à Jean, de l'Inra. Il lui avait demandé de sortir du frigo des semences de variétés anciennes. Antoine se souvient très bien de cette rencontre avec Jean, profondément ému d'avoir devant lui un deuxième paysan lui demandant ses semences. C'est grâce à Jean que la culture de blé de variété ancienne est devenue possible. C'est lui qui les a sorties du frigo de l'Inra. Sans lui, il n'y aurait jamais eu ce type de culture sur le territoire français. Jean Koeing est ingénieur de recherche, chargé de collection à l'Inra de Clermont-Ferrand. Le premier paysan à être allé le voir, Jean-François Berthellot, en témoigne ainsi :

> Je vais à l'Inra de Clermont, ne sachant même pas s'ils allaient me donner des semences et comment je serai reçu. [...] Plusieurs personnes m'avaient dit « oh, ce n'est pas facile de sortir des choses de chez eux ! » Moi j'ai dit « bon, j'y vais », parce que c'est quand même mieux le contact comme ça. J'arrive à Clermont, puis Jean me reçoit très simplement. Une fois qu'il m'a écouté, il me dit « qu'est-ce que vous voulez ? » [...] Je dis : « vous en avez combien ? » Et lui répond : « 8 000 ». Il allume l'ordinateur, il fait défiler la liste du catalogue sur l'ordinateur. [...] Il dit : « Parce que moi, vous voyez, j'ai tout ça, c'est disponible, vous pouvez avoir ce que vous voulez. » Boum ! Alors là, il me surprend complètement, je sais plus trop où j'en suis. [...] Alors, je sors mon bouquin, dans lequel j'avais mis des petits marque-pages aux variétés plus régionales. J'ouvre au premier marque-page et lui demande « cette variété-là, est-ce que vous l'avez ? – oui, oui, je l'ai... ». J'ouvre au deuxième marque-page : « celle-là ! » Comme ça, 2, 3, 4, 5, 6 fois. Je me disais : « Il ne va pas m'en donner d'autres. » Et lui : « Vous en voulez encore[14] ? »

14. Élise Demeulenaere et Christophe Bonneuil, « Des semences en partage », *loc. cit.*, p. 213.

« Au moins l'Inra a servi à quelque chose », plaisante Antoine. En ce moment, il cultive quinze variétés de blé et il en a deux-cents-cinquante en multiplication. Si Antoine plaisante, certains chercheurs plaisantent beaucoup moins. Le biologiste, cité en début de chapitre, qui travaille sur des les blés hybrides m'a raconté que les quelques rares collègues qui se sont impliqués dans la sélection participative des blés de variétés anciennes avec des paysans vivent un « enfer » au sein des labos. Ils se le font reprocher tous les ans, au moment de l'évaluation des directeurs de laboratoire. Pour eux, « ils ne font pas de la science » et pourtant, disait-il, ces collègues qui font de la sélection participative ne font que de la « génétique ». Ils manipulent des éprouvettes comme nous toute la journée. Il connaît des gens qui se sont fait placardiser, à qui on a coupé les crédits et explicitement demandé d'arrêter leurs recherches. Elles ne correspondent pas aux programmes définis par les laboratoires.

Comment cela est-il possible ? Il s'agit d'un centre de recherche, donc les chercheurs sont libres. Le biologiste m'a répondu qu'il ne fallait pas confondre l'Inra et le CNRS. Le premier est une institution hiérarchique tournée vers l'industrie ; leurs choix scientifiques dépendent des laboratoires et des départements.

> Après, tout le monde suit la ligne de recherche prédéfinie, sinon tu t'isoles de tes collègues. Tu restes seul avec ton objet de recherche. Tu ne peux pas publier puisque les membres des comités de lecture ne sont pas de ton avis et ils refuseront ton article. Tu n'es invité nulle part pour faire connaître ton travail, donc tu travailles pour rien. Tu fais quoi après ? Bah, tu te plies, comme tout le monde et tu suis le mouvement comme un mouton. Si tu restes seul dans ton coin, c'est arrêt maladie. On n'a pas besoin de te forcer pour arrêter ce que tu fais. Tu t'autocensures tout seul.

Comment ont réagi ses collègues biologistes sur cette sélection participative des blés de variétés anciennes ? Ils ont « hurlé jusqu'au plafond en disant que ce n'est pas les paysans qui vont nous dire ce qu'on va faire dans les labos. Ils les méprisent totalement. Pour eux, ce sont des gens incultes et ignares alors qu'eux sont des savants. Eux savent comment faire de l'agriculture alors qu'ils n'ont jamais mis les pieds dans un champ. Tu comprends pourquoi on fait de l'agriculture hors sol. » Comment changer la donne ? Dans un soupir, il répond : « Il n'y a rien à faire. Le système est conçu comme ça. C'est verrouillé de partout. L'Inra est un institut qui formate la manière de voir l'agriculture, soit tu acceptes et tu fais de la transgenèse, qui est un autre mot pour continuer à faire des OGM sans le dire, soit tu démissionnes et tu fais autre chose, c'est comme ça. »

Il n'y a pas grand-chose à ajouter ni à critiquer. Antoine et moi arrivons dans un champ de sarrasin où les plantes ne font pas plus de dix ou quinze centimètres. Les mauvaises herbes abondent, mais ici il ne va pas désherber, il veut voir l'état du champ. Selon lui, le sarrasin finira par les tuer dans les semaines à venir : c'est une espèce très forte, très invasive, qui vit dans un entre-soi. Il ne veut pas s'associer avec les autres plantes, mais accepte de le faire avec Antoine, car il l'accompagne depuis sa sortie du frigo. Il dit que le seigle fait la même chose, mais pas autant que le sarrasin. Il accepte que quelques herbes poussent autour de lui, mais il m'avoue n'avoir « aucune affinité avec le seigle ». Il n'aime rien chez cette plante, ni la tige ni l'épi. Elle ne l'attire pas. Il n'aime pas la toucher et ne la cultive plus. Elle poussait sans aucun problème dans son champ, il a arrêté la collaboration. Elle n'a pas réussi à le séduire, et sans séduction et un minimum d'amour, il ne peut pas y avoir de codomestication. Ce qui est intéressant, c'est que le sarrasin et le seigle contredisent les histoires racontées par Rachel et Michael Pollan sur les mauvaises herbes. Le sarrasin et le seigle résistent très bien et les tuent sans problème. Le sarrasin et le seigle désherbent eux-mêmes, ils n'ont pas besoin d'être assis sur un tracteur.

« Labourer n'est pas mon truc », dit Antoine. Sur cette parcelle, il sème de l'engrais vert qui reste pendant huit mois. Il le coupe, l'enfouit dans le sol et fait du semis direct. Pas de travail du sol : les micro-organismes s'en chargent. Ce sont eux qu'Antoine met à contribution pour décomposer l'engrais vert[15]. Il les fait travailler comme les bactéries pour le levain. « C'est ça, travailler avec le vivant », dit-il.

---

15. Sur la technique de non-labour, voir C. M. Coughenour, « Innovating conservation agriculture : The case of no-till cropping », *Rural Sociology*, 68, 2, 2003. J. M. Ekboir, « Research and technology policies in innovation systems : zero tillage in Brazil », *Research Policy*, 32, 4, 2003 ; Claude et Lydia Bourguignon, *Le Sol, la Terre et les Champs*, Éditions Sang de la terre, Paris, 2015.

Une précision toutefois. Antoine ne dit pas qu'il ne laboure pas, mais que « ce n'est pas son truc », ce qui n'est pas la même chose. Parfois, il est obligé de le faire, ce qui complique le débat un peu figé entre partisans du labour et du non-labour[16]. Par principe, Antoine pense qu'il ne faut pas labourer car cela entraîne l'érosion des sols et la disparition de la couche d'humus. Il ne vit toutefois pas dans un monde de principes entre humains, mais dans un monde avec d'autres vivants et il doit chercher des compromis sur des manières de vivre.

On arrive sur une parcelle qu'Antoine veut désherber. Son voisin lui a cédée il y a quatre ans, mais, contrairement à celles alentour, elle était dévastée par des sangliers. Ils venaient à plusieurs et faisaient des dégâts considérables, sans que l'on en comprenne les raisons. Antoine a compris que le noisetier est le principal responsable. Les sangliers venaient chercher les noisettes, dispersées, enfouies dans le champ. Il a alors labouré pour casser les noisettes et repousser les sangliers. Sinon, il aurait dû devenir chasseur ou couper le noisetier. Antoine a choisi de labourer. Antoine pose la herse et le travail délicat de désherbage commence. Il faut « tenir le tracteur », sinon les blés tendres risquent d'y passer. On reste jusqu'au soir et je n'ai pas entendu Antoine s'excuser auprès des mauvaises herbes.

Le lendemain, on se rend sur une parcelle au bord de la route face à des plantations d'arbres et, de chaque côté, des maisons. La parcelle est coincée entre le village et les plantations. Je n'aime pas le paysage. Antoine loue cette parcelle ; c'est une bonne terre, dit-il. Il y cultive du blé dur et de l'épeautre. Il est trop tard pour désherber, les tiges sont trop hautes. Le choix d'associer blé dur et épeautre ne relève pas du hasard : « Ils adorent vivre ensemble. » La tige plus raide de l'épeautre soutient celle du blé quand il a tendance à se coucher ; comme la tige du blé et son épi sont plus grands, ils protègent l'épeautre contre les intempéries. Ils ne se disputent pas, « ils s'entraident ». C'est l'une des plus belles cohabitations de toute mon enquête : deux espèces compagnes qui s'entraident mutuellement et peuvent compter l'une

16. Sur la controverse à popos du labour, voir Frédéric Goulet, « Des tensions épistémiques et professionnelles en agriculture. Dynamiques autour des techniques sans labour et de leur évaluation environnementale », *Revue d'anthropologie des connaissances*, 2, 2008.

sur l'autre. Je pense ici à la réflexion du géographe et anarchiste Pierre Kropotkine – farouche opposant politique à Marx – dans son livre bien-nommé, *L'Entraide*[17]. Kropotkine prend une direction opposée à celle de Darwin quant au moteur de l'évolution. Dans un très beau chapitre, « L'entraide parmi les animaux », il explique que ce n'est pas la concurrence et la lutte féroce pour les ressources qui est le principal facteur de l'évolution, mais l'entraide, l'amitié et la solidarité[18].

Ce paysan élargit la question de l'entraide à ses blés et ses épeautres en les amenant à vivre ensemble, ce qu'ils acceptent avec plaisir, contrairement au sarrasin qui ne veut pas entendre parler d'une quelconque association avec une autre espèce. Certaines espèces veulent bien s'entraider mutuellement, d'autres non. Antoine le dit à sa manière : « On ne peut pas généraliser quand on parle des plantes, tout dépend si l'on parle du sarrasin, du blé, de l'épeautre ou du seigle. » Il raconte que, l'an dernier, il est tombé de la grêle, abîmant les blés et les épeautres. Les blés n'ont pas pu protéger entièrement les épeautres, mais ils ont fait ce qu'ils ont pu. « Ils m'ont demandé que je les soigne. Ça suffit, tu vois comment ils sont pour comprendre tout de suite s'ils te demandent de l'aide. » Au menu, des hydrolats et des huiles essentielles préparés par Rachel, et ils sont repartis au bout de vingt-quatre heures, m'affirme cette troisième espèce compagne qui a volé à leur secours.

Nous partons sur une parcelle de blé tendre de deux hectares où l'on passe l'après-midi à désherber les bords du champ, non pas avec le tracteur, mais avec la débroussailleuse car les mauvaises herbes sont très hautes. Elles risquent de gêner la moissonneuse-batteuse. À gauche, la parcelle est bordée par une forêt sauvage, à droite, par une plantation d'épicéas et de sapins où aucune herbe ne pousse. On ne voit qu'une partie des racines des épicéas et des sapins. Derrière moi, un chemin, d'à peine deux mètres sépare la parcelle d'Antoine de celle de son voisin qui cultive du blé de variété hybride en agriculture chimique sur deux hectares. Le lieu est spectaculaire. On est au milieu

---

17. Pierre Kropotkine, *L'Entraide*, Écosociété, Montréal, 2001. Sur les liens entre Kropotkine et Marx, voir Jean-Christophe Angaut « Le conflit Marx-Bakounine dans l'internationale. Une confrontation des pratiques politiques », *Actuel Marx*, 1, 41, 2007.

18. Voir Vinciane Despret, *Quand le loup habitera avec l'agneau*, La Découverte, coll. « Les Empêcheurs de penser en rond », Paris, 2002.

de quatre échantillons du monde qui cohabitent : une forêt sauvage, une plantation d'arbres, une parcelle de blé de variété ancienne et une parcelle de blé de variété hybride en agriculture conventionnelle. Antoine a acheté cette parcelle il y a deux ans à son voisin qui cultive des épicéas et des sapins. Ces terres vendues avec les souches des arbres à peine coupés sont abordables. Beaucoup de propriétaires veulent s'en débarrasser. Le sol est en ruine et, pour le rendre cultivable, il faut dessoucher et mettre de la matière organique. Cela coûte du temps et de l'argent, donc beaucoup vendent leurs parcelles pour pas grand-chose ou même les abandonnent. Depuis son arrivée sur la ferme de Rachel, Antoine achète ces terres en ruine pour faire émerger une nouvelle vie en cultivant des céréales de variétés anciennes. Comme dirait Anna Tsing, il donne de l'espoir. Son travail montre qu'il ne faut pas confondre monoculture et plantation. En pratiquant la monoculture avec des blés de variétés anciennes, on peut faire émerger la vie, c'est-à-dire mettre fin à des logiques coloniales propres au Plantationocène. Par contraste, le seigle et le sarrasin continuent à leur manière à perpétuer des logiques coloniales dans le champ en tuant les autres espèces. Vivre avec les plantes dans un monde de post-production n'est jamais simple, cela exige de faire attention aux types d'espèces cultivées – les conséquences pour les autres vivants n'étant pas les mêmes.

Antoine prétend que c'est l'endroit idéal pour observer les blés. Il m'invite à regader sur la gauche pour voir la parcelle de variétés hybrides, puis sur la droite pour voir celle de blés de variétés anciennes. Et à saisir la différence à l'œil nu. Il ne faut pas être expert pour être saisi. Un enfant de sept ans peut voir que les tiges des blés de variétés hybrides sont beaucoup plus basses et rigides, tandis que les blés de variétés anciennes et leurs épis sont beaucoup plus gros. Les premières sont tassées, il ne reste aucune place ; de l'autre côté, il y a de l'espace, « indispendable », explique Antoine : si l'on tasse les blés de variétés anciennes, les tiges se couchent et on ne peut plus les récolter. Si les pieds des variétés hybrides, sont tassés, *ce n'est pas pour faire du rendement comme l'affirme le monde de l'Économie et de l'agronomie, mais pour qu'elles donnent plus*. Certains paysans ont essayé de cultiver ainsi des variétés anciennes pour faire plus de volume, mais ça ne marche pas, le blé se couche tout de suite. « Le problème, souligne Antoine, c'est que les paysans se comportent avec les variétés anciennes comme avec les variétés hybrides. »

« Regarde les couleurs », dit-il. La différence est nette. Dans le champ de variétés anciennes, les couleurs sont vives contrairement aux variétés hybrides mates, très pâles. « Alors, tu ne vas pas me dire que les blés dans ce champ sont heureux par rapport aux miens », commente-t-il. Cela paraît évident. Ils n'ont pas l'air heureux d'être tassés. Ça rappelle des poules en batterie que j'ai pu voir, il y a longtemps, en Macédoine. J'en ai gardé le souvenir. C'était la première ferme industrielle dans le village qui nous avait été présentée comme une ferme moderne, incarnation du progrès.

On se trouve sur une plaine très ventée à 1 100 mètres d'altitude. Les blés de variétés hybrides sont privés de mouvement quand le vent passe. La parcelle est toute silencieuse. C'est tout le contraire sur la parcelle d'Antoine. Les blés s'agitent dans tous les sens, laissant entendre le chuchotement de leurs épis. On l'écoute, sans dire grand-chose. J'en profite pour photographier Antoine au milieu de ses blés.

« C'est important de leur parler »

Je romps le silence pour lui demander comment il a appris à cultiver ces blés. Il me parle d'apprentissage interspécifiques :

> Ce sont eux qui m'ont appris ; ce sont mes profs ; je n'écoutais personne d'autre. Ce sont eux qui m'ont parlé et ce sont eux que j'ai écoutés. [...] Après, c'est important de leur parler aussi. Les blés sont comme les animaux. Ils ne répondent pas, mais ils t'écoutent, et plus tu leur parles, plus ils t'écoutent. Si tu ne parles pas, ils ne sont pas attachés à toi. Plus tu leur parles, plus ils s'attachent à toi. Regarde comment ils sont, j'adore leur parler.

Si Antoine ne parle pas aux mauvaises herbes que nous arrachons, il est intarissable avec ses blés. Antoine raconte que son ami Raymond, qui cultive quatre-vingt-dix hectares de blés en agriculture conventionnelle, s'est également mis à leur parler et, depuis, ça va beaucoup mieux dans le champ. Ils s'entendent beaucoup mieux. L'histoire de Raymond prend à rebrousse-poil les clichés qui nous amènent à penser que seul un « petit paysan » parle à ses plantes. On peut donc être un gros céréalier et parler

Antoine au milieu de ses blés.

à ses plantes. Pour Antoine, « se parler » est important dans un champ puisque cela augmente la qualité et la densité des relations.

Christophe, Guillaume et Antonine ne sont pas les seuls à parler à leurs plantes, mais sortir de l'épistémologie naturaliste et entrer dans un monde animé ne peut se limiter à la question générale de savoir si les paysans parlent ou non à leurs plantes. Comme le dit Gwenne Lefloch, croisée dans une manifestation paysanne : « Si je parle aux plantes ou pas ? La question ne se pose pas comme ça. Je leur parle quand il faut leur parler, ça se fait naturellement. » Cette mise au point est importante : s'il faut leur parler, c'est pour leur dire des choses, sinon c'est sans intérêt. Quand les paysans leur adressent la parole, c'est qu'ils ont des choses à dire. Lorsque les humains parlent entre eux, c'est rarement pour ne rien dire – si on excepte les formules de politesse. Alors pourquoi serait-ce différent quand les paysans parlent à leurs plantes ? Jean-Marie explique : « On ne peut pas forcément savoir si elles nous entendent, mais, à la limite, si on leur parle, elles entendent peut-être... Je vois, par exemple, les échalotes, quand je vais au champ je leur dis : bon, il faut y aller, on vous attend. Ils attendent après vous ! Il faut être les meilleures ! »

S'il leur parle, ce n'est pas gratuit mais pour les encourager, car les conditions dans lesquelles elles vivent et travaillent ne sont pas toujours faciles. Elles sont dehors. Il y a des moments compliqués. Les plantes peuvent aussi avoir besoin d'encouragement. Arnaud fait le même raisonnement que Jean-Marie : « Je leur parle. Je ne sais pas si ça fait quelque chose... Je vais voir tous les jours si ça pousse, comment ça marche. Est-ce que tu as besoin de ceci ? Et oui je leur parle, c'est vrai, mais c'est pour les encourager. C'est comme ça. » Il faut les encourager, leur demander si elles ont besoin de quelque chose, cela fait partie des relations instituées entre espèces compagnes. Ils ne peuvent pas rester dans des rapports silencieux où personne ne communique. Même si la compréhension peut s'avérer difficile, cela n'empêche pas de s'y risquer. Dans le champ, on se parle, et toutes les voix ont une place.

Chez Isabella, la question se pose autrement ; elle ne leur « adresse jamais la parole, sauf pour leur parler quand elles meurent ou des choses comme ça. Je parle quand je découvre une grande catastrophe ou des parasites, et là on peut communiquer ». Parler pour ne rien dire, elle ne peut pas le faire, puisque, comme elle le dit, « j'en ai trop pour parler à tout le monde, sinon je dois me mettre chaque matin dans mes serres et faire un discours pour tout le monde ! » Elle parle à ses plantes non pas pour les encourager ou quand elles sont en bonne santé, mais quand elles ont besoin d'aide. Elle leur parle quand elle leur apporte des soins et de l'attention, en particulier quand elles sont dans des situations fragiles. Leur parler permet, dans des moments de vulnérabilité et de fragilité, de leur apporter du réconfort, de l'apaisement et de l'espoir.

Chez Aline, la problématique est un peu différente. Elle leur parle, mais elle ne leur dit pas que des « mots doux. Parfois, c'est parce qu'elles m'agacent, parce que ça ne va pas comme je veux ». Elle m'explique qu'elle doit « engueuler » ses plantes quand elle se trouve dans ces situations agaçantes. Cette paysanne ne considère pas les plantes uniquement comme des êtres gentils, sympathiques ou vulnérables, mais aussi comme des êtres capables d'énerver.

C'est encore différent chez François qui fait travailler ses plantes et tisse des relations d'amour avec elles : « Je parle, je passe beaucoup de temps avec elles... Je préfère parler aux légumes que d'aller voir un psy ! » Ce paysan met l'accent sur le fait que les plantes prennent soin de lui : les végétaux sont des êtres qui le soignent. Quand il leur parle, elles lui font du bien. Les plantes remplacent le psychologue et les séances sont gratuites ! Jean-Baptiste m'a raconté récemment que des sangliers avaient ravagé son champ de pommes de terre ; au lieu de récolter cinq cents kilos, il en a ramassé seulement huit et demi ! C'était un désastre psychologique. C'était une plante non hybride – elle ne donne pas beaucoup de pommes de terre – qu'il avait mis des mois à cultiver. Les arbres ont été d'un véritable secours car il a pu leur parler de ce qui arrivait. Quand il raconte la scène, il dit avoir jeté par terre son téléphone portable et il me montre l'écran cassé. Il aurait pu appeler quelqu'un mais il a préféré se tourner vers ses arbres, leur parler, se confier à eux. Comme chez François, les végétaux sont des confidents pour Jean-Baptiste : il leur livre ses états d'âme en toute confiance.

Nous sommes fatigués de désherber. Antoine propose de faire une pause et d'aller voir le moulin, avant de revenir finir le travail. Rachel est devant la cuisinière en train de faire bouillir des plantes pour confectionner des baumes. On monte à l'étage où il y a des silos, des machines pour séparer les grains des impuretés, et le moulin qui écrase le blé pour faire de la farine. Tout vient d'un vieux moulin que l'ancien propriétaire lui a vendu cinq mille euros. Ce sont de vieilles machines, certaines pièces datent de l'époque de la révolution industrielle mais marchent encore très bien. Il a fait lui-même toute l'installation en cherchant des informations sur Internet et en lisant des manuels, sans avoir jamais travaillé dans un moulin. Il n'est pas encore très au point sur tout, notamment sur le réglage des machines.

Une fois les grains moissonnés, il faut ressemer ceux choisis pour le semis le plus tôt possible car ils lèvent au bout de trois jours. Les grains destinés à faire de la farine partent directement dans le silo « pour se reposer quarante jours ». C'est le minimum. Interrogé sur ce repos, il dit être très strict sur ce point, car si ce n'est pas le cas, la farine et le pain ne seront pas bons. C'est quelque chose qu'il ne sait pas s'expliquer, « ça se sait, c'est comme ça ». Il insiste sur le terme « repos » qui ne s'adresse qu'aux blés parce qu'« ils ont travaillé avant et, maintenant, il faut qu'ils passent au stade de repos ». Les blés sont dans les silos. Il ne sait pas ce qui se passe exactement pendant cette période, mais « il y a des choses qui se passent ». Selon Antoine, le Christ s'est inspiré de cette règle pour instaurer son jeûne de quarante jours, cet usage concernant le blé datant de bien avant la naissance du Christ.

Après ce repos mérité, les blés passent dans le trieur hélicoïdal, une machine en forme de spirale. Elle fait un premier tri avant que les blés ne passent dans un autre trieur, alvéolaire, en forme de toboggan. Il est beaucoup plus précis et calibre des grains selon huit tailles. Une fois calibrés et nettoyés, les grains vont dans le moulin se faire écraser, moudre par des meules en pierre. Puis la farine passe dans le blutoir, pour être séparée du son, l'enveloppe de la graine. C'est un beau dispositif mécanique qui ressemble à un meuble en bois de trois mètres de long à l'intérieur duquel un gros cylindre tourne sur son axe longitudinal. Il est entouré d'une toile fine, le tamis, constitué de maillages différents. La farine passe au travers des mailles. D'un côté, la farine est séparée du son, de l'autre, on récupère différents types de farine. C'est la dernière étape. Ensuite, Antoine peut la descendre à la boulangerie faire le pain.

Il met en marche le moulin et le blutoir pour que je voie le processus. Le bruit de la vieille mécanique envahit la pièce. Une poudre blanche commence à s'échapper du blutoir et à occuper timidement l'espace. Il ouvre la porte latérale du blutoir. « Sens », dit-il. C'est la première fois que je rencontre cette odeur, elle donne des frissons. Pourtant, elle n'est pas très puissante. Elle se faufile dans le nez avec une incroyable douceur. Antoine ferme délicatement la porte : « C'est bien, tu as senti comment les blés parlent. » Pour lui, le parfum fait partie du langage des blés. Il ajoute : « Les meules en pierre y sont aussi pour quelque chose. » Les cylindres métalliques utilisés ailleurs oxydent la farine et la font disparaître. Associé au métal, le langage des blés disparaît ; associé à la pierre, il se manifeste. Même s'ils font *a priori* partie des êtres sans vie qui ne « pensent pas », la pierre et le métal changent le cours des choses[19].

19. Je reprends les propos de Philippe Descola, en réaction au livre d'Eduardo Kohn *Comment pensent les forêts* (Zones sensibles, Bruxelles, 2017). Il accorde la pensée et l'agentivité aux seuls non-humains vivants comme Eduardo Kohn : « La vie pense ; les pierres non » (p. 142), ce qui laisse de côté un grand nombre de non-humains. Philippe Descola, « (Toujours) trop humain. Un commentaire sur *Comment pensent les forêts* d'Eduardo Kohn », *Cahiers philosophiques*, 2, 153, 2018. Le titre du livre de Kohn est trompeur car, comme le remarque le philosophe Jean-Marie Chevalier, un

Quand l'art de raconter des histoires trouve sa limite

Le stage doit me permettre d'apprendre à me connecter aux plantes. Je dois être tôt le matin chez Rachel. Quand j'arrive pour le petit déjeuner, j'entends converser. Rachel et Odile, qui va aussi faire le stage sont déjà là. C'est une femme charmante d'une soixante d'années, cheveux gris ; elle porte des vêtements de couleurs vives qui se marient bien. Elle vit près de Saint-Myon, dans la région. Son mari est chauffagiste retraité et pêcheur amateur depuis plus de quarante-cinq ans. Elle dit qu'elle « n'a rien fait de sa vie », délibérément, car elle n'a jamais voulu « faire un métier ». Elle ne se reconnaît pas du tout dans un « système où on t'oblige à choisir un métier dès ton plus jeune âge ». Elle ne voit pas la vie tracée d'avance, mais comme un « cheminement ». Elle laisse de la place pour les rencontres hasardeuses. Comme pour Rachel, l'école n'était pas pour elle. Elle en garde de mauvais souvenirs ; pour elle, l'éducation scolaire est un des plus violents systèmes d'apprentissage. Elle se souvient des premiers cours d'histoire où elle était obligée d'apprendre celle des guerres, des violences et des pouvoirs. Elle a alors fermé les livres d'histoire : « Les histoires de mecs qui se battent, moi, je n'ai pas envie d'apprendre ça, ça ne m'intéresse pas. Moi, je ferai autre chose de ma vie. » Elle ne voit pas à quoi sert ce savoir qui ne la touche pas ou qui, plutôt, la répugne.

Elle va jusqu'au bac, sans le passer, car « il ne sert à rien ». Pendant l'examen, elle avoue aux examinateurs qu'elle n'est là que pour faire plaisir à ses parents, mais qu'elle ne fera rien. Elle n'a pas redoublé

bon connaisseur de Charles Pierce : « À strictement parler, Kohn ne mentionne pas la pensée de la forêt, et aurait sans doute des réticences à accorder aux arbres quelque chose de l'ordre du mental [...]. S'il y a une "logique de la pensée sylvestre", c'est au sens où la forêt tropicale amplifie le caractère sémiotique de la vie, constituant ainsi une sorte de laboratoire des espèces. » Jean-Marie Chevalier, « Animal, trop animal. Remarques sur l'usage de la sémiotique dans *Comment pensent les forêts ?* d'Eduardo Kohn », *Cahiers philosophiques*, 2, 153, 2018, p. 102. Soulignons que toute la littérature s'inscrivant dans le *plant turn* est absente de ce livre et ne figure pas non plus dans la bibliographie. Edurado Kohn sera plus que réticent au fait d'accorder une quelconque intelligence au monde végétal. Comme le dit Natasha Myers, Eduardo Kohn ignore le monde sensuel des plantes. Natasha Myers, « Becoming sensor in sentient worlds : A more-than-natural history of a black oak Savannah », *loc. cit.*

de tout son cursus, mais elle ne travaillait pas. Ce qu'elle écoutait pendant les cours où elle était présente suffisait pour passer les examens. Elle précise qu'elle ne se voyait pas comme une rebelle, plutôt comme une personne qui ne comprend pas ce monde. Les galères commencent vite avec ce monde qui ne tolère pas qu'on « ne fasse rien ». Elle fait des petits boulots, mais évite par tous les moyens qu'ils deviennent un « métier ». Travailler à l'extérieur ne l'intéresse pas, sauf si cela donne l'occasion de pleinement s'épanouir. Du coup, elle s'investit dans son rôle de femme au foyer. Le salaire de son mari lui permet de faire ce dont elle a envie. Elle fréquente des collectifs, des associations diverses et variées. Elle fait des stages pour rencontrer d'autres types de savoir, ceux qui l'intéressent, qui la touchent concrètement dans sa vie. Son mari est en trois-huit, si bien qu'ils ne sont pas toujours au même rythme. Selon elle, les gens qui travaillent en horaires décalés sont nerveux, « absents ». Son mari appartenait à la seconde catégorie. Elle a toujours veillé à ce qu'il puisse dormir en journée en faisant attention à ne pas faire de bruit avec son fils unique.

Elle a tout de même un regret : ne pas avoir pu s'installer comme « éleveuse de chèvres », au milieu des plantes, mais elle « n'avait pas la force de faire partager » à son mari et son fils un tel projet. Il y a quelques années, elle a suivi avec son mari une conférence de Pierre Rabhi. C'est plus tard que son mari lui a dit : « Mais c'est ça que tu voulais faire ! » Odile sourit : « Au moins le bouc de mon mari me rappelle les chèvres. »

On part dans les champs. Rachel nous demande de faire silence, de ne plus lui poser de questions pendant la marche en forêt. Évelyne doit se joindre à nous. Je ne sais pas qui c'est, mais je remarque que je vais faire mon stage avec trois femmes. Je suis ravi d'être minoritaire pendant deux jours. Il faut bien constater que, dès qu'il est quetsion de sensible, de sensuel et non de rationnel et d'objectif, je me retrouve plutôt avec des femmes. On descend la petite colline, les chiens de Rachel nous suivent à la trace et on s'assoit au pied d'un hêtre où Évelyne nous attend. C'est une femme brune, la soixantaine, soigneusement vêtue pour l'occasion : chaussures de marche, pantalon bien coupé, chemise confortable. On fait connaissance, mais elle ne parle pas beaucoup.

Le hêtre en question est âgé, peut-être plus de cent ans. Il n'a pas de nom. Pourquoi est-il si rare de donner un nom aux arbres, et aux plantes en général, alors qu'on le fait systématiquement pour les chats, les chiens et les vaches ? Le tronc de l'arbre ne dépasse pas trois mètres avant de se diviser en trois branches dont chacune fait entre trois et cinq mètres. Deux de ces branches sont courbées, la troisième plutôt droite. Le houppier est en plein feuillage, imposant, mais le volume qu'il occupe est difficile à estimer. Il vit au bord de la parcelle où Antoine et Rachel cultivent des plantes aromatiques. Il n'y a pas de voisins proches de son espèce ; les arbres les plus près sont à une centaine de mètres. Il n'est toutefois pas seul. Sur sa couronne, on trouve des compagnons : des plantes, des herbes, des fleurs sauvages vivent paisiblement en profitant de son ombre. On aperçoit des oiseaux, peut-être des hirondelles. Il y a du monde sur et autour du hêtre.

Rachel commence par rappeler un point fondamental : nous ne pouvons pas respirer sans le végétal. Sans les plantes, nous mourrions au bout de quelques secondes. Nous respirons l'« air végétal ». Rachel veut souligner que l'air n'est pas un phénomène qui va de soi. Ce n'est pas une donnée « naturelle », mais quelque chose de fabriqué par le végétal. L'air (végétal) que les humains respirent est invisible, mais cela ne veut pas dire que l'espace est vide. L'expiration des plantes remplit cet espace nécessaire à la vie. Elle veut souligner que nous sommes fondamentalement liés avec le monde des plantes. C'est par la respiration qu'il faut commencer pour se connecter. Une des choses que l'on va apprendre est de respirer avec les plantes.

Elle s'interrompt pour me demander de ranger mon carnet. Si je suis venu ici, c'est pour me connecter aux plantes et non pas pour faire des observations à rapporter ensuite dans mon livre. Elle veut que je « débranche ma tête » et que je « branche mon corps ». Selon elle, je suis un peu « déséquilibré » entre l'intellect – l'esprit qui prend trop de place – et le corps. « Il faudra rectifier » et le stage sera une excellente occasion. Je proteste poliment en lui disant que ce serait vraiment dommage de priver d'éventuels lecteurs de ce que l'on va faire. « Ce n'est pas mon problème. » Si les gens veulent savoir comment ça se passe, ils n'ont qu'à venir et faire le stage ! Elle dit qu'elle « rêve de me couper la tête » pour voir mon corps. Je réagis : « Je vois très bien que tu aimerais me couper la tête, mais tu sais que les gens qui suivent ma thèse vont me couper la tête si je ne leur dis pas ce qu'on fait. » Elle rit, mais ajoute que ce n'est toujours pas son problème. En revanche, la porte restera ouverte pour refaire le stage avec les responsables de ma thèse. Elle me fait comprendre poliment qu'elle ne veut pas que ce qui sera dit et fait pendant ces deux jours soit rapporté dans ma recherche. Elle veut que je me connecte aux plantes et non que je raconte des histoires sur la manière dont on a procédé. Ce sont les connexions qui doivent m'intéresser, pas les histoires.

Le lecteur comprendra pourquoi ce dernier chapitre reste inachevé. La méthode retenue était de raconter des histoires, ce qui supposait que les personnes auprès desquelles j'enquêtais donnent leur accord. Rachel me fait savoir que je dois m'arrêter et mettre un point final. Cette façon de faire n'est pas très habituelle, mais il y a un début à tout... Les histoires trouvent ici leurs limites. Il y a des moments où l'on doit cesser d'en raconter pour faire autre chose.

SURTOUT NE PAS CONCLURE

Il n'y a pas eu de naissance du capitalisme mais naissance de la discipline économique

Le temps n'est pas venu de conclure. Il s'agit plutôt de tirer des leçons de ce que les paysans nous apprennent. Le lecteur intéressé uniquement par les histoires des paysans et leurs plantes peut fermer ici ce livre car je n'ai plus d'autres histoires à raconter. En revanche, celui ou celle qui s'intéresse aux mondes sans production ni économie pourra être intéressé par ce que je vais proposer. Ce sera plus théorique qu'ethnographique.

La très bonne nouvelle est que les paysans et paysannes auprès desquels nous avons mené nos enquêtes ne semblent jamais avoir cru à l'histoire de la production racontée par les représentants de l'Économie. Ils ont essayé de me le faire comprendre dès le début de l'enquête, en précisant qu'ils ne se disaient pas « producteurs » mais « paysans », réhabilitant un mot disqualifié depuis l'arrivée du régime de la production. Les paysans ont été traités d'arriérés, de croyants, d'incultes ou même de sauvages. En 1835, le *Dictionnaire de l'Académie française* définissait le paysan comme « un homme rustre, impoli, grossier dans ses manières et son langage[1] ». En se réappropriant ce nom de paysan, ils souhaitent réactiver un savoir ancien, perdu, dévalorisé, et en partie vaincu. Se dire paysan, c'est vouloir en finir avec cette histoire économique, et chercher à refabriquer le « pays ».

1. Pierre Barral, « Note historique sur l'emploi du terme paysan », *Études rurales*, 21, 1966, p. 72.

Au début, je les écoutais à moitié : « Certes, ils veulent se nommer "paysans", mais il faut bien qu'ils produisent, c'est la production qui les fait vivre. » L'histoire de l'Économie et sa trame habituelle voulant que n'avons pas d'autres choix que de produire ou de mourir de faim, m'avaient capturé. Ce « mais, quand même, il faut qu'ils produisent » me faisait basculer dans une histoire naturalisée ; je ne comprenais pas qu'au travers des noms de paysan et de producteur deux mondes incompatibles aux positions ontologiques irréconciliables s'affrontent.

Plus tard j'ai compris que si les paysans refusaient le nom de producteurs, c'était pour s'opposer à cette histoire naturalisée dans laquelle l'Économie nous a enfermés. Ces deux noms reflètent deux mondes radicalement opposés : « producteur » met la personne dans un monde de production au-dessus des plantes et de la terre – « hors sol, c'est-à-dire nulle part[2] » –, tandis que « paysan » ancre dans le sol, oblige à cohabiter tant bien que mal avec des espèces compagnes. Le terme de paysan protège, non pas du capitalisme, mais du régime de la production qui englobe les frères ennemis capitalisme-socialisme. Il est indigérable.

Ces paysans allaient beaucoup plus loin que moi mais je ne pouvais pas les suivre. Je pensais comme beaucoup qu'il fallait en finir avec le capitalisme avant toute autre chose. Je participais à des débats interminables, hors sol, pour savoir comment construire des sociétés écologiques, avec ou sans croissance. Or, les paysans ne sont pas concernés par ces débats car ils ne vivent pas dans le monde que l'Économie raconte. Ils sont d'ailleurs rarement mentionnés, comme si les intellectuels progressistes pensaient pouvoir construire des sociétés écologiques sans paysans ! Mais, plus intéressant, les paysans ne critiquent pas cette histoire : ils font un pas de côté en expérimentant un autre monde, sensible, vivant, de rapports animés avec les plantes, avec des manières de vivre qui sont loin d'être simples, mais ne sont pas hors sol.

J'étais embarqué dans cette histoire de production comme des milliers d'autres scientifiques qui travaillent sur la problématique agricole. Je voudrais ici en donner quelques exemples même si un état de l'art exhaustif serait fastidieux, vu l'immense quantité de publications sur ce sujet.

---

2. Louise Browayrs et Henri de Pazzis, *La part de la terre*, Delachaux et Niestlé, Paris, 2014, p. 85.

L'organisation des Nations unies pour l'alimentation et l'agriculture (FAO) a publié en 2003 un volumineux rapport prospectif de plus de quatre cents pages sur l'agriculture mondiale à l'horizon 2030 recensant des centaines de publications scientifiques. Il reprend des recherches sur l'évolution des productions agricoles dans cent quarante pays sur les quinze prochaines années. Il affirme que, ces dernières années, la production mondiale et les rendements agricoles ont chuté, ce qui provoque la crainte que les terres ne soient plus en mesure de produire suffisamment pour nourrir la population mondiale. La « production végétale » a baissé de 2,5 % dans les années 1970 et de 1 % dans les années 1990[3]. Pour répondre à « la croissance démographique, la productivité doit augmenter sur toutes les terres... tout en minimisant ou en réduisant les impacts de l'agriculture sur l'environnement[4] ».

Le rapporteur spécial sur le droit à l'alimentation aux Nations unies, Olivier De Schutter, a publié en 2010 un rapport sur l'agriculture et l'alimentation discuté au Conseil des droits de l'homme. Il s'appuyait aussi sur des dizaines de publications scientifiques pour montrer « pourquoi l'agriculture devrait être fondamentalement réorientée vers des modes de production qui soient plus durables sur le plan environnemental et plus justes sur le plan social[5] » et expliquait comment y parvenir. Selon les experts et des scientifiques, « il faudrait que la production agricole augmente globalement de 70 % d'ici à 2050 compte tenu de la croissance démographique au niveau mondial[6] ». Et cela doit avoir lieu dans le cadre de « l'agroécologie » pour trouver un équilibre qui permette d'augmenter la production agricole tout en préservant l'environnement et la biodiversité. Le texte cite le rapport Stern sur l'économie et le changement climatique : d'ici à 2080, six cents millions de personnes supplémentaires pourraient être exposées à la faim comme conséquence directe du changement climatique. C'est la raison qui justifie, selon Olivier De Schutter, de réorienter d'urgence les productions agricoles

3. FAO, *Word Agriculture : Towards 2015/2013*, <fao.org/3/a-y4252e.pdf>, p. 3.

4. *Ibid.*, p. 5.

5. Olivier De Schutter, « Rapport du rapporteur spécial sur le droit à l'alimentation », 2010, p. 3, <srfood.org/images/stories/pdf/officialreports/20110308_a-hrc-16-49_agroecology_fr.pdf>, p. 3.

6. *Ibid.*, p. 4.

à l'échelle mondiale en privilégiant les « petites exploitations »[7]. Elles sont moins dommageables pour l'environnement comparées aux grandes exploitations industrielles.

En août 2019, le Giec (Groupe d'experts intergouvernemental sur l'évolution du climat) a publié son dernier rapport consacré à l'agriculture et au changement climatique : « Changement climatique et terres émergées. Rapport spécial du Giec sur le changement climatique, la désertification, la dégradation des sols, la gestion durable des terres, la sécurité alimentaire et les flux de gaz à effet de serre dans les écosystèmes terrestres. » Il est le fruit du travail de cent sept experts provenant de cinquante-deux pays, dont plus de la moitié de « pays en voie de développement ». Ils passent en revue sept mille références scientifiques et concluent que l'agriculture et l'élevage dégradent les sols et produisent un tiers des émissions de gaz à effet de serre. Selon eux, il est urgent de procéder à la restauration des sols dégradés et à la réduction des émissions de gaz à effet de serre pour sortir d'un cercle vicieux : « Lorsque le sol est dégradé, il devient moins productif ; il est plus difficilement cultivable et perd de sa capacité à absorber le carbone. Ce phénomène exacerbe le changement climatique, lequel exacerbe encore la dégradation des sols à de nombreux égards[8]. » Ils ajoutent : « Les terres doivent rester productives pour maintenir la sécurité alimentaire en dépit de la croissance démographique et des effets néfastes du changement climatique sur la végétation, qui ne cessent de croître[9]. » Le changement climatique va provoquer « une baisse de rendement, en particulier dans les régions tropicales[10] ». Il faudrait que « les fruits et légumes soient produits de façon durable dans des systèmes à faibles émissions de gaz à effet de serre[11] ».

La question commune à tous ces rapports est évidente : comment produire autrement tout en préservant l'environnement ? Il s'agit de

---

7. *Ibid.*, p. 5.

8. Giec, « Changement climatique et terres émergées. Rapport spécial du GIEC sur le changement climatique, la désertification, la dégradation des sols, la gestion durable des terres, la sécurité alimentaire et les flux de gaz à effet de serre dans les écosystèmes terrestres », 2019, p. 2, <ipcc.ch/srccl-report-download-page/>.

9. *Ibid.*, p. 2.

10. *Ibid.*, p. 3.

11. *Ibid.*, p. 7.

faire émerger une agriculture durable qui lierait développement économique et environnement. Cette littérature s'appuie sur les concepts de développement durable et de croissance verte[12]. Faut-il abolir le capitalisme et se tourner vers un éco socialisme où on produirait autrement en préservant l'environnement[13] ?

Enfin, il est possible de refuser ce système jugé par certains décroissants comme productiviste et dépassé. La solution serait d'« abolir la croissance[14] ». Produire moins permettrait de préserver les ressources naturelles. Ils en appellent à une « société sans croissance », une société écologique plus juste ; pour eux, le capitalisme et le socialisme sont des régimes productivistes, qui cherchent toujours plus de croissance. Ce qui les différencie, c'est que, dans le socialisme, les moyens de production sont au service de l'État et non pas aux mains d'entreprises privées. Ils accusent les marxistes d'être productivistes et soutiennent que le marxisme n'est pas une théorie écologiste[15].

Ces « antiproductivistes » recherchent la « bonne production », sans gaspillage, qui préservera le sol et nourrira les hommes sans exploitation. Ils cherchent à savoir ce qu'il faut produire et ne pas produire : que garder ou abandonner ? Quelles productions sont utiles ou nuisibles ? En quelles quantités ? Quelle est la conception de la production aujourd'hui indispensable. « L'antiproductivisme voudrait redonner sa juste place à la production : non plus l'objectif ultime de nos sociétés, mais un moyen au service des besoins humains[16]. »

---

12. Assen Slim *Le Développement durable*, *op. cit.* ; Sylvain Allemand *Le Développement durable au regard de la prospective du présent*, *op. cit.*

13. André Gorz, *L'Immatériel*, *op. cit.* ; Jean-Marie Harribey et Michael Löwy (dir.), *Capital contre nature*, *op. cit.* ; Daniel Tanuro, *L'Impossible Capitalisme vert*, *op.cit* ; John Bellamy *Marx écologiste*, *op. cit.* ; Michael Löwy, *Écosocialisme*, *op. cit.* ; Jean-Marie Harribey, *La Richesse, la Valeur, et l'Inestimable*, *op. cit.*

14. Serge Latouche, *Le Pari de la décroissance*, *op. cit.* ; Stéphane Lavignotte, *La décroissance est-elle souhaitable ?*, *op. cit.* ; Denis Bayon, Fabrice Flipo et François Schneider, *La Décroissance, 10 questions pour comprendre et en débattre*, *op. cit* ; Agnès Sinaï, *Penser la décroissance*, *op. cit.*

15. Fabrice Flipo « Quand l'objection de croissance révèle certains des impensées de la gauche », *loc. cit.* Michel Barillon « Les marxistes, Marx et la question naturelle. Notes sur l'improbable écomarxisme », *loc.cit.*

16. Florien Guili et Léo Puregette, « (Anti-)productivisme ? De quoi parle-t-on ? », *Revue politique mensuelle du PCF*, 56, avril 2016, p. 6.

On pourrait dire que les experts cités dans les rapports d'Olivier De Schutter, de la FAO, du Giec, de l'ONU, comme les auteurs marxistes, libéraux, antiproductivistes et décroissants sont d'accord : il faut produire pour nourrir l'humanité. En dépit de leurs divergences, les auteurs politiquement à gauche, comme ceux de droite, s'accordent pour dire que la production constitue notre matérialité sans laquelle on ne peut pas vivre.

Malgré les articles et les rapports accablants qui s'accumulent de jour en jour sur l'état catastrophique de la Terre, il s'agit toujours d'associer la production et l'économie avec « tout le reste ». Avec cette manière de raisonner, la protection de l'environnement ne passera jamais devant la production. Ce raisonnement donne un pouvoir vertigineux à l'Économie dans notre monde autre-qu'humain. L'Économie a toujours le dernier mot, mettant fin à toute discussion scientifique, écologique, politique. Elle s'est rendue indispensable pour décider la manière dont nous devons penser et vivre sur terre.

Le lecteur pourra tirer la conclusion lui-même : les théoriciens de la décroissance sont pris au piège de la production et de l'économie. Ils croient comme les autres qu'il est impossible de vivre sans. C'est la raison pour laquelle ils ne peuvent pas dire que la décroissance est une diminution de la production car ils restent dans l'épistèmê économique. Ils tournent en rond en parlant décroissance, a-croissance, post-croissance, restant en surplomb quand ils disent ce que l'on doit produire et consommer, c'est-à-dire ce que sont la bonne production et la bonne consommation protégeant l'environnement. Les théories de la décroissance sont une voie théorique et politique qui ne mène nulle part ; le débat « croissance *vs* décroissance » est piégé : on reste à la merci de deux économies.

Les paysans renvoient souvent dos à dos la gauche et la droite. Pour eux, contrairement à ce qu'affirment les historiens et les intellectuels, *il n'y a pas eu naissance du capitalisme*, mais naissance en France d'une *discipline* – la discipline économique –, qui s'est propagée dans les autres pays européens. L'Économie est née officiellement avec la publication en 1759 du tableau économique de Francois Quesnay sur l'agriculture, imprimé au château de Versailles. Il appartenait à la cour. Il a quitté le château en 1774, à quatre-vingts ans, après le décès de Louis XV, et s'est installé au Grand Commun. Avec ses prétentions de scientificité et sa vocation universelle (par la voie du capitalisme porté par les libéraux, et celle du socialisme porté pas les marxistes et les socialistes), l'Économie a imposé les récits physiocrates aux quatre coins du globe. Les paysans ont alors été considérés comme ne vivant pas dans l'orbite des Lumières. Cette puissante naturalisation du concept de production – notre seconde Nature – fait encore aujourd'hui obstacle au monde animé, celui qui est en relation avec les autres qu'humains.

L'émergence des États-nations a permis à ces récits économiques de prendre une place considérable. Mais cela a pris du temps. Comme le souligne Scott, « jusqu'au début du XIXe siècle les difficultés de transport, l'état de la technologie militaire, et par-dessus tout les réalités démographiques imposaient de sévères limites à l'extension des États y compris des plus ambitieux[17] ».

Quand, au XVIIIe siècle, les physiocrates français prétendent que l'agriculture est une activité productive destinée à enrichir la nation, l'affirmation est purement théorique et sans fondement empirique. L'État français n'a pas encore l'unité qu'il a aujourd'hui, comme l'a montré l'historien Eugen Weber[18]. Les paysans ne parlaient pas français ; ils vivaient dans des cantons ; le sentiment d'appartenance à une « nation française » ne se développera qu'avec la Première Guerre mondiale, parfois beaucoup plus tard.

Catherine Larrère a montré que le projet politique de Quesnay est de faire une science qui « inclut l'État. Entre la ferme et le Royaume, Quesnay pose une identité structurelle, celle du "gouvernement", le gouvernement économique de la culture des terres, affirme-t-il, est un échantillon du gouvernement général de la nation. C'est donc autour du gouvernement que se forme l'unité d'une doctrine, où l'on doit pouvoir trouver ces lois et ces conditions qui doivent régler l'administration du gouvernement général de la société[19] ». La naissance de l'Économie va de pair avec l'émergence des États-nations ; ils coexistent, s'épaulent, et ne peuvent pas exister l'un sans l'autre.

L'Économie n'est pas tant une idéologie capitaliste – comme le pensent certains critiques de gauche – qu'un savoir d'État, capitaliste ou socialiste. Dans les pays socialistes, l'Économie occupait autant de place que dans les pays capitalistes. L'Économie est un savoir politique

17. James C. Scott, *Zomia ou l'Art de ne pas être gouverné*, Seuil, Paris, 2013, p. 24.
18. Voir *supra*, chapitre 2.
19. Catherine Larrère, *L'Invention de l'économie au XVIIIe siècle*, *op. cit.*, p, 194.

qui permet aux politiques de gouverner. C'est un savoir de gouvernants. Il serait plus juste de parler d'« États économiques » ou d'« États physiocratiques » pour désigner les régimes politiques actuels.

Avec l'effondrement des pays socialistes en 1991, la seconde Nature sous l'égide de l'Économie n'a pas été le moins du monde ébranlée. En revanche, son effet a été de faire disparaître progressivement mais sûrement la gauche de la scène politique – trop liée à l'histoire du socialisme, et partageant les mêmes récits économiques avec la droite. La voie de droite a gagné, celle de gauche a perdu. Il n'y aura pas de retour vers le socialisme ou l'éco-socialisme comme certains l'appellent de leurs vœux. On ne retourne jamais en arrière. Pour que la gauche ne disparaisse pas définitivement, les paysans l'invitent à cesser non pas d'être anticapitaliste mais physiocrate. Ils la convient à se mettre au travail pour apprendre à vivre avec les autres qu'humains et à cesser d'accepter les histoires racontées par l'Économie. La gauche a pris très au très sérieux la proposition marxienne selon laquelle l'économie est notre « infrastructure » et qu'il est impossible de vivre en dehors. *Le Capital au XXIe siècle* de l'économiste social-démocrate Thomas Piketty montre à quel point la gauche croit à ce puissant récit inventé par les physiocrates. Comment croire que l'on ne peut pas vivre sans économie mais que c'est possible sans anthropologie, sans philosophie, sans sociologie, sans physique, ou sans histoire ? Faisons un petit exercice. Quand quelqu'un affirme que l'on ne peut pas se passer de l'économie, remplacez le terme économie par anthropologie, philosophie, sociologie, et vous verrez l'absence de cohérence du raisonnement.

C'est aux paysans d'apprendre à une partie de la gauche que les histoires de luttes pour abattre le capitalisme et s'approprier les moyens de production ont eu pour conséquence tragique de contribuer à naturaliser le concept de production et ont donné à l'Économie un pouvoir longtemps inimagnable. La gauche est piégée par l'Économie, alors qu'elle devrait être son ennemie.

Entamer une « reprise anthropologique »

Les paysans invitent aussi les chercheurs en sciences sociales à tirer les leçons de cette histoire de production. Le fait qu'une large partie des sciences sociales considère qu'une posture critique envers le capitalisme est leur vocation, qu'ils ne peuvent pas se contenter de « produire » de la connaissance objective, est une vraie tragédie scientifique. Cette approche critique a validé et valide encore les récits de l'Économie en les faisant passer pour des vérités incontestables. Que la pensée critique soit le pilier de la recherche scientifique en sciences sociales ne fait que rendre plus réels les récits des physiocrates. En critiquant le capitalisme, on valide son existence ; en critiquant le productivisme, on naturalise le régime de production, en critiquant le marché du travail néolibéral, on croit comme les économistes que seuls les humains pris dans un rapport de production travaillent ; en critiquant le libre marché, on croit que l'on vit dans une société de marché ; en critiquant le néolibéralisme, on croit que l'on vit dans l'économie. Bref, en critiquant les « rapports de production capitalistes qui déterminent les rapports de classes », la critique renforce toujours plus les récits physiocratiques.

C'est la raison pour laquelle la critique ne change rien dans ce monde et n'engage à rien. Elle renforce les récits dominants, une posture qui la fait tomber dans une forme de moralisme pour lequel le capitalisme ou le néolibéralisme, « ce n'est pas bien ». En prétendant être objective, la pensée critique donne encore plus de réalité aux récits dominants. En donnant la primauté à l'économie tout en la critiquant, sans être capable de proposer de nouveaux récits, les chercheurs en sciences sociales sont inutiles.

Pour survivre face à l'Économie, la question n'est pas de savoir si les sciences sociales doivent abandonner la critique, mais comment introduire, *à côté de la critique*, l'imagination, la spéculation afin de contourner les récits physiocratiques. Opérer ce tournant épistémologique ne va pas de soi. Comme le souligne Isabelle Stengers, les sciences humaines « sont des sciences coupées de l'invention, entretenant un rapport critique et explicatif plus qu'expérimental au monde. Depuis quand, pourrait-on demander, a-t-on oublié que les sciences humaines aussi étaient engagées dans des rapports spéculatifs et créatifs[20] ? »

Je propose, non pas de changer le monde grâce à la critique, mais de changer *de* monde grâce à de nouveaux récits, de nouvelles histoires où imagination et spéculation jouent tout leur rôle. C'est la voie suivie

20. Citée par Émilie Hache, *Résister au désastre*, Wildproject, Marseille, 2019, p. 84.

dans ce livre pour tenter de conceptualiser, aux côtés des paysans, un type d'agriculture qui ne soit plus sous l'emprise de l'Économie. Comme l'écrit Catherine Larrère, « l'invention de l'économie, c'est, d'abord, un nouveau regard sur l'agriculture, précis, minutieux[21] ». Il faut commencer par jeter sur l'agriculture un nouveau regard. Il s'agit de « déséconomiser » l'agriculture après trois siècles d'économisation[22]. Pour régénérer les sciences sociales, il faut sortir de l'erreur tragique et historique faite par Marx : avoir repris les récits physiocratiques.

Ma tentative de décrire empiriquement ce à quoi peut ressembler une agriculture en tournant le dos à la production et à l'économie avait pour objet de montrer que ce projet n'a rien d'utopique. Mais cela suppose de faire des déplacements théoriques, épistémologiques et politiques considérables. Si l'Économie a pris une telle place, c'est non seulement qu'elle a apporté un nouveau regard sur l'agriculture au XVIIIe siècle, mais aussi sur l'industrie naissante, l'artisanat, le commerce, les écoles, l'université, la culture, les banques, etc. Elle est partout ; elle a colonisé nos pensées, pénétré jusque dans nos corps. Elle nous anesthésie, et paralyse notre intelligence, notre imagination, notre pensée, notre créativité. Nous avons subi trois siècles d'économisation. Pour nous déséconomiser, il faut changer de regard et ne pas voir la Terre comme les économistes.

Nous les terrestres avons vitalement besoin d'une *reprise anthropologique* afin de concevoir un autre type de matérialisme. L'anthropologie et les autres sciences sociales n'ont plus besoin de participer à ce débat entre socialisme et capitalisme qui dure depuis plus de cent ans : en remettant en cause la notion de production, elles renvoient dos à dos les deux récits prédominants de la modernité. Elles pourront esquisser une voie radicalement nouvelle et imaginer d'autres mondes multispécifiques organisés autour de nouvelles manières de vivre avec le monde autre qu'humain.

En parlant de *reprise anthropologique*, je tiens à souligner qu'il s'agit d'hériter, de réactiver et de prolonger le travail de Pierre Clastres. Il est le seul anthropologue et intellectuel qui ait discuté la pertinence du

21. Catherine Larrère, *L'Invention de l'économie au XVIIIe siècle*, *op. cit.*, p. 183.
22. Bruno Latour, « Êtes-vous prêts à vous déséconomiser ? », AOC media, 1er juin 2020.

concept de production pour rendre compte de la manière de vivre des sociétés non occidentales. Sa critique de la notion de production n'a pas été entendue, le marxisme s'imposant dans les sciences sociales. Parler de reprise anthropologique est une manière de lui rendre hommage. Cette notion n'est pas toujours remise en cause en anthropologie. Elle est abondamment mobilisée par les anthropologues pour rendre compte de la manière dont vivent les peuples non occidentaux. Afin d'en finir avec une forme d'ethnocentrisme, les anthropologues ont réglé le problème propre à notre première Nature, il reste à régler celui de notre seconde Nature.

L'Économie doit être mise *au même niveau* que les autres sciences sociales, rien ne justifiant qu'elles les dominent. Pas facile d'imaginer ôter le pouvoir de l'Économie pour la ramener au niveau des autres sciences sociales. Comme le souligne David Graeber,

> à bien des égards, on la considère comme une discipline directrice. Quiconque fait quoi que ce soit d'important aux États-Unis est censé avoir une certaine formation en théorie économique, ou du moins connaître ses principes de base. Ceux-ci sont donc devenus aujourd'hui des idées reçues, fondamentalement tenues pour incontestables (il est facile de savoir qu'on est en présence d'une idée reçue : si on la conteste, on sera d'abord simplement taxé d'ignorance – « Tu n'as sûrement jamais entendu parler de la courbe de Laffer, il est clair qu'il te faut un cours élémentaire d'économie » ; la théorie paraît si évidente qu'on ne peut imaginer que quelqu'un qui l'aurait comprise se dise en désaccord[23].

L'historien Sylvain Piron a aussi souligné que « les économistes affichent une supériorité sur les autres sciences sociales, qui se mesure notamment par les meilleurs salaires qu'ils obtiennent. Ils se distinguent également par une tendance à ne jamais citer de travaux d'autres disciplines[24] ». Si l'humanité, en dernier recours, doit produire pour vivre et qu'on doit avant tout « sauver l'économie », quel intérêt y a-t-il à faire de l'ethnographie ou, plus généralement, des sciences sociales ?

---

23. David Graeber, *Dette, 5 000 ans d'histoires*, *op. cit.*, p. 110-111.
24. Sylvain Piron, *L'Occupation du monde,* Zones sensibles, Paris, 2018, p. 81.

Dans les mondes d'après la production, « rien n'est économique »

Pour se défaire de l'économie, la première chose nécessaire – la plus simple et la plus difficile –, est de devenir « éco-agnostique » ; ne pas croire ce que dit l'Économie sur le monde. Il faudrait une sorte de devise pour les mondes d'après la production : *rien n'est économique*. Il ne faut jamais accepter l'affirmation qu'il existe toujours, quel que soit le sujet, une dimension économique. Il s'agit de se défaire de l'ancien binarisme reposant sur l'évidence matérielle de l'économie, partagé entre d'un côté l'existence d'une réalité essentielle et, de l'autre, des dimensions sociales et écologiques.

La séparation de l'économique du social a été inventée au XIXe siècle, en même temps que la sociologie. Ma démarche se différencie donc radicalement de celle de la sociologie économique qui se veut « la perspective sociologique appliquée aux phénomènes économiques », ou encore comme « l'étude sociologique de l'économie[25] ». On ne peut pas étudier des « phénomènes économiques » ni l'« économie » car il n'y a aucun phénomène par essence économique. La sociologie économique fait de l'essentialisme économique tout en dévalorisant la sociologie par rapport à l'Économie.

Il ne s'agit pas de critiquer l'Économie pour lui opposer des « réalités sociales », ce qui maintient le dualisme, mais de substituer à ces phénomènes d'autres réalités ni économiques ni sociales. Si rien n'est économique, cela ne veut pas dire que *tout est social*. Dire que rien n'est économique permet de ne pas plier le monde en deux, avec l'économique d'un côté et le social de l'autre.

Il est donc vital de se défaire de la *doxa* marxiste, c'est-dire du matérialisme historique qui veut que les humains produisent pour vivre en société. Il n'y a jamais eu différents régimes de production sur cette terre, il n'y a jamais eu ni de production socialiste, ni de production capitaliste, ni de production asiatique, ni de production primitive.

---

25. Neil J. Smelser et Richard Swedberg (dir.), *The Handbook of Economic Sociology*, Princeton University Press, Princeton, 1994 ; Richard Swedberg, *Principles of Economic Sociology*, Princeton University Press, Princeton, 2003 ; Marc Granovetter, *Sociologie économique*, Seuil, Paris, 2008 ; Philippe Steiner et François Vatin, *Traité de sociologie économique*, PUF, Paris, 2013.

Il existe, en revanche, différentes manières de vivre avec le monde autre qu'humain. Il faut se défaire de la prophétie ouvrant *Le Capital*: « La richesse des sociétés dans lesquelles règne le mode de production capitaliste s'annonce comme une immense accumulation de marchandises. » Et lui substituer une phrase plus simple et plus modeste : nous fabriquons une multitude de choses animées avec lesquelles les personnes entrent en rapport de multiples manières. Notre monde est aussi animé que celui des autres peuples – comme l'a montré David Abram[26] – mais *les modes d'animation ne sont pas les mêmes*.

Un smartphone, une plante, une vache sont des produits et des marchandises pour l'Économie, mais pas pour les personnes avec lesquelles ils et elles sont en rapport. Le livre que vous lisez n'est pas non plus un produit ou une marchandise quand vous entrez en rapport avec lui ; il prend plusieurs manières d'être ; peut-être l'aimez-vous ou le détestez-vous. Peut-être vous a-t-il été offert par un proche, alors vous tenez à lui plus comme cadeau que pour ce qui s'y trouve écrit. Autrement dit, le livre que vous tenez à la main est animé de plusieurs manières et vous êtes en rapport avec lui, tout autant qu'il a une puissance d'agir sur vous. Peut-être allez-vous parler de ce livre à vos proches pour en dire du bien ou du mal ; peut-être allez-vous le revendre ou le ranger dans votre bibliothèque. Il agit d'une manière ou d'une autre sur vous, sans pour autant avoir d'intention. Dès que vous entrez en rapport avec lui, il devient un être animé. Cela signifie que vous n'êtes ni dans le symbolisme ni dans la subjectivité comme l'affirment certains sociologues critiques, croyant comme les économistes que les choses animées qui nous entourent sont des objets inertes, inanimés, des produits et des marchandises issus des rapports de production.

Parler de « production scientifique », dire que l'on « produit » des articles est également une façon involontaire de se soumettre aux récits économiques, même si on défend la liberté académique et de pensée. On ne produit pas des articles : on écrit, des articles, des livres, base de notre métier. De même, on ne produit pas notre monde, on fabrique, on construit, on façonne, on agence, on engendre, on trafique, on bricole, on manufacture, on crée, on commerce, on invente, on détruit, etc. Ce que montrent les mutations écologiques à une gigantesque échelle,

26. David Abram, *Comment la terre s'est tue*, *op. cit.*

c'est que nous avons des problèmes sur nos manières de fabriquer, de façonner, de bâtir, de créer, d'inventer, de cultiver, de commercer, bref de vivre et de mourir avec les autres qu'humains sur cette terre. La question sera de savoir quelles choses animées on doit fabriquer, transformer, avec quels vivants on souhaite entrer en rapport, etc. Pour plonger dans ces nouveaux mondes, il faut considérer tous les secteurs qui fabriquent, inventent, construisent, vendent, commercent comme non productifs et non économiques.

Pour les sciences sociales, cela signifie retourner sur le terrain, dans les usines, les entreprises, les administrations, le secteur du commerce, et réaliser un travail ethnographique renouvelé : les *activités terrestres* relèvent de manières de vivre et mourir avec les autres qu'humains ; il faut montrer, toujours de manière spécifique, que ces derniers ne se réduisent jamais à une ressource, une matière première, un produit, une marchandise. Il faut tenter de re-décrire ce monde sans avoir recours à des explications économiques. La tâche de redescription revient aux sciences sociales. Et cela à un moment où le pouvoir politique fait tout pour les faire disparaître alors que leur rôle est fondamental pour créer des nouveaux mondes.

La partie n'est donc pas terminée[27]. Pour la gagner, il ne faut surtout pas croire qu'il faut produire plus, travailler plus, créer de nouvelles richesses, dans ce monde ravagé. Ce n'est pas d'une reprise économique que nous avons besoin mais d'une reprise anthropologique, d'ethnographies renouvelées pour savoir comment fonctionne notre monde plus qu'humain une fois affranchi des récits économiques. Le chantier est immense et à peine entamé. Dans ce livre, j'ai voulu faire sentir ce monde sensible et vivant dans lequel nous habitons et avec lequel nous pouvons espérer « bien vivre et bien mourir[28] ». Ce monde paysan, en grande partie déjà détruit par l'Économie, est pourvoyeur d'espoir.

---

27. Donna Haraway, « The game is not over. Thank you very much », citée par Benedikte Zitouni et François Thoreau, « Contre l'effondrement : agir pour des milieux vivaces », *loc. cit.*

28. Donna Haraway, « Sympoïèse, sf, embrouilles multispécifiques », *loc. cit.*

REMERCIEMENTS

Je tiens d'abord à remercier toutes les paysannes et paysans qui m'ont ouvert leur porte et accueilli sur leurs fermes, au sein de leurs familles, et ont pris le temps de me parler de leurs rapports intimes avec les plantes.

Je remercie Sophie Houdart pour m'avoir accompagné avec enthousiasme tout au long de ce travail. J'exprime ma profonde gratitude à Vinciane Despret qui m'a conseillé de lire le livre de Michael Pollan *La Botanique du désir*, qui s'est révélé indispensable, et qui m'a accompagné pendant ces quatre années de ses remarques, ses conseils, et ses critiques parfois féroces, mais d'une profondeur et d'une finesse qui me firent passer des nuits agitées, mais m'ont toujours remis au travail. Ce livre lui doit beaucoup.

Un immense merci à mon fils Simon – dix ans au moment où je termine ce livre – d'avoir pris soin de moi au moment du bouclage du manuscrit en me faisant des « massages quatre étoiles » pour me détendre, tout en posant la question : « Alors papa, tu as fini ton livre ? » Et que dire de mon deuxième fils, Ferdinand, quatre ans, né au début de cette étude, qui m'a appris qu'il y avait un temps pour chaque chose, et que ma recherche serait bien meilleure si je l'intégrais un peu plus dans ma vie de jeune chercheur…

Enfin, je ne sais pas comment remercier ma compagne Émilie Hache pour son soutien sans faille. Ce livre lui est redevable à tous égards ; je la remercie de m'avoir accordé du temps pour discuter et penser ensemble, de m'avoir nourri de ses idées, d'avoir tout relu et corrigé, d'avoir enlevé mes excès, mes lourdeurs, comme elle les appelle, d'avoir fait passer mon travail en priorité par rapport au sien, et d'en avoir assuré la charge mentale. Je lui ai promis de prendre le relais.

Cette recherche a été financée par la Fondation de France dans le cadre de l'appel à projets « Ecosystèmes, agricultures et alimentations » (2014). Je la remercie de la confiance qu'elle m'a accordée.

BIBLIOGRAPHIE

ABENSOUR Miguel et JANOVER Louis, *Maximilien Rubel. Pour redécouvrir Marx*, Sens & Tonka, Paris, 2008.

ABRAM David, *Comment la terre s'est tue. Pour une écologie des sens*, La Découverte, coll. « Les Empêcheurs de penser en rond », Paris, 2013.

ACCARDO Alain, *Introduction à une sociologie critique. Lire Pierre Bourdieu*, Édition Éléments, La Trinité, 2006.

AGENCE NATIONALE DE SÉCURITÉ SANITAIRE, DE L'ALIMENTATION, DE L'ENVIRONNEMENT ET DU TRAVAIL (Anses), *Co-exposition des abeilles aux facteurs de stress*, Avis de l'Anses, Rapport d'expertise collective, 2015, <anses.fr/fr/system/files/SANT2012sa0176Ra.pdf>.

AGLIETTA Michel et VALLA Natache, *Le Futur de la monnaie*, Odile Jacob, Paris, 2021.

ALLEMAND Sylvain, *Le Développement durable au regard de la prospective du présent*, L'Harmattan, Paris, 2006.

ANDERSEN Jorgen, *The Witch on the Wall: Medieval Erotic Sculpture in the British Isles*, Rosenkide and Bagger, Copenhague, 1977.

ASTAFIEFF Katia, *L'Aventure extraordinaire des plantes voyageuses*, Dunod, Paris, 2018.

ATTAC-FONDATION COPERNIC, *Cette Europe malade du néolibéralisme. L'urgence de désobéir*, Les liens qui libèrent, Uzès, 2019.

AUDIER Serge, *Néoliberalisme(s). Une archéologie intellectuelle*, Grasset, Paris, 2012.

—, *L'Âge productiviste. Hégémonie prométhéenne, brèches et alternatives écologiques*, La Découverte, Paris, 2019.

BAKOUNINE Mikhaïl, *Dieu et L'État*, Mille et une nuits, Paris, 2000.

BALZAC Honoré DE, *Les Paysans*, Garnier Frères, Paris 1964.

Barres D., Bonny S., Le Pape Y. et Rémy J., *Une éthique de la pratique agricole. Agriculteurs biologiques du Nord-Drôme*, Inra, ESR, Grenoble, 1985.

Bayon Denis, Flipo Fabrice et Schneider François, *La Décroissance. 10 question pour comprendre et en débattre*, La Découverte, Paris, 2010.

Beaugé Bénédict, *Aventures de la cuisine, française*, Nil éditions, Paris, 1999.

—, *Plats du jour. Sur l'idée de nouveauté en cuisine*, Métailié, Paris, 2013.

Bellamy John, *Marx écologiste*, Édition Amsterdam, Paris, 2011.

Bensussan Gérard et Labica Georges, *Dictionnaire critique du marxisme*, PUF, Paris, 1982.

Bernier Georges, *Darwin, un pionnier de la physiologie végétale*, Académie royale de Belgique, Bruxelles, 2013.

Bertou Y., Capillon A., Cordonnier J.-M. et Touche Y., *L'Agriculture biologique. Éélements de diagnostic à partir d'une enquête sur 40 exploitations*, Chaire d'agriculture, édition INA-PG, 1972.

Bevort Antoine, Jobert Annette, Lallement Michel et Mias Arnaud (dir.), *Dictionnaire du travail*, PUF, Paris, 2012.

Bitoun Pierre et Dupont Yves, *Le Sacrifice des paysans. Une catastrophe sociale et anthropologique*, L'Échappée, Paris, 2016.

Boltanski Luc et Thévenot Laurent, *De la justification. Les économies de la grandeur*, Gallimard, Paris, 1991.

Boltanski Luc et Esquerre Arnaud, *Enrichissement. Une critique de la marchandise*, Gallimard, Paris, 2017.

Bonneuil Christophe et Thomas Frédéric, *Gènes, pouvoirs et profits. Recherche publique et régimes de production de savoirs de Mendel aux OGM*, Quae, Versailles, 2009.

—, *Semences : une histoire politique*, Charles Léopold Mayer, Paris, 2012.

Boumediene Samir, *La Colonisation du savoir. Une histoire des plantes médicinales du « Nouveau Monde » (1492-1750)*, Les éditions des mondes à faire, Vaulx-en Velin, 2016.

Bourdieu Pierre, *La Distinction. Critique sociale du jugement*, Minuit, Paris, 1979.

Bourguignon Claude et Lydia, *Le Sol, la Terre et les Champs. Pour retrouver une agriculture saine*, Sang de la terre, Paris, 2015.

Brancher Dominique, *Quand l'esprit vient aux plantes. Botanique sensible et subversion libertine (XVIe-XVIIe siècles)*, Droz, Genève, 2015.

Braudel Fernand, *La Dynamique du capitalisme*, Flammarion, Paris, 1985.

Brokman Isabelle et Barouki Robert, *Savez-vous vraiment ce qu'il y a dans votre assiette ?*, Solar éditions, Paris, 2016.

Browaeys Louise et de Pazzis Henri, *La Part de la terre. L'agriculture comme art*, Delachaux et Niestlé, Paris, 2014.

Burgat Florence, *Liberté et inquiétude de la vie animale*, Kimé, Paris, 2016.

—, *L'Humanité carnivore*, Seuil, Paris, 2017.

—, *Qu'est-ce qu'une plante ? Essai sur la vie végétale*, Seuil, Paris, 2020.

Butler Samuel, *Erewhonor Over the Range*, Forgotten Books, Londres, 2015.

Caillé Alain, *Anthropologie du don*, La Découverte, Paris, 2007.

Callon Michel, *L'Emprise des marchés. Comprendre leur fonctionnement pour pouvoir les changer*, La Découverte, Paris, 2017.

—, *The Laws of the Markets*, Wiley-Blackwell, New Jersey, 1998.

Cardona Aurelia, « L'agriculture à l'épreuve de l'écologisation. Éléments pour une sociologie des transitions », thèse EHESS, 12 avril 2012.

Cartier Rachel et Rabhi Pierre, *Le Chant de la terre*, La Table ronde, Paris, 2012.

Centemeri Laura, *La Permaculture ou l'Art de réhabituer*, Quae, Versailles, 2019.

Chamovitz Daniel, *La Plante et ses sens*, Buchet-Chastel, Paris, 2014.

Chateauraynaud Francis, *Les Asymétries de prises. Des formes de pouvoir dans un monde en réseau*, 2006, <gspr.ehess.free.fr/docs/FC/doc/doc-FC-2006-Asymetries-de-prises.pdf>.

Childe V. Gordon, *L'Aube de la civilisation européenne*, Payot, Paris, 1949.

Chiva Vandana, *Le Terrorisme alimentaire*, Fayard, Paris, 2001.

Clastres Pierre, *La Société contre l'État*, Minuit, Paris, 1974.

—, « Les marxistes et leur anthropologie », *Recherches d'anthropologie politique*, 1980.

Cligget Lisa et Wilk R. Richard, *Economies and Cultures : Foundation of Economic Anthropology*, Westview Press, Boulder, 2007.

Coccia Emanuele, *La Vie des plantes. Une métaphysique du mélange*, Payot & Rivages, Paris, 2016.

Cohen Élie, *L'Ordre économique mondial. Essai sur les politiques de régulation*, Fayard, Paris, 2001.

Comité invisible, *Maintenant*, La Fabrique, Paris, 2017.

Cornu Pierre, Valcescini Egizio et Maegt-Bournay Odile, *L'Histoire de l'Inra. Entre science et politique*, Quae, Versailles, 2018.

Crisenoy Chantal de, *Lénine face aux moujiks*, Seuil, Paris, 1978.

Daniel Jean-Marc, *Manuel d'économie*, Ellipses, Paris, 2017.

Dardot Pierre et Laval Christian, *Commun. Essai sur la révolution au XXIe siècle*, La Découverte, coll. « Poche », Paris, 2015.

Darwin Charles, *La Faculté motrice dans les plantes* (1882), Hachette livre BNF, Paris, 2013.

Daston Lorraine et Galison Peter, *Objectivité*, Les Presses du réel, Dijon, 2012.

Dawkins Richard, *Le Gène égoïste*, Odile Jacob, Paris, 1996.

De Crombrugghe Alain, *Introduction aux principes de l'économie. Choix et décision économiques*, De Boeck, Louvain-la-Neuve, 2016.

Delphy Christine, *L'Ennemi principal. 1. Économie politique du patriarcat*, Syllepse, Paris, 2013.

—, *L'Ennemi principal. 2. Penser le genre*, Syllepse, Paris, 2001.

Descola Philippe, *Par-delà nature et culture*, Gallimard, Paris, 2005.

—, *La Composition des mondes*, Flammarion, Paris, 2014.

Descola Philippe et Ingold Tim, *Être au monde. Quelle expérience commune ?*, PUL, Lyon, 2014.

De Schutter Olivier, « Rapport du rapporteur spécial sur le droit à l'alimentation », 2010, p. 1-23, <srfood.org/images/stories/pdf/officialreports/20110308_a-hrc-16-49_agroecology_fr.pdf>.

Demeulenaere Pierre, *Homo œconomicus*, PUF, Paris, 2003.

Despret Vinciane, *Quand le loup habitera avec l'agneau*, La Découverte, coll. « Les Empêcheurs de penser en rond », Paris, 2002.

—, *Au bonheur des morts. Récits de ceux qui restent*, La Découverte, Paris, 2015.

Despret Vinciane et Stengers Isabelle, *Les Faiseuses d'histoires. Que font les femmes à la pensée ?*, La Découverte, coll. « Les Empêcheurs de penser en rond », 2011.

DESPRET Vinciane et MEURET Michel, *Composer avec les moutons. Lorsque des brebis apprennent à leur berger à leur apprendre*, Cardère, Avignon, 2016.

DENORD François, *Néolibéralisme version française. Histoire d'une idéologie politique*, Demopolis, Paris, 2007.

DOSTALER Gilles, *Le Libéralisme de Hayek*, La Découverte, Paris, 2001.

DUFUMIER Marc, *Agricultures et paysanneries des tiers mondes*, Karthala, Paris, 2004.

DUPRÉ GEORGES (dir.), *Savoirs paysans et développement*, Karthala-Orstom, Paris, 1991.

DUPUY Francis, *Anthropologie économique*, Armand Colin, Paris, 2016.

DUPUY Romuald, « Du travail de la nature au travail dans la société chez les physiocrates », *Cahiers d'histoire. Revue d'histoire critique*, 2009, p. 83-98.

DUVIGNAUD Jean, *Le Don du rien*, Tértaèdre, Paris, 2016.

EINZIG Paul, *Primitive Money in its Ethnological, Historical and Economic Aspects,* Pergamon Press, Oxford/Londres, 1966 [1949].

ESCOBAR Arturo, *Sentir-penser avec la terre*, Seuil, Paris, 2018.

FAO, *World Agriculture : Towards 2015/2013*, <fao.org/3/a-y4252e.pdf>.

FOUCAULT Michel, *Naissance de la biopolitique. Cours au Collège de France (1978-1979)*, EHESS/Seuil, Paris, 2004.

GAUCHON Pascal et TELLENNE Cédric (dir.), *Géopolitique du développement durable*, PUF, Paris, 2005.

GÉNÉREUX Jacques, *Introduction à l'économie*, Points, Paris, 2017.

GIEC, « Changement climatique et terres émergées. Rapport spécial du Giec sur le changement climatique, la désertification, la dégradation des sols, la gestion durable des terres, la sécurité alimentaire et les flux de gaz à effet de serre dans les écosystèmes terrestres », 2019, <ipcc.ch/srccl-report-download-page/>.

GILLOU Camille, *Les Saigneurs de la terre*, Albin Michel, Paris, 1997.

GOODY Jack, *La Culture des fleurs*, Seuil, Paris, 1994.

GORZ André, *L'Immatériel. Connaissance, valeur et capital*, Galilée, Paris, 2003.

GUILLAUMIN Émile, *La Vie d'un simple*, Le Livre de poche, Paris, 1943.

GRANOVETTER Marc, *Sociologie économique*, Seuil, Paris, 2008.

GREABER David, *Dette. 5 000 ans d'histoire*, Les liens qui libèrent, Uzès, 2013.

—, *Pour une anthropologie anarchiste*, Lux éditeur, Montréal, 2016.

GRUYER Perrine, CHARLES Hervé, *Permaculture, guérir la terre, nourrir les hommes*, Actes sud, Arles, 2017.

GUIBERT Bernard et LATOUCHE Serge (dir.), *Antiproductivisme, altermondialisme, décroissance*, Parangon/Vs, Lyon, 2006.

HACHE Émilie, *Ce à quoi nous tenons. Propositions pour une écologie pragmatique*, La Découverte, coll. « Les Empêcheurs de penser en rond », Paris, 2011.

—, (dir.) *De l'univers clos au monde infin*i, Édition Dehors, Bellevaux, 2014.

—, *De la génération,* à paraître.

HALLE Francis, *Éloge de la plante. Pour une nouvelle biologie*, Seuil, Paris, 1999.

HALIMI Serge, *Le Grand Bond en arrière. Comment l'ordre libéral s'est imposé au monde*, Fayard, Paris, 2004.

HANN Chris et HART Keith, *Economic Anthropology*, Polity Press, Londres, 2011.

HANSON Thor, *Le Triomphe des graines*, Buchet-Chastel, Paris, 2017.

HARAWAY Donna, *Manfeste cyborg et autres essais. Sciences-Fictions-Féminismes*, Anthologie établie par Laurence Allard, Delphine Gardey et Nathalie Magnan, Exils, Paris, 2007.

—, *Manifeste des espèces compagnes*, Flammarion, Paris, 2018.

—, *Vivre avec le trouble,* Les Éditions des mondes à faire, Vaulx-en-Velin, 2020.

HARRIBEY Jean-Marie, *La Richesse, la Valeur, et l'Inestimable. Fondements d'une critique socio-écologique de l'économie capitaliste*, Les Liens qui libèrent, Uzès, 2013.

HARRIBEY Jean-Marie et LÖWY Michael (dir.), *Capital contre nature*, PUF, Paris, 2003.

HARDT Michael et NEGRI Antonio, *Commonwealth*, Folio, Paris, 2014.

HAUDRICOURT André-Georges et DIBIE Pascal, *Les Pieds sur terre*, A.-M. Métailié, Paris, 1987.

HAYEK Friedrich, *La Présomption fatale. Les erreurs du socialisme*, PUF, Paris, 1993.

HERVIEU Bertrand et PURSEIGLE François, *Sociologie des mondes agricoles*, Armand Colin, Paris, 2013.

HIERNAUX Quentin et TIMMERMANS Benoît (dir.), *Philosophie du végétal*, Vrin, Paris, 2018.

HOUDART Sophie et THIERY Olivier, *Humains, non-humains. Comment repeupler les sciences sociales*, La Découverte, Paris, 2011.

ILLICH Ivan, *Une société sans école*, Points, Paris, 2015.

INGOLD Tim, *The Perception of the Environment*, Routledge, Londres, 2011.

JAS Nathalie, *Au carrefour de la chimie et de l'agriculture. Les sciences agronomiques en France et Allemagne 1840-1914*, Éditions des archives contemporaines, Paris, 2001.

KARSENTI Bruno et LEMIEUX Cyril, *Socialisme et sociologie*, Éditions de l'École des hautes études en sciences sociales, Paris, 2017.

KECK Frédéric, REGEHR Ursula et WALENTOWITZ Saskia, « L'anthropologie et le tournant ontologique », *Tsanta*, 20, 2016.

KOHN Eduardo, *Comment pensent les forêts. Vers une anthropologie au-delà de l'humain*, Zones sensibles, Bruxelles, 2017.

KRENAK Ailton, *Idées pour retarder la fin du monde*, Éditions Dehors, Bellevaux, 2020.

KROPOTKINE Pierre, *L'Entraide*, Écosociété, Montréal, 2001.

LAPOUJADE David, *Les Existences moindres*, Minuit, Paris, 2017.

LARRÈRE Catherine, *L'Invention de l'économie au XVIIIe siècle. Du droit naturel à la physiocratie*, PUF, Paris, 1992.

LARUE Renan, *Le Végétarisme et ses ennemis. Vingt-cinq siècles de débat*, PUF, Paris, 2015.

LATOUCHE Serge, *Le Pari de la décroissance*, Fayard, Paris, 2006.

LATOUR Bruno, *La Science en action*, La Découverte, Paris, 1989.

—, *Nous n'avons jamais été modernes, Essai d'anthropologie symétrique*, La Découverte, coll. « Poche », Paris, 1991.

—, *Changer de société, refaire de la sociologie*, La Découverte, coll. « Poche », Paris, 2007.

—, *Enquête sur les modes d'existence. Une anthropologie des Modernes*, La Découverte, Paris, 2012.

—, *Face à Gaïa. Huit conférences sur le nouveau régime climatique*, La Découverte, coll. « Les Empêcheurs de penser en rond », 2015.

—, *Où atterrir ? Comment s'orienter en politique*, La Découverte, Paris, 2017.

Latour Bruno et Gagliardi Pasquale (dir.), *Les Atmosphères de la politique. Dialogue pour un monde commun*, Seuil, coll. « Les Empêcheurs de penser en rond », Paris, 2006.

Lavignotte Stéphane, *La décroissance est-elle souhaitable ?*, Textuel, Paris, 2009.

Leakey Richard et Lewin Roger, *La Sixième Extinction. Évolution et catastrophes*, Flammarion, Paris, 2011.

Léger Danièle et Hervieu Bertrand, *Le Retour à la nature. Au fond de la forêt... l'État*, Seuil, Paris, 1979.

Le Rider Georges, *La Naissance de la monnaie. Pratiques monétaires de l'Orient ancien*, PUF, Paris, 2001.

Letouzay Émilie, « Petits arrangement avec le vivant. Relations contrariées aux plantes horticoles dans la région d'Ōsaka », thèse, université de Toulouse, 2019.

Lorenz Konrad, *Il parlait avec les mammifères, les oiseaux et les poissons*, suivi de *Tous les chiens, tous les chats*, Flammarion, Paris, 1985.

Lowehaupt Tsing Anna, *Le Champignon de la fin du monde. Sur la possibilité de vivre dans les ruines du capitalisme*, La Découverte, coll. « Les Empêcheurs de penser en rond », Paris, 2017.

Löwy Michael, *Écosocialisme. Alternative radicale à la catastrophe écologique capitaliste*, Mille et une nuits, Paris, 2011.

Mahieu François- Régis, *Une anthropologie économique*, L'Harmattan, Paris, 2016.

Malassis Louis, *La Longue Marche des paysans français*, Fayard, Paris, 2001.

Malet Jean-Baptiste, *L'Empire de l'or rouge. Enquête mondiale sur la tomate d'industrie*, Fayard, Paris, 2017.

Mancuso Stefano et Viola Alessandra, *Brilliant Green. The Suprising History and Science of Plant Intelligence*, Island Press, Washington, 2015.

Mandras Henri, *La Fin des paysans*, Actes Sud, Arles, 1984.

Marder Michael, *Plant-Thinking : A Philosophy of Vegetal Life*, Columbia University Press, New York, 2013.

Martinez-Alier Joan, *The Environmentalism of the Poor : A Study of Ecological Conflicts and Valuation*, Edward Elgar Publishing, Cheltenham, 2003.

MARTIN Nastassja, *Les Âmes sauvages. Face à l'Occident, la résistance d'un peuple d'Alaska*, La Découverte, Paris, 2016.

MARX Karl, *Les Luttes de classes en France*, Gallimard, Paris, 1994.

—, *Travail salarié et capital* suivi de *Salaires, prix et profits*, Éditions sociales, Paris, 1947.

—, *Introduction à la critique de l'économie politique*, Éditions sociales, Paris, 1972.

—, *Philosophie*, Gallimard, Paris, 1965.

—, *Théories sur la plus-value (livre IV du Capital)*, t. 1., Éditions Sociales, Paris, 1974.

—, *Le 18 Brumaire de Louis Bonaparte*, Mille et une nuits, Paris, 1997.

—, *Le Capital*, livre I, Champs-Flammarion, Paris, 1985.

—, *Misère de la philosophie*, Payot, Paris, 2002.

MARX Karl et ENGELS Friedrich, *Manifeste du parti communiste*, Paris, Flammarion, 1998.

—, *L'Idéologie allemande*, PUF, Paris, 1999.

MATAGNE Patrick (dir.), *Les Enjeux du développement durable*, L'Harmattan, Paris, 2005.

MAUSS Marcel, *Essai sur le don, Forme et raison de l'échange dans les sociétés archaïques*, PUF, Paris, 2012.

MBEMBE Achile, *Brutalisme,* La Découverte, Paris, 2020.

MEILLASSOUX Claude, *Anthropologie économique des Gouro de la Côte-d'Ivoire*. Mouton, Paris/La Haye, 2000.

MCMAHON Joanne et ROBERTS Jack, *Sheela-na-Gigs of Ireland and Britain : The Divine Hag of the Christian Celts*, Mercier Press, Cork, 2001.

MITCHELL Timothy, *Carbon Democracy. Le pouvoir politique à l'ère du pétrole*, La Découverte, Paris, 2017.

MENDRAS Henri, *Les Sociétés paysannes*, Folio, Paris, 1995.

MOLLISON Bill, *Permaculture : A Designers' Manual*, Tagari Publication, Tasmanie, 1979.

MOREL Kevin, « Viabilité des microfermes maraîchères biologiques. Une étude inductive combinant méthodes qualitatives et modélisation », thèse en sciences agricoles, université Paris-Saclay, 2016.

MORIZOT Baptiste, *Les Diplomates. Cohabiter avec les loups sur une autre carte du vivant*, Wildproject, Marseille, 2016.

Morten A. Pedersen, « Common nonsense : A review of certain recent reviews of the ontological turn », *Anthropology of This Century*, 5, 2012.

Moulin Annie, *Les Paysans dans la société française. De la Révolution à nous jours*, Seuil, Paris, 1988.

Mouret Sébastien, *Élever et tuer des animaux*, PUF, Paris, 2011.

Ogor Yannick, *Le Paysan impossible. Récit de luttes*, Les éditions du bout de la ville, Le Mas-d'Azil, 2017.

Parmentier Bruno, *Nourrir l'humanité. Les grands problèmes de l'agriculture mondiale au xxie siècle*, La Découverte, Paris, 2007.

Patel Raj Patel et Moore Jason W., *Comment notre monde est devenu cheap. Une histoire inquiète de l'humanité*, Flammarion, Paris, 2018.

Peemans Jean-Phillippe, *Le Développement des peuples face à la modernisation du monde*, L'Harmattan, Paris, 2002.

Pelt Jean-Marie, *La Vie sociale des plantes*, Fayard, Paris, 1984.

Perez-Vitoria Silvia, *La Riposte des paysans*, Actes Sud, Arles, 2010.

Pichot André, *Histoire de la vie*, Gallimard, Paris, 1993.

Pignarre Philippe et Stengers Isabelle, *La Sorcellerie capitaliste. Pratiques de désenvoûtement*, La Découverte, coll. « Poche », Paris, 2007.

Piron Sylvain, *L'Occupation du monde*, Zones sensibles, Bruxelles, 2018.

Plumwood Val, *Environmental Culture : The Ecological Crises of Reason*, Routledge, Londres, 2001.

—, *The Eye of the Crocodile*, ANUE Press, Canberra, 2012.

Polanyi Karl et Arensberg Conrad (dir.), *Les Systèmes économiques dans l'histoire et dans la théorie*, Larousse, Paris, 1974.

Pollan Michael, *Botanique du désir, Ces plantes qui nous séduisent*, Édition Autrement, Paris, 2004.

Porcher Jocelyne, *Éleveurs et animaux. Réinventer le lien*, PUF, Paris, 2002.

—, *Vivre avec les animaux, Une utopie pour le xxie siècle*, La Découverte, coll. « Poche », Paris, 2014.

Pouzenc Michaël et coll., *Les Relations de proximité agriculteurs-consommateurs : points de vente collectifs et AMAP en Midi-Pyrénées*, Rapport, Laboratoire Dynamiques sociales et recomposition des espaces, 2007.

PRUVOST Geneviève, *Quotidien politique. Écologie, féminisme et subsistance*, La Découverte, Paris, 2021.

PROUDHON Pierre-Joseph, *Philosophie de la misère*, FB éditions, Crissier, 2015.

PUIG DE LA BELLACASA Maria, « Penser nous devons ! Politiques féministes et construction des savoirs », thèse, L'Harmattan, Paris, 2013.

RETALLACK Dorothy, *The Sound of Music and Plants*, DeVorss & Co, Camarillo, 1973.

RICARDO David, *Des principes de l'économie politique et de l'impôt*, GF-Flammarion, Paris, 1999.

RIST Gilbert, *Le Développement. Histoire d'une croyance occidentale*, Presses de la Fondation nationale des sciences politiques, Paris, 2007.

ROBIN Marie-Monique, *Les Moissons du futur. Comment l'agroécologie peut nourrir le monde*, La Découverte, coll. « Poche », Paris, 2014.

ROSPABÉ Philippe, *La Dette de vie. Aux origines de la monnaie*, La Découverte/MAUSS, Paris, 1995.

ROUSSEAU Jean-Jacques, *Du contrat social*, GF-Flammarion, Paris, 2011.

SAHLINS Marshall, *Âge de pierre, âge d'abondance*, Gallimard, Paris, 1976.

SALMONA Michèle, *Les Paysans français, Le travail, les métiers, la transmission des savoirs*, L'Harmattan, Paris, 1994.

SCOTT C. James, *Zomia, ou l'Art de ne pas être gouverné*, Seuil, Paris, 2013.

—, *Homo Domesticus. Une histoire profonde des premiers États*, La Découverte, Paris, 2019.

SÉLOSSE Marc-André, *Jamais seul. Ces microbes qui construisent les plantes, les animaux et les civilisations*, Actes Sud, Arles, 2017.

SERRES Michel, *Le Contrat naturel*, Flammarion, Paris, 1992.

SERVIGNE Pablo et STEVENS Raphaël, *Comment tout peut s'effondrer. Petit manuel de collapsologie à l'usage des générations présentes*, Seuil, Paris, 2015.

SHEPARD Paul, *Retour aux sources du Pléistocène*, Édition Dehors, Bellevaux, 2013.

SINAÏ Agnès, *Penser la décroissance. Politique de l'Anthropocène*, Presses de la Fondation nationale des sciences politiques, Paris, 2013.

SLIM Assen, *Le Développement durable*, Le Cavalier bleu, Paris, 2004.

SMELSER Neil J. et SWEDBERG Richard (dir.), *The Handbook of Economic Sociology*, Princeton University Press, Princeton, 1994.

SMITH Adam, *La Richesse des nations*, livres I et II, Gf-Flammarion, Paris, 1991.

—, *Théorie des sentiments moraux*, PUF, Paris, 2014.

STARHAWK, *Rêver l'obscur. Femmes, magie et politique*, Cambourakis, Paris, 2014.

STEINER Philippe et VATIN François, *Traité de sociologie économique*, PUF, Paris, 2013.

STENGERS Isabelle, *Au temps des catastrophes. Résister à la barbarie qui vient*, La Découverte, coll. « Les Empêcheurs de penser en rond », 2009.

—, *Cultiver les possibles*, Édition Esperluète, Noville-sur-Mehaigne, 2018.

—, *Résister au désastre,* Wildproject, Marseille, 2019.

STENGERS Isabelle et RALET Olivier, *Drogues, le défi hollandais*, Les Empêcheurs de penser en rond, Le Plessis-Robinson, 1991.

STERN Nicholas, *The Stern Review : The Economics of Climate Change*, Cambridge University Press, Cambridge, 2006.

STIRNER Max, *L'Unique et sa propriété*, La République des lettres, Paris, 2000.

STRATHERN Marilyn, *Partial Connections*, AltaMira Press, Lanham, 2005.

SWEDBERG Richard, *Principles of Economic Sociology*, Princeton University Press, Princeton, 2003.

TANURO Daniel, *L'Impossible Capitalisme vert*, La Découverte, coll. « Les Empêcheurs de penser en rond », 2010.

THOMPSON P. Edward, *Temps, discipline du travail et capitalisme industriel*, La Fabrique, Paris, 2004.

TORQUEBIAU Emmanuel, *Des arbres et des champs*, L'Harmattan, Paris, 2007.

TYLOR Edward Burnett, *La Civilisation primitive*, Nabu Press, Charleston, 2012.

VANUXEM Sarah, *La Propriété de la terre*, Wilproject, Marseille, 2018.

VELOT Christian, *OGM. Tout s'explique*, Athée, Paris, 2009.

WEBER Eugen, *La Fin des terroirs*, Fayard, Paris, 2011.

WEBER Florence et DUFU Caroline, *L'Ethnographie économique*, La Découverte, Paris, 2007.

WEIL Simone, *L'Enracinement, Prélude à une déclaration des devoirs envers l'être humain*, Gallimard, Paris, 1990.

WENDEL Berry, *La Santé de la terre. Essais agrariens*, Wildproject, Marseille, 2018.

WILIAM James, *La Volonté de croire*, La Découverte, coll. « Les Empêcheurs de penser en rond », Paris, 2005.

WOHLLEBEN Peter, *La Vie secrète des arbres*, Les Arènes, Paris, 2017.

ZASK Joëlle, *La Démocratie aux champs. Du jardin d'Éden aux jardins partagés, comment l'agriculture cultive les valeurs démocratiques*, La Découverte, coll. « Les Empêcheurs de penser en rond », Paris, 2016.

ZÜRCHER Ernst, *Les Arbres entre visible et invisible*, Actes Sud, Arles, 2016.

TABLE DES MATIÈRES